精品课程立体化教材系列

人力资源管理概论

姚锐敏　田　鹏　杨炎轩　主编

科学出版社

北京

内 容 简 介

本书是华中师范大学管理学院人力资源管理系为适应研究型教学的需要而组织编写的教材。在结构安排上，本书吸收了国际上流行的人力资源管理教材编写理念，以人力资源管理的职能为经，以人力资源管理的实践经验和综合理论为纬，结合我国人力资源管理的教学实践编写而成；在内容陈述上，本书总结了开展研究型教学的实际经验，以案例引入主题，以主题为核心引出立体化的理论，以理论的理解和运用为着力点分析典型案例，并提出学习建议。本书最大的特点是既适用于教，又适合于学。本书为省级精品课程配套教材，为方便教师教学和学生学习，本书配备有内容完善的教学课件。

本书适用于管理类高等学校全日制本科学生使用，特别适用于开展研究型教学使用。

图书在版编目(CIP)数据

人力资源管理概论/姚锐敏，田鹏，杨炎轩主编．—北京：科学出版社，2010.9

（精品课程立体化教材系列）

ISBN 978-7-03-028906-3

Ⅰ.①人… Ⅱ.①姚…②田…③杨… Ⅲ.①劳动力资源-资源管理-高等学校-教材 Ⅳ.①F241

中国版本图书馆 CIP 数据核字（2010）第 173900 号

责任编辑：王京苏　王昌凤／责任校对：赵桂芬
责任印制：张克忠／封面设计：耕者设计工作室

科 学 出 版 社 出版
北京东黄城根北街 16 号
邮政编码：100717
http://www.sciencep.com

骏 杰 印 刷 厂 印刷

科学出版社发行　各地新华书店经销

*

2010 年 9 月第 一 版　　开本：787×1092 1/16
2014 年 1 月第二次印刷　　印张：19 1/4
字数：430 000

定价：35.00 元
（如有印装质量问题，我社负责调换）

前 言

　　当代社会和企业的实践发展，对人力资源管理专业人才和具有人力资源管理专业知识和专业技能的管理者提出了很迫切的要求。如何通过高校人力资源管理专业的有效教学培养具有创新性的实践人才，是一个重要的时代主题。人力资源管理概论作为高校人力资源管理专业的基础性课程，其有效教学尤其重要。为了增强人力资源管理概论教学的有效性，近几年，我们就人力资源管理概论这门课程展开了研究型教学的试点，取得了很好的成效。本书就是在总结研究型教学经验的基础上编撰而成的。

　　逻辑性与历史性相统一，是本书的最大特点。每一门课程的教学都有基本的教材，教材的编制是对教学内容的第一次开发，也是最重要的开发，它的主要任务是将某一学科领域的公认的范畴及其理论共识进行介绍。限于传统教学的形式，以往的人力资源管理概论教材对于学科范畴内在的逻辑性和理论发展的演进性以及范畴和理论的历史性关注不够。为了克服这些局限，我们尝试从以下两个角度进行创新：其一，探究了人力资源管理理论世界的内在联系——找出人力资源管理学科范畴的内在逻辑，揭示人力资源管理学科理论的演进发展；其二，架设了人力资源管理理论世界与现实世界的桥梁，基于人力资源管理学科概念、范畴，提出的历史背景（历史事件或历史问题），揭示学科理论对历史事件分析的深度和对历史问题解决的程度，并结合当前现实生活进行反思。

　　此外，本书还在编写中突出了以下特点：①学科的前沿性。本书收集了国内外本学科的观念、理论和技术方面的最新动态，并将相关的研究整合到我们所建构的理论体系之中，以使读者了解国内外研究的一些新进展。②体系的完整性。本书涵盖了人力资源管理学科的整个理论框架，对主要的基本概念、理论和技术都做了论述，以使读者对本学科有一个全面的认识。③理论的现实指导性。人力资源管理概论是一门实践性很强的应用性知识系统，本书引用了有针对性的典型案例，并作了简要而深入的分析，以使读者在懂理论的基础上会运用。

　　本书作为研究型教学的成果，不仅适用于教，而且更适合于学。所以，其适用人群广泛，凡致力于人力资源管理方面学习的学生、以及社会各业的管理者，都可以使用本书进行学习。在编写本书的过程中，我们参阅和借鉴了大量的相关书籍和论文，在此谨向这些书籍和论文的作者表示诚挚的谢意。

　　本书共分十一章，具体编写分工情况如下：第一章由姚锐敏和田鹏编写，第二章和第三章由戴胜利编写，第四章由田鹏和杨炎轩编写，第五章和第八章由王艳艳编写，第六章由周凤华编写，第七章由吴克明编写，第九章由张清华编写，第十章由唐芸霞编写，第十一章由舒展编写。王珍珠参与了教材的资料收集和校稿工作。

　　由于我们的知识和经验不足，本书的错误和遗漏在所难免，我们恳切希望使用本书的读者提出批评和建议。

编　者

2010 年 8 月

目　录

前　言

第一章

人力资源管理的理论基础 …………………………………………… 1

第一节　人力资源概述 …………………………………………………… 1

第二节　人力资源开发理论 ……………………………………………… 8

第三节　人力资本投资理论 ……………………………………………… 16

学习建议 …………………………………………………………………… 25

本章参考文献 ……………………………………………………………… 25

第二章

管理及人力资源管理概述 …………………………………………… 26

第一节　管理及相关问题 ………………………………………………… 26

第二节　人力资源管理概述 ……………………………………………… 31

第三节　人力资源管理的趋势 …………………………………………… 43

学习建议 …………………………………………………………………… 48

本章参考文献 ……………………………………………………………… 48

第三章

工作分析 …………………………………………………………………… 49

第一节　工作分析概述 …………………………………………………… 49

第二节　工作分析的结果与表现形式 …………………………………… 54

第三节　工作分析的组织与实施 ································· 66

第四节　工作分析的基本方法 ···································· 72

学习建议 ··· 77

本章参考文献 ··· 78

第四章

人力资源战略 ··· 79

第一节　人力资源战略概论 ······································ 79

第二节　人力资源战略分析 ······································ 87

第三节　人力资源规划 ·· 95

学习建议 ·· 105

本章参考文献 ·· 105

第五章

员工招聘管理 ··· 106

第一节　员工招聘概述 ··· 106

第二节　工作候选人的招募 ····································· 117

第三节　人员甄选 ·· 127

学习建议 ·· 138

本章参考文献 ·· 139

第六章

员工培训管理 ··· 140

第一节　员工培训概述 ··· 140

第二节　员工培训的实施流程 ··································· 145

第三节　员工培训成果转化与效果评估 ··························· 159

学习建议 ·· 171

本章参考文献 ·· 171

第七章

职业生涯管理 ··· 173

第一节　职业生涯管理概述 ····································· 173

第二节　职业生涯管理的理论基础·· 178

第三节　个人职业生涯管理·· 184

第四节　组织职业生涯管理·· 196

学习建议··· 204

本章参考文献·· 204

第八章

　　绩效管理·· 205

第一节　绩效与绩效管理·· 205

第二节　绩效评价体系··· 213

第三节　绩效管理的实施·· 223

学习建议··· 231

本章参考文献·· 231

第九章

　　薪酬管理·· 232

第一节　薪酬及薪酬管理·· 232

第二节　工资及工资管理·· 239

第三节　奖金及其管理··· 245

第四节　福利及其管理··· 250

学习建议··· 256

本章参考文献·· 256

第十章

　　劳动关系及调整·· 258

第一节　劳动关系概述··· 258

第二节　劳动合同与集体合同管理··· 262

第三节　劳动法律·· 270

学习建议··· 279

本章参考文献·· 279

第十一章

劳动安全与健康 ·· 280

第一节 劳动安全与健康概述······························· 280

第二节 劳动安全管理···································· 284

第三节 劳动卫生管理···································· 290

第四节 职业心理健康···································· 295

学习建议 ·· 298

本章参考文献·· 298

第一章　人力资源管理的理论基础

第一节　人力资源概述

> ➤ **案例引入**

废墟中迅速复苏的德国汉堡①

德国汉堡，一座古老美丽的城市，有"易北河上的明珠"之称。今天的汉堡到处绿草如茵，是德国最绿的城市。可是德国人民永远也不会忘记，20世纪40年代，在英国皇家空军和美国第8航空队的多次猛烈轰炸之下，整个汉堡城险些顷刻间化为灰烬。这就是第二次世界大战中的"蛾摩拉城行动"。1943年7月24日夜，英国皇家空军在阿瑟·哈里斯的率领下对德国汉堡进行了持续近两个半小时的空袭，英轰炸机编队共投弹2396吨，其中大部分是燃烧弹。燃烧弹爆炸后迅速引起大火，火势形成炽热气柱，高达4000米，直径2400米，汉堡市区顿时变成了一片火海。7月25日、26日，美国第8航空队也加入了空袭行列。两天之中，美国空军先后派出235架轰炸机对汉堡的造船厂、柴油机厂、港口等目标进行了补充轰炸，致使这些工厂变成了一片瓦砾，汉堡港附近也已经是满目疮痍。7月28日晚，英国空军又出动787架轰炸机对汉堡实施了第二次夜间轰炸，这次共投弹2417吨，汉堡市的比尔瓦德区几乎被夷为平地。7月30日晚，对于汉堡民众来说新的灾难接踵而至：英国空军又对汉堡进行了第三次夜间轰炸，出动飞机726架，投弹2382吨。

在历时5天的汉堡轰炸中，英美盟军共投下了约9000吨炸药，使汉堡城遭到了前所未有的严重破坏，32万平方公里的土地被完全焚毁，整个城市约有277 330栋建筑物被毁，10万平民死伤，汉堡港以及4个主要船厂被炸毁，交通和电力也陷入停顿。"蛾摩拉城行动"不仅严重干扰了汉堡的正常生产生活秩序，而且给汉堡造成了致命性的打击。然而，让人赞叹的不是英美空袭盟军惊人的战斗力，而是在汉堡市民的辛勤努力之下汉堡的迅速复苏。最后一次空袭之后，汉堡的电力和煤气就恢复了全面供应，电报系统在4天内恢复了运营，邮政服务也在12天后重新营业。据美国的战略轰炸调查报告显示，空袭五个月之内，汉堡的经

---

① 改编自曹刊，张艳明. 蛾摩拉城行动——二战末期英国轰炸德国汉堡纪实. 环球军事，2007，(4).

济就已经恢复了 80%。如此迅速而全面的复苏速度不仅让世人惊叹，更引起了经济学家的思索。经济学家给出了他们的解释：以物质资本累计的财富要远远小于以该国或该地区人口中累计下来的知识和技能所表征的财富；人民中隐藏着巨大的能量，而这种能量往往为特殊灾难所激发。

➤ **案例启示**

"蛾摩拉城行动"之后德国汉堡的迅速复苏，让我们看到了人类改造世界、创造财富的巨大力量。毋庸置疑的是，战后汉堡经济的发展并非偶然，正如"北大荒"到"北大仓"的 60 年变迁、"5·12"汶川大地震后灾区的快速重建等一样。回顾历史发展的进程，人类一直在向自然也向自己诠释着这种力量，人类本身就是资源存在的一种重要形式，即人力资源。在本节的课程内容中，我们将要了解人力资源的一些基本知识，迈出人力资源相关理论学习的第一步。具体来说，本节的主要内容有：

（1）资源的概述；

（2）人力资源的提出、内涵、基本特征、作用以及与人力资源相关的概念比较；

（3）人力资源的数量和质量。

一、资源

资源是人类赖以生存的物质基础。从经济学的角度来看，资源是指形成财富的来源，经济学家们对于资源的认识也经历了一个过程。早期的经济学家亚当·斯密在其著作《国富论》一书中提出了"土地是财富之母，劳动是财富之父"的著名论断，这是最早的关于资源的分类，可被认为是资源的两分法；法国经济学家萨伊（Say）认为，土地、劳动、资本构成了资源的三要素，他是资源三分法的重要代表；而经济学家熊彼特（Schumpeter）则认为，除了土地、劳动、资本这三种要素之外，还应加上企业家精神；随着社会的发展，信息技术应用越来越广泛，作用越来越大，现代很多经济学家认为生产要素中还应再加上信息。目前，伴随着知识经济的兴起，知识在价值创造中的作用日益凸显，因此也有人认为应把"知识"作为一种单独的生产要素加以看待。

从以上经济学家对于资源的认识可以看出，无论哪一种分类方法，都只是对核心资源基础的不断扩充，而核心资源有两种：一种是自然资源，另一种就是我们所说的劳动，或者说人力资源。

二、人力资源的提出

"人力资源"（human resources）这一概念曾先后于 1919 年、1921 年在约翰·R.康芒斯（John R. Commons）的两本著作《产业信誉》和《产业政府》中出现，康芒斯因此被认为是第一个使用"人力资源"一词的人。但当时他所指的人力资源和现在我们所理解的人力资源在含义上相去甚远，只不过是相同的词语而已。

我们目前所理解的人力资源概念，是由管理大师彼得·德鲁克（Peter Drucker）于1954年在其名著《管理实践》中首先正式提出并加以明确界定的。德鲁克之所以提出这一概念，目的是要表达传统人事所不能表达的意思。他认为，与其他资源相比，人力资源是一种特殊的资源，它必须通过有效的激励机制才能开发利用，并为企业带来可观的经济价值。20世纪60年代以后，随着西奥多·W. 舒尔茨（Theodore W. Schultz）提出人力资本理论，人力资源的概念更加深入人心，对人力资源的研究也日益增多。

三、人力资源的内涵

人力资源是指一定范围内具有劳动能力的人口总体的总和，或者说是指能够推动社会和经济发展的具有体力和智力劳动能力的人的总称。人力资源同森林、矿山等用来满足人类需要的自然资源相比，其重大差异在于，人力资源作为生产要素，是生产的承担者；作为生产要素的载体又是生产发展目的的实现者。

人力资源的基本要点是：其一，人力包括体质、智力、知识、技能四部分；其二，人的体能和智力是人力资源的基础性内容；其三，人力资源所具有的劳动能力存在于人体之中，是人力资本的存量，在劳动时发挥出来；其四，人力资源是一定范围内的人口总体，涵盖工商企业、公共管理部门及农村人口；其五，人作为人力资源的载体既有自然性也有社会性，既有经济性也有政治性。

四、人力资源的基本特征

（一）人力资源是一种可再生的生物性资源

人力资源以人身为天然载体，是一种"活"的资源，并与人的自然生理特征相联系。这一特点决定了在人力资源的使用过程中需要考虑工作环境、工伤风险、时间弹性等非经济和非货币因素。人口的再生产和劳动力再生产，通过人口总体和劳动力总体内各个个体的不断替换、更新和恢复的过程得以实现。当然，人力资源再生性除了遵守一般的生物学规律之外，还受人类意识的支配。

（二）人力资源在经济活动中是居于主导地位的能动性资源

人类不同于自然界其他生物之处在于人类具有主观能动性。人类的这种自我调控功能使其在从事经济活动时，总是处于发起、支配、控制其他资源的位置上，亦即他能够根据外部可能性和自身的条件、愿望，有目的地确定经济活动的方向，并根据这一方向具体地选择、运用外部资源。与其他被动性生产要素相比，人力资源是最积极、最活跃的生产要素。

（三）人力资源是具有时效性的资源

人力资源的形成、开发、使用受时间因素的制约。从个体角度看，作为生物有机体的人，有自己的生命周期；而作为人力资源的人，从事劳动的自然时间又被限定在其生命周期内的某一时间段，且不同年龄阶段的人力资源具有的劳动能力也不尽相同。从社会角度看，各年龄阶段人口的数量及它们之间的关系，譬如"劳动人口与被抚养人口"

的比例，也具有时效。因此，在人力资源的形成、开发、使用过程中应充分考虑其在动态条件下的相对稳定性。

五、人力资源的作用

（一）人力资源是社会财富形成的关键要素

人力资源作为一种"活"的资源，不仅同自然资源一起构成了社会财富的源泉，且在社会财富的形成过程中发挥着关键性作用。社会财富是由对人类的物质生活和精神生活具有使用价值的产品构成的，因此自然资源不能直接形成社会财富，必须有一个转化的过程，而人力资源在这个转化的过程中起着重要作用。人们将自己的体力和脑力通过各种方式转移到自然资源之上，改变了自然资源的存在状态，使其转变为各种形式的社会财富。在这一过程中，人力资源的价值也得以转移和体现。因此，没有人力资源的作用，社会财富就无法形成。此外，人力资源的使用量也决定了社会财富的形成量，一般来讲，在其他要素可以同比例获得并投入的情况下，人力资源的使用量越大，创造的社会财富量就越多。

（二）人力资源是经济发展的主要力量

人力资源不仅决定着社会财富的形成，而且是推动经济发展的主要力量。随着科学技术的不断发展，知识技能的不断提高，人力资源对价值创造的贡献力度越来越大，社会经济发展对人力资源的依赖程度也越来越高。以美国经济学家 P. M. 罗默为代表的新经济增长理论学者认为，现代以及将来经济持续、快速、健康增长的主要动力和源泉已不再是物质资源，而是知识、技术等与人力相关的资源。著名经济学家西奥多·W. 舒尔茨则认为，人力资源既能提高人力资本的生产率，又能提高物质资本的生产率。随着时间的推移，人力资源可以使劳动者自我丰富、自我更新和自我发展；同时，通过劳动者品性、能力、操作技能和工艺水平的提高，又可增进其对物质资源的利用率与产值量。因此，人力资源和人力资本的不断发展和积累，直接推动着物质资本的不断更新和发展。

（三）人力资源是企业的首要资源

企业是指集中各种资源，如土地、资金、技术、信息、人力等，通过有效的方式加以整合和利用，从而实现自身利益最大化并满足利益相关者需求的组织（图 1-1）。

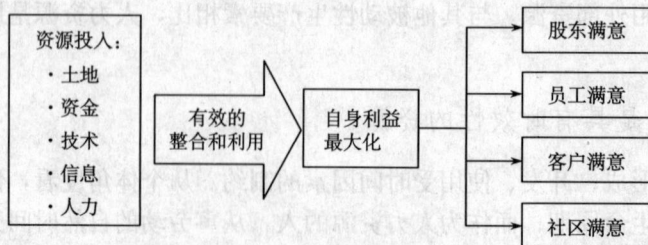

图 1-1　企业运作示意图

在现代社会中，企业是构成社会经济系统的细胞单元，是社会经济活动中最基本的经济单位之一，是价值创造最主要的组织形式；企业的出现，是生产力发展的结果，它反过来又极大地提高了生产力的水平。企业要想正常地运转，就必须投入各种资源，而在企业投入的各种资源中，人力资源是首要的资源；人力资源的存在和有效利用能够充分地激活其他物化资源，从而实现企业目标。彼得·德鲁克曾指出："企业只有一项真正的资源：人。"汤姆·彼得斯（Tom Peters）也曾说过："企业或事业唯一真正的资源是人。"由此可以看出，人力资源是保证企业最终目标得以实现的最重要也是最有价值的资源。

六、与人力资源相关的概念比较

人力资源是一个涵盖面很广的理论概括。分析人口资源、人力资源、劳动力资源和人才资源的关系有助于我们准确地理解人力资源的实质与内涵，如图 1-2 所示。

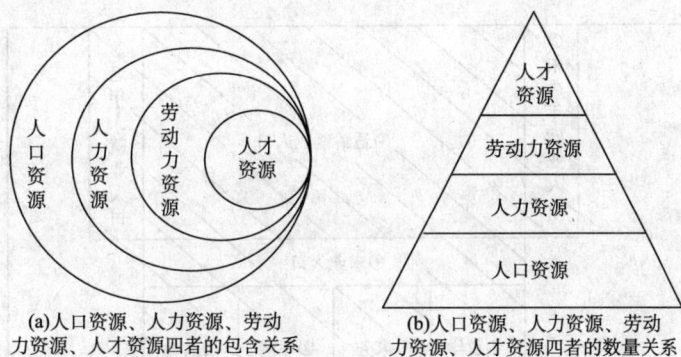

(a)人口资源、人力资源、劳动力资源、人才资源四者的包含关系

(b)人口资源、人力资源、劳动力资源、人才资源四者的数量关系

图 1-2　人口资源、人力资源、劳动力资源、人才资源四者的关系

人口资源是指一个国家或地区人口总体的数量表现。它是一个最基本的底数，就如一个高大建筑物的底层，与之相关的人力资源、劳动力资源、人才资源皆以此为基础。劳动力资源是指一个国家或地区有劳动能力并在"劳动年龄"范围之内的人口总和。人力资源指一个国家或地区具有为社会创造物质、文化和精神财富的，从事体力劳动和智力劳动的人们的总称。它强调人具有的劳动能力，即使是潜在的，如未进入法定劳动年龄或超出法定劳动年龄的人们均应包含在内。当然，这是从广义的角度来界定人力资源概念的，从狭义的"力"出发，也有人提出，人力资源就是劳动力资源。人才资源则指一个国家或地区具有较强的管理能力、研究能力、创造能力和专门技术能力的人们的总称。它重点强调人的质量方面，强调劳动力资源中较优秀的那一部分，表明一个国家和地区所拥有的人才质量。

总之，人口资源和劳动力资源概念突出强调人的数量和劳动者的数量，人才资源侧重人的质量，人力资源则是人口数量与质量的统一，是潜在人力与现实人力的统一。

七、人力资源的数量和质量

人力资源作为一个经济范畴，具有质和量的规定性。人力资源作为一定人口总体中所具有的劳动能力的总和，其总量表现为人力资源的平均数量和平均质量的乘积。

（一）人力资源的数量

人力资源可以用绝对量和相对量两种指标来表示，而人力资源绝对量和相对量又都有"潜在"和"现实"两种计算口径。潜在人力资源绝对量的考察范围，可用一个国家或地区具有劳动能力的人口量加以计算。为此，各国都根据其国情对人口进行"劳动年龄"的划分。在劳动年龄上下限之间的人口称为"劳动适龄人口"。我国现行的劳动年龄规定为男子 16～60 岁，女干部 16～55 岁，女职工 16～50 岁。在劳动适龄人口之内，存在一些丧失劳动能力的病残人口；在劳动适龄人口之外，也存在一些具有劳动能力、正在从事社会劳动的人口。在计量人力资源数量时，上述两种情况也包括在内。因此，根据这一计算方法，一个国家或地区潜在人力资源包括下列八个部分，如图 1-3 所示。

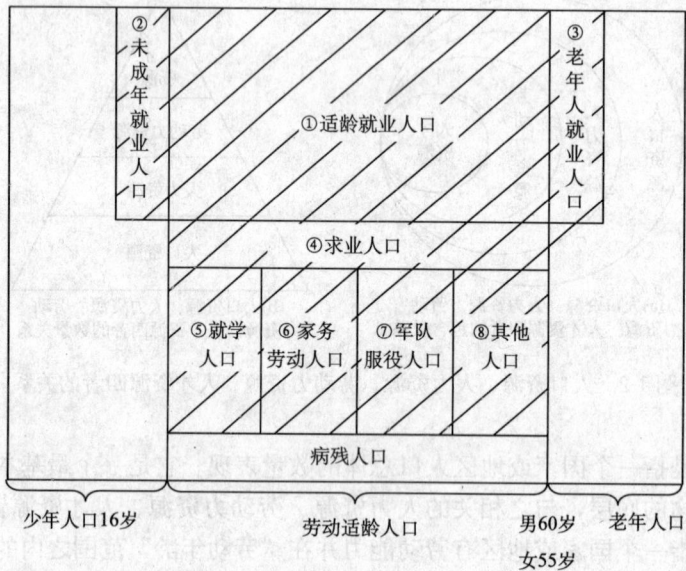

图 1-3　人力资源数量构成图

资料来源：陈远敦，陈全明．人力资源开发与管理．北京：中国统计出版社，2001：8.

现实人力资源为潜在人力资源中①～④部分人口的合计。这部分人口称为经济活动人口，亦称劳动力人口。潜在人力资源与现实人力资源之间存在一种包含与被包含的数量关系。前者是指一个国家和地区可以动员投入劳动运行的人力资源数量，后者则是直接投入劳动运行的人力资源，包括那些由于非个人原因暂时未能从事劳动的求业人口。

潜在人力资源相对量可用人力资源率表示，公式如下：

$$人力资源率 = \frac{计入潜在人力资源的人口}{被考察范围总人口} \times 100\%$$

现实人力资源的相对量可用劳动参与率表示，公式如下：

$$劳动参与率 = \frac{劳动力人口（现实人力资源）}{潜在人力资源} \times 100\%$$

一个国家人力资源绝对量的大小，是反映国力的重要指标。一国人力资源相对量则表明该国人均人力资源拥有量。作为一种相对国力的表示，它可用来与其他国家进行比较，反映出一个国家的发展程度等更深层次的社会经济特征。

（二）人力资源的质量

人力资源质量是构成人力资源的单个劳动力的素质的集合。劳动力的素质由劳动者的身体素质与智能水平构成。体质有先天的体质（优生的结果）和后天的体质（营养供给和体育锻炼的结果）之分。智能有传统的经验成规和现代科学技术知识两个方面。现代科技知识又分为一般文化和专业知识两个部分，后者又有理论素养和操作技能之分（图1-4）。

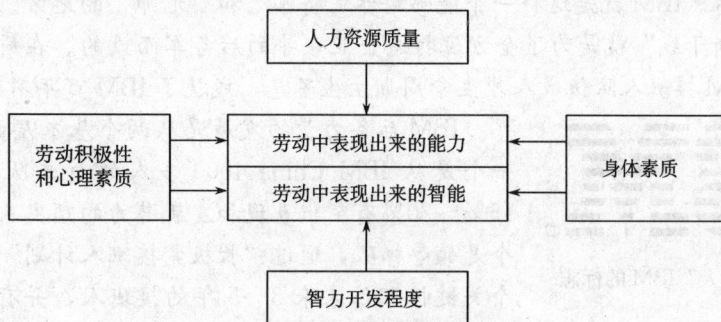

图1-4　人力资源质量构成

生产力发展史表明，人力资源中智能因素的作用逐渐提高，体质因素的作用相对逐渐降低；智能因素中现代专业科学知识和技术能力的作用不断上升，传统经验成规和劳动技能的作用不断下降，且现代专业科学知识和技术能力存在着"老化"和"更新"速度不断加快的规律性。与此相应，劳动者的类型变化如下：体力型→一般文化型→专业科技型。在该链条中，最初是全凭体力的文盲和科盲劳动者，他们同原始手工工具相联系；接着是以体力为主，具有浅显的一般文化的劳动者，他们同半手工机械技术相联系（这是一般文化型的第一种情况）。具有较高的一般文化，体力已不占主要地位的劳动者，他们同机械技术相联系（这是一般文化型的第二种情况）；最后是以专业技术为主，基本上摆脱了体力劳动的劳动者，他们同当代和将来的自动化、信息化技术相联系。

（三）人力资源数量与质量的统一

一个国家和地区人力资源的丰富程度不仅要用其数量来计量，而且要用其质量来评价。人们常说，劳动者是生产力诸因素中起决定作用的因素。实质上，更准确地说，人对生产力的强大影响其实是智力的影响，而智力在一定程度上又是科学技术的一种存在形态。离开了科学技术及人的智能发展，人在大自然面前是微不足道的。数量庞大而科学文化技术素质低下的劳动力大军只能从事传统、低效、简单的劳动，很难形成发展经济的重要源泉和推进现代化的主体力量。而且，过多的低素质劳动力不但不能看作是"丰富的资源"，反而会成为国际竞争和未来发展的十分沉重的负担。

第二节　人力资源开发理论

➤ **案例引入**

IBM：培养"将军"的地方①

不想当元帅的士兵不是好士兵，而只有能为士兵成长为元帅提供帮助的军队才是好军队。IBM就是这样一个能够培养"将军"和"元帅"的地方。这个企业的"人才新干线"就是为了全方位打造企业领导的后备军而设的。在质和量上均衡发展IBM接班人队伍，人才生命周期生生不息，成就了IBM百年不变的辉煌。

IBM后备力量的发展是从两个基本层面着手的。一个是从IBM China 4000多人的员工队伍中选出15%~20%有突出表现和发展潜力的顶尖人才。另一个是领导梯队，通过"长板凳接班人计划"确认每一个关键性职位未来3~5年的接班人，并有针对性地

"蓝色巨人"IBM的标志

制定培养计划法案。从人才生命周期规划、识别、吸引到雇用、融入、培育、激励、保留、不合格的放弃，IBM"人才新干线计划"是一个超越执行层面的单点计划，全面地应对企业对人才的全盘需求，并实现人才发展的每个环节的连贯性。

"无论你进IBM时是什么颜色，经过培训，最后都变成蓝色。"这是在IBM内部流传最广的一句话。但是细看时你会发现，IBM的蓝色深浅不一，职位越高，蓝色越深越纯，人数也越少，形成了一个规则的分层"金字塔"。这个塔层结构就是一个自然的竞争机制。工作时间越长，员工和公司都更加了解对方，最终使员工的职业生涯发展与公司的业务发展成为一个互动和优化的状态。IBM相信员工都要从塔底往上走，其严谨的流程能把不同深浅的人配置到"调色板"最准确的位置上。

IBM"人才新干线"从人才战略的高度，通过大量的创新实践，打造出了人才快速发展的体系架构，为企业的可持续发展输送着源源不断的后备军，提高了企业的核心竞争力。

➤ **案例启示**

没有人一出生就是天才，没有士兵一从军就是元帅，没有员工一入职就是精英。正如案例中IBM的"人才新干线"策略，"蓝色"的员工是培养出来的，将军的特质是开

---

① 佚名.十大名企的人力资源管理新高招.质量管理，2007，(11).

发出来的。对有潜质员工不间断的人力资源开发，充分保证了 IBM 的企业人才后备军。"人才新干线"策略不仅促进了员工个人人生价值的实现，而且为企业的可持续发展打下了坚实的基础。在本节的课程中，我们将学习人力资源开发的相关知识，具体包括：

(1) 人力资源开发的定义；

(2) 人力资源开发的目标；

(3) 人力资源开发的理论体系；

(4) 人力资源开发的内容和方法。

一、人力资源开发的定义

多年以来，人们对于人力资源开发的定义莫衷一是。有的学者从动态的角度出发，将人力资源开发定义为一个过程，例如，斯旺森（Swanson）认为，人力资源开发是一个以提升绩效为目的、通过组织发展和员工的培训与发展来培育和释放劳动者专业技能的过程。[①] 有的学者从静态的角度出发，认为人力资源开发是一项活动或者一门学科，例如，吉雷和英格兰（Gilley & England）认为，人力资源开发是在组织范围内实施的、有计划的，以促进绩效和个人成长为目标的学习活动。它的最终目的是达成个人、组织和工作的提升。[②] 查罗夫斯基和林肯（Chalofsky & Lincoln）认为，人力资源开发是研究组织中的个人和团队如何通过学习而发生变化的学科。[③] 以上三种定义虽然各不相同，但都将人力资源开发限定在组织之内，可被认为是狭义的人力资源开发，有的学者则把人力资源开发扩充至社会和国家的角度。例如，麦克莱恩（Mclean）认为，人力资源开发是能够发展劳动者的与工作相关的知识、技能、生产效率和满足程度的任何过程或者活动；它在或短或长的时期内，可能使个人、团体或者组织获益，也可能使社区、社会、国家甚至是全人类收益。[④]

在此，我们认为，人力资源开发是指根据人力资源的生理和心理特点，运用科学的方法，充分发掘、培养、发展和利用人力资源的一系列有计划的活动和过程。

二、人力资源开发的目标

（一）人力资源开发的目标特性

1. 人力资源开发的目标具有多元性

首先，从适应社会多方面需要的角度看人力资源开发目标的多元性。从经济的角度来看，人力资源开发的目标首先是提高劳动者的劳动技能、技术创新能力，造就各行各业的专业技术人才；从政治的角度来看，人力资源开发的目标是培养人的参政、议政能

---

① Swanson R A. Human resource development：performance is the key. Humance Resource Development Quarterly. 1995，6（2）.

② Gilley J，England S. Principles of Human Resource. MA：Addison-Wesley，1989：5.

③ Chalofsky N，Lincoln C. Up the HRD Lodder. MA：Addison-Wesley，198：11.

④ Mclean G N. It depends. Advances in Developing Human Resources，2000，2（3）.

力，推进社会政治民主化的进程；从文化的角度来看，人力资源开发的目标是陶冶人的思想情操，丰富人的情感世界，促进精神文明建设。

其次，从促进人的发展的角度看人力资源开发目标的多元性。人的发展是自身潜能不断开发、个性品质不断形成、自我价值不断实现的过程。在人生命周期的不同阶段，人力资源开发的目标也因时而异。婴幼儿阶段，人力资源开发的主要目标是增进健康，启迪智慧，陶冶人格，培养优良习惯；儿童与青少年阶段，人力资源开发的主要目标是全面提高人的基本素质，奠定好做人、做事及进一步接受专业教育的基础；大学阶段，人力资源开发的主要目标是培养正确的世界观、人生观、价值观，掌握较系统的基础知识、较深厚的专业知识和较广博的科学文化知识，造就各类专业技术人才；在成人阶段，人力资源开发的主要目标是促进在职人员不断增长能力、更新知识、提高技术和专业水平。

2. 人力资源开发的目标具有层次性

从开发主体看目标的层次性。人力资源开发的主体有国家、组织和个人等，不同层次的开发主体在开发目标上具有一定的差异：国家开发人力资源的目标是提高全民族的整体素质，造就各级各类人才，优化人力资源的整体结构，提高全社会的人力资源使用效益；组织开发人力资源的目标是提高组织成员的业务能力，优化组织内的人力资源配置，提高组织内人力资源的使用效益，以及培养其敬业精神；自我开发人力资源的目标体现为自我发现优势潜能，自我实施身心保健，自我提高适应能力，自我实现价值追求。

从开发对象看目标的层次性。被开发的人力资源由下而上可以分为三个层次：第一层次是未生成的人力资源，主要包括那些智力水平、知识、技能水平尚未达到一定要求的人群，如儿童、文盲、缺少必要技能的人等；第二层次是那些在智力水平、知识、技能等方面均已达到一定要求，但未被充分利用的人群；第三层次是指已被利用，但仍需要继续开发潜力的人群，如各类各级在职的厂长、经理、工程技术人员、管理干部、工人、职员等。不同层次的开发对象有不同的目标要求：对于第一层次的人群，主要进行"生成型"开发，即通过一般的教育、培训，使其具有基础的知识技能和必要的职业知识技能；对于第二层次的人群，主要进行"使用型"开发，即通过合理配置、科学管理，做到人与事适当结合，提高使用效率；对于第三层次的人群，主要进行"挖潜型"开发，即通过继续教育等形式，进一步挖掘其内在的潜能，尤其是创造性潜能，使其为社会作出更大的贡献。

3. 人力资源开发的目标具有整体性

人力资源开发目标的制定具有整体性。制定人力资源开发目标，要以整体性人力资源开发为出发点，既要考虑层次之分，也要考虑类型之别，更要考虑不同层次、类型的目标所形成的有机整体。就层次目标的联系而言，生成型开发是基础，使用型开发是关键，挖潜型开发则使这种开发保持动态优化和不断提升。

人力资源开发目标的实施具有整体性。人力资源开发目标的具体实施，涉及教育部门、劳动人事部门、企事业单位等组织的体制创新、机制转换与政策调整。目标实施的整体性实现，既要宏观统筹，又要分工落实，充分调动社会各方面的力量，齐心协力实现目标。

（二）人力资源开发的目标层次

1. 人力资源开发的总体目标

人力资源开发的总体目标是指进行人力资源开发活动所争取达到的一种未来状态。它是开展各项人力资源开发活动的依据和动力。

促进人的发展是人力资源开发的最高目标。何谓"人的发展"？从心理学的角度看，人的发展包括生理的发展与心理的发展。生理发展是心理发展的基础，心理发展则进一步影响和促进生理发展。从教育学的角度看，人的发展包括全面发展与个性发展。全面发展是指人的体力、智力、活动能力、道德品质等多方面的发展。个性发展是指基于个性差异的个人兴趣、特长的形成与发展。全面发展与个性发展是相互促进的关系：全面发展是社会进步对人的发展要求的统一性，个性发展是社会进步对人的发展要求的多样性；全面发展是个性发展的前提，个性发展是实现全面发展的途径。

人力资源开发的目标是由科学合理地对人力资源进行配置、促使其素质提高、能力利用、开发规划及效益优先等一系列目标相结合构成的有机整体，其中，人的潜能的实现、凸现且有效运用是人力资源开发的根本目标。人力资源之所以有待于开发，是因为已经存在着的人力往往以潜在的形态存在，并不等于现实的生产力。

2. 人力资源开发具体目标的层次与类型

（1）国家人力资源开发的目标。国家作为人力资源开发最大的主体，其目标隶属于国民经济和社会发展的长期、中期、短期规划。国家人力资源开发的长期目标是：实现充分就业、提高全民素质、高效合理利用人力资源，取得最大的人力资源开发效益。其短期目标是：合理安置企业、事业和行政机构冗员的分流工作，培育城乡统一的劳动力市场，大力发展职业教育和成人教育，提高人力资源的技能，协调收入分配过程中的公平与效率的关系，搞好劳动保护工作等。

（2）劳动人事部门人力资源开发的目标。劳动人事部门开发人力资源的目标是培育和完善劳动力市场和人才市场，转变职能，从直接插手企业的各项人力资源开发活动转变到宏观指导、协调、服务、监督上来，创造一个公平的竞争环境，抓好劳动力就业服务、培训工作。

（3）教育部门人力资源开发的目标。教育部门开发人力资源的目标是提高人力资源的能力及综合素质，使之与劳动力市场、用人单位的需求相适应。

（4）卫生医疗部门人力资源开发的目标。卫生医疗部门的目标主要是通过提供各种医疗保健服务，增强人力资源体能和健康水平，使员工保持旺盛的精力，以利于其潜能的挖掘和发挥。

（5）企业人力资源开发的目标。企业通过员工培训及合理配置、职业生涯设计和管理，使"人"与"事"交互发展，员工获得职业发展，同时也为企业创造更大的利润。

三、人力资源开发的理论体系

人力资源开发是一项宏大的系统工程，它广泛涉及并应用经济学、管理学、生理学、人口学、人类学、社会学、伦理学、教育学、工效学等多学科领域的知识，在这些学科综合与分化的基础上，人力资源开发以提高效率为核心、挖掘潜力为宗旨、立体开发为特征，形成了一个相对独立的理论体系，这一理论体系主要包括人力资源的心理开发、生理开发、伦理开发。

（一）人力资源的心理开发

人的巨大潜能，首先表现为心理潜能。人力资源的心理开发，主要是运用心理学和行为科学的发展成果，研究劳动者的动力源泉、动力结构、动力机制等影响劳动者动力的相关因素，以影响和指导人力资源开发活动。作为劳动主体的人是生产力诸要素中最积极、最活跃的因素。无论是科学技术的进步，还是社会财富的创造，都离不开人类积极性的调动。激励理论认为，影响个人的工作积极性的因素主要有两大类：一类是环境因素，包括自然环境、物质环境（亦可称工作的硬环境）、心理环境（亦可称工作的软环境或组织文化氛围）；另一类是个体心理因素，包括工作动机、工作情绪与工作的满意感等。大量的研究表明，个体的工作积极性是影响个体工作绩效的重要因素。调动人的积极性主要有四个途径：一是需要激励，即通过引导正确需求、满足合理的需求来调动人的积极性；二是目标激励，即通过设立合理的组织目标引导和激励组织成员；三是行为激励，即通过组织活动来调动组织成员的积极性；四是综合激励，即通过激励者和被激励者的双边协同活动来调动组织成员的积极性。

（二）人力资源的生理开发

开发人力资源的前提是保护人力资源，保护人们在劳动过程中的人身安全和身心健康。因此，人力资源开发需要研究人体在各种劳动条件下生理反应的规律，研究人们在劳动过程中运动系统、神经系统、循环系统、呼吸系统以及感觉器官的变化规律，研究营养与代谢、环境与人体健康的相互关系等。例如，通过研究劳动者在生产过程中产生疲劳的生理机制和原因，以寻找消除疲劳的有效方法和途径。

根据人的生理界限，可将劳动环境分为生理舒适环境、生理不舒适环境和超生理界限环境三类。生理舒适环境是指人在这种条件下劳动，生理因素大部分适应，环境与人体之间物质与能量交换大体平衡。生理不舒适环境是指人在这种条件下劳动，心理上或精神上感到压抑，生理上难以适应，容易产生疲劳，工作不能持久，甚至导致职业病。此种环境迫切需要改善，需要有特殊的劳保用品或防护装置。超生理界限环境是指人在这种条件下劳动，环境不能给人提供生存的物质条件，而且存在着对机体有害的因素。在这种环境中作业，必须将人的全部或局部身体与外部环境隔开。

（三）人力资源的伦理开发

人力资源的伦理开发主要是指通过对人类劳动过程中的道德理想、道德信念、道德规范、道德情感、道德行为、道德评价等一系列劳动伦理问题的研究和指导，使员工能够正确认识和处理道德与利益的矛盾。人力资源伦理开发的任务就是要培养劳动者的责任感、义务感、正义感、道德感，树立事业心、同情心，唤起良知，唤起恻隐之心、羞耻之心、礼让之心和是非之心，不断地提高全民族的劳动伦理素质。

人力资源的伦理开发还包括调整劳动过程中的人际关系。我国春秋末期的思想家墨翟把"兼相爱"、"交相利"看作理想的人格品德。劳动者之间的谦让、团结、友爱,是劳动伦理的重要组成部分。在社会化大生产的条件下,劳动过程的分工越来越精细,协作越来越密切,更需要劳动者相互间的支持和配合。

四、人力资源开发的内容和方法

由于不同的开发主体进行人力资源开发时立足点迥然相异,因此人力资源开发的内容和方法也因开发主体的不同而有所区别。我们认为,人力资源的开发主体主要有国家、组织和个体三个层面。国家人力资源开发的立足点是整体开发;组织人力资源开发的立足点是提高组织成员的素质,强调专业培训、合理配置与充分使用;个体人力资源开发的立足点是完善自身、不断提高,实现自己的人生价值。本书从综合的角度,将人力资源开发分为职业开发、管理开发、组织开发、环境开发四大环节来研究人力资源开发的内容与方法,其四者的关系如图 1-5 所示。

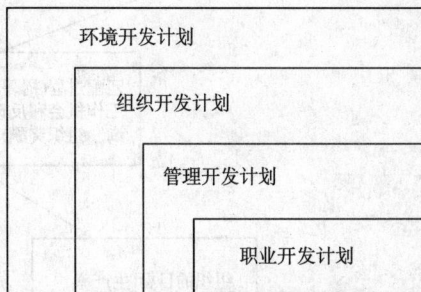

图 1-5 人力资源开发分层图

(一)职业开发

1. 职业开发的内涵

职业开发的本质在于集中考察个人与组织在一定时期中的相互作用,其目的在于阐明如下具有特殊意义的几个问题:改善组织的人力资源开发与管理活动;改进个人职业生涯规划,帮助员工更有效地应对和摆脱工作困境;改善所有职业阶段上的匹配过程,使处于早、中、晚期职业危机的组织和个人都能更有效地解决这些危机;正确处理员工在职业中、晚期出现的落伍退化、激情消失和但求安稳的问题;在不同的生命阶段使家务和工作取得均衡;使所有有显著贡献但无意沿组织阶梯攀升的员工保持生产率和动力。

2. 职业开发系统的构成

职业开发是一个由社会、组织和个人所构成的相互作用的系统。图 1-6 显示了在全面分析个人与组织的相互作用时必须考虑的各种要素。个人和组织同处于一个社会文化环境之中,社会文化环境通过自己的价值系统、成功标准、职业激励与约束等,对组织和个人产生影响,组织和个人不得不在这种总的社会文化环境中采取对策。组织方面,必须密切关注劳动力市场状况、劳动立法制度、科学技术进步等各种社会经济因素,并通过环境评估制定相应的人力资源计划;个人方面,则要密切关注职业和教育发展机会,即职业、家庭和自我发展的均衡,关注对自己具有长期可行性的工作、生活方式,并以自我评估和机会评估为依据安排个人的职业选择和职业生涯规划。而将同一社会文化环境下的组织和个人结合起来的则是组织需要和个人需要的"匹配过程",如图 1-6 所示,该"匹配过程"的内容包括招聘和选拔、培训和开发、工作机会和反馈、提升和监督、职业咨询、组织奖酬等。组织和个人结合的最终目标即是实现组织的最终效益和个人的长期发展。

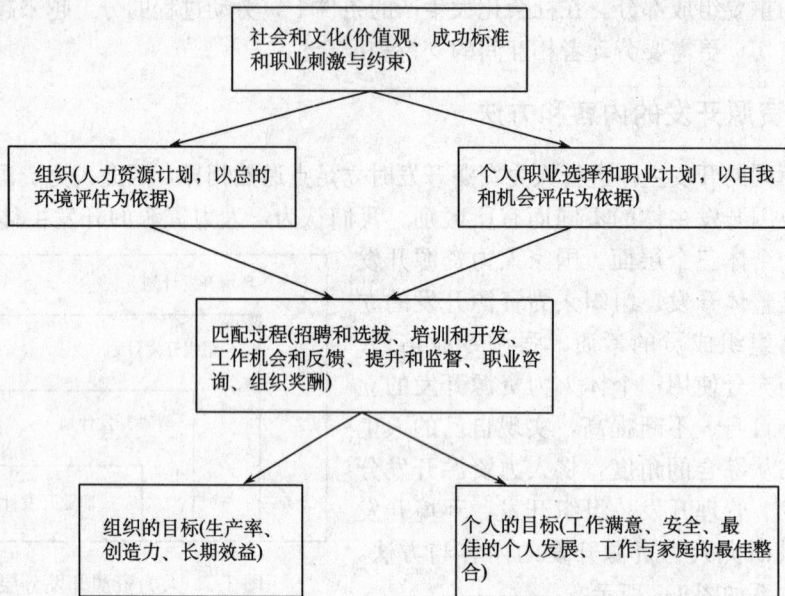

图 1-6　由社会、组织和个人相互作用构成的职业开发系统

（二）组织开发

组织开发的目的是通过充分挖掘每一位员工的聪明才智，改善员工个体之间、群体之间的工作关系，实现组织整体人力资源开发效能的提高。组织开发属于比较新的研究领域。目前在发达国家，如美国、日本、英国、德国、荷兰、挪威、瑞典等国发展较快。组织开发的方法很多，较为常用的有以下三种。

1. 库尔特·利温的三步模式

库尔特·利温（Kurt Lewin）的三步模式是指"解冻"、"改变"和"重新冻结"。其中，"解冻"是指当组织面临严重的挑战或者问题时，应审时度势，锐意变革；"改变"是指组织变革以后，应积极调整组织行为，适应组织结构变革，解决组织问题；"重新冻结"是指加强、巩固新行为，使之成为组织新行为系统中的一部分。例如，企业聘请咨询顾问专家介入组织，实施"实验室培训"等技术就是采用的这种模式。

2. 拉里·格雷纳的过程顺序步骤模式

拉里·格雷纳（Larry Greiner）认为，只有按照特殊顺序步骤进行的组织变化才是有效的组织变化，且这种变化必须是由外部压力或外部促进因素给组织上层管理者带来影响，促使其作出决策。根据拉里·格雷纳的观点，过程顺序步骤包括组织引入开发顾问专家、设计新的问题解决办法、试行新的问题解决方法以及积极加强巩固新的行为方式等环节。

3. 哈罗德·莱维特的相互作用变量模式

哈罗德·莱维特（Harold J. Leavitt）的相互作用变量模式与利温和格雷纳的模式

完全不同，它不强调步骤或阶段的组织变化，而是考虑组织系统中不同部分的变化，即哈罗德·莱维特所说的"相互作用的变量"。哈罗德·莱维特认为，组织有四种相互作用的变量：任务、机构、技术和人。

（三）管理开发

人力资源的管理开发是实现人力资源有效开发、合理配置、充分利用和科学管理的可靠保障，必须与时俱进，逐步走上现代化、法制化和科学化的道路。管理开发的基本手段包括法纪手段、行政手段、经济手段、宣传教育手段和目标管理手段等。企事业单位和其他社会组织利用这些手段进行直接的管理，使本单位人力资源的数量、质量、结构等和组织目标相适应，充分发挥人力资源的最大效能。

1. 法纪手段

法律由国家依法定程序制定、颁布和实施；纪律则由国家机关、企事业单位和其他社会组织在其权力范围内制定和执行。两者都具有规范行为的作用，统称法纪手段。例如，我国已制定和颁布了《国家公务员法》、《企业法》、《劳动法》及其他有关劳动力流动、劳动关系调整等方面的法律法规，以调整人力资源开发主体和劳动者之间的权利义务关系，规范人力资源市场行为。企事业单位和其他社会组织等人力资源开发主体除遵守和执行国家的有关法律法规外，还根据权限和需要制定纪律和各种规章制度来规范员工的劳动行为，保证组织的正常运转和组织目标的实现。所有这些，使人力资源开发逐步走上了法制化的道路。法纪手段具有普遍性、强制性、稳定性等特点。

2. 行政手段

行政手段的运用主体一般是政府。但从广义上讲，企事业单位和其他社会组织依靠组织和领导者的权威，制定强制性的命令和措施，通过组织行政层次自上而下的贯彻执行，直接对下属人员施加管理的手段，通常也称为行政手段。比如，上级部门任命下级部门的领导人员，管理者对员工工作岗位和责任的安排，组织对员工实施的奖惩和工资报酬等都属于行政手段。行政手段在人力资源开发活动中具有权威性、强制性和垂直性的特点。行政手段有利于集中统一的管理和快速有效地调节下属行为，但不利于被管理者积极性的发挥，且易造成横向沟通困难和信息传递失真等。

3. 经济手段

经济手段是通过把个人行为结果与经济利益联系起来以调节员工行为的一种管理手段。例如，利用良好的工资福利待遇吸引人才，用奖金的办法激励员工完成或超额完成任务，以罚款惩治不能按时按质完成任务或违反组织纪律的员工等。这种手段的主要特点是：间接性和非强制性，它不像行政手段那样对被管理者的行为进行直接和强制性的干涉和支配。经济手段能较好地处理各方面的物质利益关系，而且员工通过自身努力可以实现物质需要的满足，有利于调动员工的工作积极性，但也易引发享乐主义泛滥、组织内部矛盾激化等问题。

4. 宣传教育手段

宣传教育手段，是指通过对法律、政策、规章制度的宣传和对理想、道德的教育，提高人们的认识水平和思想水平，使他们自觉地为实现组织目标而努力的方法。例如，国家通过普法教育和法制宣传提高社会组织和个人的法律意识，使其自觉遵守法律规定的人力资源开发主客体的权利和义务；组织通过宣传教育使组织成员自觉遵守组织内部的规章制度等。

5. 目标管理手段

目标管理手段是指组织的管理者与下级成员一起协商，通过制定和实施具体的目标来提高员工的积极性和工作效率的一种综合管理方法。目标管理是由学者德鲁克（Peter F. Drucker）创立的。他认为，组织工作的目的和任务，必须转化为目标，管理人员应该通过目标对下级进行管理，以保证组织总目标的实现；而各级管理人员也要根据分目标对下级进行考核，依据目标的完成情况和取得成果的大小进行评价与奖励。

（四）环境开发

人力资源开发活动的环境包括社会环境、自然环境、工作环境和国际环境。其中，社会环境从宏观上制约着人力资源开发活动；自然环境作为一种客观存在，人类只能将其对人力资源开发活动的负效应降低到最低限度而无法消除；工作环境直接影响着人力资源能力和积极性的发挥程度；国际环境则从世界范围内对国内的人力资源开发产生影响。

环境对于人力资源的生存状态与发展具有深远的意义和重要的影响。人力资源环境开发，一方面，要不断提高对环境的认识；另一方面，要努力使环境向有利于人力资源开发管理的方面转化，为人力资源主观能动性的发挥创造良好的外部条件。环境虽然可以被利用以满足人力资源开发管理的种种需要，但环境的利用有着极大的弹性和多方向性，人力资源开发必须坚持在正确认识环境、尊重客观规律的基础之上。如果违背自然环境的客观规律，人类将会受到环境的惩罚。

第三节　人力资本投资理论

> 案例引入

奥的斯："投资"员工的未来[①]

作为世界上最大的电梯公司，奥的斯从 2003 年开始校园招聘。随着中国业务的迅速增长，新招聘大学生的人数以每年 100% 的速度增长，仅 2005 年新入职的大学生就达到了 400 余人。为了使这些新人尽快适应公司业务发展，同时也使这些大学生们在职业生涯的起步阶段走得更稳。奥的斯实施了系统的新员工发展培训计划，全面培养应届毕业生的技能和素质。奥的斯的新员工培训分为如下几个步骤。

① 佚名．十大名企人力资源管理新高招．质量管理，2007，（11）．

来自全国各地的大学生入职后，首先汇聚到天津总部全国培训中心参加为期两周的入职培训。入职培训结束后，这些意气风发的新人被输送到各个分支机构和职能部门。

为了在日常工作中对新毕业的学生们给予持续的激励和辅导，培训中心通过每月编辑的电子培训刊物（e-magazine）不断向他们传递工作方法和自我激励与发展的信息，协助他们稳步地完成从学生到公司所需要的职业员工的角色转换。

奥的斯在帮助毕业生尽快适应新环境、快速成长提供各种学习与发展机会的同时，也对他们的工作技能和业绩表现进行紧密的跟踪与评估，从而确保培养和保留符合公司发展需要的具有胜任能力的人才。

奥的斯认为，使员工去留的原因有很多，建立员工的忠诚度是重要原因之一，因此公司必须对员工有所投资，即投资员工的未来，帮助员工实现梦想。奥的斯就能因此吸引到最好的员工，同时保证公司效益的更好实现，这也是奥的斯在市场竞争中占有更大优势的奥秘。

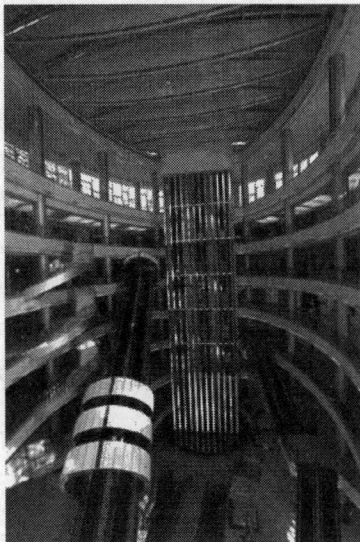

奥的斯研发的国内最高的无中间支撑观光型室内自动扶梯，长达 50 米，升程 20 米。扶梯上方可不断变化场景和颜色，犹如进入星级旅程，被顾客赞誉为"太空云梯"

➤ 案例启示

作为企业生产要素的重要组成部分，员工在企业的生产和发展中发挥着重要的作用。如同厂房和设备需要维护一样，员工也需要投资。在众多电梯企业中，奥的斯能够脱颖而出，这与他们投资员工"未来"的策略密不可分。对员工的投资不仅有助于提高员工的忠诚度，更有助于实现企业的发展目标。本节课程我们将学习人力资本的相关理论，具体包括：

（1）人力资本的概念、特征、类型；

（2）人力资本投资的概念、特征和主要形式；

（3）人力资本理论形成简史；

（4）人力资本投资的成本与收益。

一、人力资本

（一）人力资本的概念

人力资本是同物质资本相对应的概念，是指体现在劳动者身上的，能为其带来永久性经济收入的知识和能力。在一定时期内，人力资本主要表现为劳动者所拥有的知识、技能、劳动熟练程度和健康状况。人们之所以把劳动者的知识、技能、熟练程度、健康状况等质量因素当作一种资本或者资本的一种表现形式，主要原因在于劳动者的知识、技能、熟练程度、健康状况等质量因素同物质资本一样，其形成和维持需要花费成本，且同样具有稀缺性和生产性，而人们对于人力资本的投资同对于物质资本的投资一样，都是要放弃眼前的消费利益以获得未来的长期收益。

（二）人力资本的特征

1. 人力资本是寄托在劳动者身上的一种生产能力

人力资本存在于人体之中，主要表现为劳动者的知识、技能、熟练程度、健康状况等，即主要表现为劳动者的生产能力。人体是人力资本的载体，人力资本与劳动者密不可分。这也决定了人力资本的形成、发展和发挥具有明显的依附性、时效性和不可视性。

2. 人力资本的所有权不具有转让或者继承的属性

同其他物质资本明显不同的是，人力资本与其所有者具有明显的不可分性。某一劳动者表现出的知识、技能、熟练程度、健康状况等永远为其所有，且不能转让和继承。

3. 人力资本具有明显的可变性

随着教育、培训、保健等活动支出的不断增加，人力资本会不断增加；反之，长期缺乏学习和更新，人力资本也会贬值。作为一种稀缺的宝贵资源，积累人力资本需要不断地投资来维持。

（三）人力资本的类型

不同劳动者的知识、技能、熟练程度、健康状况等各有差异，因此，同物质资本的同质性相比，人力资本具有非同质性。依据人们对能力的划分，我们可以把人力资本分为四种类型。

人具有四种能力：一是一般能力，即人们普遍所具有的分析、计算、学习和适应等基本能力；二是完成特定工作的能力，即在一定的资源约束条件之下，一个人所具有的加工、生产某种物品或提供某种服务的特殊技能；三是组织管理能力，即组织、协调各种资源的能力；四是资源配置能力，即维持市场均衡、合理配置资源的能力。根据这四种能力，可以把人力资本分为四种类型：第一种是一般型人力资本，对应的社会角色是一般的劳动者；第二种是技能型人力资本，对应的社会角色是专业技术人员；第三种是管理型人力资本，对应的社会角色是各级各类管理人员；第四种是企业家型人力资本，对应的社会角色是企业家、政治家、教育家、经济学家、社会活动家等。

（四）人力资本与人力资源的区分

人力资源的质量是人力与人力资本投资的结合，从人力资本到人力资源是一个简短的智力加工过程。人力资源是人力资本内涵的继承、延伸和深化。现代人力资源理论是以人力资本理论为根据的：人力资本理论是人力资源理论的重点内容和基础部分，人力资源经济活动及其收益的核算基于人力资本理论。两者都是在研究人力作为生产要素在经济增长和经济发展中的重要作用时产生的。因此，人们常将两者相提并论。

虽然人力资本与人力资源在理论渊源、研究对象、分析目的等方面具有一定程度的相似性，两者在理论视角、分析内容等方面还是有区别的。其一，两者研究问题的角度不同，人力资本是通过投资形成的以一定人力存量存在于人体中的资本形式，强调以某种代价所获得的能力或技能的价值；人力资源是经过开发而形成的具有一定体力、智力和技能的生产要素资源形式，强调人力作为生产要素在生产过程中的生产、创造能力。其二，两者分析问题的内容不同。人力资本强调投资付出的代价及其收回，考虑投资的成本带来多少价值，研究价值增值的速度和幅度；而人力资源的研究，除了涉及以上内容外，还要分析人力资源形成、开发、使用、配置、管理活动中的规律，揭示人力资源在社会经济生活中的作用。其三，人力资本理论揭示了人力投资所形成的资本再生、增值能力，可进行人力开发的经济分析和人力投入的产出研究，如果从会计学角度看，进行经济核算的意义十分明确；而人力资源理论，不仅包括对人力投资的效益分析，其经济学内容更为广泛和丰富。值得提出的是，人力资本与人力资源之间的区别是内容递进性和范围拓展性的区别，人力资源把人力资本研究的视角和内涵推向纵深。这也更加证实了两者的密切关联：人力资源是资本性资源，是人力投资的结果。

二、人力资本投资

（一）人力资本投资的概念

贝克尔（G. S. Becker）在其《人力资本》一书中将人力资本投资描述为通过增加人力资源，影响未来货币收入和精神收入的活动。更精确地讲，人力资本投资是指通过对人的投资，增加人的生产与收入能力的一切活动。人力资本的形成与人力资本存量的增加都来源于人力资本投资。劳动者的素质构成因素，即知识、技能、熟练程度、健康状况等构成了人力资本的实际内容，因此凡是用于形成或者增强劳动者素质构成因素的行为与费用，都是人力资本投资。

（二）人力资本投资的特征

（1）人力资本投资对象的特殊性。由于人力资本寄托于人体之上，因此对人力资本的投资也就是对人的投资。

（2）人力资本投资主体的多元性。在科学技术知识更新换代加速的今天，人力资本投资的主体更加广泛。具体而言，人力资本投资的主体包括国家、政府、社会团体、企业组织、家庭以及个人。

（3）人力资本投资收益的广泛性。就人力资本投资的收益而言，除了人力资本投资的客体直接受益以外，人力资本投资的主体也获益匪浅，且往往也会为其他利益相关者带来收益。

（4）人力资本投资收益的多方面性。人力资本投资不仅仅可以带来经济利益，还会带来一定的社会、文化等多方面的利益。

（5）人力资本投资收益取得的迟效性与长期性。与物质资本投资不同的是，人力资本的投资很难做到当时投资当时收益，只有当劳动者通过长期的学习和积累，知识技能水平不断提高达到一定程度之后，人力资本的投资才会产生作用，但是一旦人力资本发挥作用，就会在相当长一段时期内不断取得收益。

（三）人力资本投资的主要形式

1. 教育投资

教育是人力资本投资的重要途径。教育投资可以分为正规教育投资和非正规教育投资。正规教育是指通过脱离生产岗位在学校或有关机构接受系统的知识和技能，如小学教育、大学教育等。非正规教育是指在任何教育机构之外学到的知识和技能，如职业技术培训等。

2. 健康保健

用于增进体质、健康保健的费用也是人力资本投资的主要形式，包括劳动者营养、衣着、住房、医疗保健、锻炼、娱乐等所需的费用支出。医疗保健有利于降低婴儿的死亡率，增加未来劳动者的数量；减少疾病和死亡，保证现有劳动者的人数；延长劳动者的服务期限；提高劳动者身体素质，增强劳动者工作能力。

3. 劳动力的迁移和流动

劳动力的迁移和流动费用本身并不能直接形成或者增加人力资本存量，但通过劳动力的合理流动，宏观上有利于实现人力资本的优化配置，调整人力资本分布的稀缺程度；微观上有利于使个人的人力资本实现最有效率和最获利的使用。因此，劳动力的迁移和流动是实现人力资本价值和人力资本增值的必要条件。

三、人力资本理论形成简史

（一）古典人力资本理论的产生

人力资本理论的思想在一些早期西方古典经济学家的著作或者论述中就有所反映，当时的经济学家们不但已经比较明确地提出了人力资本的概念，而且还认为在多种投资中最有价值的投资就是对人本身的投资。比较典型的是西方"古典经济学之父"亚当·斯密。亚当·斯密将工作技能的增强视为经济进步和经济福利增长的基本源泉，并第一次论证了人力资本投资和劳动技能对个人收入和工资结构的影响。法国经济学家萨伊也认为，由于人的技艺和能力需要花费成本，并可以提高工人的劳动生产率，因此可以将其视为资本。欧·费雪从抽象和数学的角度出发，指出人无疑是资本。马歇尔认为人力资本是由知识和组织权威构成的资本，包括人所具备的才干、知识、技能、资历等。这些古典经济学家都从不同的侧面，不同程度地提出并论述了人力资本的相关概念，但是由于历史的局限性，他们并没有对这些理论加以深入的探讨和论证，只是迸发出了早期人力资本理论的火花。

（二）现代人力资本理论的形成和发展

20 世纪五六十年代，是现代人力资本理论形成和发展的高潮时期，这很大程度上依赖于经济学家们的辛勤工作，但同时在客观上也与当时的历史背景和理论背景密不可分。第二次世界大战结束之后，在战争中严重受挫的德国和日本，经济奇迹般地迅速复苏和发展，一些自然资源条件很差的国家，如瑞士，经济也得到了长足发展；而诸如伊朗、利比亚等的一些发展中国家实行以资本积累为导向的工业化战略却收效甚微。在铁的事实面前，经济学家们不得不开始反思，相同的物质资本总投入量却带来了相去甚远的国家经济增长收益，其原因究竟何在。舒尔茨等经济学家认为，这一现象说明在推动经济发展的进程中，除了已知的物质资本要素以外，一定还存在着其他未知因素，这一未知因素就是人力资本。与此同时，第二次世界大战以后，西方许多国家经济理论的研究领域和研究方法发生了重要变化，宏观经济学开始兴起，经济发展理论日益成熟，经济学界对国家或地区的总投资、总收入、总储蓄、总消费之类的社会经济总量关系的研究也日渐深入。而这种总量分析揭示了一个重要现象：在物质资本投入总量相等的情况下，不同国家或地区获得的收益增长率是有差别的。经济学家通过进一步地探索和研究，发现这一差异产生的根本原因正在于人力资本质量与存量的差异，从而证实了人力资本在推动经济发展过程中的关键作用。

在人力资本理论形成和发展的过程中，加尔布雷斯（Galbraith）、雅各布·明塞尔（Jacob Mincer）、西奥多·舒尔茨（T. W. Schultz）、加里·贝克尔（G. S. Becker）、爱德华·丹尼森（D. Edwards）、罗默（Michael Roemer）、卢卡斯（Robert E. Lucas）等人都作出了重要贡献。一般情况下，我们将西奥多·舒尔茨、加里·贝克尔和雅各布·明塞尔作为这一时期的典型代表。他们分别从不同的角度对人力资本理论展开了研究，舒尔茨结合经济增长问题的研究提出了人力资本的概念；贝克尔将新古典主义分析方法应用于人力资本投资研究之中，提出了一套理论的分析框架；而明塞尔则是在收入分配和劳动市场行为等问题的研究中开创了人力资本研究的方法。

1. 舒尔茨的人力资本理论

西奥多·舒尔茨是美国芝加哥大学的教授。他在一系列研究人力资本的著作和论文中，较为全面地论述了人力资本投资，人力资本投资与经济增长的关系、教育的作用、人才的有效配置、人力资源迁徙、劳动者健康等问题。据不完全统计，他的著作多达20 余部，各类文章 200 多篇。他在 1960 年出任美国经济学会会长时发表的就职演说——《人力资本投资》，给学术界留下了极其深刻的印象，为推动这一领域的研究作出了巨大贡献。由于在人力资本理论方面开创性和系统性的研究及贡献，舒尔茨获1979 年诺贝尔经济学奖，成为西方经济学界公认的人力资本理论之父。

舒尔茨人力资本理论的核心观点主要有六个。一是人力、人的知识和技能是资本的·

一种形态。舒尔茨强调，资本概念既包含物质资本，也包含人力资本，且人力资本这一资本形态在经济发展中起着决定性的作用。然而人力、人的技能的取得并不是无代价的，它需要消费资源，需要消耗资本投资。因此，人力，包括人的知识和技能的形成乃是投资的结果。二是人力资本投资增长水平决定经济和社会发展的未来。舒尔茨指出："空间、能源和耕地并不能决定人类的前途。人类的前途将由人类的才智的进化来决定。"现代化生产条件下劳动生产率的提高，正是人力资本大幅度增长的结果。三是人力资本投资收益率远高于物质资本投资收益率。舒尔茨采用收益法测算了人力资本投资中最主要的教育投资对美国 1929～1957 年经济增长的贡献，其比例高达 33%，这一数据后来为全世界广泛引证。舒尔茨这一实证研究成果，证明了人力资源作为一种生产要素资源能力，已经远远超过了一切其他形态的生产要素资源能力的总和，对人的投资带来的收益，超过了一切其他形态资本的投资收益率。四是人力资本投资的核心是提高人口质量，教育投资是人力资本投资的主要部分。舒尔茨认为，人力资源包括数量和质量两个方面，提高人力资源质量更为重要，而教育是实现这一目的的主要途径。五是教育投资应以市场供求关系为依据。舒尔茨认为，我们正处在一个复杂多变的动态世界，一个国家企图制定一个一劳永逸的人力规划，这是脱离现实的。办法只有一个，"有需求就有供应"，那就是由市场进行调节，对各类学校的教育投资，只能根据市场的需求来调节。六是摆脱贫困的关键是致力于人力资本投资，提高人口质量。

2. 贝克尔的人力资本理论

人力资本理论的另一代表人物也是一位诺贝尔经济学奖获得者，美国著名经济学家加里·贝克尔。其人力资本理论研究成果集中反映在他自 1960 年以后发表的一系列著作中，其中最有代表性的是《生育率的经济分析》、《人力资本》和《家庭论》。《人力资本》一书被西方学术界认为是"经济思想中人力资本投资革命"的起点。贝克尔的贡献突出表现在对人力资源的微观分析上。他对家庭生育行为的经济决策进行了成本-效用分析，他提出的孩子直接成本和间接成本、家庭时间价值和时间配置、家庭中市场活动和非市场活动的概念都令人耳目一新。他在教育、培训和其他人力资本投资行为的研究方面取得的成果，也都具有开拓性意义。追求效用最大化、市场均衡和稳定偏好是贝克尔理论研究的主线。

3. 明塞尔的人力资本理论

1957 年，明塞尔就在其博士论文《人力资本投资与个人收入分配》中最早运用人力资本投资的方法研究个人的收入问题，从严格意义上说，甚至早于舒尔茨和贝克尔。明塞尔对于人力资本理论的重要贡献在于：最早建立了人力资本投资收益率模型；最先提出了人力资本挣得函数；提出"追赶"时期这一概念，并将其用于研究在职培训对终身收入模式的影响；将人力资本的理论和研究方法应用于劳动力市场行为与家庭决策的研究之中。

4. 丹尼森的人力资本理论

对人力资源要素作用进行计量分析的是美国经济学家爱德华·丹尼森，其计算方法比舒尔茨更为严谨。对于用传统的经济分析方法估算劳动和资本对国民收入增长所起的作用时，所产生的大量未被认识的、不能由劳动和资本投入解释的余数（residue），丹

尼森作出了令人折服的定量分析和解释。通过精确的分解计算，他论证出在 1929～
1957 年美国的经济增长中，有 23％的份额要归因于美国教育的发展。丹尼森的这一重
要研究成果无疑是对舒尔茨研究结论的重要补充和修正。许多学者认为，从 20 世纪 60
年代开始至今的世界各国教育经费的激增，在相当程度上应归功于丹尼森及其一大批追
随者的努力。

四、人力资本投资的成本与收益

（一）人力资本投资成本

人力资本投资成本包括三大类：第一类是实际支出或直接支出，包括学杂费（教育
投资）、流动支出（迁移）、培训支出（国家、企业、个人）及国家用于教育和社会保障
方面的支出等，其中个人直接支出的部分被称为个人直接支出，国家或社会直接支出的
部分被称为社会直接支出。第二类是机会成本。机会成本是指因投资于人力资本而放弃
其他投资赢利机会的损失。投资支出一旦发生，就不能再把这笔钱用于储蓄、购买股票
或其他产业投资，即使再高的利息、红利，也必须放弃这些机会；同样，用于人力资本
投资的时间也是一种机会成本。第三类是心理成本。学习艰苦、孤独，寻找职业乏味、
费神，工作迁移需要离别家人、朋友，这种心理损失被称为人力资本投资者的心理
成本。

在进行人力资本投资评价时，为了准确地描述人力资本投资行为，还经常用到以下
几个与成本相关的概念：

（1）社会成本和私人成本。社会成本是指社会承担投资支出而私人受益的成本，私
人成本是指投资者直接承担的人力资本成本。例如，九年制义务教育的大部分支出为社
会承担，而私人只承担部分成本。

（2）边际成本。此指每增加一个单位的人力资本投资带来的人力资本产出增量，称
为边际成本。边际成本在人力资本投资理论中应用广泛。

（3）沉没成本。人力资本投资一旦发生便不可撤回，此时面临着投资资金丧失等风
险，即成为"沉淀成本"（sunk cost），由于人力资本市场不完全，交易流动性约束较
强，沉淀成本经常发生。

（二）人力资本投资收益

1. 人力资本投资的个人收益

在人力资本投资领域，个人收益率是衡量个人收益的核心要素。个人收益率是投资
收益期间个人收益净现值与投资总额净现值之比。追求收益最大化是投资者的基本动
机，个人收益率反应了人力资本投资产生收益的能力，因此个人收益率的高低直接影响
人力资本投资者的投资决策。

影响个人投资收益率的因素包括：①个体能力及偏好。例如，能力高的人接受教
育比能力低的人个人收益率高。②资本市场平均报酬率。把同一笔资金用于人力资
本投资与其他投资时，投资者选择的条件是，人力资本收益至少不低于资本市场的

平均收益；因为资本市场的平均收益决定了人力资本投资的机会成本，从而影响了人力资本投资决策。③货币的时间价值及收益期限。投资者受时间资源的直接约束，而且时间机会成本是以放弃的收入来衡量的，生命期也影响人的时间主观贴现率，譬如到59岁的时候，个人贴现率会很高，它不会为取得未来的预期职业收益而投资，因为收益超出了职业期间。④劳动市场的工资水平。⑤国家政策。国家从宏观与微观上影响着人力资本投资实际收益率，例如，通货膨胀将导致名义利率和实际利率（报酬）的不一致。

2. 人力资本投资的社会收益

人力资本投资的社会收益，是指人力资本投资收益外溢出投资主体，为社会所分享。通常情况下，外部受益者可以分为以下几类：①近邻效应或地域关联收益。收入再分配过程将会使人力资本投资收益在不同收入者之间发生收入流动：一个穷人和诺贝尔出生在同一城市、同一街道，就读于同一学校，可能会发生无形资产共享。旅游者增加导致的收入增加、良好的示范作用将会使孩子更勤奋等都是因近邻效应而产生的社会收益。②收益的职业关联。生产过程是团体努力的结果，劳动者的人力资本投资对其他人的生产率、经济机会会产生正面影响。这种收益的相互关联效应会使人力资本投资产生外溢收益。比尔·盖茨引发的产业革命虽然获得了丰厚的私人回报，但它创造的产业就业机会、经济增长率和生产效率的提高也使社会收益大大增加，相比之下，私人收益与社会收益的比例是极不相称的。③社会受益。基础性教育、基础科研性的人力资本投资会波及社会的方方面面，全社会都分享着这方面的收益。社会收益还可以从时间角度来理解。家庭人力资本投资不仅直接受益于现在，它形成的人力资本投资偏好会进一步促进投资人力资本；同时，高收入家庭会有更多的资源用于下一代的人力资本投资，从而出现了跨时外部性或动态外部性；从社会的角度来看，也会出现类似的代际收益外溢现象。

（三）人力资本最优投资决策

1. 最优的投资规模

人力资本投资存在着最优的投资规模，社会也存在着最优的人力资本积累水平。这个结论对各个投资主体都适用。不论是家庭（个人）、企业还是国家，在给定时间内，总是要受到资源的约束，只有按最优规模均衡配置这些资源，才能达到效益最大化，过多或过少都将影响资本的投资回报率。而所谓的最优投资规模就是：对国家来说，依据最优经济增长规模确定人力资本投资规模；对企业来说，依据动态利润最大化的原则确定企业人力资本投资积累规模；家庭则是按照收入或效用最大化确定人力资本投资规模。

2. 最优的投资结构

相应地，人力资本投资也存在着最优投资结构。对于社会来说，最优的投资结构应是：首先，合理分担投资成本，调整私人收益与社会收益之间的矛盾。政府应选择社会收益率较高的投资机会，而私人应选择个人收益率较高的投资机会。例如，在初等教育、基础科研和战略性人力资本投资领域，由于存在外溢性，且可能会出现私人供给不足的情况，政府应承担必要的成本；而对于高等教育、在职培训、人员流动等人力资本投资，私人应承担主要成本。其次，维持物质资本投资和人力资本投资、经济消费和劳动供给之间的合理平衡，并在各自市场维持均衡收益（或效用）。再次，替代和互补是人力资本投资中的两个重要关系，替代是资源配置最优的基础，可以带来资源的结构性流动；互补则可以获取递增的投资收益。因此，人力资本投资既要保持各部门的适当竞争性，又要保持互补性，防止因过度投资和投资不足而出现结构性效率下降。

3. 最优人力资本积累的时间路径

从时间运行路径上来看，人力资本投资不仅要保持静态最优，还要保持动态最优。政府要考虑国家的未来收益，企业必须关注生存的可持续性，家庭也要思索人力资本投资的跨代传递效果。人力资本投资决策是跨时期的，影响到经济主体的后续发展潜力，因而必须是战略性的。由最优均衡经济增长时间路径确定的人力资本积累、投资规模就是人力资本积累的最优增长路径。

学 习 建 议

1. 头脑风暴法：社会中存在哪些资源？你认为哪种资源最为重要？

2. 组织小组讨论：如何区分人口资源、人力资源、劳动力资源和人才资源？怎样让自己成为人才？

3. 辩论：在我国西部开发中，是吸引投资重要还是引进人才重要？

本章参考文献

董克用.2003.人力资源管理概论.北京：中国人民大学出版社

董泽芳.2000.人力资源开发与管理.武汉：华中师范大学出版社

胡学勤，李肖夫.2002.劳动经济学.北京：中国经济出版社

加里·德斯勒.1999.人力资源管理.北京：中国人民大学出版社

理查德·斯旺森，埃尔伍德·霍尔顿.2008.人力资源开发.北京：清华大学出版社

梁裕楷，袁兆亿，陈天祥.1999.人力资源开发与管理.广州：中山大学出版社

沈荣华.1993.第一资源论.上海：上海三联书店

西奥多·舒尔茨.1987.论人力资本投资.北京：北京大学出版社

杨河清.2004.劳动经济学.北京：中国人民大学出版社

曾湘泉.2005.劳动经济学.北京：中国劳动社会保障出版社，复旦大学出版社

张文贤，晏姚.1996.人力资源开发与管理.上海：上海人民出版社

赵领娣，秀梅.2004.劳动经济学——理论、工具、制度、操作.北京：企业管理出版社

赵曙明.1995.中国企业人力资源管理.南京：南京大学出版社

第二章 管理及人力资源管理概述

第一节 管理及相关问题[①]

> **案例引入**

向蚂蚁学管理

著名的企业管理顾问邦纳保（Eric Bonabeau）和梅耶（Christopher Meyer）最近在《哈佛商业评论》上分析说，从蚂蚁和蜜蜂身上我们可以学到很多管理学知识。

蚂蚁集结的时候能够自我组织，不需要任何领导人监督，就形成一支很好的团队。更重要的是，它们能够根据环境变动，迅速调整，找出解决问题的答案。两位学者把这种能力称为"蜂群智慧"，并且把这种智慧运用到工厂排程、人员组织，甚至策略拟定上。

举例来说，蚂蚁总能找出最短的路径，把食物搬回家。当发现食物时，两只蚂蚁同时离开巢穴，分别走两条路线到食物处，较快回来的会在其路线释放出较多的化学外激素作为记号。因此，其他同伴闻到较重的味道时，自然就会走较短的路线。这个智慧靠的是两个简单原则：留下外激素和追随足迹。运用这个简单原则，可以解决复杂问题。例如，电信网络从夏威夷到巴黎必须经过很多节点，聪明的系统必须能自动避开塞车的地方。惠普实验室发展出一个方法，设计大批软件使用者不断流动，在网络间留下资讯，就像蚂蚁留下外激素一样，电话就追随这些资讯来连接。当一个路线塞车，这条路线的使用者也会塞车，自然发出信号，这条路线就放弃，电话改走比较顺畅的路线，让塞车迅速缓解。

蚂蚁的另一个分工模式是弹性分工。一只蚂蚁搬食物往回走时，碰到下一只蚂蚁，会把食物交给它，自己再回头，碰到上游的蚂蚁时，将食物接过来，再交给下一只蚂蚁。蚂蚁要在哪个位置换手不一定，唯一固定的是起始点和目的地。一家大型零售连锁店就运用这个模式，来管理其物流仓储中心。以前该仓储中心用区域方式来捡货，除非上一手完成工作，下一手不能接手。以书为例，一个人专门负责装商业书，另一个人专门负责装儿童书。问题是每个人的速度可能差距

---

① 董克用. 人力资源管理概论. 北京：中国人民大学出版社，2007：33.

非常大，订单对每一种商品的需求差异也有大小，因此总有人在等待别人完成才能接手。经过研究，该物流中心改用"蚂蚁模式"一个人不断拣出产品，一直到下游有空来接手工作后，再回头接手上游工作。研究人员用电脑模拟运算发现，运用这个模式时，应该将速度最快的员工放在最末端，速度最慢的放在一开始，如此是最有效率的。该仓储中心通过这种方法，生产力比之前提高了30%。

两位学者指出，这种蜂群智慧有三种优势：①弹性，可以迅速根据环境变化进行调整；②强韧，即使一个个体失败，整个群体仍然可以运作；③自我组织，不需要太多从上而下的控制或管理，就能自我完成工作。这些正是今天多变的环境中企业最需要具备的特质。

➤ 案例启示

管理并不是复杂得难以琢磨，连我们最不会放在心上的蚂蚁都深谙管理之道。那么究竟什么是管理呢？本节我们将要学习关于管理的一些基本知识，主要包括以下内容：

(1) 管理的概念；

(2) 管理活动中的效率和效果；

(3) 管理的职能；

(4) 管理的方式。

一、管理的概念

（一）管理的含义

在人类所从事的各项活动中，管理是其中最重要的活动之一。自科学管理理论出现以来，人们对管理含义的解释就从来没有停止过，不同的管理学派从各自的观点和角度出发对管理的概念给出了不同的解释。

科学管理理论的创始人，被称为"科学管理之父"的弗雷德里克·泰勒（Frederic Taylor）认为，管理就是"确切地知道你要别人干些什么，并注意用最好、最经济的方法去干"。

管理过程学派把管理看作一个过程，认为管理就是通过计划、组织、指挥、控制等诸因素来协调有关的资源以达到组织的目标。其代表人物哈罗德·孔茨（Harkld Koontz）对管理下的定义是：管理就是设计和维护一种良好的环境，使人们能在集体内一道工作，以求有效地完成既定的目标。

以赫伯特·A. 西蒙（Herbert A. Simon）为代表的决策理论学派则认为，管理就是决策。该学派非常重视决策的作用，强调决策要贯穿于管理的全过程和所有方面。

系统管理学派以系统论为基础，认为管理就是用系统的观点对组织或企业进行系统分析、进行系统管理的过程。该学派指出，要进行成功有效的管理，就要对组织或企业系统的基本问题进行系统分析，找出关键之所在。

数量管理学派认为，管理就是利用数学模型和程序系统来表示管理的计划、组织、控制、决策等职能活动的合乎逻辑的过程，作出最优的解答，以达到企业的目标。

以德鲁克等人为代表的经验主义学派认为，管理是对人进行管理的技巧，是努力把一个团队或组织朝着某个共同的目标引导、领导和控制。

综合各种管理学派的观点，我们可以得出管理的一般含义：管理就是在特定的环境下，对组织所拥有的各种资源进行计划、组织、领导和控制，保证以有效的方式实现组织既定目标的过程。

(二) 管理的要点

1. 管理活动是在特定的环境下进行的，要受到组织内外部各种环境因素的制约

例如，企业的生产经营活动要遵守国家的法律和政策、要满足顾客的要求和需要等，这些是外部环境的影响；此外，它还要考虑组织内部人员的状况、技术水平、信息程度以及资金的状况等，这些则是内部环境的影响。组织内外部环境对管理活动有时候可以起到正确的引导、维持和促进的作用，有时候也会起到约束、限制的作用。面对复杂的内外部环境，成功的企业组织都会根据现实环境的许可，制定出相应的灵活多样的管理措施；当企业进一步的成长、发展被环境限制时，往往又能够冲破环境的束缚，创新管理措施，找到新的发展路子。

2. 管理的对象是组织所拥有的各种资源

组织所拥有的各种资源，包括有形资源，如人力资源、资金资源、物质资源等；也包括无形资源，如信息资源、技术资源、文化资源以及时间资源等。资源既是管理的对象，同时也是管理活动进行的基础。现代企业组织都会把不断获取各种各样的资源作为促进自身不断成长、不断发展的重要手段和重要目标之一。如果失去了资源，或者当资源出现缺陷时，企业组织的生存、发展就会受到冲击，受到威胁。

3. 管理过程是由一系列相关职能组成的，包括计划、组织、领导、控制等

管理职能是管理者进行管理活动的方法和手段，同时也是管理活动区别于一般作业活动的标志。管理过程中的每一项职能，都关系到企业组织的发展，关系到企业组织目标的实现；通过一系列的管理职能，企业组织的各种资源就会得到充分、有效的发挥，最终实现组织目标。

4. 管理是一个有目的、有意识的活动过程

管理的根本目的是实现既定的组织目标。如果没有明确的目标指导，管理就会迷失方向，变得杂乱无章，最终不仅变得毫无意义，甚至会给企业组织带来破坏。组织成长、发展时期制定的目标应该是有所不同的；在组织的某一成长、发展时期制定的目标也往往呈现出多层次、多方面的特点。因此制定组织目标时，要有灵活性。

5. 管理要以最有效的方式来实现目标

这也是管理的价值之所在。因为组织的资源是有限的，管理必须考虑如何通过各种手段和方式以最少的资源投入来实现最大的产出，最终实现组织目标。如果管理不仅不能给组织带来资源的优化组合和最佳利用，反而会扰乱组织的资源秩序，或者最终造成

组织资源的浪费，那么这样的管理活动可以说是不成功的，是属于无效的管理。如何做到管理的有效性，是每一个管理者必须考虑的问题。

二、管理活动中的效率和效果

在评价一项管理活动所取得的成绩，或者说衡量一项管理活动所达成的目标结果时，往往会涉及两个指标：效率和效果。对于企业的每一项管理活动来说，应该既要追求提高管理的效率，又要不断增进管理的效果。

效率（efficiency）表明的是投入与产出的关系，组织的投入包括资金、技术、信息、劳动力、原材料、时间等，而产出指生产经营活动的结果，包括产品或服务的输出量，当然这些产品或服务必须是合格的或有效的。效率、投入和产出的关系可用下式表示：

$$效率 = \frac{产出（产品或服务）}{投入（资金、技术、人力等资源）}$$

由上式可以看出，效率的提高主要有三种方式：一是投入不变的条件下提高产出；二是产出不变的条件下减少投入；三是提高产出的同时降低投入。效率越高，表示资源的利用程度越高。而在提高效率的过程中，管理的作用是不可忽视的，德鲁克曾说："提高生产率的最大契机一定可以在知识的运用中，特别是在管理本身的运用中找到。"

效果（effect）则与组织的目标有关，是指实现的有效程度，当管理实现或有助于实现组织的目标时，我们就可以说它是有效果的；反之，管理就是无效果的。

可以看出，效率和效果关注的侧重点是不同的，效果涉及管理活动的结果，或者说达成和实现组织的目标，即评价管理活动是否"做正确的事"，而效率则涉及管理活动的方式或者说管理活动的方向，即评价管理活动是否"正确地做事"。一项管理活动只有在达到了管理的效果的同时，又提高了管理的效率，才能算是对企业组织目标起到了积极的促进作用，此时我们说该项管理活动是有效的管理活动。

三、管理的职能

管理的职能就是它所要承担或履行的一系列活动，最早系统地提出管理职能的是亨利·法约尔（Henri Fayol），1916年他在《工业管理和一般管理》一书中将管理分为计划、组织、指挥、协调和控制五项职能，此后管理学家们对管理的职能提出了各种不同的看法。见表2-1。

表 2-1　管理职能的划分

学者＼职能	计划△	组织	指挥△	协调	控制△	激励△	人事	调集资源	沟通△	决策	创新
法约尔	●	●	●	●	●						
戴维斯	●	●			●						
古利克	●	●	●	●	●		●		●		

续表

职能 学者	计划△	组织	指挥△	协调	控制△	激励△	人事	调集资源	沟通△	决策	创新
布朗	●	●	●		●			●			
布雷克	●			●	●	●					
厄威克	●	●									
纽曼	●	●						●			
孔茨	●	●	●				●				
艾伦	●	●			●						
梅西	●	●					●			●	
米	●	●			●					●	●
希克斯	●	●							●		●
海曼和斯科特	●	●			●	●	●				
特里	●	●			●						

　　△：计划职能包括预测；指挥职能包括命令和指导；控制职能包括预算；激励职能包括鼓励和促进；沟通职能包括报告。●：学者所强调的管理职能类型。

　　目前，国内通常将管理职能划分为四大部分：计划、组织、领导、控制。计划是指对组织的目标和实现目标的方式、途径作出决策和选择；组织是指管理者根据计划对组织拥有的各种资源进行合理的安排，以实现最佳的组合；领导是指对下属人员进行指导，激励他们的工作热情，协调他们之间的关系；控制是指对工作活动进行监控，发现并及时纠正偏差，以保证目标的实现。需要强调的是实际情况通常是复杂多变的，要清晰地界定出计划、组织、领导和控制的起点及终点，几乎是不可能的。实际上我们会发现，当管理者在改造他们的职能时，他们通常会同时在做着一些计划工作、组织工作、领导工作，以及一些控制工作，而且这些管理工作并非严格遵循计划、组织、领导、控制的顺序进行的。

四、管理的方式

　　管理方式指管理职能实现的形式，它反映了管理者与被管理者之间的相互关系，是影响管理活动有效性的重要因素。在相同的条件下，不同的管理方式可能会带来不同的结果。管理方式并无优劣之分，关键是要适应当时的管理环境。

　　我们可以将管理的方式归纳为两大类：一类是命令式的管理方式，也可称为 V 形方式；另一类是参与式的管理方式，也可称为 M 形方式。在命令式的管理方式中，被管理者被动地执行管理者的指令，管理只是一种单向的活动；而在参与式的管理方式中，被管理者可以参与到管理的各项职能中去，管理成为一种双向的互动过程。

　　关于管理的基本内容还很多，如管理的性质、管理的原则以及管理的发展演变等，由于篇幅有限，且本书的重点在于人力资源管理，在此不一一详述。

第二节 人力资源管理概述

➤ 案例引入

飞龙集团的销声匿迹

1990 年 10 月，飞龙集团只是一个注册资金只有 75 万元，员工几十人的小企业，而 1991 年飞龙集团实现利润 400 万元，1992 年实现利润 6000 万元，1993 年和 1994 年都超过 2 亿元。短短几年，飞龙集团可谓飞黄腾达，"牛气"冲天。但自 1995 年 6 月飞龙集团突然在报纸上登出一则广告——飞龙集团进入休整，然后便不见踪迹了。这是为什么？1997 年 6 月，消失两年的飞龙集团总裁姜伟突然从地下"钻"出来了，并坦率地承认飞龙的失败是人才管理的失误。

原来，飞龙集团除 1992 年向社会严格招聘营销人才外，从来没有对人才结构认真地进行过战略性设计。随机招收人员、凭人情招收人员，甚至出现亲情、家庭、联姻等不正常的招收人员的现象，而且持续 3 年之久。作为已经发展成为国内医药保健品前几名的公司，外人或许难以想象，公司竟没有一个完整的人才结构，竟没有一个完整地选择和培养人才的规章。从 1993 年开始，飞龙集团在无人才结构设计的前提下，盲目地大量招收中医药方向的专业人才，并且安插在企业所有部门和机构中，造成企业高层、中层知识结构单一，导致企业人才结构不合理，严重地阻碍了一个大型企业的发展。1993 年 3 月，一位高层领导的失误造成营销中心主任离开公司，公司营销一度陷入混乱。这种实质上的无法管理和不管理最终导致了集团的破产。

➤ 案例启示

一个在短短三年时间就实现利润超过 2 亿元人民币的集团公司，竟然从来不曾设计、拥有完整的人才结构、完整的人才招聘方案、人才培养计划，这直接导致了飞龙集团理所当然的破产。在现代企业管理中，人力资源管理的作用不言而喻，本节内容主要是对人力资源管理的系统介绍，具体包括以下内容：

(1) 人力资源管理的发展简史；

(2) 人力资源管理的含义；

(3) 人力资源管理的特点；

(4) 现代人力资源管理与传统人事管理的区别；

(5) 人力资源管理的内容；

(6) 人力资源管理的作用。

一、人力资源管理的发展简史

追溯人力资源管理的历史，我们不得不从企业管理理论的发展和演变说起。管理活动是伴随着人类社会的产生和发展而存在的，只要有人类的集体劳动，就存在对这种活动的管理，而只要存在对人类集体活动的管理，就会存在对人的管理活动，即人力资源管理活动。

（一）早期的工厂管理

人力资源管理的历史可以追溯到早期的英格兰，在那里，泥瓦匠、木匠、皮匠及其他手艺人组织起来成立了行会，他们团结起来改善自己的工作环境。[①] 人力资源管理领域真正得到发展是在 18 世纪后期工业革命到来以后，工业革命为复杂的工业社会打下了基础。工业革命是随着蒸汽机代替手工劳动开始的，并且带来了工作条件、社会格局和劳动分工等方面的深刻变化。与此同时，在工厂工人和所有者之间出现了一种新的中间力量——他们是老板，但是不一定是工厂的所有者。因而，工业革命使工人和所有者之间的鸿沟不断扩大。

在企业管理中最早使用科学管理方法的是两位发明蒸汽机的先驱者的儿子——小詹姆斯·瓦特和马修·鲁宾孙·鲍威尔。除了在企业管理所包含的其他方面以外，他们在人事管理方面进行了工作效率研究，制定了管理人员和职工的培训计划，实行按成果支付工资的方法，并试图改进职工的福利，为职工建立了一套互助保险制度。然而，被现代学者称为人事管理创始人的罗伯特·欧文最早"播下了人事管理的种子"。在欧文看来，人是环境的产物，只有处在适宜的物质和道德环境之下，人才能培养出好的品德。此外，被称为"计算机之父"的英国数学家查理·巴贝奇也强调不能忽视人的因素，并认为企业与工人之间有一种共同的利益，主张实行一种分红制度，使工人在提高劳动效率的同时能够分享企业的利润，并对有突出贡献的工人予以奖励。[②] 这些早期的工厂管理方面的研究，也为人事管理——今天已被广泛地称为人力资源管理——打下了一定的基础。

（二）科学管理与工业心理学

科学管理是在 19 世纪出现的一种管理方法，同期还有在第一次世界大战时期产生的工业心理学方法。[③] 科学管理尝试通过工作方法、时间和动作研究以及专业化来解决劳动和管理的无效率；而工业心理学则应用心理学原理来提高工人的工作效率。

著名的科学管理之父弗雷德里克·W. 泰勒，于 1878～1890 年在费城的米德维尔（Midvale）钢铁工厂当工程师期间，对工作效率进行了研究，试图找到一种最好和最快

---

① Evans P, Pucik V, Barsoux J-L. The Global Challenge: Frameworks for International Human Resource Management. IL: Irwin/McGraw-Hill, 2002: 101～107.

② 周三多等. 管理学原理. 南京: 南京大学出版社. 1999: 36～39.

③ Taylor F W. The Principles of Scientific Management. NY: Dover Publications, 1947: 25～31.

捷的工作方法。他将科学管理概括如下：科学，而不是单凭经验的方法；和谐，而不是无秩序；合作，而不是个人主义；使产出最大化，而不是限制产出。①

科学管理的重心主要集中在工作和效率上，而工业心理学的重心则集中在工人和个人的差异上。工人福利的最大化是工业心理学研究的焦点问题。休格·马斯特伯格（Hugo Munsterberg）于 1913 年在其著作《心理学和工业效率》中首次提出了工业心理学的研究领域。② 该书对该领域在美国和欧洲的发展起到了刺激和模范的作用。

技术的剧烈变革、组织的增长、工会的兴起、政府对工人的关心和干预，导致了人事部门的发展。人事部门的出现没有具体的时间，但是大约在 20 世纪 20 年代，越来越多的组织似乎注意到了员工和管理层之间的冲突问题，并且采取了一些应对的行动。③早期的人事经理被称为福利部长。他们的工作是在管理层和工人之间架起桥梁，换句话说，他们用自己的语言与工人沟通，然后向管理层建议应该做什么来使员工有最佳的表现。

（三）人际关系运动

另一早期对人力资源管理作出贡献的是人际关系运动。两位哈佛的研究员埃尔顿·梅耶（Elton Mayo）和弗利兹·罗斯伯格（Fritz Roelthisberger）把人的因素融入工作中。这项运动是因 1924～1933 年在芝加哥的西电工厂的霍桑实验室进行的一系列研究而引起的。这些研究的目的是为了确定照明对工人及其产出的影响。研究人员发现是由于管理方式的改变带来了工人士气的提高和人际关系的改善。工人可以自由发表意见并得到倾听，工作环境的改善使工人感到自己受到了重视，因而工人的士气和工作态度也随之改善，从而促进了产量的变化。④

以泰勒为代表的科学管理方法侧重于生产作业，以机器为重心，把人看作机器的附属，因此，泰勒制的广泛运用，导致了企业管理人员严重忽视人的尊严和人的主观能动性。而人际关系运动强调的不是组织的生产需要，而是从员工个人的角度来看待职位。⑤ 人际关系运动最终在大约 20 世纪 60 年代中期的时候成为组织行为学的一个分支，并为组织行为学领域作出了贡献。⑥ 所谓行为科学，是利用许多学科的知识来研究人类行为的产生、发展和变化规律，预测、控制和引导人的行为，从而达到充分发挥人的作用、调动人的积极性的目的的学问。⑦

早期的管理人事历史仍然掩盖着人力资源管理对管理的重要性。直到 20 世纪 60 年代，人事管理还只被认为与蓝领或操作工人有关，它的作用就是记录活动、颁发奖章和

---

① Taylor F W. The Principles of Scientific Management. New York：Harper，1998：42～47.

② Munsterberg H. Psychology and Industrial Efficiency. Boston：Houghton-Mifflin，1913：16～21.

③ Eilbert H. The development of personnel management in the United States. Business History Review，1959，Autumn：345～364.

④ 周三多等. 管理学原理. 南京：南京大学出版社，1999：63.

⑤ 邹东涛. 哈佛模式：人力资源管理. http：//shuku. hdzc. net/ku/r01/gzfxyzwsj2. htm.

⑥ Kaufman B E. The Origins and Evolution of the Field of Industrial Relations in the United States. NY：Industrial Relations Press，1993：121.

⑦ 周三多等. 管理学原理. 南京：南京大学出版社，1999：63.

协调每年一次的公司野餐会。彼得·德鲁克对人事管理进行的综述也反映了人事管理的蓝领倾向。德鲁克说，人事工作"部分是档案员的工作，部分是管家的工作，部分是社会工作者的工作，部分是消防员，不顾一切地解决工会的问题"①。

（四）人力资源管理对人事管理的替代

20世纪60年代以后，一个显著的趋势就是用人力资源管理代替人事管理。人力资源管理起源于20世纪60年代初期由美国著名人力经济学家舒尔茨教授所提出的"人力投资"学说，即美国国民生产总值的快速增长不仅仅靠资本，人力资本的投入也是促进经济发展的重要因素。根据考夫曼（B. E. Kaufman）的研究，美国最早用人力资源代替人事管理是在1964年，当时梅耶斯（Mayers）等人把他们所著的人事管理教材更名为《人力资源管理：人事管理阅读材料》。到20世纪70年代，人事管理和人力资源管理两个术语被交替使用，但从20世纪80年代初开始，人们开始快速地转向青睐人力资源管理。不仅一些专业协会开始更名，而且企业中人事副总裁也开始被人力资源副总裁所取代。在学术界，到20世纪90年代中期，几乎所有的商学院都把专业和课程设置中的人事管理更名为人力资源管理，几乎所有的教材都放弃了人事管理而选择了人力资源管理。②

（五）人力资源管理在中国

人力资源管理作为全新的管理理论和实践在西方始于20世纪60年代的美国，而在我国则是20世纪80年代才兴起，但其理论渊源则可追溯到近代乃至古代的文明发现。

1. 中国人力资源管理的发展渊源

中国古代文化中蕴涵着丰富深邃的人力资源管理思想。中国古代文化非常强调人才对于政治统治和社会治理方面的重要作用，提出了"为政在人"、"为政之要、惟在得人"，"明政无大小、以得人为本"、"历代治乱不同，皆系用人之得失"等积极主张。春秋战国时期，百花齐放、百家争鸣，但在评价人才的重要性方面，各家各派的看法几乎是一致的，如孔子的"举贤才"、墨子的"尚贤"、孟子的"尊贤使能"、管子的"争天下者必先争人"、荀子的"尚贤使能"等。在这些思想中，与人力资源管理有关的最为突出的思想，我们可以概括为两点：

（1）在人的要素和物的要素相比较中，人特别是贤人的作用是第一位的。例如，春秋战国时期，人们直观地认为构成一国实力的基本要素是土地、城池、民众和贤人，而贤人是首要的、决定性的因素，他能组织和领导民众开垦土地、获取城池，故而要图存谋强，首先必须得人。得其人，才能广其土，固其城，众其民。

（2）重视教育，高度评价教育在培养人才中的重要作用。春秋时期的政治家管仲说过："一年之计莫如树谷，十年之计莫如树木，终身之计莫如树人。一树一获者，谷也；

① Foulkes F K. The expanding role of the personnel function. Harvard Business Review, 1975, March-Aril: 71, 72.

② 转引自赵薇. 工业关系与人力资源管理：起源、比较及发展前景. 生产力研究，2003，(4)：133~135.

一树十获者，木也；一树百获者，人也。"这就是所谓的"十年树木，百年树人"的最为原始的阐述，同时也是世界上最早的、用朴素语言表达的"教育经济学"和"人力资本理论"。以上论述说明在中国古代文化中，人们虽然还不能从形成社会财富资源的方面认识人的价值，所讲的人也还不全是作为生产力要素的劳动者，重教育的主张与现代人力资源开发理论也有很大的差距，但人们高度评价人才在治国安邦中的地位和作用、强调发挥人的积极性和聪明才智、重视教育的主张，足以使它成为人力资源管理理论的渊源之一，而且在现代人力资源管理中融入中国传统文化，将进一步丰富人力资源管理理论的内涵。

2. 现当代的中国人力资源管理

在中国，对人力资源管理的研究可以追溯到 20 世纪 80 年代中期。1984 年，中国人力资源开发研究会的前身中国人力资源开发研究中心成立，任务是"组织研究中国人力资源开发问题的理论和政策，探索具有中国特色的人力资源开发和管理体系，开展有关人力资源研究和开发的国际合作，提供咨询服务等"。但是系统地研究人力资源管理理论实际上是在 20 世纪 90 年代初期，一些学者出版了一些人力资源管理方面的专著①。目前，中国几乎所有主要大学的商学院都设有人力资源专业或研究方向；许多企业的人事部门也逐渐被人力资源部门所代替，因为不仅大公司意识到人力资源管理的重要性，小企业也不例外。越来越多的企业已经认识到"企业的成败最终归结为企业中的人"②。

二、人力资源管理的含义

作为最主要的资源——人力资源必须进行科学而有效的开发和管理，才可能最大限度地造福社会、造福人类。那么什么是人力资源管理呢？

人力资源管理的概念是伴随着企业人力资源管理的实践而发展的。一定的生产力水平会产生相应的社会实践，进而催生相应的理论和观点，这些理论又反过来指导实践，推动生产力的发展，理论和实践的关系是一种相互促进的互动关系。人力资源管理概念的发展也正是如此。不同的管理实践的历史时期，人力资源管理的发展水平不同，其概念的内涵和外延也各不相同，所以要用发展的眼光审视人力资源管理的概念。

就目前来说，关于人力资源管理概念有多种不同的阐述。

劳埃德·拜尔斯认为：人力资源管理是指那些用来提供和协调组织中的人力资源的活动。人力资源管理主要有六大职能，即人力资源规划、招募和选择、人力资源开发、报偿和福利、安全和健康、员工和劳动关系。

廖泉文将人力资源管理定义为各种社会组织对员工的招募、录取、培训、使用、升迁、调动、直至退休的一系列管理活动的总称，认为人力资源管理的主要目的在于科

---

① 1991 年 1 月，陈宇的《人力资源经济行为分析》出版；同年 12 月，廖全文的《人力资源管理》出版；1992~1995 年，赵曙明的《国际人力资源管理》和《中国企业人力资源管理》出版，将国内外有关人力资源管理的理论与中国实际相结合，探索了中国企业人力资源管理的理论和实践。在当时国内很少有人系统地研究中国在市场经济条件下的人力资源管理的情况下，这些研究填补了中国人力资源管理研究的空白。

② 这句话是一位从事企业管理工作多年的一家上市公司的总经理发出的感慨，笔者对这句话非常赞同。

学、合理地使用人才，充分发挥人的作用，推动社会和组织的迅速发展。

郑晓明认为，所谓人力资源管理，是指运用科学方法，协调人与事的关系，处理人与人的矛盾，充分发挥人的潜能，使人尽其才，事得其人，人事相宜，从而实现组织目标的过程。简而言之，它是指人力资源的获取、整合、激励及控制调整的过程，包括人力资源规划、人员招聘、绩效考核、员工培训、工资福利政策等。

余凯成认为，人力资源开发与管理指的是为实现组织的战略目标，组织利用现代科学技术和管理理论，通过不断地获得人力资源，对所获得的人力资源的整合、控制及开发，并给予报偿而有效地开发和利用。人力资源开发与管理是实现组织目标的一种手段。在管理领域中，人力资源开发与管理是以人的价值观为中心，为处理人与工作、人与人、人与组织的互动关系而采取一系列的开发与管理的活动。

在众人研究的基础上，结合我们自己对人力资源项目实践操作的体悟，我们的定义是：人力资源管理（human resource management，HRM）就是对人力资源进行有效聚合、利用、开发和评价的过程，其内涵包括两个层面：在组织外部，主要是指人力资源的市场供求、竞争机制、劳动关系、监管、战略及生态环境等；在组织内部，主要包括员工招聘、工作分析、绩效考评、薪资、激励、培训、职业生涯等。

三、人力资源管理的特点

人力资源管理，作为一门学科，具有以下几个显著的特点。

（一）综合性

人力资源的管理是一门相对复杂的综合性科学，需要综合考虑种种因素，如经济因素、政治因素、文化因素、组织因素、心理因素、生理因素、民族因素、地域因素等。它涉及经济学、社会学、人类学、心理学、人才学、管理学等多种学科，是一门综合科学。

（二）实践性

人力资源管理的理论，来源于实际生活中对人力管理的经验，是对这些经验的概括与总结，并反过来指导实践，同时接受实践的检验。

人力资源管理成为一门科学，仅仅是最近二三十年的事情，它是现代社会化大生产高度发达、市场竞争全球化和白热化的产物，其主要理论诞生于发达国家。我们应该从我国实际出发，借鉴发达国家人力资源开发与管理的研究成果，解决我国人力资源开发与管理中的实际问题。

（三）发展性

人们对客观规律的认识总要受一系列主客观条件的制约，不可能一次完成，总是需要一个漫长的认识过程。因此，各个学科都不是封闭的、停滞的体系，而是开放的、发展的认识体系。作为一门新兴学科，人力资源开发与管理更是如此。其理论的来源，大体上可以归纳为三个发展阶段：

（1）古代人事管理思想。包括中国古代的人事管理思想，其中有许多闪光的东西。至于西方古代的人事管理思想，则大体上以量的管理为主，不系统。

（2）科学管理思想。以泰勒、法约尔和韦伯为代表，以"经济人"假设为基础，以效率为中心，把人当作物去管理，管理的重点是量的配合，并使之科学化、系统化。

（3）现代管理思想。把科学管理与行为科学相结合，以"社会人"、"自我实现人"假设为基础，以人为中心，量与质并重地管理人力资源，并逐步过渡到以质的管理（以观念的管理）为主，使这门科学更多地深入到人才学、心理学领域。

（四）民族性

人毕竟不同于动物，人的行为深受其思想观念和感情的影响，而人的思想感情无不受到民族文化传统的制约。因此，对人力资源的开发和管理带有鲜明的民族特色。不顾民族特点而对他国的经验盲目搬用，在人力资源开发管理领域最为有害。

以美国和日本为例，它们皆为资本主义制度，都搞市场经济，但两国在人力资源开发与管理上差别甚大。美国是个人主义的资本主义，人力资源的特点是"契约人"、"按契约办事"是美国人的通行原则。相应地，在人力资源开发与管理上，实行的是自由雇佣制。这是一种个人之间高度竞争的"压力型"劳动制度。日本则是家族主义的资本主义，其儒家文化重群体、尊长辈、讲内和的传统，相应地在其人力资源开发与管理上实行终身雇佣制，这是一种个人之间密切合作的"吸力型"劳动制度。美日在人力资源开发与管理上的差异，就其主导的方面而言，是东西文化差异之中的表现，都无法主观地加以改变。

（五）社会性

作为宏观文化环境的一部分，社会制度是民族文化之外的另一个重要因素。现代经济是社会化程度非常高的经济，影响劳动者工作积极性和工作效率的诸因素中，生产关系（分配制度、领导方式、劳动关系、所有制关系等）和意识形态是两个重要因素，而它们都与社会制度密切相关。我们在借鉴和研究不同国家的人力资源开发管理经验时，千万不要忘记这一点。例如，中国与日本同为东方民族，都具有以儒家文化为主的民族文化传统，在人力资源开发与管理上，都在一定程度上把"家庭"观念移植到企业中，形成团结、互助、内和、外争的格局。但二者的社会制度不同：中国实行社会主义制度，职工是国家的主人、企业的主人，经理（厂长）与职工地位完全平等；在日本则不同，本质上仍然是资本主义的雇佣关系，老板与雇员的关系，因而是不平等的。在中国和日本企业中，都提倡"以厂为家"。但在企业这个大家庭中，管理者与被管理者之间，在中国是"同志关系"，在日本则是"父子关系"。

（六）全员性

企业人力资源管理将全员纳入自己的管理范围中来，而不仅仅以人才资源作为自己的管理对象，所以实施人力资源管理应该尽量避免使用人才概念，因为使用人才概念，其实蕴涵着非人才群体的存在，非人才群体也是企业人力资源管理的范畴，再说，人才本来就是一个动态的、相对的概念。

（七）全过程性

企业人力资源管理是全过程的管理，它包括招聘到离职的全过程，其间所进行的开发与培训、考核与职业管理无不构成人力资源管理的环节。

四、现代人力资源管理与传统人事管理的区别

现代人力资源管理与传统人事管理存在着本质的不同，现在我们对二者作一概括性比较，如表 2-2 所示。

表 2-2　现代人力资源管理与传统人事管理的区别

项目		现代人力资源管理	传统人事管理
管理理念		视员工为有价值的重要资源	视员工为成本负担
管理目的		满足员工自我发展的需要，保障组织的长远目标实现	保障组织短期目标的实现
管理中心		以人为中心	以事为中心
管理模式	视野	广阔、远程性	狭窄、短期性
	性质	战略、策略性	战术、业务性
	深度	主动、注重开发	被动、注重管好
	功能	系统、整合	单一、分散
部门关系		和谐、合作	对立、抵触
员工关系		帮助、服务	管理、控制
对待员工		尊重、民主	命令、独裁
角色扮演		挑战、变化	例行、记载
部门属性		生产与效益部门	非生产、非效益部门
管理内容		丰富	简单
管理地位		决策层	执行层
管理手段		参与、透明	控制

（一）管理理念

传统劳动人事管理视人为被支配的活的劳动工具，是企业的成本负担，其管理以降低成本支出为宗旨。现代人力资源管理视人为经济资源，是能动的第一资源；而且视现代企业的人力资源为一种宝贵的资本资源。因此，以人为本成为现代人力资源管理的指导思想和理念。

（二）管理重心

传统劳动人事管理视事为重心，人被降格为"执行指令的机器"，管理活动局限于

给人找位置，为事而配人。人只能服从岗位，人被"砖"化，"螺丝钉"化。现代人力资源管理以人为核心，从人性出发，以人为本，其管理着眼于对人力资源的开发利用，开发人力资源成为现代人力资源管理的重心。

（三）管理模式

传统劳动人事管理模式有两个突出特点：一是管理者与被管理者身份界限分明，员工被动地接受管理，无责任主动参与管理；二是沦为低层次的事务型管理。现代人力资源管理模式呈现如下特点：一是员工积极参与企业管理，管理者与被管理者双向沟通，互通信息。互动机会较多，互动途径更开放；二是现代人力资源管理是高层次的战略型管理模式，它不是局限或沉醉于琐碎、具体的繁杂管理事务中。其首要的聚焦点是整个企业人力资源开发管理战略，立足于企业战略高度，在分析企业内外环境的基础上，适应企业发展之需要，全面、系统地规划企业人力资源的需求、配置、使用与开发，在关乎全局与未来的战略指导下，脚踏实地地开展人力资源开发与管理工作，以保证企业战略目标的实现。

（四）管理内容

传统劳动人事管理内容相对简单，主要功能是招聘，为事择人、人事相宜之后，就是动态调配、薪资福利、安全保健等一系列管理和督导。当人被作为有效资源、人力资源开发成为管理重心以及人力资源管理战略地位被确认之时，人力资源管理内容就丰富化、扩大化，除担当传统的职责之外，还负担起工作分析、工作设计、工作流程规划、人力资源需求与供给预测、人力资源规划制定、工作关系协调、人力资本投资、职业生涯开发、组织创新再造等多项管理任务。

（五）管理地位

在以往的传统企业管理中，劳动人事管理不被重视，是企业管理工作的次要部分。劳动人事管理者处于执行层，只为领导者提供某些建议，不参与决策。在迎接知识经济来临之际，人力资源对企业发展的决定性作用突出显著，人力资源管理上升到企业战略管理的高度。具体表现在以下两个方面：①人力资源管理部门由执行层进入到决策层，由单一的职能部门，转变为战略决策与职能相结合的部分；②人力资源管理成为企业战略计划不可分割的有机构成部分。用原国际商业机器公司 IBM 董事会主席和执行总裁艾科斯的话说："在 IBM，人力资源管理由于两个原因成为公司战略计划不可分割的组成部分：首先，员工是我们事业不断取得成功的关键所在，因此在公司的经营决策中体现这一信念和原则至关重要；其次，人力资源方面的事务被看成是公司经营活动的主要组成部分，我们处理这些事务的成效将会给公司带来广泛而深远的影响。"

（六）管理手段

传统劳动人事管理手段是简单化、感性化、低级的刚性管理，其本质是硬控制，以规章制度、惩罚等手段管、卡、压，强迫员工遵守与服从，强制性色彩颇浓，具有不可抗拒性。这种刚性管理不是建立在尊重人性、个性和顺应人的心理行为规律的基础之上。进入以人力资本为现代经济增长时期，在把以人为本作为现代企业管理指导思想的理想的今天，在美国把"开发人的心理资源"列为21世纪的前沿课题加以研究之际，柔性管理作为管理科学的一个新领域，引起人们的高度重视，它是20世纪90年代以来的一个全新的管理概念。所谓柔性管理，是在研究人们心理和行为规律的基础上，采用非强制方式，在人们心目中产生一种内在的说服力，从而把组织的意志变为人们的行动。

值得注意的是，现代企业对员工尝试柔性管理，并非根本否定刚性管理的存在。在实施柔性管理的同时，辅之以刚性管理完全有必要，二者相辅相成、全面协调，推进企业人力资源管理达到一个新水平。

五、人力资源管理的内容

为了实现人力资源管理的目标，人力资源管理活动通常由内部相联系的活动组成，它们包括环境的预测和分析、人力资源需求计划的制定、组织所需人力资源的配置、员工行为的绩效评估、员工的薪酬计划、工作环境的改善以及建立和维护高效的员工关系七个方面。虽然并不是每一个组织的人力资源管理都同时包含这七个方面的活动，但是在今天激烈竞争的环境中，任何一个有效的组织都应该具有这些方面的人力资源管理活动。

（一）环境的预测、分析和计划

成功的人力资源管理依赖于对组织内部和外部环境的预测与分析以及人力资源计划的制定。在外部环境中，一个重要的考虑是法律方面的要求，法律方面的要求影响着人力资源管理活动的各个方面。此外，还要预测和分析国内和国际竞争对手的状况、劳动力和人口多样性的变化以及社会经济和组织发展的趋势等方面。在内部环境中，要重点考虑组织的战略和技术，高层管理的目标和价值观，组织的规模、文化和机构。人力资源管理人员不断了解、预测和分析这些外部环境和内部环境，这样才能保证人力资源管理活动为组织的需求服务以及在进行人力资源管理决策时，充分考虑环境的需要。

（二）制定人力资源计划

人力资源计划包括宏观计划和微观计划。宏观计划是指计划和预测组织短期与长期的人力资源需求；微观计划是指根据技能和能力的要求对组织的职务进行分析，即工作分析。人力资源计划是人力资源管理活动得以有效实施的基础。一般认为，人力资源计划在人力资源管理活动中有以下作用：①确定员工的分类和组织在目前及未来的人员需求；②确定组织获取员工的方式，如是通过外部招聘还是通过内部工作的调换和晋升；③组织人力资源培训和开发需求的确定。事实上，人力资源计划是影响整个组织人员配置、培训和开发的主要因素。

（三）组织人力资源的配置

组织的人力资源计划需求一经确定，就需要通过人员配置活动来加以实现。人员配置活动包括招聘和甄选，这两项活动都必须遵从法律所规定的公平和平等的原则。为了保证全面而公正的甄选，组织一定要扩大被甄选人员的范围，招聘活动要尽可能包括一切具有才能的人员。候选人一经确定，必须进行严格的甄选。通常的甄选过程包括：获取申请个人简历，审核各种学历证明、工作经历和推荐信以及组织各种形式的考核。

（四）评估员工的行为

组织一定要对员工的绩效进行评估，通过绩效评估反映存在的问题，组织可以有针对性地对员工进行培训，可以改进激励机制或者是对工作进行重新设计。但是，这项活动必须由人力资源管理人员和直线经理通过对绩效评估信息的收集和利用来共同完成。在评估中，由于缺勤、迟到和工作表现不好，常常会有员工不能得到好的评估结果。对于这种员工，不能简单地通过解雇他们来解决上述问题。由于员工权利不断上升，组织社会责任的增加以及员工替代成本的提高，一些组织已经在寻找更好的方法来留住员工、提高员工的工作绩效以解决绩效评估中所面临的问题。他们通过绩效评估反馈系统来帮助改进绩效评估较差的员工绩效。同样，绩效评估的结果也有助于组织确定员工培训需求和员工的薪酬。

（五）员工薪酬计划

员工的薪酬通常根据他们工作岗位的基本价值、他们对组织的贡献和他们的工作绩效来决定。尽管根据工作绩效来确定其工作报酬可以起到激励员工的作用，但是我们常常还是根据工作岗位的价值来确定报酬。在许多组织中，员工薪酬还包括很多其他福利。员工薪酬管理活动主要有：管理直接的薪酬，提高以绩效评估为基础的工资以及管理间接福利。

（六）改善工作环境

改善工作环境是人力资源管理活动的一个主要方面。在面临日益加剧的国内和国外的竞争中，组织必须提高其竞争力。组织中人力资源竞争力的提高是通过改善工作环境来实现的。这些活动主要包括：培训员工，给管理人员提供更多发展机会；提高生产和服务质量的水平；加强革新；降低成本。但是，这些活动是建立在工作的重新设计和改进与员工沟通的基础之上的。通过这些活动的实施，可以提高员工的满意度和回报率，从而保证员工具有组织所需要的能力和灵活性。

（七）建立和维护有效的员工关系

在人力资源管理活动中，建立和维护有效的员工关系是通过以下方面的活动来实现的：尊重员工权利；提供一个安全和健康的工作场所；在组织活动过程中，了解员工错误的原因；员工及其组织代表协商解决员工投诉。在这些活动中，一个主要的活动是改进工作场所的物质条件和社会心理环境，最大限度地保证员工的安全和健康。相反，如果不能满足员工的安全和健康条件，势必会造成成本上升甚至违反法律。同时，随着员工权利的增加，组织在作出与员工有关的决策时（如解雇、开除或是降级），一定要非常小心。在任何时刻，经理们都应该认识到员工权利的重要性，而人力资源管理人员更是要时刻提醒直线经理注意保护员工的权利。此外，在这一活动中，组织还要考虑工会的重要性等。

六、人力资源管理的作用

传统人力资源管理的内容仅仅包括行政管理和事务管理两个方面，而今的人力资源管理不仅包含了原有的管理内容，其最显著的一个变化就是它已经成为企业战略管理的一个重要组成部分。在今天和未来的组织中，人力资源管理具有三个方面的作用，即行政管理、事务管理和战略管理。同时，人力资源在传统的行政管理和事务管理上的作用已经扩展到许多有关战略的领域方面。这里需要强调的是人力资源管理的这种作用正在向这种战略方向转移。许多事实和案例也表明，人力资源管理原有的作用已变得更加具有战略性，具有更长久的思考价值，对人力资源决策具有更广泛的影响。表 2-3 反映了人力资源管理在组织中的作用。

表 2-3　人力资源管理的作用

	行政管理	现代事务管理	传统战略管理
关注重点	行政管理过程和记录	事务性支持	全球企业范围
时间尺度	短期（1年以内）	中期（1~2年）	长期（2~5年）
主要活动	管理员工的福利	管理福利事务	评估劳动力的趋向和问题
	指导新员工的培训	近期的人员招聘和甄选	从事团队劳动力的开发与培训
	解释人力资源政策和程序	指导有关安全方面的培训	协助进行企业重组和精简
	准备公平就业报告	处理员工的抱怨	对合并和收购提出建议；制定福利战略计划

资料来源：Mathis R L, Jackson J H. Human Resource Management. 9th ed. South-Western College Publishing House, 1990：151.

（一）人力资源管理的行政管理作用

人力资源管理在行政管理上的作用主要包括如下几个方面：维护员工的档案与人力资源相关的数据库，处理员工福利要求，解答有关福利政策问题，编辑和提交有关法律要求的报告。在一些组织中，这些行政管理的任务已经由外部人员来完成。

（二）人力资源管理的事务管理作用

事务管理从属性上来说是战术性的，它要求必须保证按照法律规定来进行人力资源管理。就业申请一定要按照程序，现行岗位的补充必须通过面试，主管必须经过培训，安全问题必须得到解决，工资要加强管理。总之，这些具有代表性的广泛而又不同的任务，要把整个组织的经理和主管的工作与人力资源活动的管理协调起来。在一些组织中，现在仍然强调这种事务性的管理，部分是因为人力资源管理人员本身的局限性，部分是因为高层管理人员反对扩大人力资源管理的作用和任务。

（三）人力资源管理的战略管理作用

从战略高度来看，日益加强对组织人力资源的重视是因为在组织中有效地利用人能够提高组织的国内国际竞争优势。人力资源管理在战略管理上的作用主要是强调在一个组织中人是比有形的组织资源更有价值的资源。对于人力资源来说，发挥它在战略管理上的作用，就必须把目标确定在人力资源问题的长期影响上，以改变劳动力分布和劳动力短缺对组织产生的影响，这些都是人力资源管理在战略管理作用上的表现。近来，这一作用的重要性已经成为一个备受讨论的主题。而这些讨论一直在强调应使人力资源管理成为组织成功的更大战略贡献者。[①]

第三节　人力资源管理的趋势[②]

➤ 案例引入

海外战略复制成败玄机[③]

在沃尔玛中国，员工卡上面没有标明职位，只有姓名、照片和一句"我们的同事创造非凡"的口号，这是从美国移植而来的沃尔玛本土"现场指导和鼓励"的管理方式。在美国，这种管理方式能够让员工感到非常富有人情味，但在中国，员工们普遍对这种激励机制缺乏兴趣。

"农村包围城市"、管理创新以及高效信息系统的应用成就了沃尔玛迅速崛起的神话。在美国本土巨大的成功，无疑使沃尔马实施跨国扩张战略时充满了无穷的自信和胆量。然而，海外扩张的道路并没有延续沃尔玛在美国演绎的辉煌。自1991年开始海外扩张以来，历经十余年的发展，沃尔玛只在9个国家站稳了脚，对沃尔玛的销售贡献率还不到20%，在欧洲国家沃尔玛发展尤为不顺。

其实企业在海外扩张的过程中复制战略是有选择性的，不能因为在国内非常成功就照搬到海外。现为美国达拉斯德州大学管理学院全球战略杰出首席讲座教授的彭维刚（Mike W. Peng）认为，海外扩张哪些战略可以复制、哪些不可以，根据有三点：企业所处的行业、企业本身的内在素质、环境制度因素。

---

① 孙泽厚，罗帆.人力资源管理——理论与实务.武汉：武汉理工大学出版社，2007：17.
② 参考上海影响力企业管理咨询有限公司编写的《人力资源管理研究》电子书。
③ 根据 http://www.100guanli.com/HP/20100225/DetailD784745.shtml 改编。

不同的行业海外复制战略的成功可能性会不一样，从 0% 复制到 100% 复制，工业品复制的百分比较大，消费品、零售业复制的百分比较小。比如，工业品行业全球各地都一样，所以生产企业就可以尽可能多复制一些。而消费品行业，如土豆片，可能各地需求、口味不一样，就要注意不能把本国的东西过多拿过来。

而从企业本身内在素质和环境制度因素来讲，复制就变得更复杂了。沃尔玛在美国形成的企业文化和经验由于文化的不同，并没有如愿以偿地复制到欧洲，沃尔玛的美国模式在中国能否最终获得成功目前也尚难作出结论。营销大师米尔顿·科特勒曾说："应该把中国当作一个更类似欧洲而非美国的市场来看待。中国基于不同的地区文化、法律、品味及只能通过政治力量与媒体力量慢慢消化的权力结构，正像欧洲商业表现出的多样性。相反，美国市场则具有显著的同质性。"在中国，沃尔玛的零售店面至今仍然没有赢利的事实似乎也在宣告沃尔玛在中国，在某种程度上也存在着不可完全复制的境遇。

据沃尔玛一位员工介绍，中国的网络环境目前远不及美国，供应商方面也没有完全实现数据化来支持网络，他们只能在沃尔玛的带动下，做简单的数据交换，完全缺乏对生产、销售等情况更详细和更先进的数据监控、反馈能力。

而沃尔玛中国目前使用的电脑系统和扫描枪仍然停留在美国 20 世纪 80 年代的技术水平。同时，又由于沃尔玛的网络系统发挥作用的能力在中国受到硬件限制，也使得系统中各环节不能做到像在国外那样严密配合，从而造成了资源浪费。

此外在人员结构上当年创始人沃尔顿为了降低企业运营成本而采取只有 20% 的正式员工、80% 的员工为临时工的措施。此项措施被移植到中国后，这种缺乏物质激励和令员工缺乏归属感的机制导致的一个严重后果是造成了大量人才流失。在中国南方，人们把沃尔玛称做"国内零售企业的培训学校"，万佳、新一佳等许多超市的管理人员都曾在沃尔玛工作，甚至有一些零售企业从管理层到员工的 80% 都有沃尔玛的工作经验。

➤ 案例启示

作为一家跨国性质的大型零售商，沃尔玛遇到了众多跨国公司必然遭遇的本土化人力资源管理难题。然而，这也是当代经济、社会、科技发展给人力资源管理带来的挑战之一。本节课程的主要内容就是新时代背景下人力资源管理的发展趋势，具体如下：

(1) 当代人力资源管理的时代背景；

(2) 未来人力资源管理的发展特点；

(3) 未来人力资源管理的发展趋势。

一、当代人力资源管理的时代背景

在人类跨入新千年的今天，人力资源管理也已经历了一个多世纪的发展。在这一个多世纪的发展历程中，随着时代的变化，社会经济的发展、科学技术的进步、组织形式的不断更新以及作为人力资源管理对象——"人"的变化，人力资源管理在管理理论、管理实践和管理方式上都在不断地发生变化。

经济的全球化趋势改变了各个领域的管理哲学与管理实践，其中人力资源管理首当其冲。人力资源管理实践必须符合并且适应现代管理理论的新趋势，传统的人力资源管理受到挑战。

21世纪的人力资源管理面临着外部环境变化——经济全球化和知识化所带来的挑战。许多学者将经济全球化和知识化作为20世纪90年代以后一切变化的根本性原因。威廉·罗斯威尔和亨利·斯内多尔在其《人力资源开发作用与能力》一书中，将全球化列为影响人力资源开发与管理的13个因素之一。未来的企业将更加重视国际的，而不再是国内的竞争机会。所以，管理者必须面对不断变化的、日益复杂的国际经营环境，成功的国际企业和全球组织只有考虑并实施战略性人力资源管理才能获得竞争力。

在经济全球化的同时，知识经济已成为当今和未来世界经济的主要方式。世界范围内，知识日益成为经济增长与发展的最重要的资源。作为知识经济微观基础的知识型企业，为适应全球化和知识经济时代的外部环境，更加重视知识的创造、整合与利用，重视知识管理，强调智力资本的管理。知识管理能力开始成为企业的核心竞争能力，知识开始成为企业竞争优势的源泉。企业的员工尤其是知识工作者的人力资源，将被视为企业利润的源泉。在此基础上，人力资源管理及相应的组织安排被纳入企业战略管理领域，持续的组织学习和持续的员工培训与开发被视为企业的战略性武器。

二、未来人力资源管理的发展特点

1. 人力资源管理将更加具有弹性和适应性

许多组织已经开始运用"参与系统"从事人员招聘，开发合适的管理形态、领导风格和招聘态度；建立功能团队以超越传统的"任务强制力"、"目标团队"或"质量循环"，并且认识到在初始阶段，团队在组织中的位置；同时，运用自我评价，参考优秀的组织管理模式，例如，欧洲基金会的质量管理模式，就克服了合作惰性和自我满足，建立了充分的内部交流和综合反馈机制；扩大技能，超越狭隘的功能界限，发展管理能力和技术。

2. 组织的限制将变得越来越少，招聘方式成为组织竞争优势的一个来源

传统的人际关系开始消失，这使得组织成员为一项任务而结合起来变得更复杂；组织的层级结构趋于扁平，中层管理人员不断减少，与此相对的是组织中工作群体和团队变得越来越重要；高质量员工人数不断增加，社会越来越需要组织承担更多的社会责任和伦理行为。

3. 在经济全球化中，组织具有的竞争优势就是知识以及掌握知识的人

知识管理者被作为一种战略竞争能力，只要被运用于实践，鼓励其发展、收集知识，就可使公司设计一个其他竞争者无法模仿的操作程序。组织学习成为人力资源管理的一项主要的任务，并通过组织学习使员工在竞争中产生力量，因此，组织学习可被理解为集体的现象，把个人学习作为基本出发点，通过知识的收集运用以及通过实验方式学习，使组织产生独特的竞争力；通过增加知识、组合知识和更新知识来产生新的知

识，并将其运用于实践；用开放的态度吸取经验。

4. 人力资源管理更加集中于激励

在人力资源管理中激励能提高员工的积极性和创造性，增加员工的活力，充分发挥每个人的才能，做到"人尽其才"，从而加强组织竞争力，树立良好的企业形象。

三、未来人力资源管理的发展趋势

1. 战略人力资源管理

一方面，人力资源管理部门已经逐渐成为能够创造价值并维持企业核心竞争能力的战略性部门，人力资源管理工作已经不再是与企业的战略计划没有任何联系的，而仅有一些狭窄目标的职能性工作。另一方面，企业的组织重组活动从实践上证明了人力资源的变化必须与企业重组的其他领域相匹配、协同作用，才能保证企业在新的经营环境下保持并维持竞争优势。

2. 知识工作者的开发与管理

知识经济和知识管理时代的到来使企业的人力资源发生了重要的变化，知识工作者已经成为企业人力资源的一个主要组成部分，对知识工作者的开发与管理必须有别于传统的人力资源管理。如何在全球范围内获得企业所需的知识工作者并对他们进行有效的管理，是未来人力资源管理必须面对的挑战。这种挑战主要表现在：合理、有吸引力的薪资与福利；充分公开与高效的信息沟通；公正平等的全球招聘政策；深入全面的跨文化培训与管理；开放的知识分享和民主决策体系；持续有效的系统激励模式。

3. 组织学习与学习型组织

组织学习是企业和组织适应知识经济时代发展需要的一种必然结果。通过对实行组织学习的企业和组织的调查说明，对于跨国公司而言，比竞争对手更快地学习的能力是赢得竞争优势的唯一持久的源泉。组织学习是组织不断提高并持续保持适应能力的重要手段，而学习型组织则是通过持续有效的组织学习获得生存与发展机会的组织形态，也是 21 世纪最具竞争优势和最具适应能力的组织形态。学习型组织的组织结构和管理形式完全不同于传统的组织形态，因而其组织的人力资源管理也必须不同于传统的人力资源管理，其职能与作用势必要发生变化。人力资源管理部门必须有效组织系统学习，培养系统学习观，整合个人的持续学习，并以建立和完善学习型组织作为其工作的重要领域，同时，组织学习的有效性也将成为衡量人力资源工作绩效的重要标准。

4. 网络化组织

随着网络技术的发展，"经济变成了网络体系，并由变化速率和学习速率的加强度所推动，它创立的是一个网络社会，在此社会中处理和应用知识的机会和能力以及强化学习的关系，决定了个人和企业的社会经济地位"①。组织内信息技术的发展，特别是网络技术的发展，则从物质基础和信息基础上对传统的组织结构提出了挑战。组织已日益变得扁平化、开放化，组织层级在逐步减少，充分授权、民主管理、自我管理等网络组织的基本特征已经出现，以团队为基础的组织及其管理方式正在形成。因此，有效地

---

① 赵曙明 . 企业人力资源管理与开发国际比较研究 . 北京：人民大学出版社，1999：140.

管理这种新型的开放组织，培养有利于组织知识创造、整合和利用的团队是未来人力资源管理发展的方向。

5. 企业价值、企业管理与人力资源管理的道德问题

随着文化的多元化趋势和价值冲突与对立频繁加剧，组织知识管理和全球网络化经营需要不同文化、不同价值的整合与共享，因此，企业精神价值的整合作用、企业伦理操守的激励与约束作用会被越来越多的企业所重视。而人力资源管理的重要任务就是正确地揭示企业价值的内涵并有力促成其传播，尊重员工个人价值并有效整合于组织伦理价值之中。

随着人力资源管理面临的问题在数量和复杂性方面的增加，在实际工作中，道德规范方面的压力和挑战也随之增加。道德规范方面引起的根本问题是公平、公正、诚实和社会责任等问题。管理中的道德问题涉及人力资源管理的有以下五个方面。[①]

（1）外延结果。外延结果是指合乎道德的决策产生的结果超出了决策本身。例如，为避免工会的压力而关闭一个工厂并把它迁到另一个地区，就会影响到员工、员工的家庭、社区和其他行业。

（2）选择的多样性。在大多数决策情况下有多种选择，因此就可能涉及如何使规定变得更"灵活"。

（3）混合效果。合乎道德的决策常常要求有益效果大于不利效果。例如，在一个工厂里，保留一些工人的职位就要求去掉其他一些工人的职位。对于组织和受影响的员工来说，这种结果是一种肯定与否定相混合的结果。

（4）不确定结果。合乎道德的决策结果常常是未知的。即使员工清楚他们是最合适的获选人，员工个人的生活方式或家庭情况也可能使他们在晋升中被淘汰。

（5）私人效应。合乎道德的决策常常影响员工的私人生活、他们的家庭和其他方面。比如，接受外国客户要求不让女性或少数民族销售员给他们打电话，这可能有助于在短期内维持他们与企业的关系，但是被拒绝的员工的职业生涯机会所受到的影响将会是怎样的呢？

如何解决人力资源管理中的道德问题，已经成为人力资源管理必须加以研究的一个重要领域。

6. 文化培训和跨文化管理

经济全球化所带来的管理上的文化差异和文化管理问题，已经成为人力资源管理领域的一个重要问题。当今和未来人力资源管理的一项重要的职责就是克服组织内由文化差异引起的文化冲突，其有效的途径是实行跨文化管理和跨文化培训。在跨文化管理中，全球观念、系统观念、多元主义是培养文化开放与宽容的思想基础，而有效的不同文化的交流与对话，特别是深度对话是实现文化整合和文化共享的重要途径。跨文化培训则已成为人力资源发展的重心所在，是实现文化整合的有利工具。

7. 人力资源管理外包

近几年来，人力资源管理活动的外包（outsourcing）已经逐渐发展起来，即将组

---

① Mathis R L, Jackson J H. Human Resource Management. 9th ed. . South-Western College Publishing, 1999：130.

织的人力资源管理活动委托给组织外部的公司承担。人力资源管理外包的工作主要是在工资、福利、招聘和培训等方面。人力资源管理活动外包的主要原因是组织内部投资结构和工作量的经常变化。

人力资源管理活动的外包趋势对组织来说有许多益处。首先，外包使组织能够维持较为通用的系统和程序，而不必持续购买新的东西。其次，接受外包管理活动的组织具有专门知识，这些知识在较小的组织中，由于时间和经验有限，是它们的人力资源经理所没有的。再次，减少了人力资源的工资成本，达到提高企业适应能力的目的。当组织发生变化时，人力资源部通过改变它的机构和运行以使它变得更精干和更灵活。

但是，人力资源管理活动外包也有一些不利之处。首先，外包的成功依靠外部卖方的能力。有一个能确保把事情做好并能不断提供支持的外部管理者是最主要的。选择一个不能提供好的服务和成果的外部管理者会对组织的人力资源管理人员产生负面的影响。其次，由于采用外包可能造成"失去控制"的局面。当一个企业得到外部者提供的数据和服务的时候，人力资源管理人员很少意识到它们的重要性和紧迫性，这主要是因为他们没有深入进去和加以控制，当然这个问题可以通过明确外包的关系部分得以解决。此外，有时外包可能会花费比内部化管理更多的成本，特别是在外部管理者对因素的多样性不清楚的情况下。所以说，外包是有风险的，在实行外包以前人力资源经理应该仔细进行分析并定期加以评估。

学 习 建 议

1. 结合学习过的知识和本章知识，编写人力资源管理的发展年代表。
2. 组织小组讨论：人力资源管理在企业中的地位与作用。
3. 辩论：人力资源管理全部都是人力资源管理部门的责任吗？如不是，其分工如何？

本章参考文献

董克用 . 2007. 人力资源管理概论 . 北京：中国人民大学出版社

李剑 . 2004. 新经济时代的人力资源管理 . 北京：企业管理出版社

罗宾斯，库尔特 . 2008. 管理学 . 孙建敏等译 . 北京：中国人民大学出版社

戚安邦 . 2008. 管理学 . 北京：电子工业出版社

芮明杰 . 2005. 管理学：现代的观点 . 上海：上海人民出版社

单凤儒，金彦龙 . 2009. 管理学 . 北京：科学出版社

谌新民 . 2005. 人力资源管理概论 . 北京：清华大学出版社

孙泽厚，罗帆 . 2007. 人力资源管理——理论与实务 . 武汉：武汉理工大学出版社

姚裕群 . 2005. 人力资开发与管理概论 . 北京：高等教育出版社

余凯成，陈维政 . 1997. 人力资源开发与管理 . 北京：企业管理出版社

周三多，陈传明，鲁明泓 . 2000. 管理学原理与方法 . 南京：复旦大学出版社

Mathis R L, Jackson J H. 1999. Human Resource Management. 9th ed. South-Western College Publishing House

第三章 工作分析

第一节 工作分析概述

➤ **案例引入**

猴子取食

美国加利福尼亚大学的学者做了这样一个实验：把六只猴子分别关在三间空房子里，每间两只，房子里分别放着一定数量的食物，但放的位置高度不一样。第一间房子的食物就放在地上，第二间房子的食物分别从易到难悬挂在不同高度的适当位置上，第三间房子的食物悬挂在房顶。数日后，他们发现第一间房子的猴子一死一伤，伤的缺了耳朵断了腿，奄奄一息；第三间房子的猴子也死了；只有第二间房子的猴子活得好好的。

究其原因，第一间房子的两只猴子一进房间就看到了地上的食物，于是，为了争夺唾手可得的食物而大动干戈，结果伤的伤，死的死。第三间房子的猴子虽做了努力，但因食物太高，难度过大，够不着，被活活饿死了。只有第二间房子的两只猴子先是各自凭着自己的本能蹦跳取食，最后，随着悬挂食物高度的增加，难度增大，两只猴子只有协作才能取得食物，于是，一只猴子托起另一只猴子跳起取食。这样，每天都能取得够吃的食物，很好地活了下来。

这虽做的是猴子取食的实验，但在一定程度上也说明了人才与岗位的关系。

岗位难度过低，人人能干，体现不出能力与水平，选拔不出人才，反倒成了内耗式的位子争斗甚至残杀，其结果无异于第一间房子里的两只猴子。岗位的难度太大，虽努力而不能及，甚至埋没、抹杀了人才，有如第三间房子里的两只猴子的命运。所以，岗位的难度要适当，循序渐进，如同第二间房子的食物。这样，才能真正体现出能力与水平，发挥人的能动性和智慧；同时，相互间的依存关系使人才间相互协作，共渡难关。

➤ **案例启示**

人力资源管理的一个重要原则就是要做到人岗匹配。正如案例中所描述的那样，岗位难度过低，造成内耗；岗位难度过高，抹杀人才；只有岗位难度适中，才能充分发挥员工的聪明才智，保证岗位工作的有效完成。要做到人岗匹配，保证岗位难度的适中性，就需要对岗位进行充分的工作分析。本节我们将学习工作分析的基本知识，具体内容包括：

　　(1) 工作分析中的基本概念；

　　(2) 工作分析的类型与流程；

　　(3) 工作分析的性质与作用。

一、工作分析中的基本概念

(一) 工作分析

　　工作分析又称职务分析（job analysis），是指对各种工作的性质、任务、责任以及所需人员的资格、条件等进行周密的调查、研究分析，加以科学地系统描绘，最后作出规范化记录的过程，即制定工作描述和工作规范的系统过程。

　　工作分析涉及两个方面：一是工作本身，即工作岗位的研究。要研究每一个工作岗位的目的、该岗位所承担的工作职责与工作任务，以及它与其他岗位之间的关系等。二是人员特征，即任职资格的研究。研究能胜任该项工作并完成目标的任职者必须具备的条件与资格，比如工作经验、学历、能力特征等。

　　工作分析是为管理活动提供各种有关工作方面的信息，这些信息概括起来就是每一工作的七个"W"：用谁（who）；做什么（what）；何时（when）；在哪（where）；如何（how）；为什么（why）；为谁（for whom）。只有提供七个"W"完整而又准确的信息，才能对一项工作作出正确、详尽的描述。

(二) 与工作分析相关的常见术语

　　在工作分析中，常常会用到一些术语，但这些术语的含义经常被人们混淆。因此，理解并掌握它们的含义对科学、有效地进行工作分析十分必要。

　　(1) 工作要素。工作要素是指工作中不能继续再分解的最小动作单位。例如，酒店里负责接待客人的服务员在客人刚刚来到酒店时要帮助客人运送行李，运送行李这项工作中就包含将行李搬运到行李推车上、推动行李推车、打开客房的行李架、将行李搬运到行李架上四个工作要素。

　　(2) 任务。任务是指工作中为了达到某种目的而进行的一系列活动。任务可以由一个或多个工作要素组成。例如，生产线上的工作人员给瓶子贴标签这一任务就只有一个工作要素；上面提到的运送行李的任务中就包含四个工作要素。

　　(3) 职责。职责是指任职者为实现一定的组织职能或完成工作使命而进行的一个或一系列工作。例如，营销部的经理要实现新产品推广的职责就需要完成一系列工作，包括制定新产品推广策略、组织新产品推广活动和培训新产品推广人员等。

　　(4) 职位。职位也叫岗位，担负一项或多项责任的一个任职者所对应的位置就是一个职位。一般来说，有多少个岗位就有多少个任职者，如总经理、秘书、出纳、招聘主管、营销总监等。应该注意的是，职位是以"事"为中心确定的，强调的是人所担任的岗位，而不是担任这个岗位的人。

（5）职务。职务由组织上主要责任相似的一组职位组成，也称工作。在组织规模大小不同的组织中，根据不同的工作性质，一种职务可以有一个职位，也可以有多个职位。例如，营销人员的职务中可能有从事各种不同营销工作的人，但他们的主要工作责任是相似的，因此可以归于同样的职务中。

（6）职业。职业是一个更为广泛的概念，它是指在不同的组织中从事相似活动的一系列职务。职业的概念有着较大的时间跨度，处在不同时期，从事相似工作活动的人都可以被认为是具有同样的职业，如老师、工程师、工人、司机等都属于职业。

（7）职权。职权指依法赋予的完成特定任务所需要的权力，职责与职权紧密相关。特定的职责要赋予特定的职权，甚至于特定的职责等同于特定的职权。比如，质量检查员对产品质量的检验既是质量检查员的职责，又是他的职权。

二、工作分析的类型与流程

（一）工作分析的类型

1. 从客体分布范围上划分，工作分析有广义与狭义两种

广义的工作分析，是相对于整个国家与社会范围内岗位工作的分析；而狭义的工作分析，是相对于某一企事业组织内部各岗位工作的分析。本书所说的工作分析主要指狭义的工作分析。

2. 从目的上划分，工作分析有单一目的型与多重目的型两种

其主要区别在细节和记录的内容上，但其获取与分析资料的手段及其过程是相同的。比如，如果工作分析的目的在于提高人员甄选的针对性，则工作信息可以直接记录在一张简单设计的表格中。如果工作分析还想用于一些其他目的，如培训、安全计划等，工作分析表格就要设计得详细些，以便能够记录与其他目的相关的工作信息。即使工作分析只有一个目的，调查中记下所有的细节也是较为经济的，可以避免日后的重新调查。这一点在设计工作分析程序时就应予以考虑。

3. 从分析切入点划分，工作分析有岗位导向型、人员导向型和过程导向型三种

岗位导向型，是指从岗位工作任务调查入手进行的工作分析活动；人员导向型，是指从人员工作行为调查入手进行的工作分析活动；过程导向型，是指从产品或服务的生产环节调查入手进行的工作分析活动。

（二）工作分析的流程

整个工作分析过程一般包括计划、设计、信息分析、结果表述与运用指导五个环节，如图 3-1 所示。其中计划与设计是工作分析的基础，信息分析与结果表述是工作分析的关键，运用指导是工作分析的目的。

1. 计划

工作分析中的计划主要包括：

（1）确定工作的目的与结果使用的范围，明确所分析的资料用来做什么、解决什么管理问题。

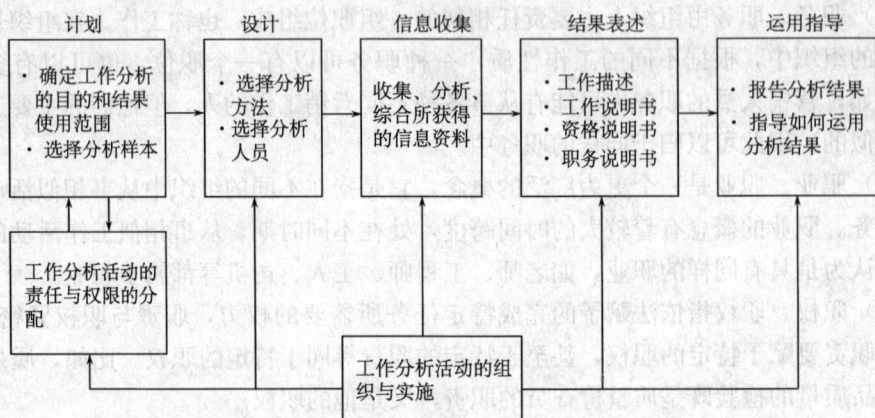

图 3-1　工作分析活动流程图

(2) 界定所要分析的信息的内容与方式，预算分析的时间、费用与人力。

(3) 组建工作分析小组，分配任务与确定权限。

(4) 明确分析客体，选择分析样本，以保证分析样本的代表性与典型性。

2. 设计

工作分析中的设计主要包括：

(1) 选择分析方法与人员。人员的选择主要由经验、专业知识与个性品质等来决定。

(2) 做好时间安排与制定分析标准。

(3) 选择信息来源。工作分析的信息来源一般有工作者、主管、顾客、分析专家、词典、文献汇编。

3. 信息分析

信息分析包括对工作信息的调查收集、记录描述、分解、比较、衡量、综合归纳与分类。信息分析的内容一般包括七个问题的调查和五个方面的信息分析。

其中，七个问题的调查是：由谁来做（who）；做什么（what）；何时做（when）；在哪里做（where）；如何做（how）；为什么做（why）；为谁做（for whom）。

五个方面的信息分析是：工作名称分析，包括对工作特征的揭示与概括、名称的选择与表达；工作内容分析，包括工作任务、工作责任、工作关系与工作强度的分析；工作环境分析，包括物理环境、安全环境与社会环境的分析；工作条件分析，包括必备的知识、必备的经验、必备的操作技能和必备的心理素质的分析；工作过程分析，包括对工作环节、人员关系与所受影响的分析。

4. 结果表述

工作分析结果的表述主要有四种形式：

(1) 工作描述，主要是对工作环境、工作要素及其结构关系等相关资料的全面记录与说明。

(2) 工作说明书，主要是对岗位或职位工作职责任务的说明。

(3) 资格说明书，又叫工作规范，主要是对任职资格与相关素质要求的说明。

(4) 职务说明书，主要是对相关岗位概况、工作职责及其任职资格的完整说明。

5. 运用指导

工作分析结果的运用指导主要包括对运用范围、原则与方法的规定。

三、工作分析的性质与作用

（一）工作分析的性质

工作分析不但是人力资源开发与管理中的一种手段，也是整个组织管理系统中的方法与技术，因此工作分析属于方法论的学科范畴。

同时，工作分析是整个人力资源开发与管理的奠基工程，对于人力资源研究和人力资源管理具有非常重要的作用。全面地和深入地进行工作分析，可以使组织充分了解工作的具体特点和对工作人员的行为要求，为作出人事决策奠定坚实的基础。

（二）工作分析的作用

在人力资源管理中，几乎每一个方面都涉及工作分析所取得的成果。具体来说，工作分析有以下八个方面的作用[①]：

（1）有利于选拔和任用合格的人员。通过工作分析，能够明确地规定工作职务的近期和长期目标，掌握工作任务的静态和动态特点，提出有关人员的心理、生理、技能、文化和思想等方面的要求，选择工作的具体程序和方法。在此基础上，确定选人用人的标准。有了明确而有效的标准，就可以通过心理测评和工作考核，选拔和任用符合工作需要及职务要求的合格人员。

（2）有利于制定有效的人力资源预测方案和人力资源计划。每一个单位对于本单位或本部门的工作职务安排和人员配备，都必须有一个合理的计划，并根据生产和工作发展的趋势作出人力资源预测。在职业和组织面临不断变化的市场和社会要求的情况下，有效地进行人力资源预测和计划，对于企业和组织的生存和发展尤其重要。工作分析的结果，可以为有效的人力资源预测和计划提供可靠的依据。一个单位有多少种工作岗位、这些岗位目前的人员配备能否达到工作和职务的要求、今后几年内职务和工作将发生那些变化、单位的人员结构应做什么相应的调整、几年甚至几十年内人员增减的趋势如何，后备人员的素质应达到什么水平等问题，都可以依据工作分析的结果作出适当的处理和安排。

（3）有利于设计积极的人员培训和开发方案。通过工作分析，可以明确从事某项工作所应具备的技能、知识和各种心理条件。这些条件和要求，并非人人都能够满足和达到，需要不断培训、不断开发。因此，可以按照工作分析的结果，设计和制定培训方案，根据实际工作要求和聘用人员的不同情况，有区别、有针对性地安排培训内容和方案，以培训促进工作技能的发展，提高工作效率。

（4）提供考核、升职和作业的标准。工作分析可以为工作考核和升职提供标准和依据。工作的考核、评定和职务的提升如果缺乏科学依据，将影响职工的积极性，使工作

① 颜爱民，宋夏伟，袁凌. 人力资源管理理论与实务. 长沙：中南大学出版社，2004：54.

和生产受到损失。根据工作分析的结果，可以制定各项工作的客观标准和考核依据，也可以作为职务提升和工作调配的条件和要求。同时，还可以确定合理的作业标准，提高生产的计划性和管理水平。

（5）有利于提高工作和生产效率。通过工作分析，一方面，由于有明确的工作任务要求，建立起规范化的工作程序和结构，使工作职责明确，目标清楚；另一方面，明确了关键的工作环节和作业要领，能充分地利用和安排工作时间，使职工更合理地运用技能，分配注意和记忆等心理资源，增强他们的工作满意感，从而提高工作效率。

（6）有利于建立先进、合理的工作定额和报酬制度。工作和职务的分析，可以为各种类型的各种任务确定先进、合理的工作定额。所谓先进、合理，就是在现有工作条件下，经过一定的努力，大多数人能够达到、其中一部分人可以超过、少数人能够接近的定额水平。它是动员和组织职工、提高工作效率的手段，是工作和生产计划的基础，也是制定企业部门定员标准和工资奖励制度的重要依据。工资奖励制度是与工资定额和技术等级标准密切相关的，把工作定额和技术等级标准的评定建立在工作分析的基础上，就能够制定出比较合理公平的报酬制度。

（7）有利于改善工作设计和环境。通过工作分析，不但可以确定职务的任务特征和要求，建立工作规范，而且可以检查工作中不利于发挥人们积极性和能力的方面，并发现工作环境中有损于工作安全、加重工作负荷、造成工作疲劳与紧张以及影响社会心理气氛的各种不合理因素；有利于改善工作设计和整个工作环境，从而最大限度地调动工作积极性和发挥技能水平，使人们在更适合于身心健康的、安全舒适的环境中工作。

（8）有利于职业生涯规划与管理。通过工作分析对组织中的工作要求和各项工作之间的联系的研究，组织可制定出行之有效的员工职业生涯规划，同时，工作分析也使员工有机会或能力了解工作性质与规范，制定出适合自身发展的职业道路。

第二节　工作分析的结果与表现形式

➤ 案例引入

设备组装工的职责分歧[①]

一个设备组装工把大量的液体洒在他设备组装周围的地板上，车间主任叫组装工把洒在地板上的液体打扫干净，组装工拒绝执行，理由是任职说明书里并没有包括清扫的条文。车间主任顾不上去查任职说明书上的原文，就找来一名服务

---

① 孙健，纪建悦. 人力资源开发与管理——理论、工具、制度、操作. 北京：企业管理出版社，2004：85.

工来做清扫工作。但服务工同样拒绝，他的理由是任职说明书里同样也没有包括这一类工作，这个工作应由勤杂工来完成，因为勤杂工的职责之一是做好清扫工作。车间主任威胁服务工说要解雇他，因为这种服务工是分配到车间来做杂务的临时工。服务工勉强同意，但是干完以后就立即向公司投诉。

有关领导看了投诉以后，审阅了三类人员的任职说明书：设备组装工、服务工和勤杂工。设备组装工的任职说明书规定，设备组装工有责任保持组装设备的清洁，使之处于可有效使用的状态，但并未提及清扫地板；服务工的任职说明书规定，服务工有责任以各种方式协助设备组装工，如领取原料和工具，随叫随到，即时服务，但也没有包括清扫工作；勤杂工的任职说明书里确实包括了各种形式的清扫工作，但他的工作时间是从其他一般员工下班以后开始。

> **案例启示**

设备组装工、服务工、勤杂工每个人的恪守职责却造成了工厂日常工作中的工作盲点，服务工的投诉应该如何处理？公司人力资源管理部门应该采取什么样的措施才避免类似问题的产生？通过本节内容的学习你将得出答案。具体来说，本节的课程内容包括：

(1) 工作描述；
(2) 工作说明书；
(3) 资格说明书；
(4) 职务说明书；
(5) 四种工作分析结果的关系。

工作分析的结果一般是工作描述，它是工作分析的直接结果形式。其表现形式有工作说明书、资格说明书与职务说明书等。

一、工作描述

(一) 工作描述的内容

工作描述又称职务描述、工作说明，指用书面形式对组织中各个岗位（职位）的工作性质、工作任务、工作职责与工作环境等所做的统一要求。它说明任职者应该做些什么、如何去做和在什么样的条件下履行其职责。它的主要功能是让员工了解工作概要，建立工作程序与工作标准，阐明工作任务、责任与职权，有助于员工的聘用、考核和培训等。工作描述没有标准的格式，然而，规范的工作描述一般应包含以下内容，见表3-1。

表 3-1　"招聘主管"工作描述

工作名称：招聘主管

所属部门：人力资源部

直接上级：人力资源部经理

工作代码：XL-HR-021

工资等级：9～13

工作目的：为企业招聘优秀、适合人才

➢ 工作要点：

　1. 制定和执行企业的招聘计划

　2. 制定、完善和监督执行企业的招聘制度

　3. 安排应聘人员的面试工作

　工作要求：认真负责、有计划性，热情周到

➢ 工作责任：

　1. 根据企业发展情况，提出人员招聘计划

　2. 执行企业招聘计划

　3. 制定、完善和监督执行企业的招聘制度

　4. 制定面试工作流程

　5. 安排应聘人员的面试工作

　6. 应聘人员材料的管理，应聘人员材料、证件的鉴别

　7. 负责建立企业人才库

　8. 完成直接上级交办的所有工作任务

➢ 衡量标准：

　1. 上交的报表和报告的时效性和建设性

　2. 工作档案的完整性

　3. 应聘人员材料完整性

➢ 工作难点：如何提供详尽的工作报告

➢ 工作禁忌：工作粗心，留有首尾，不能有效向应聘者介绍企业情况

➢ 职业发展道路：招聘经理、人力资源部经理

（1）工作名称。工作名称指一组重要职责上相同的职责总称。好的工作名称往往很接近工作内容，并能把一项工作与其他工作区别开来（如销售经理、库存控制员等）。在确定职位的工作名称时，要注意以下几点：一是工作名称的重要性反映在它的心理作用上，它暗示员工有一定的地位，比如"环卫工程师"就比"垃圾工程师"好听多了，所以工作名称要讲究艺术。二是工作名称应该指明其任职者在组织等级制度下的相关等级，比如，"助理工程师"名称就比"高级工程师"等级低。

（2）工作身份。工作身份又称工作地位，了解这些工作身份有关资料的目的是为了把这项工作与那些与之相似的工作区别开来。工作身份一般包括如下内容：所属的工作部门；直接上级职位；工作等级；工作水平；所辖人数；定员人数；工作地点；工作分析时间。

（3）工作编号。工作编号又称岗位编号、工作编码。一般按工作评估与分析的结果对工作进行编码。目的在于快速查找所有工作。组织中的每一种工作都应当有一个代

码，这些代码表达了工作的一些重要特征，比如工作等级等。

（4）工作概要。工作概要又称职务摘要，指用简练的语言文字阐述工作的总体性质、中心任务和要达到的工作目标。比如，对于物料经理的工作来说，其工作概要为"物料经理负责生产线上所有材料的经济性购买、规范性运输以及存储和分配"。

（5）工作关系。工作关系描述又称工作联系描述，指任职者与组织内外其他人之间的关系，包括：该项工作受谁监督；此工作监督谁；此工作可晋升的职位、可转换的职位以及可迁移至此的职位；与哪些部门的职位发生联系等。

（6）工作职责。工作职责又称工作任务，是工作描述的主体，逐条指明工作的主要职责、工作任务、工作权限（即工作人员行为的界限）等。为使信息最大化，工作职责应该在时间和重要性方面实行优化，指出每项职责的分量或价值。

（7）工作条件与物理环境。工作条件主要涉及两项：一是任职者主要应用的办公设备、使用的原材料、工具和机器设备等；二是指任职者运用信息资料的形式。工作的物理环境，包括工作地点的温度、光线、湿度、噪声、安全条件等，还包括工作的地理位置以及可能发生的意外事件的危险性。

（8）社会环境。社会环境说明完成工作的任务所需要涉及的工作群体的人及相互关系；完成工作所需要的人际交往的数量和程度；与组织内各部门的关系；工作活动涉及的社会文化、社会习俗等。

（二）工作描述的作用

在人力资源管理中，工作描述的作用大致可以分为三类：作为开发其他工作分析结果形式的基础；作为可直接利用的原始资料；作为工作研究的依据。

1. 基础作用

在构成工作分析的各行为环节中，工作描述是工作分析初始的和主要的产物。它为获得以下的工作分析结果形式起了奠基作用：工作人员任职资格、绩效评估标准、报酬依据、工作分类和评价以及其他人力资源管理所必需的信息报告。在工作描述的基础上，可以方便地设计出简明的职业申请表、绩效评估格式、工作分类文件和其他目标所需要的人事文件。就这个意义而言，在人力资源管理过程中，工作描述可以看作一块奠基石。

2. 直接作用

（1）工作描述可以作为原始资料，直接服务于组织内部的目标管理，服务于组织的整个人力资源管理过程。管理者可以工作描述为基础，进行工作分派，明确任务和绩效期望，指导和监督部门及个体行为结果。

（2）企业工程师和工作设计师可以使用工作描述来核对工作设计流程，确认各种角色，包括确认总体工作系统是不是一种优化结构以及能否改善卫生、安全条件和减少危害。而在没有工作描述的情况下，每进行一次工作设计，都必须临时做一次基础性研究来获得这些相关信息。

（3）工作描述在人力资源规划、招聘、甄选、配置中有多种用途。它与工作人员任职资格一起，为形成和开发人力资源提供了必要的信息。应聘者可以利用工作描述申请自己熟悉的工作。招聘者可以使用工作描述选择相关的招聘工作并制定招聘标准。

（4）工作描述是绩效评估的重要工具。它明确地表述了绩效的标度（criteria）和标准（standards）。工作描述也是了解与确定任职者资格临界水平的基础。

（5）工作描述在薪资管理领域的主要用途在于工作评价。它连同工作人员任职资格和环境描述所提供的信息，为制定报酬提供依据。在向员工解释工资率和浮动幅度的基础的过程中，客观的工作描述也是很有用的。就这个意义而言，工作描述可以帮助人力资源专家处理员工在报酬和福利问题上的抱怨、纠缠和咨询。

（6）工作描述对于培训、发展和职业指导，也是一种很有价值的工具。它可以帮助我们理解和描绘工作之间的流动路线和环节。这些信息也可以用于管理者和培训者向员工提供有关晋升机会的建议。

（7）工作描述在有些组织中还可以作为劳资纠纷处理与工作协议的文件的依据。

3. 研究用途

工作描述的第三种用途与工作的基础性研究相关。这种用途与规模较小的企业没有多大关系，但是，大型企业、政府机构、军队以及其他员工数量庞大的组织，就需要关注其员工队伍的组成。我国人力资源和社会保障部及一些与劳动力市场的管理相联系的政府机构，也要求掌握有关工作内容和结构的知识。客观的标准化的工作描述可以协助有关组织即时掌握有关人员的需求状况、行业需求水平和其他一些基本关系的变动情况。

（三）工作描述的格式

工作描述并无固定的统一格式，但表 3-1 中所列的因素体现了工作描述的实质内容。在这里，它并未以标准的格式和专业术语构成。工作描述的范围可以是对 1～2 个项目的详细描述，也可以是对众多项目的详细描述。在工作描述中，是否要用专业术语来组织材料，目前还众说不一。不过，本章出现的工作描述术语与表 3-1 中的术语经常在工作描述中出现。但是，在工作描述项目的选择标记方面，不同的组织之间或同一组织内也存在相当大的差异。

我们在表 3-1 所列的因素只是一种大概的描述，具体到实际工作中，则要求将这些因素描述得更细致，并且要求说明在工作描述中是如何和在什么地方应用这些因素的。每种情况下，用于描述这些因素的术语都要经过反复的斟酌。

（四）工作识别和工作概要

工作识别与工作概要是工作描述中两个常见的项目。为了识别工作和对工作的精髓提供一个概括而简明的叙述，几乎所有的工作描述格式都包括了如下一些项目。

1. 工作识别

这部分内容的目的在于获得企事业组织的工作识别标志。它大致包括四种类型的材料：工作名称、其他识别标志、工作地和隶属关系。

（1）工作名称。工作名称即岗位名称或职称，表明了工作人员在组织中所扮演的角色。它是区分某一项工作与其他工作的身份标记。为工作制定一个名称，表面看来是件简单的事情，但在实践中却会遇到很多困难和抉择。例如，下面是几个抉择实例：

打字书记员	和	书记打字员
分析程序员	和	程序分析员
工程联络员	和	联络工程员
医疗顾问医生	和	医生医疗顾问

在每一个例子中，第一组词都表达了工作指派的首要任务。哪一个名称标志更能准确地体现工作的精髓，是由分析专家自己判断决定的。一个完整的工作名称应能表达出工作的目标、工作在组织中的水平层次、相关结果和活动的延伸范围。

（2）其他识别标志。工作名称表明任职者的正式角色。除此之外，工作显然还需要各种各样的其他标志。例如，《职业名称大辞典》中的代码；企业出版物中的代码；由传统或习惯形成的副标题和替换名称；由各自类别形成的在工作群中的等级（如一级办事员、二级办事员、三级办事员）。这些附加细节的内涵构成了工作识别圈。事实上，记入特定工作描述中的工作识别标志，其理解范围在组织与组织之间和行业与行业之间差别非常大。分析人员应根据组织的需要来作出决定。

（3）工作地。工作地指岗位或职位在实际中被放置的物理位置。分析人员承担的任务是找出商业、产业、组织与部门的特征标志。

（4）隶属关系。这一项是确定工作在组织体系中的地位。它表明任职者应向其汇报工作的更高级别职位。这是一种工作职位间的关系，表明了组织中的权力关系。

2. 工作概要

工作概要是工作分析中保留的传统项目。它紧随标识项目之后，提供了对工作的一个概括。作为工作描述中不可缺少的部分，在工作概要的涉及范围和表达内容的方式上，很少有一致的地方。工作概要要尽可能清晰地描述工作的任务和基本目标。实际中的工作概要涉及的范围和表达方式差别很大，超出了对工作任务与目标的描述范围，而且有些人还用工作职能和基本职责或目的替代工作概要。

美国劳工部出版的工作概要是与职能工作分析系统（FJA）相联系的。它在资料、人、事务的框架中表明工作是什么（what）以及为什么要做（why）。概要中所使用的措辞便于我们掌握工作人员与这三种工作对象（资料、人、事务）之间的联系。这些联系以及它们相应的层级水平都在每项概要下面的括号中注明了。

美国制造业的工作概要也是按照是什么和为什么要做的格式表述的。

分析人员在编制工作概要时，有相当大的自由度。决策中的最终考虑是要服从于用户的兴趣。但是，为了避免重复并保持工作概要的独特性和唯一性，特提出以下建议：①工作概要应简洁，最好用一句话叙述。②工作概要应明确工作的基本目的及其存在的基础，即要说明工作目的是什么和为什么要做。③如果工作描述是根据某种理论框架构建的，或者是某个分析系统的一部分，则应该使用适合于这个系统的语言。④避免将预期成效、任务、时间和其他超出工作目的与存在基础范围的细节包括进来。这些细节属于工作描述的其他部分，它们的加入会破坏工作概要作为独立项目的唯一性。

（五）有关问题和建议

1. 描述长度

一般来说，工作描述不应该过长。不过，硬性规定一个长度标准也许是一种自我限制。我们倾向于工作描述的长度由他们所服务的目的决定。它应该能够向招聘者、培训者和其他使用者提供所需的全部信息。

2. 具体层次

工作因素可以在不同的层次上来描述。例如，车间的噪声既可以通过其来源如喇叭等来描述，也可以更精确地通过声音强度分贝来描述；热度可以用日常语如热或冷来描述，也可以通过温度测量和记录更精确地描述。由这种选择所引起的两难问题在所难免。细节提供得越多，工作描述作为信息的源泉和行为的工具的作用就越大，但从金钱和时间等资源来看，投资也越大。

解决这一困难的方法在于，确定工作描述在整个人力资源管理体系中的位置。有两种选择可供参考：①把工作描述作为工作信息的唯一来源。如果按照这一选择做，工作描述就意味着要提供大量的细节。②把工作描述作为概括性陈述，而把有关的细节涵盖在附件和指南等小册子中。

在范围和细节的抉择中，工作信息使用者的水平是一个关键的考虑因素。相对而言，经验丰富的员工需要较少的细节描述。实际上，对于经验丰富的员工，没有必要对他所涉及的工作职能作详细的鉴别说明。工作了一段时间的员工自然懂得如何完成工作，而无须按照一个详细的书面规定行事。[①]

二、工作说明书

工作说明书又叫职位描述，这个词在工作分析文件中经常见到。然而在使用上，这个词的含义很不一致，它至少有四种用法。

（1）作为工作描述的同义词。这是美国人力资源管理办公室和其他公共机构的特点。

（2）指对一个工作族中各种工作的划分。属于一个族的各种工作在有关工作执行和组织中的位置方面应有相似性，但不能没有区别。这种区别可能表现在经验（高级的或初级的）、对员工工作熟练性的要求（工匠师或学徒工）、工作时间（白班或者夜班）或者其他特定的组织因素上。在这种情况下，工作说明书是指把工作当成一个组织角色来描述其总体特征以备使用。因此工作说明书的描述涵盖了对各组工作区分的信息。

（3）指对一个类或子类中个人的工作的描述。这是第（2）种用法的扩展，从组织层次扩展到个人层次。

① 颜爱民，宋夏伟，袁凌. 人力资源管理理论与实务. 长沙：中南大学出版社，2004：65；萧鸣政. 工作分析的方法与技术. 北京：中国人民大学出版社，2006：105.

（4）指从事某一工作的员工的预期效果或其他收益。这种用法下的描述便不再涵盖有关任务和其他工作因素的信息，它将成为管理者和其下属在一定时间范围内的双向沟通信息的基础。在这种用法下，职位描述相当于在目标计划管理下直接主管和下属间达成的协议。

工作说明书范例见表 3-2 和表 3-3。

表 3-2 某公司的工作说明书

姓名		职称	贸易一部经理					单位	贸易一部
编号		职系						主管	
项目 类别	工作内容	工作依据	权限	时限	表单 名称	分送单位	管制基准		备注
1	信件、电报等文件签核及处理	所收信件、电报	执行	不定	电报、信件	助理	于每日下午1：30交给助理业务代表		
2	客户开发及巩固	按业务年度计划	执行	不定	月报告表、年度报告表	总经理	每月检查一次		
3	产品推销与检查	按业务年度计划	执行	不定	季报告表、年度报告表	总经理	每季检查一次		
4	与管理部门就有关事项进行联络	按实际情况	执行	0.2小时	外厂001簿	管理部门	下班前或规定时间内回复		
5	客户接待	按规定范围接待	执行	不定			公司的客户接待必须有助理在场		
6	对账表签核	按实际收款情况	签核	0.2小时	对账表	部门经理	于收到当月完成		
7	总经理交办事项	按总经理指示	执行	不定			规定时间内完成		
8	向总经理汇报业务	按实际情况	执行	0.5小时	周报告表	总经理	每周一与总经理室秘书安排时间后执行		
9	订单签核	按公司价格表	签核		订单	①部门主管、总经理 ②助理	收到订单的第二日中午前交部门经理或交给助理		
组织关系	略								

表 3-3　某工厂发货员职务说明书

职务：发货员
部门：货品收发部门
地点：仓库 C 大楼

职务概况	听仓库经理指挥，根据销售部门递来的发货委托单据，将货品发往客户。与其他发货员、打包工一起，徒手或靠电动设备从货架上搬卸货品，打包装箱，以备卡车、火车、飞机运输。正确填写和递送相应的单据、表格，保存有关记录文件
教育程度	高中毕业
工作经历	不限
岗位责任	1. 用 70％的工作时间做以下工作 　（1）从货架上搬卸货品，打包装箱 　（2）根据运输单位在货运单上标明的要求，给纸箱过磅并贴上标签 　（3）协助送货人装车 2. 用 15％的工作时间做如下工作 　（1）填写有关运货的各种表格（如装箱单、发货单、提货单等） 　（2）借助键控穿孔机整理货单，保存发货记录 　（3）打印各种表格或标签 　（4）把有关文件整理归档 3. 用 15％的工作时间做如下工作 　（1）开公司的卡车送货去邮局，有时参加当地货物直接投递 　（2）协助其他人盘点存货 　（3）为其他的发货员或收货员核查货品 　（4）保持工作场所清洁，使一切井井有条
管理状态	听从仓库经理指挥，除非遇到特殊问题，要求独立工作
工作关系	与打包工、仓库保管员等密切配合，共同工作。装车时与卡车司机联系，有时也与供销部门的人接触
工作设备	操纵提货升降机、电动传输带、打包机、计算机终端及打字机
工作环境	干净、明亮、有保暖设备。攀登设施安全，提货方便

三、资格说明书

　　资格说明书又称工作规范，是工作分析结果的另一种表达形式，主要说明任职者需要具备什么样的资格条件及相关素质，才能胜任某一岗位的工作。这里的资格条件及相关素质要求是最低的限制。一般由该岗位的上级主管、任职人及工作分析人员共同编制。它不像工作说明书那样普遍，但对了解任职者的个体特性很有帮助。

　　资格说明书的形式有计分法、文字表达法和表格法等。

（一）计分法

这种方法一般将操作活动所涉及的心理能力归纳为 25～30 种，然后通过访谈和问卷手段，对所分析职务的每种能力用 5 点表计分（也可以用 7 点或 11 点）。5 点计分标准如表 3-4 所示。

表 3-4 计分操作标准

计分	含义
1	不需要这种能力
2	不大需要这种能力
3	可以考虑
4	比较需要
5	非常需要

（二）文字表达法

此种方式侧重于用文字来描述岗位工作对任职者心理品质的具体要求，具有突出重点、分析细致的优点。它的缺点在于缺乏量的估计，无法对所需的心理特征进行量化的分析（表 3-5）。

表 3-5 电话铃调整工人的心理素质要求说明书（节录）

序号	心理品质	主要用途
1	对物体差别的感受性（小于 1 毫米）	用于发现铃盖的缺口压痕飞边、砂眼
2	对很小距离的目测（1 毫米或小于 1 毫米）	用于确定铃钟在铃盖开槽上的位置、铃轴的抛光和磁铁标的大小是否一样
3	音色的差别感受性	用于确定铃声和音质
4	在 0.1 秒内声音长度的差别感受性	用于倾听铃钟敲打的单位数，以确定钟的位置是否正确
5	音色、音长、音高、音强和打击速度差别的听觉记忆	用于迅速把握和记忆优质的和有缺陷的铃声
6	对应力细微差别的感受性	用于确定接触片自然转动的程度，在消除间隙时是否拧开支撑轮缘
7	对肌肉、用力程度和手指、手腕经过细微距离的运动记忆	用于迅速把握和记忆需要的肌肉、用力及手指、手腕通过的很短的距离
8	双手协调	用手装配所有零件
9	手指细小动作的协调	在拧开时把电枢固定在磁铁上、铃钟装置在螺丝上时
10	注意力集中	在倾听音乐时，必须把铃声与一切无关噪声区别开来
11	其他工作品性：沉着、细心，工作时肯干、勤劳、认真，责任心强	适用于所有工作环节

（三）表格法

表格法用表格的形式来描述任职资格，表达对任职者所要求的品质、各种品质的重要性、训练时间和原因等内容。

表格法既突出重点，注重对任职者中心品质和中心能力的分析，也注意用定量的方法来分析问题，因而是一种受欢迎的任职资格表述方法，但在进行比较时，不如计分法直观。具体实例参见表 3-6。

表 3-6　纺织工人的心理素质图示说明书（节录）

品质	程度									对何种操作必要
	必要性			需要			训练			
	很有必要	必要	有帮助	希望	经常	有时	高度	低度	不需	
迅速认出不引人注目的东西或在照明很差情况下能辨别事物		×			×			×		发现接头短线及织物上的小孔
用触觉发现不明显的不平滑处				×	×			×		用手检查织物是否平滑
认出或区别主要颜色				×		×	×			织彩色布料时用
估计很短时间间隔			×			×			×	织机停止，在纱管尽头找纬纱线时间
迅速认出稍偏离规定的开口			×			×			×	织布时发现引线绪、阁系偏离

四、职务说明书

职务说明书可以看作是工作描述再生形式中最为完整的一种，它包括工作说明书与资格说明书中所有甚至更多的内容。一般来说，包括以下项目：工作状况；工作概要；工作关系；工作任务与责任；工作权限；考评标准；工作过程与方法；工作环境；工作工具；任职资格条件；福利待遇及其他说明。但实际上的说明书并不包括上述 10 个方面的内容。具体实例参见表 3-7。

表 3-7　某出版社某部门职务说明书

职务名称：国际合作室主任	所属部门：国际合作室
直接上级：主管行政副社长	在岗人数：1 人

工作概要：负责出版社版权（输出和输入）贸易、对外交流、国际书展以及有关选题的策划、督促国际合作室科员的日常工作

工作任务：

  1. 负责出版社版权输入和输出贸易

    （1）负责与国外出版社联系，进行版权合同洽谈，监督合同履行以及付款结算、版税支付

    （2）向策划编辑推荐国外的优秀选题信息

    （3）督促本室人员向海外出版社索要最新书目、样书和寄送本社最新书目、样书

    （4）督促本室人员协助发行科做好本社图书的海外发行工作

  2. 负责本社的对外交流

    （1）接待外宾并负责翻译

    （2）与海外合作伙伴联系、制定海外合作伙伴条款，同海外出版社建立稳固的合作关系

    （3）安排办理本社因公出国人员的手续

    （4）起草有关国际合作报告，参加有关国际书展和国际合作会议，负责翻译并做记录

    （5）走访国内有关办事处

  3. 与其他部门一起负责本社的国际书展

    （1）与国外有关机构联系，做会谈安排，准备谈判方案和有关材料，配合谈判

    （2）为社领导的国外访问做行程安排，安排社领导参加书展活动

    （3）负责编排书展中英文书目，与其他部门一起组织相关活动

  4. 督促本室科员的日常工作

    （1）确保本室人员考勤真实

    （2）建立本室工作日志

    （3）监督本室科员的其他工作

  5. 参与有关选题的策划工作

工作责任：

  （1）监督本室科员的日常工作，确保工作及时高效完成

  （2）负责出版社版权的输入输出贸易，确保任务的完成，监督合同的有效履行，维护本社利益

  （3）安排国际书展，负责书展的各项活动顺利开展，展示本社形象，促进合作

  （4）确保版权联系及时，不因本方原因厌恶版权输入输出工作

任职条件：

基本条件：

  （1）性别：不限

  （2）年龄：23 岁以上

  （3）教育程度：双学士、硕士以上（含双学士、硕士）

  （4）专业：复合型的专业背景，外语专业的背景

  （5）上岗适应期：三个月

  （6）培训需求：一周的出版业务和外事工作培训

专业知识：外语为基础，具有综合知识

基本技能与能力：

  （1）熟练的外语听、说、读、写、译能力

  （2）熟练运用计算机网络

  （3）国际人际交往能力

  （4）知识产权等方面的法律知识和其他学科的综合知识

工作态度和品性：

  （1）责任心强

  （2）开拓创新思维强

  （3）耐心细致

身心条件：健康的体魄、积极的心态

五、四种工作分析结果的关系

在上述四种工作分析结果形式中，工作描述是最直接、最原始、最基本的形式，其他三种形式都是在工作描述的基础上再生和开发出来的。

工作说明书是对工作描述中有关岗位工作的规范化说明，主要以"事"为中心，对岗位进行全面、详细和深入的说明，为人力资源及其他管理工作提供基础，把组织的总任务与总目标落实到每个具体的岗位和人员上。因此，它是目标管理的基础。

资格说明书是在工作描述基础上对任职资格条件的界定与说明。以"人"为中心，主要说明什么样的人能胜任某项工作的问题。它可以为人员招聘、培训、考评、甄选与任用提供依据。

职务说明书涉及的范围最为全面，是全面反映与利用工作描述信息的形式，一般来说，工作说明书与资格说明书中的内容都比较简单，而职务说明书既包括对"事"的说明，又包括对做事的"人"的说明，相对而言比较复杂。[①]

第三节　工作分析的组织与实施

➤ **案例引入**

安娜所需的机械操作工[②]

"安娜，我真不知道你到底需要怎样的机械操作工?"高尔夫机械制造有限公司人力资源部经理约翰说道："我已经为你送去了四个人给你面试，并且四个人看上去都大致符合所需岗位说明书的要求。可是，你却将他们全部拒之门外。"

"符合岗位说明书的要求?"安娜颇为惊讶地问道："可是我所要找的却是那种一录用，就能够直接上手做事的人；而你送给我的人，都不能够胜任实际操作工作，并不是我所要找的人。再者，我根本就没瞧见你所说的什么岗位说明书。"

闻听此言，约翰二话没说地为安娜拿来岗位说明书的复印件。当他们将岗位说明书与现实所需岗位逐条加以对照时，才发现问题之所在：原来这些岗位说明书已经严重地脱离实际，也就是说，岗位说明书没有将实际工作中的变动写进去。例如，岗位说明书要求从业人员具备旧式钻探机的工作经验，而实际工作却已经采用了数控机床的最新技术。因此，工人们为了更有效率地使用新机器，必须得具备更多的数学知识。

① 萧鸣政. 工作分析的方法与技术. 北京：中国人民大学出版社，2006：27.
② 孙健，纪建悦. 人力资源开发与管理——理论、工具、制度、操作. 北京：企业管理出版社，2004：29.

在听完安娜描述机械操作工作所需的技能以及从业人员需要履行的职责后，约翰喜形于色地说道："我想我们现在能够写出一份准确描述该项工作的岗位说明书，并且使用这份岗位说明书作为指导，一定能够找到你所需要的合格人选。我坚信，只要我们的工作更加紧密地配合，上述那些不愉快的事情绝不会再发生了。"

工作分析的组织与实施可以由中介的咨询机构、高等院校、科研机构、企业或者政府部门来操作。然而，为了在工作分析中实现资源互补，提高工作效率，可以选择由外聘专家进行设计指导，再由组织自身来实施操作。如果想少花钱多办事、办好事，可以首先考虑聘请高校与科研机构的专家，因为这样不需要太多的费用。如果不考虑组织和实施的类型、范围及其特殊性，无论是一个组织内的工作分析活动，还是全国范围内的工作分析活动，都具有某些相互一致的组织和实施的基本步骤。对每一种工作分析来说，按照这些基本步骤进行操作是其获得成功的关键要素。

➤ **案例启示**

确定分析目标是工作分析的第一步，案例中人力资源部经理约翰也正是因为没有正确把握工作分析的目标才酿成了工作说明书与实际工作需求相差甚远的后果。本节课程我们将要学习工作分析组织与实施的相关知识，具体内容包括：

(1) 工作分析的准备工作；
(2) 工作分析的组织实施；
(3) 工作分析的结果评价与运用。

一、工作分析的准备工作

（一）确定分析目标

工作分析的组织和实施投入较大，需要花费大量的时间、精力和金钱，因而在实施方案前，要确保它有助于某个或某些问题的解决。工作分析除了为招聘、培训、考评、薪酬管理提供基本依据外，还可以为解决以下一些问题提供信息依据。

(1) 就业机构和企业间的联系不够紧密；
(2) 国内某些地区缺少熟练或其他急需的人员，而某些地区人员相对过剩；
(3) 员工缺勤率高；
(4) 事故多；
(5) 劳动生产率低下；
(6) 培训效果甚微；
(7) 太多的牢骚；

（8）劳动力供求状况的信息短缺。

在解决这些问题时，需要有关工作方面的准确信息，这意味着要通过工作分析，寻找问题的真正原因。

（二）决定所需要的专门信息

下一步要选择问题的种类和决定达到预期目的所需要的工作信息与资料的数量。如果是多重目标，就应该努力获取全部的工作信息与资料并记录，以适应不同的要求。

（三）取得认同与合作

对于所有的工作分析计划方案，不论是组织领导还是政府机构或企业的领导者，让其充分了解方案目标、合作方法、所需费用、所耗精力，都是很重要的。因而，在计划实施前，应该把工作分析方案和计划向上级领导报告并争取他们的同意。

为了保证工作分析工作的顺利进行，上级领导应该能够深刻理解工作分析的方案，向其他人对计划方案作出解释，并与其下属一起积极推进计划方案。计划方案要有明确的目的，尽量取得中层管理者的支持，因为在计划方案的实施过程中，这部分人起着举足轻重的作用。

不论计划方案的可行性有多大，都要经过最高层领导人、中层领导和员工代表的共同讨论。员工代表着员工的利益，有很强的责任感。解释和讨论计划方案，是为了征求各方面的意见并取得大家的统一，所以对各层次人员提出的建议都应该充分考虑。

工作分析操作的要求及其作用，也应该向相关单位的成员作出清晰而完整的说明，包括各级管理人员、员工代表以及全体工作人员，至少要向实施中涉及的每个人进行说明。其目的在于使他们充分理解计划方案，并相信这对组织、对个人都有好处。

（四）明确工作分析人员的责任

负责组织和实施工作分析的人主要有两方面的责任：其一是在基本步骤的框架中制定更详细的工作计划，并要求员工下决心去做；其二是审查与督促计划方案的实施。第一个责任涉及计划方案的组织与细化，第二个责任涉及计划方案的实施。虽然在操作过程中会有所变动，但在制定工作分析计划方案时还是应该充分考虑以上两个责任。

（五）评估与计划

计划是为估计工作人员人数和设计分析做准备。它通常表现为一张表格，包含所分析企事业组织中的各个职位名称以及各类工作人员的人数。各职位名称应该尽可能代表一项既独立又典型的工作，从这张表格中可以判断应该准备的工作分析表格的大致数量。

（六）估计需要的工时和分析人员人数

经验表明，通过工作分析时间的总量限制，可以估计出每个工作日应该完成工作分析表格的平均时数。这个数字并不包括计划和审查方案的时间以及编辑和检查工作分析表格的时间。一个工作日内 1 个人通常可以收集、整理与编辑 6~8 人的工作信息。如果上级领导给出表格的既定数量与限定时间，则可以估计出所需的人数及其任务。

为了做好每个职位的分析工作，至少需要对每项工作有一个完整的观察分析与记录。否则，分析的结果很可能低于标准，会造成不必要的浪费。因此，如果可能的话，观察分析计划应该是对职位进行全工作日的分析方案。如果观察分析断断续续，那么工作分析的质量就会有所下降，其结果也会受到影响。

（七）选择内容

当组织规模较大时，我们不可能分析全部职位的工作，因此要决定先分析哪些，后分析哪些。客观条件千差万别，应该本着因地制宜的原则进行选择。

先要分析企事业组织内的工作由哪些职位构成，其中要分析的是哪几项内容或哪些指标。较小的组织机构职位很少，这项工作相对来说也就简单些。随着组织机构的扩大，职位也相应增加，组织机构内的不同部门会出现工作重复现象，而且工作越来越多。有时，决定同一工作职位从属何种类别的时间会超出具体分析工作的时间。一般来说，在大中型企事业组织中，根据部门来分析工作较为经济。当然这样做很可能会导致对同一工作的多次重复分析。

如前所述，依据工作过程和功能的顺序进行工作分析比较可取。例如，把一种金属制成某种机器的一个零件的工作，较为便利的工作分析方法是从加工金属开始，然后分析机器部分的操作，以此类推。工作分析应该从最简单的工作开始，把最复杂的工作留到最后分析。这样可以提高工作分析的效率。

二、工作分析的组织实施

（一）选择工作分析人员

在工作分析人员的选择方面，经验证明目前企事业组织做得不是很成功。一般人都认为，担任工作分析的人员应该是职级较高的人，并且比较善于分析，有良好的视觉能力、记忆能力，文化水平较高，可以与同事保持并发展良好的合作关系，同时熟悉多方面职位的工作、工艺和机器。实际情况并非如此，符合上述条件的人员虽然很优秀，但在工作分析时间中不像我们想象的那么有价值。

在工作分析人员的选择与匹配上，要对整个组织的工作分析活动有一个通盘的考虑。有的人员只要提供有价值的工作分析计划方案，一般聘请专家担任；而有的人员只要求能熟练掌握工作分析的操作技能。熟悉一个工作分析方案只需要几个月的准备即可，而有效的利用和操作一个工作分析方案的能力则需要较长的时间才能掌握。因此，在考虑工作分析者的人选时，要充分依靠群众、相信群众，用非专家的方法收集资料。特别是要发动和依靠各个层次的管理人员，分派他们分析所管辖区域的工作。这样做有两个明显的好处：其一是可以节省工作分析的费用；其二是可以加强管理人员的责任感，提高管理的效果。管理人员要研究自己的工作，因而会把工作分析应用到日常活动中，把审查工作、了解工作方法和工作人员自觉地纳入日常工作中。

（二）培训工作分析人员

大量事实证明，对于世界各国所编写的工作分析方法的培训教材，有一定经验的培训者可以在 60 小时内吸收消化并开始拟定一些工作分析表格，然后向工作分析者详细讲解。通过变换想法，可以达到完美与可行性的统一。从本质上讲，培训工作是想让工作分析者找到如何分析的感觉，而不是去机械地学习分析规则。

（三）研究和利用已有的书面资料

收集工作分析资料时，有 75%～80% 的时间用于观察和记录资料，对所取得的分析资料经过适当的修改后，再选用已有的书面资料加以对照，这样可以节省大量的时间。因而，研究相关的书面资料信息，是非常有价值的。书面资料包括组织内部和外部的一系列相关文件以及对资料直接有用的相关信息，通常表现为以下两种形式：

（1）工作描述。工作描述可定义为以概括的方式从一系列工作分析资料中记录工作事实。鉴于工作描述产生的方法，参考的关键是具体找到一种与所分析的工作完全匹配的对象。

（2）工作分类中用到的工作词典和工作名称的定义。许多国家的政府机构、商业团体和企事业组织都已经准备了这类资料。通常这类资料都是对有关工作的简单描述，没有多少细节的信息。

在提高书面资料使用价值的过程，要考虑下列因素：信息来源；收集资料过程中的样本和方法；整理资料的步骤；书面二手资料和所需资料的相似性以及当前职位工作分析程序的特殊要求。

对已有工作信息的利用，包括一手资料和二手资料的分析和利用，往往需要进行专门的培训。然而培训后的实际操作与熟练过程是一个经验问题。我们希望尽可能缩短培训和具体运用之间的时间间隔。

培训结束后，分析资料的整理是进一步培训的重要组成部分。应该保证培训者在这方面有充分的经验，并且要求培训者能够区分并确认哪些工作信息的取得是经济且有实践意义的，哪些工作信息符合既定的标准。

对整理资料的人员进行培训的最有效的方法是，把他们自己分析整理过的资料由经验丰富的人指导再整理一遍，从中找到差距。让他们用前面已经讨论过的方法判断正在整理和分析的工作与原有工作描述中的工作责任有什么区别和联系。一旦找到了这些差距，再让他们相应地修改工作描述中的内容，即可以达到既定的培训目的。

（四）实施过程控制方法

工作分析过程中用到的控制方法各异，但都不复杂，花费也极少。一个简单的方法是在每个工作表格上注明在职人员的姓名。可以使用工资单的副本（最好没有工资数额）来标注每个员工所对应的职位名称以及完成情况。当工资单上每个姓名都附有职位名称时，所有的职位也包括了，我们只要从中圈选就可以了，在分析的过程中，通过工资单，我们在短时间内即可以了解职位调查的进展情况。

（五）公开发表工作分析的结果

采用别人的工作分析资料的好处已经在前面提到了，而为了他人与社会的利益，自己所做的工作分析报告也应该适当公开并予以详细解释。这一点至关重要，特别是政府机构在进行重大问题的决策时，可以作为参考。在考虑这个问题时，应该注意以下几点：对他人有益的信息要尽可能以有实践价值的方式发表；书写格式要考虑到大多数用户的实际需要；应该使广大用户了解到你所取得的分析成果的存在。

三、工作分析的结果评价与运用

（一）工作分析结果运用的指导和培训

工作分析的结果表达的方式包括职务说明书、任务分析表、工作词典、工作定义、职业分类、工作规范或其他方式。我们要充分发挥其使用价值，就是要使用户明白它在人力资源管理与开发中的作用。如果不能让工作分析结果用于解决实际问题，那么我们所做的工作分析纯粹是一种浪费。

应用工作分析结果的指导和培训，是各个工作分析程序中的一个重要组成部分。它包括何时何地以及怎样使用分析资料和结果，以便实现人力资源管理与开发的目的。

（二）工作分析结果的评价

工作分析是实现某种管理目的的手段，而不是目的本身。对工作分析活动及其成果的评价，取决于分析结果使用者的意见。

在每个工作分析程序开始前，应该制定详细计划，以便进行阶段性考察并分析结果，看其是否有积极的成果，是否有助于达到预期目的，工作信息是否按计划获取，误差是否能够及时纠正。在对结果的评价中，应该明确阐述工作分析带来的效益情况以及制定和实施工作分析活动中所有花费的投入产出对比表。

效果评价就是看工作分析的目的是否已经实现，是否解决了人力资源管理中需要解决的有关问题。具体来说可以包括以下几种指标：

（1）人员服务机构是否为各部门各单位提供了所需要的工作人员；

（2）在国有和私营企业中，现有技术设备是否得到了更充分的运用；

（3）失业人口的流动是否变得容易了一些；

（4）劳动力更换率与事故率是否有所减少；

（5）培训是否更有效，是否能使工作者尽快投入到正常生产中去；

（6）不满情绪是否有所减少；

（7）是否给就业人员提供了更好的求职指导；

（8）社会生产力是否有所提高。

（三）工作分析中一些特殊问题的处理

这里没有区别政府和企事业组织内部在收集和运用工作信息过程中的不同，主要原因是我们把重点放在了工作分析的基本思路、基本理论和方法上。当政府官员以雇主的身份去进行工作分析时，他们所遇到的问题与企业内部的工作分析相似。然而，在运用工作分析去解决实际问题时，政府官员组织实施的范围则比较广，分析结果也比较可靠，会有更大的实践性。企事业单位内部的工作分析会相对较弱，只是国家工作分析中所选样本的一个组成部分。

在制定适合国家范围内需要的工作分析的过程中，经常遇到的问题是如何决定最小样本。需要大致估计出从问卷调查表获得信息到形成最后结果（如工作描述）大致需要的时间，以及根据样本总量要求需要的抽样比率。因此，可能在样本量增加两倍时，所需时间却要增加四倍，这并没有固定的规则。通常，对抽取的样本进行具体分析，要考虑包括在国家不同区域、不同行业、不同规模（大、中、小）企事业单位的区别。

由于国有企业的工作信息收集范围更为广泛，分析资料需要从各个方面取得，工程量巨大，查缺补漏的工作根本不能进行，因而在制定与涉及问卷时要格外小心。它比其他企事业单位内部的工作分析问卷包含着更多的细节，记载着更为详细的资料。[①]

第四节　工作分析的基本方法

➤ 案例引入

张经理的困惑

A公司是一家食品加工有限公司。近年来，随着各地经济的发展，人们生活水平的日益提高，公司飞速发展，规模持续扩大，逐步发展成为一家中型企业。随着公司的发展和壮大，员工人数大量增加，组织和人力资源管理问题逐步凸显出来。

公司现有的组织机构是基于创业时的公司规划，并随着业务扩张的需要逐步扩充而成的。在运行过程中，组织与业务上的矛盾日渐显现。部门之间、职位之间的职责和权限缺乏明确的规定，推诿扯皮现象不断发生；有的部门抱怨事情太多，人手不够，任务不能按时、按质、按量完成；有的部门又觉得人员冗杂，人浮于事，效率低下。这些情况制约了公司的进一步发展，并给客户留下了不好的印象。公司的人员招聘是由各用人单位提出人员需求和任职条件作为选录的标准，然后交由人力资源部组织招聘和面试。但是用人部门给出的招聘标准往往笼统含糊，招聘主管无法准确地加以理解，使招来的人大多只是勉强可以用。同时，公司中员工的晋升以及激励机制也存在着很大的问题，员工工作积极性不高，造成A公司人员流动率很高。

---

① 萧鸣政. 工作分析的方法与技术. 北京：中国人民大学出版社，2006：249～270.

张经理是刚上任的人力资源部经理，面对公司人事管理上存在的诸多问题，他一筹莫展。由于他认为国外的方法具备较高的信度和效度，而外部的咨询机构正好具备相应的实力，因此希望利用外部的咨询机构，采用国外较为先进的工作分析方法，完善公司的组织机构、人员配置、晋升及激励机制等，以期解决现存的问题。

但是，国外的现代工作分析技术是不是一定能够解决 A 公司的问题呢？到底成行性有多大又成为张经理的最大疑虑。

> **案例启示**

案例中 A 公司的人力资源管理受到了公司规模扩展带来的诸多挑战，特别是工作分析的不明确造成了组织与业务的多重矛盾。张经理已经意识到了工作分析的重要性，但是又面临着工作分析方法选择上的困惑。本节内容我们将主要介绍工作分析的基本方法，具体包括：

(1) 观察分析法；

(2) 主管人员分析法；

(3) 访谈分析法；

(4) 问卷调查分析法。

工作分析内容确定以后，应该选择适当的分析方法进行分析。依照不同的标准，工作分析方法的分类有不同的方式。依照功能划分，工作分析方法有基本方法和非基本方法；依照分析内容划分，工作分析方法有结构性分析与非结构性分析方法；依照对象划分，工作分析方法有任务分析、人员分析与方法分析；依照基本方式划分，工作分析方法有观察法、写实法与调查法。

一、观察分析法

所谓观察分析法，一般是由有经验的人通过直接观察的方法，记录某一时期内工作的内容、形式和方法，并在此基础上分析有关的工作要素，达到分析目的的一种活动。观察有公开性观察与隐蔽性观察、他人观察与自我观察等不同形式。为了提高观察分析的效率，所有重要的工作内容与形式都要记录下来，而且应选择不同的工作者在不同的时间内进行观察。因为面对同样的工作任务，不同的工作者会表现出不同的行为方式，相互对比平衡后，有助于消除分析者对不同工作者行为方式上的偏见。对于同一工作者在不同时间与空间的观察分析，也有助于消除工作情景与时间上的偏差。

一般来说，观察分析比较适合于短时期的外显行为特征的分析，适用于比较简单、不断重复又容易观察的工作分析，而不适用于隐蔽的心理素质的分析以及没有时间规律与表现规律的工作分析。在进行观察分析时，一般以标准的格式记录观察到的结果，如表 3-8 所示。

表 3-8　工作分析信息表

你的工作名称＿＿＿＿＿＿＿＿　代码＿＿＿＿＿＿＿＿　日期＿＿＿＿＿＿

分类名称＿＿＿＿＿＿＿＿＿＿＿　部门＿＿＿＿＿＿＿＿＿＿＿

姓名＿＿＿＿＿＿＿＿＿＿＿＿＿　机构＿＿＿＿＿＿＿＿＿＿＿

主管名称＿＿＿＿＿＿＿＿＿＿＿　prepared by

主管姓名＿＿＿＿＿＿＿＿＿＿＿　工作时间上午＿＿＿＿　到下午＿＿＿＿＿＿

1. 你工作的综合目标是什么？

2. 你最近的工作是什么？如果是在其他组织，请写出组织名称。

3. 你通常希望晋升到什么职务？

4. 如果你是其他人的主管，请列出他们的姓名和工作名称。

5. 如果你管理其他人，请指出属于你管理职责一部分的活动：

雇用＿＿＿	发展＿＿＿	指挥＿＿＿	惩罚＿＿＿	导向＿＿＿
训练＿＿＿	绩效测量＿＿	解聘＿＿＿	培训＿＿＿	咨询＿＿＿
提拔＿＿＿	其他＿＿＿	时间安排＿＿	预算＿＿＿	报酬＿＿＿

6. 你如何描述你的工作的成功完成及结果？

7. 工作职责：请简短描述你所做的，以及可能的话，如何做的。对你认为最重要和最难的职责进行说明：

(1) 日常职责。

(2) 定期职责（请说明是每周、每月还是每季度）。

(3) 不定期职责。

(4) 履行这些职责需要多长的时间？

(5) 哪些你正在履行的职责是不包括在你的工作中的？如果有，请说明。

8. 教育：请指出这项工作要求的教育程度，而非你本人现有的教育背景。

(1) 无须正式的教育背景。

(2) 高中程度以下。

(3) 高中程度及同等学力。

(4) 两年专科学历及同等学力。

(5) 四年本科学历及同等学力。

(6) 本科以上学历或具有专业资格证书。

列出所需的更高学历或特定的专业执照或证书。

请指出你从事这项工作时具有的教育程度。

9. 经验：请指出从事你的工作所需的工作经验。

(1) 不需要；

(2) 1 个月以下；

(3) 1～6 个月；

(4) 6 个月到 1 年；

(5) 1～3 年；

(6) 3～5 年；

(7) 5～10 年；

(8) 10 年以上。

请指出你从事这项工作时具有的工作经验。

10. 技能：请列举从事你的工作所需的所有技能（比如，利用某种工具、方法和系统进行工作的准确程度、机敏性和精度等）。

11. 设备：你的工作需要一定的设备吗？需要＿＿＿不需要＿＿＿。如果需要，请列出所需的设备以及你使用的程度。

设备	很少	偶然	经常
(1)＿＿＿＿	＿＿＿	＿＿＿	＿＿＿
(2)＿＿＿＿	＿＿＿	＿＿＿	＿＿＿
(3)＿＿＿＿	＿＿＿	＿＿＿	＿＿＿
(4)＿＿＿＿	＿＿＿	＿＿＿	＿＿＿

资料来源：赵曙明等. 人力资源管理研究新进程. 南京：南京大学出版社，2002：87.

当观察者与被观察者合二为一时，观察分析就成了工作者自我记录法。这种方法一般由工作者本人按标准格式及时详细地记录自己的工作内容与感受，然后在此基础上进行综合分析，实现工作分析的目的。

这种形式要求工作者每天按时间顺序记录自己所进行的工作任务、工作程序、工作方法、工作职责、工作权限、各项工作所花费的时间等，一般要连续记录 10 天以上。这种方法提供的信息完整详细且客观性强，适用于管理或其他随意性大、内容复杂的岗位工作分析。

这种方法的基本依据是，从事某一工作的人对这一工作的情况和要求最清楚。因此，由工作者本人记录最为经济与方便。但是这种方法可能存在一定的记录误差，记录或多或少会带有自己的主观色彩，因此要求事后对记录分析结果进行必要的检查矫正，可以由工作者的直接上级来实施。

当观察的对象与内容为某个片段时，常用写实法。这是通过对工作内容与过程的如实记录，达到工作分析目的的一种方法。

当大量的事情记录下来之后，按照它们所描述的内容进行归类，最后就会对实际工作的要求有一个非常清楚的了解，有助于对工作及其任职者的全面了解。

二、主管人员分析法

这种方法是由主管人员通过日常的管理权力来记录与分析所管辖人员的工作任务、责任与要求等因素。

该方法的理论依据是，主管人员对这些工作有相当深刻的了解。许多主管人员以前也曾做过这些工作，因此他们对被分析的工作有双重的理解，对职位所要求的工作技能的鉴别与确定非常内行。但主管人员的分析中也许会存在一些偏见，尤其是那些只干过其中部分工作而不了解所有情况的人。一般来说，主管此时往往偏重于他曾经做过的那部分工作。如果采取与工作者自我记录法相结合的方法，则这种偏差可以得到有效的消除。

三、访谈分析法

对于许多工作，分析者不可能实际去做（如飞行员的工作），或者不可能去现场观察，或难以观察到（如建筑师的工作）。在这种情况下，必须访问工作者，了解他们的工作内容，以及为什么这样做和怎样做，由此获得工作分析的资料。访谈的对象可以是工作者，也可以是主管人员或者工作者的同级或下级。

访谈分析法既适用于短时间内可以把握的生理特征的分析，又适用于长时间才能把握的心理特征的分析。访谈法的形式主要有个别访谈和集体访谈两种。集体访谈的对象一般是做相同工作或相近工作的员工。访谈中涉及的问题较多，为了避免遗漏，保证质量，最好事先拟定一份详细的访谈问卷或访谈提纲。一般来说，记录应采取标准的形式，这样便于记录、归纳与比较，并有助于将访谈限制在与工作有关的范围内。

在访谈过程中，访谈者必须掌握两种基本技能，即问题设计与访谈技巧。

（一）问题设计

工作分析中的许多资料收集工作是通过对工作者或其他人员的提问来完成的。观察、访谈和问卷这三种最基本的资料收集方法都或多或少地依靠提问设计。因此，设计问题便成为一个工作分析者必须具备的一项重要技能。下面是有关问题设计的一些建议。

（1）保持设计问题的热情，直到你认为问题已经足够为止。不妨自我提问：我想知道的是什么？为什么？哪些东西适合于要调查和访谈的问题？

（2）根据有关的资料和先前的经验检测所涉及的问题。这里主要指的是可以得到的现有问卷和调查表、先前的工作分析计划以及发表的统计资料。

（3）只选择那些与所调查资料直接相关的问题。

（4）把问题按一定的逻辑顺序排列，把那些容易的、没有挑战性但又有必要的问题排在前面。

（5）构造一个粗略的工具，对少量的被访问者进行一个先导性的试验访谈。

（6）检查结果，修改或删除问题。

（7）修改不清楚的问题：①删除重复的问题，除非有检查被访者的诚实性的需要。②把有双重含义的问题分成两个问题，如果无法分开就删掉。③删除那些属于被访者能力范围之外的问题。④把放在一起的容易使被访者有偏向的问题分开。

（8）在作了上述修改后，构建一个问题清单。

（9）通过整理资料的方式来将问题的回答选择化。对定性资料，主要是或者不是两种回答形式就可以了。对于顺序的或者更高水平的资料，可以考虑选择性回答。

（10）进行第二次试验访问，这次的重点是检查问题和回答项是否足够。

（11）通过检查第二次试验访问的结果来构建最终的访谈提纲。

（二）访谈技巧

访谈是工作分析中资料收集的基本方法之一，它在资料收集和分析的所有阶段都有一定的地位。在问卷形成阶段，在确定研究的目的和范围，设计问卷、清单和分析的其他工具等方面，访谈都是必需的。访谈还可以用于收集资料的最后阶段。所以，了解怎样进行访谈是工作分析取得成功的要素之一。

实践中，已经形成了以下一些访谈的准则和规则。

（1）事先清晰地说明访谈的目标和方法。访谈是一个与目的相联系的交谈。在工作分析中，目的是收集有关工作的有用信息。在访谈前，分析者应该对访谈什么、为什么访谈和怎样访谈有一个很明晰的计划。

（2）在访谈前，确认访谈是不是得到所要信息的合适工具。为达到既定目的，访谈者应检查问题计划并自我回答下列问题：这些问题中是不是有让回答者难堪的问题？哪个问题会让回答者感到有威胁？有没有会使回答者感到不舒服或给出虚拟答案的题目？访谈要得到的信息能通过更廉价的观察、公司记录或其他手段获得吗？如果对这些问题有任何肯定的回答，分析者应重新考虑是否采用访谈的形式，观察、无记名问卷和其他方法可能会成为更合适的选择。如果没有其他更好的选择，那么分析者在访问那些敏感的问题时必须具备专门的知识和能力，因此，在进行访谈前应该接受专业技能方面的培训。

（3）选择适当的回答者以满足所寻求信息的性质、资料收集的方式和研究的其他要求。如果是做观点、价值观、态度和其他情感变量的调查，则需要大量的回答者；如果是做理解工作方法、过程和工作环境的其他客观特征的调查，那么只需要少数有相关知识的人就足够了。在所有情况下，回答者的理解水平与所问的问题要求之间应该能相互适应。

（4）为达到访谈的目的需要取得回答者的支持。这是特别重要的，因为访谈结果可能会受到回答者态度的影响。一种取得回答者支持的方法是主动向回答者和工作群体解释访谈的目的和相关的好处。

（5）控制访谈，使访谈指向一定的目标。下面是一些使访谈定向的标准：①帮助回答者根据问题的逻辑顺序去思考和交谈。②给回答者足够的时间回答问题。③从一个问题转向另一个问题前，使回答者注意具体而又全面的信息。如果离题了，必须及时回到还没有完全涵盖的问题上来。④提供已经完成的阶段性总结，这样的总结有利于保持谈话主题，即使回答者离题了也能使其返回主题。

（6）控制个人举止、行为等其他会影响结果的因素。下面是与此相关的一些准则：①用清楚易懂的语言进行访谈；②不要与回答者发生争辩；③在所讨论的问题上不要表现出任何偏好；④在整个访谈过程中要有礼貌和谦恭；⑤不要以高人一等的态度对待回答者；⑥访谈时不受个人影响而又不失对话题的兴趣；⑦记下意外的重要信息，尤其是正式访谈计划中没有想到的或新的信息。

四、问卷调查分析法

工作分析中最通用的一种方法，就是采用问卷来获取工作分析的信息，达到工作分析的目的。运用这种方法收集到的工作信息，其质量取决于问卷本身的设计是否科学合理，它会受到被调查者文化水平的高低、填写时的诚意、兴趣、态度如何等因素的影响。为此，最好请有关专家设计与编制问卷，并在发放问卷、填写时，作出具体的说明与指导，附上范例。问卷可以分为通信问卷与非通信的集体问卷、检核表问卷与非检核表问卷、标准化问卷与非标准化问卷、封闭性问卷与开放性问卷等。问卷调查法多用于规模大、职位设置繁杂的组织。①

学 习 建 议

1. 找到一张现实中的工作说明书，观察它的结构、内容与课程中的异同。
2. 组织小组讨论：人力资源战略与企业战略的关系。
3. 辩论：在人力资源战略中企业环境与员工需要哪个更重要？

---

① 萧鸣政. 工作分析的方法与技术. 北京：中国人民大学出版社，2006：118.

本章参考文献

方华，邱伟年，孟丁等．2003．人力资源管理．北京：中国对外经济贸易大学出版社

孙健，纪建悦．2004．人力资源开发与管理——理论、工具、制度、操作．北京：企业管理出版社

萧鸣政．2006．工作分析的方法与技术．北京：中国人民大学出版社

颜爱民，宋夏伟，袁凌．2004．人力资源管理理论与实务．长沙：中南大学出版社

袁蔚，方青云，杨加陆等．2006．人力资源管理教程．上海：复旦大学出版社

赵曙明等．2002．人力资源管理研究新进程．南京：南京大学出版社

郑晓明．2002．现代企业人力资源管理导论．北京：机械工业出版社

朱勇国，邓洁．2007．工作分析．北京：高等教育出版社

第四章　人力资源战略

第一节　人力资源战略概论

> **案例引入**

人力资源战略与规划缺失的代价①

　　M珠宝连锁公司是总部设在中国香港的中国内地某沿海发达省份的一家国际化运作的知名大型珠宝企业，是国际铂金协会、DTC全球钻石推广中心、世界黄金协会的长期战略合作伙伴，该公司凭借实价销售的价格和让消费者放心的品质优势，早已成为大众心目中值得信赖的品牌。自2006年年底，M公司进入了快速发展和全国战略布局阶段。仅2007年一年就新开直营连锁店十余家，在该省份的各地市都已有布点。2008年更是加快了发展步伐，年初就顺利进入了其相邻两省（直辖市）。快速、大范围和大规模的业务扩张使公司对人才的需求极为迫切，于是M公司在2008年初大力招兵买马，并为2009年进军其他地区做了大量的人才储备。

　　由于M公司一向对人力资源战略和规划不够重视，短时间内人员的大量招募和膨胀给整个人力资源系统的工作带来了极大的挑战。让管理层更头疼的是：一场源自美国、影响全世界且已蔓延中国的"金融海啸"使M公司的业务大受影响，销售量大大减少，公司不得不放慢扩张脚步。不仅业务上的难题让管理层费尽心思，大批"空降兵"的水土不服和大量储备人员的"无事可做"也令管理层伤透了脑筋。

　　M公司对"空降兵"在发展空间、文化氛围和薪酬待遇等方面都曾有过辉煌的承诺，但在"金融海啸"冲击下惨淡的业绩面前，"空降兵"的绩效奖金完全泡汤。感受到残酷的"事实"与美妙的"承诺"之间的落差，"空降兵"对"新主人"由"厚望"到"失望"，从而对公司的信任度下降；大量闲散的经严格训练的储备人员，有些已令人惋惜地流失，其余坚守岗位的则因职能空档而白白增加了公司的人力成本。

---

① 侯光明．人力资源战略与规划．北京，科学出版社，2009：2.

➢ **案例启示**

上述案例中，由于缺乏科学合理的人力资源战略和规划，当公司急速扩张时，M公司匆匆招人，一时间造成了人员的膨胀；当公司面临危机，员工要么跳槽，要么空闲时，M公司又显得万般无奈。公司辉煌时，人力资源不能锦上添花；公司衰退时，人力资源不能雪中送炭，完全丧失其应有的作用。痛定思痛，M公司的惨败也让我们认识到了人力资源战略与规划的重要性。在本节的课程内容中，我们将要进一步学习人力资源战略的相关知识，具体包括：

(1) 人力资源战略的概念、层次和内容；

(2) 人力资源战略的制定；

(3) 人力资源战略与企业战略的关系；

(4) 人力资源战略与企业竞争优势。

一、人力资源战略的概念

长期以来，管理学家们对人力资源战略的定义并不完全一致。舒勒和沃克（Schuler & Walker）认为，人力资源战略是程序和活动的集合，它通过人力资源部门和直线管理部门的努力来实现企业的战略目标，并以此提高企业目前和未来的绩效、维持企业竞争优势。[①] 而库克（Cook）认为：人力资源战略是根据企业战略来制定的，是指员工发展决策以及对员工具有重要的和长期影响的决策，它是企业制定人力资源计划的前提和基础，表明了企业人力资源管理的指导思想和发展方向。[②] 科迈斯-麦吉阿（Comez-Mejia）等人则把人力资源战略定义为企业慎重地使用人力资源以帮助企业获取和维持其竞争优势，它是组织所采用的一个计划或方法，并通过员工的有效活动来实现组织的目标。[③]

虽然学者们对人力资源战略的定义各有差异，但都认为人力资源管理战略从属于企业战略，并支持和服务于企业战略。据此，我们可以将人力资源管理战略定义为根据企业战略而制定的人力资源管理与开发的纲领性长远规划，并通过企业的人力资源管理活动得以实施。

二、人力资源战略的层次

人力资源战略一般分为三个层次，如图4-1所示。

(1) 战略层次。人力资源的战略层次立足于企业的整体效益和长远利益，在对企业内外部环境进行分析的基础之上充分考虑员工愿望。该层次处于企业管理中的最高层，

---

① Schuler R S, Walker J. Human resource strategy: focusing on issues and actions. Organizational Dynamics, 1990, Summer: 5~19.

② Cook. Human Resources Strategies for Business Success. Amstrong, M., Editor, 1992.

③ Gomez-mejia L R, Balkin D B. Compensation, Organizational Strategy, and Firm Performance. South-Western Publishing, 1998.

人力资源主管应作为企业最高决策层和管理层的一员发挥作用。其相关活动主要是制定人力资源战略目标与规划。

（2）管理层次。作为人力资源的管理层次，其工作重点从决策转移到了政策制定之上。在该层次当中，人力资源战略的目标和总体规划被细化为一系列的具体实施措施，如设计招聘流程、制定绩效考核计划等。但是，其中任何一项措施的制定都应以战略层次的纲要与方向为准绳。

（3）操作层次。在这一层次之中，人力资源主管直接与产品的生产者或具体服务的提供者接触，实施管理层次提出的具体任务；同时，对人力资源战略的实施过程进行监督、控制、分析和评价，并在反馈的基础之上进行适当调整，以确保战略目标的有效实现。

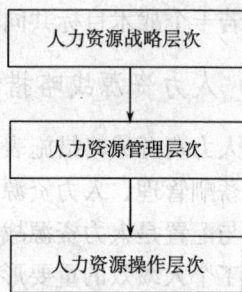

图 4-1　人力资源战略的层次

三、人力资源战略的内容

根据人力资源战略的层次，我们认为，人力资源战略的内容包括人力资源战略指导思想、人力资源战略目标和人力资源战略措施三个方面。

（一）人力资源战略指导思想

人力资源战略指导思想是指指导战略制定和执行的基本思想。确定人力资源战略指导思想应注意：第一，以企业发展目标为导向。人力资源战略的核心从根本上说就是企业的发展目标，因此各项人力资源战略目标和规划的制定都应围绕企业的发展目标展开。第二，实现人力资源管理系统的整体优化。人力资源管理系统是由各功能要素模块有机结合构成的复杂系统，人力资源战略指导思想的制定应建立在充分考虑整体与局部、局部与局部之间的优化配置，实现人力资源管理效益的最大化基础上。第三，高瞻远瞩，放眼未来。制定人力资源战略指导思想应目光长远，切忌急功近利。第四，以人为本。企业人力资源战略在以企业效益为最终目标的同时，也要坚持以人为本的管理理念，尊重员工、理解员工、关心员工。

（二）人力资源战略目标

人力资源战略目标是指企业通过实施人力资源战略，在人力资源吸引、开发、使用等方面要达到的绩效标准。舒勒（R. S. Schuler）和胡博（V. L. Huber）于 1993 年提出，人力资源战略目标应包括三个层次的内容：一是直接目标，即吸引员工、留住员工、激励员工和培训员工；二是具体目标，即提高员工生产率、改善工作质量、遵从法律要求、获取竞争优势和增强员工灵活性；三是最终目标，即维持组织生存、促进组织发展和利润增长、提高组织竞争力和环境适应能力。

在设定战略目标的同时，应规定每个战略目标的完成期限，以便进行检查、控制、评价和调整。具体来说，人力资源战略目标分为长期战略目标和短期战术目标。长期战略目标的实现期限通常为 5 年以上，短期战术目标的实现时期通常在一个会计年度之内，若干个战术目标共同支撑和构成了战略目标。

（三）人力资源战略措施

人力资源战略措施表达了如何传达和实现人力资源战略，包括招聘与配置、绩效管理、薪酬管理、人力资源开发、员工关系管理等各项具体战略措施。其中，人力资源的招聘与配置是人力资源战略措施实施的前提和基础，绩效管理是传递企业战略目标，提高员工个人绩效的重要形式，薪酬管理是维持员工基本生活水平、保持员工工作积极性的有效途径，人力资源开发是提升人力资源素质、提高员工工作忠诚度的关键因素，员工关系管理则是促进员工身心健康、员工与企业和谐发展的主要举措。

四、人力资源战略的制定

（一）人力资源战略的制定原则

（1）整体性原则。制定人力资源战略时，应把招聘与配置、绩效管理、薪酬管理、人力资源开发和员工关系管理等环节作为一个完整的系统，使各模块在人力资源战略的整合下共同发挥作用。

（2）一致性原则。企业战略是制定人力资源战略的前提和基础，人力资源战略应该服从并服务于企业战略，支持企业战略目标的实现。这种一致性主要是通过建立企业与员工的双向促进机制来实现的，即人力资源战略应该促使企业与员工的共同成长。

（3）长期性原则。只有规定了未来较长一段时期内企业人力资源管理的发展方向、发展目标和实现途径，才能实现人力资源战略对企业人力资源总体发展的指导作用。因此，人力资源战略的制定应着眼于企业人力资源的长远利益，通常以 5 年或 5 年以上为宜。

（4）适应性原则。人力资源战略必须因地制宜，既能适应外部环境的变化，又能满足企业内部的各项约束条件。与此同时，人力资源战略还应符合企业内外部各方面的利益要求，在最大范围内得到各方的认同与支持。

（5）可行性原则。制定人力资源战略并非是为了将其束之高阁，而是为了在实际工作中指导企业人力资源的各项管理活动。因此，在人力资源战略的制定过程中，必须考虑企业是否具有足够的财力、物力等资源保证此项发展战略的成功实施。

（6）动态性原则。人力资源战略是一个与企业战略动态匹配的过程。在现实的管理实践中，企业战略随着企业内外部环境的变化、企业目标的变化而不断发生动态调整，因此，人力资源战略也应随着企业战略的调整不断调整，遵循动态性的原则。

（二）人力资源战略的制定方法

（1）目标分解法。目标分解法是首先根据企业发展战略对人力资源开发与管理的要求，提出人力资源战略的总目标，然后将此目标层层分解到部门与个人，形成各部门和个人的目标与任务的方法。这种方法的优点在于：战略系统性强，对重大事件与目标把握得较为准备和全面，对未来的预测性较。但是它也存在着战略易于实际相脱离、易忽视员工期望、程序过于烦琐难于掌握等弊端。

（2）目标汇总法。目标汇总法是目标分解法的逆向过程。它首先是部门与每个员工讨论，在充分考虑员工的期望与组织对员工素质、技能、绩效等各方面要求的基础之上，提出工作改进方案，制定个人工作目标，规定目标实施步骤，企业再由此形成部门目标，并由部门目标构成企业人力资源战略目标的方法。因为部门与个人目标的确定往往采用经验估计、趋势预测等方法，带有较多的主观性，所以目标汇总法缺乏全局性和对未来的预测性。但是这种方法操作简单，易于掌握；充分考虑员工的个人期望，易于得到员工的认同；目标与行动方案非常具体，便于操作。

（三）人力资源战略的制定过程

（1）分析企业的内外部环境。环境分析是制定人力资源战略的第一步。进行环境分析不仅要关注企业内部的人力资源状况，更为重要的是考察并获取可能对企业未来绩效发生影响的内外部环境因素。外部环境因素主要包括社会经济文化水平、国家政策法规、劳动力市场状况、行业发展趋势、竞争对手现状等。

（2）识别关键问题。根据前面的内外部环境分析，确定目前企业所面临的战略人力资源管理问题，例如，由于企业发展中出现的全球化、顾客导向、文化变革、公司并购、多元化经营、分销渠道创新等问题，企业中亟待解决的人力资源问题可能是人才吸引与保留、人力资源结构优化配置、人才队伍建设、员工福利待遇满意度提升等。识别关键问题是为了明确人力资源战略的重点，它是构建人力资源战略目标的基础。

（3）选择合适的人力资源战略模式。目前，已有一些成熟的人力资源战略分类得到了广泛认可。例如，根据人力资源战略重点，可将人力资源战略分为吸引战略、投资战略和参与战略；根据获取人力资源的角度，可将人力资源战略分为完全外部获取战略、混合获取战略和完全内部获取战略。在进行环境分析和关键问题识别的基础上，企业可以从发挥优势、避免劣势、创造机会、减少威胁的角度出发，选择一种或者多种人力资源战略类型，作为制定本企业人力资源战略模式的基础。

（4）拟定备选方案。在确定了人力资源战略模式的基础之上，企业可以根据企业面临的具体情况，提出有企业特色的战略措施，拟定被选的人力资源战略方案。人力资源战略方案的核心内容是指导思想、战略目标和战略措施。

（5）选择最终战略方案。在多个人力资源战略备选方案中进行选择时，可以采用关键因素评价矩阵法。以备选方案和关键因素的契合程度为依据，通过赋分值的方法，对各个备选方案进行评分。具体评分方法是：首先将契合度分为"非常契合"、"契合"、"不契合"、"矛盾"四个等级，并分别赋予"4"、"3"、"2"、"1"四种分值；其次根据每个因素的重要程度，给每个因素赋予权重；最后评分与权重的乘积，即是该备选方案与这一因素的契合得分，总分最高的备选方案即是可行性备选方案。表4-1即为人力资源备选方案评分表。

表 4-1　人力资源战略备选方案评分表

影响因素	权重	某备选方案与影响因素的契合程度				
		非常契合	契合	不契合	矛盾	得分
企业战略						
企业文化						
企业组织结构						
企业发展阶段						
企业经营方式						
人力资源管理现状						
合计						

　　通过以上程序，一个完整的人力资源战略就形成了。但是，由于企业面临的内外部环境是不断变化的，因此，一方面，在实行过程中人力资源战略可以根据企业的实际情况作出适当调整；另一方面，人力资源战略主要是提出了企业人力资源发展的总体目标和方向，其有效贯彻落实还要依赖于相应的人力资源规划。

五、人力资源战略与企业战略的关系

　　人力资源战略以企业战略为依据，同时又影响着企业战略的制定和执行。

（一）企业战略是制定人力资源战略的前提和基础

　　人力资源战略作为企业的职能战略，服务于企业战略，支持企业战略目标的实现。人力资源战略必须建立在由企业管理层共同确定的、符合企业内外部各方利益且得到企业全体员工一致认同的企业发展战略目标的基础之上。

（二）人力资源战略是企业战略制定的信息提供者

　　同人力资源战略的制定一样，企业战略的制定既要考虑企业内部的人力资源状况，又要考虑企业外部的环境状况。企业人力资源战略不仅可以为企业战略的制定提供人力资源需求与供给、人力资源绩效与薪酬、人力资源培训与开发等企业内部情况，还可以为企业战略的制定提供劳动力供给、国家政策、法律法规、行业内竞争对手等外部环境信息。

（三）人力资源战略是实现企业战略目标的有效保障

　　在市场竞争日益激烈、工作任务日趋复杂、信息技术作用逐渐凸显的今天，人力资源的重要性不言而喻。如何吸引留住人才、如何最大限度调动员工的积极性、如何实现员工与企业的共同发展等人力资源问题先后被提上议事日程。实践证明，离开行之有效的人力资源战略，企业战略目标的实现只能是纸上谈兵。人力资源战略也正在从企业战略的"反应者"向企业战略的"参与制定者"和"贡献者"转变。

（四）人力资源战略与企业战略相互配合

　　人力资源战略和企业战略之间的相互配合在于实现企业的经营目标，根据不同的标准可以将企业战略划分为不同的类型，其中使用最广泛的是美国著名企业战略家波特提出的通用竞争战略，即在竞争理论分析的基础上，将企业战略分为低成本战略、差异化战略和专一化战略三大类。低成本战略是指企业在提供相同的产品或服务时，其成本或费用明显低于行业平均水平或主要竞争对手的竞争战略；差异化战略是指企业通过向用户提供与众不同的产品或服务以获取竞争优势的战略；专一化战略是指企业在某个较狭窄的领域内（如某特殊顾客群），或是实施低成本，或是实施差异化，或是两者兼而有之的竞争战略。科迈斯-麦吉阿等人根据波特的企业竞争战略分类，探讨了每一类型企业战略最适应的人力资源战略，如表4-2所示。

表 4-2　波特的企业战略及其相应的人力资源战略

企业战略	一般组织特征	人力资源战略
低成本战略	持续的资本投资 严密监督员工 经常、详细的成本控制 低成本的配置系统 结构化的组织和责任 方便制造的产品设计	有效率的生产 明确的工作说明书 详尽的工作规划 强调具有技术上的资格证明和技能 强调与工作有关的培训 强调以工作为基础的薪资 用绩效评估作为控制机制
差异化战略	营销能力强 重视产品的战略与设计 基本研究能力强 公司以品质或科技的领导著称 公司的环境可吸引高科技的员工、科学家或具有创造力的人	强调创新和弹性 工作类别广 松散的工作规划 外部招聘 团队为基础的训练 强调以个人为基础的薪资 用绩效评估作为员工发展的工具
专一化战略	结合了成本领先战略和差异化战略、具有特定的战略目标	结合了上述两种人力资源战略

六、人力资源战略与企业竞争优势

美国得克萨斯工具公司主管人事的副总裁查尔斯·尼尔森对于人力资源战略在企业竞争中的作用有一句极其形象的描述："过去人力资源部门的作业如同是放在汽车后舱内的备用轮胎，遇到紧急情况，会拿出来用一用，而一旦紧急情况消失了，便又把它放回后舱。而现在的人力资源部门如同滚动的车轮，与整个企业竞争同步前进。"的确如此，现代企业管理中，人力资源战略的实施过程就是企业实现战略目标、获取竞争优势的过程。

（一）人力资源战略与企业竞争优势的获取

为了在竞争中立于不败之地，企业必须获取和维持相对于其他竞争者的某种优势，这也正是企业战略的最终目标所在。人力资源战略作为企业战略的重要组成部分，其每一项具体的实践活动都会影响到企业竞争优势的获得，如图4-2所示。

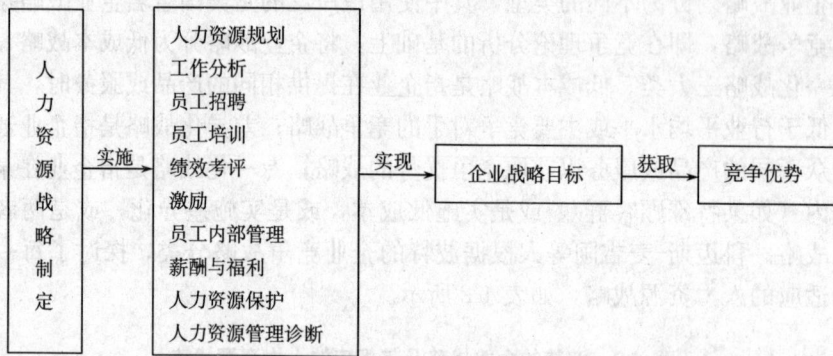

图 4-2　人力资源战略与企业竞争优势

（1）人力资源规划。人力资源规划是进行企业人力资源的供需预测，并使员工供给和需求达到平衡的过程。一项有效的人力资源规划既能为企业发展提供充足的员工，同时又能防止冗员的产生。这是企业经营顺利进行的前提，也是企业获取竞争优势的基本保证。

（2）工作分析。工作分析是指通过搜集工作岗位的相关信息，明确界定每个岗位的责任、任务或活动。一份精确的工作说明书可以规范员工的生产经营活动，有利于最大限度地发挥每个岗位的功效，提高企业产出，增强企业竞争力。

（3）招聘。人是竞争的源泉，优秀的员工能提高生产效率，提供优质服务，降低生产成本，增加企业价值。因此，挑选和录用合格乃至优秀的员工是企业占据竞争主动地位的重要环节。

（4）培训。培训分为岗前培训和在岗培训。岗前培训是对新员工进行职业教育，使其具有基本的职业素质；在岗培训是结合员工工作中的表现，进一步开发和提高其工作能力。良好的培训能提高员工生产效率，培养稀缺性人力资源，当企业员工的技巧、知识和技能与竞争对手截然不同时，就是一种有竞争优势的资源。

（5）绩效考评。绩效考评一方面是员工发现自身不足、改进工作方案的重要源泉，另一方面又是激励优秀员工、提升其工作满意度和工作成就感的重要举措，而这都有利于员工工作绩效的长期增长，提高企业在市场中的竞争实力。

（6）激励。激励的过程，实际上就是员工需要满足的过程。人类的需要是多层次、多类别的，企业中的员工不仅受物质奖励的激励，而且也受社会、精神奖励的激励。在具体的工作当中，应根据实际情况采取与之相适的激励方式，使员工合理的需求得到相应满足，以充分调动其积极性，提高企业业绩。

（7）员工内部管理。员工的内部管理过程是企业人力资源的精心组织过程，只有当员工的特质与工作岗位相互匹配的时候，员工的才能才会得到充分发挥，人力资源才具有竞争优势。例如，日本丰田公司采用工作轮换的方式来训练员工，让员工轮换担任若干种不同的工作，考察员工的适应性，以便将其安排到最合适的岗位上。

（8）薪酬和福利。薪酬和福利对竞争优势的影响主要表现在两个方面：一是合理的薪酬和福利政策有利于吸引和保留优秀员工，为企业积累优秀的、有竞争力的人力资源；二是维持薪酬和福利水平的适当程度，有利于控制企业成本，在竞争中取得成本优势。

（9）人力资源保护。人力资源保护是指通过运用法律、经济、行政、技术等措施，在生产、开发、配置、使用等方面为人力资源提供保护。人力资源保护能增强员工对预期风险的心理保障意识，有利于维持员工心理健康水平、减少企业损失以及实现企业战略目标。

（10）人力资源管理诊断。人力资源管理诊断通过对人力资源战略实践活动及其效果的评估，能及时发现问题，纠正错误，促使人力资源战略与企业战略保持一致，为企业获取竞争优势服务。

（二）人力资源战略与竞争优势的维持

许多企业通过各种创新活动来建立自己的竞争优势，但是企业在生产作业、财务管理、质量控制及销售服务等方面的创新都易于为竞争对手所模仿，乃至导致竞争优势的丧失。然而，企业在人力资源管理方面的一些创新则是很难如法炮制的，因此，通过实施人力资源战略所获得的竞争优势比通过其他手段所获得的竞争优势更为持久。

人力资源战略的难以模仿性来源于两个方面：一方面，竞争者很少能深入接触到某个企业的人力资源战略及其实践活动；另一方面，即使企业的人力资源战略是清晰可见的，但是由于人力资源战略同企业员工的现状密切相关，且人力资源战略的具体实施本来就是一个需要多方配合的复杂系统，所以即使竞争对手加以模仿，也未必能取得较好的效果。因此，企业为了保持已有的竞争优势，必须聚焦于人力资源战略的创新，这也是世界许多知名企业的成功经验。比如，迪斯尼公司，其众所周知的竞争优势就是来源于由大多数员工（通过团队）所创造的独特文化。

第二节　人力资源战略分析

> 案例引入

美国联合邮递服务公司的用人之道①

邮递服务是以最短时间把邮件送达目的地的服务性行业。从产业结构分析来说，邮递服务有如下特点：

（1）美国邮递服务除政府邮局外，私营的主要有4～5家，竞争激烈；

（2）邮政服务资金成本比较低，新企业加入的威胁较高；

① 何永福，杨国安．人力资源策略管理．台北：三民书局印行，1996：47.

（3）邮递服务的替代品较多，但特殊情况下如短时间内送达原件，邮递服务没有完全的替代品；

（4）供应商的谈判筹码不大，因为邮递服务所需零件或原料不多，但工会却是主要的谈判对象；

（5）顾客的流动性很高，因为邮递服务是一次性服务，只要企业能在指定时间内把文件完整送达即可。

基于以上产业分析，联合邮递服务决定采用廉价竞争战略，以低价争取较多的顾客。因为在邮政服务业中，只要邮件能够准时安全送到，价格就成了竞争的主要手段。

联合邮递服务雇佣150 000名员工，通过其精密的人体工程研究和严谨的人力资源管理作业，联合邮递在众多竞争对手中一直保持厚利。为了达成低价竞争战略，联合邮递采用科学管理方法，借助时间动作研究，把工作简化和标准化，以求提高生产效率。早在20世纪20年代，其创始人就已聘用当时的学者如泰勒等，分析其聘用的司机每天在不同工作上所花的时间，并改善工作程序和方法，以减低工作时间和体力的需要。因此，联合邮递的管理模式是高度控制和高度系统化的管理，每样工作都有工作标准和工作程序，员工不断从事一些短时间和重复性的动作。由于一切标准和程序已由工业工程师设计，并不需要员工参与决策，于是，员工的激励主要来自于经济因素。

由于工作的简单化和标准化，企业对员工的招聘比较简单，只要员工能完成工作即可。对员工的训练很少，只重视一些技术上的操作，员工绩效评估重视短期表现。此外，由于工作的简化，员工流失率并不会对企业造成严重威胁。企业不用提供员工的工作保障，内部晋升制也并不被重视，只要"能者居之"，企业也不用花费大量金钱培训。企业雇佣了1000多名工业工程师，不断改善和设计工作程序。但比起其他竞争者的员工，联合邮递的员工一般每小时的工资要高出1美元左右，司机每小时可挣15美元左右。

➤ 案例启示

花费大量时间和经费用于改善设计工作程序，重视对员工的物质激励而非精神激励，工作决策不需要员工参与，招聘时对员工要求比较简单，工作中也很少对员工进行开发和培训，这些看起来已经"落伍"的人力资源战略却成就并维持了美国联合邮递服务公司优厚的经营利润。结合美国邮递服务行业的结构特点，对其人力资源战略进行深入分析，可以发现联合邮递的人力资源战略是同其所在行业的外部环境和自身特点密切契合的。本节课程内容中，我们将学习人力资源战略分析的相关知识，具体包括：

（1）人力资源战略分析的原则；

（2）人力资源战略分析的步骤；

(3) 人力资源战略分析的方法；

(4) 人力资源战略分析的内容。

一、人力资源战略分析的原则

第一，客观性原则。人力资源战略分析的对象是影响企业生存和发展的内外部环境因素，内外部环境因素的相关客观信息是企业进行人力资源战略分析的前提和基础，信息的客观性决定了人力资源战略分析的客观性。

第二，全局性和重点突出性原则。人力资源战略分析的影响因素涉及方方面面，在进行人力资源战略分析时应做到全面考虑，统筹全局；同时，不同因素对人力资源战略分析的影响力各不相同，而人力资源战略分析的目的就是要找出关系到企业人力资源战略制定的全局因素和关键因素，因此，人力资源战略分析应遵循全局性和重点突出性的原则。

第三，系统性原则。作为人力资源战略分析的对象，一方面，企业生存与发展的内外部环境因素是一个相互联系、相互制约的系统，外部因素之间、内部因素之间、内外部因素之间都存在着此消彼长、相互联系的关系。另一方面，人力资源战略管理及人力资源战略本身都具有系统性的特点。

第四，动态发展性原则。企业的外部环境和自身状况都是处于不断的变化发展之中的，只有在人力资源分析的过程中坚持动态发展性的原则，时刻关注企业内外部环境的变化情况，才能确保人力资源战略分析的客观性、科学性，确保人力资源战略分析结果的准确性、有效性。

二、人力资源战略分析的步骤

人力资源战略分析包括以下三个步骤：

(1) 收集信息。信息包括社会经济条件、法律法规、国家政策、社会发展、技术创新、文化背景、人口数量和质量、劳动力来源和素质等。企业可以通过建立情报研究、战略研究等部门安排专业人员收集信息，也可以通过组织外的社会调查、政府公报、国家法律法规文件等途径收集信息。

(2) 信息分类、整理和评估。信息分类、整理可由组织中的专业人员完成。信息的评估工作可以通过召开由高层、中层、基层管理人员和员工代表参加的座谈会进行，也可以邀请组织外的人力资源管理资深专家出席座谈会，或组织专门的研讨会完成。

(3) 制定关系图。针对信息分类、整理。评估的相关结果，将选择出来的各种影响人力资源战略的因素制成关系图，并分析每个因素对人力资源影响的可能性和可控制性。针对最极端的情况和中间状况进行典型分析，并对这些因素给企业人力资源战略管理活动可能造成的综合影响进行分析，充分展现人力资源实践面临的机遇和挑战。

三、人力资源战略分析的方法

（一）PEST 分析法

PEST 分析法是一种应用广泛的宏观环境分析方法，包括政治（political）、经济

（economic）、社会（social）和技术（technical）四大类人力资源战略影响因素的分析，因此简称为 PEST 分析法，如图 4-3 所示。

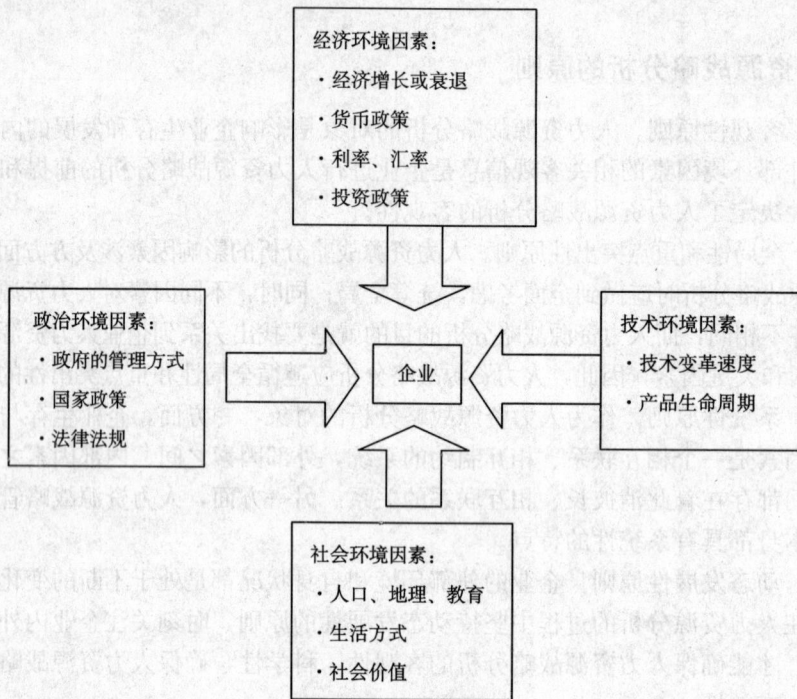

经济环境因素：
· 经济增长或衰退
· 货币政策
· 利率、汇率
· 投资政策

政治环境因素：
· 政府的管理方式
· 国家政策
· 法律法规

企业

技术环境因素：
· 技术变革速度
· 产品生命周期

社会环境因素：
· 人口、地理、教育
· 生活方式
· 社会价值

图 4-3　PEST 分析图

（二）五因素分析法

五因素分析法由迈克尔·波特于 20 世纪 80 年代提出。该方法把主导一个产业的竞争因素划分为五种力量：产业内现有企业间的竞争、新进入者的威胁、供应商的讨价还价实力、购买商的讨价还价实力和替代产品或服务的威胁，如图 4-4 所示。

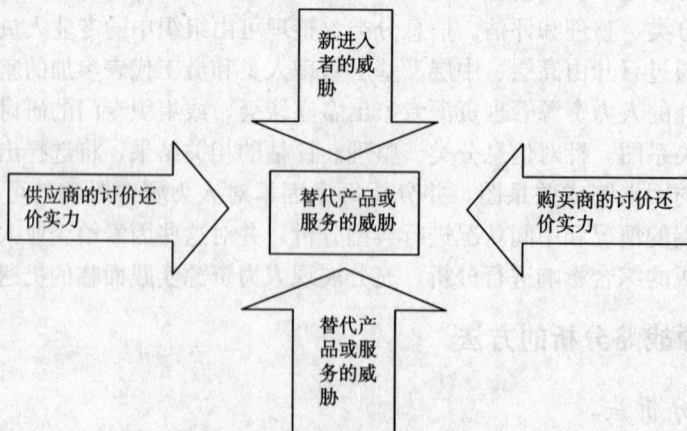

新进入者的威胁

供应商的讨价还价实力

替代产品或服务的威胁

购买商的讨价还价实力

替代产品或服务的威胁

图 4-4　五因素分析法

（三）SWOT 分析法

SWOT 四个英文字母分别代表优势（strength）、劣势（weakness）、机会（opportunity）和威胁（threat）。SWOT 分析法实际上是企业从这四个要素入手，对自身所处的环境和形式进行深入分析，充分认识和利用有利条件，控制和化解不利条件，形成独特能力，以获取竞争优势的方法。而人力资源战略的 SWOT 分析就是将与人力资源战略密切相关的优势、劣势、机会和威胁等，通过调查列举出来，并依照矩阵形式排列，然后用系统分析的思想，把各因素相互匹配起来加以分析，从中得出一系列相应的决策性结论。

四、人力资源战略分析的内容

（一）外部环境因素

外部环境是指某一事物赖以生存和发展的各种外部条件或因素。人力资源系统存在于特定的环境之中，人力资源战略与所处的环境因素之间相互促进、相互制约。与人力资源战略相关的外部环境因素主要包括：经济环境因素、科学技术环境因素、政治法律环境因素、人口环境因素等，如图 4-5 所示。

（1）经济环境。经济环境又可分为宏观经济环境和微观经济环境。宏观经济环境主要是指一个国家的人口数量及其增长趋势、国民收入、国民生产总值等经济发展的整体特征。经济发展处于繁荣阶段，为企业的扩张提供了机会，企业对人才的需求以及招聘计划、新员工培训计划等将有所强化；而经

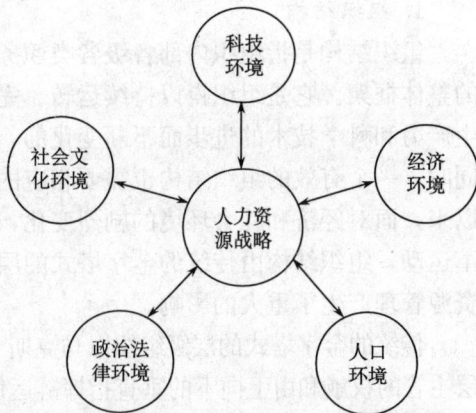

图 4-5　影响人力资源战略的外部环境因素

济衰退则可能给企业带来生存困难，企业将会缩减生产，此时的人力资源战略要处理好人员精简的工作。微观经济环境是指一个具体的企业所面临的与企业运行有关的特殊的经济环境，如资本市场、商品市场、行业竞争强度、竞争对手的人力资源状况等。

（2）科学技术环境。科学技术是外部环境中一个极活跃的因素。它对人力资源战略的影响是多重的：①高度的机械化和自动化使劳动变得单调乏味，员工易产生疲惫和枯燥感，从而影响其工作效率。对此，企业应采用岗位轮换、绩效考评、激励等多种措施实现工作的丰富化。②科技的进步使原有的生产作业人员的操作技能和知识结构老化，需要持续地加以提高和更新。③科技进步加深了企业对作为科技载体的人力资源的依赖。

（3）政治法律环境。法律环境与政府政策的干预是一项不能忽视的因素。例如，20世纪 60 年代在西方兴起的民权运动，迫使政府制定了一系列的反对种族、性别、年龄等歧视的平等民权法案，极大地影响了企业的录用、选拔、晋升等人力资源管理活动。再如，随着社会的发展和法制的不断完善，有关劳动保护等方面的法律建设将越来越健全，企业不可能再通过扩大劳动强度、延长工作时间的方式提高产出，只能设法挖掘和

开发人力资源的潜力以增加单位劳动的产出量。

（4）人口环境。人口环境包括人口的数量、质量和结构，劳动力的供需状况及其趋势，经济发展速度与劳动力供需间的关系，政府和企业对于劳动力素质提高的投入等。人口环境从供给的角度影响人力资源战略。

（5）社会文化环境。社会文化环境是指劳动力的文化水平、价值观念、宗教信仰、风俗习惯等。文化水平会直接影响劳动者的基本素质，价值观念会影响企业文化的形成，特别的宗教信仰和风俗习惯对企业的人力资源管理有特殊的要求。

外部环境因素是不断变化着的，有时是渐进的，不易被及时察觉和把握；有时是突变的，很快就会使原有的人力资源战略不合时宜。因此，应充分了解外部环境的变化和特征，及时把握环境变化给人力资源战略带来的机遇和挑战，并在此基础上适时适度地调整企业人力资源战略的内容。

（二）内部环境因素

1. 组织结构

组织结构是指组织内部各级各类职务、职位的权责范围、联系方式和分工协作关系的整体框架。它是组织得以持续运转、完成经营管理任务的体制基础。组织结构是随着生产力和科学技术的进步而不断变化的，组织结构的变化会影响人力资源战略的变化，同时，一个有效的组织结构也需要相应的人力资源战略的支持和配合。20 世纪 80 年代以来，面对经济和社会环境的剧烈变化，国内外企业纷纷展开了一场轰轰烈烈的组织变革运动，组织结构由传统的金字塔式的层级化组织，走向扁平化、网络化，从而对人力资源管理产生了重大的影响。

传统的金字塔式的层级组织以马克斯·韦伯的官僚行政组织体系理论为基础，依靠高层主管的权威和由上向下的垂直指挥链运作，强调命令与控制。这种组织结构的特征是权责分明，信息集中在组织的最高管理层，统一指挥，集中管理。这种组织结构模式在员工文化素质较低和以生产为中心的年代曾经发挥了极大的作用，给企业带来了成功。但长期发展起来的大企业机体庞大、层次繁多，"又高又胖"的结构特征助长了内部的官僚作风，不仅对环境的变化反应迟缓，而且极大地压抑了内部员工的主动性，扼杀了创新精神。对此，许多企业开始着手进行组织"消肿"，典型的措施是使组织趋于扁平化。例如，规模庞大的美国通用汽车公司，变革前有多达 2.5 万名经理和 130 个副总裁，变革后总裁韦尔奇直接领导 13 个事业部的经理，管理机构从 12 层压缩到 5 层；日本的丰田汽车公司则把决策层次从原先的 21 层压缩至 11 层。

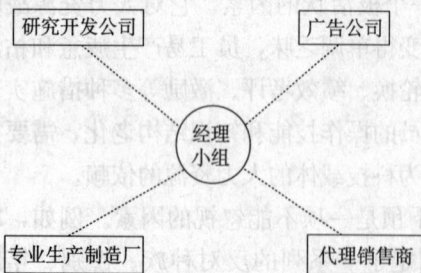

图 4-6　网络结构图

资料来源：罗宾斯. 管理学. 北京：中国人民大学出版社，1997：261.

网络结构是一种自身只有很少人数的中心组织（图 4-6），但通过正式合同建立起一个关系网络，依靠其他组织力量进行制造、分销、营销或其他关键业务的经营活动的结构形式。图 4-6 是一个典型的网络结构。经理小组是网络结构的中心组织，主要致力于制定政策和协调控制与外部的关系。而产品的研究开发、生产制造、销售等职能则通过合同从组织外"购买"，这给组织运营提供了高度灵活性，并使管理者集中精力做自己最擅长的事。

随着组织结构的变化，企业中员工的需要、绩效考核、员工报酬、人员培养等人力资源管理的内容也发生了相应的变化，组织结构与企业管理哲学以及人力资源决策之间的关系可以用表 4-3 来说明。

表 4-3 组织结构与人力资源战略

组织结构	管理哲学与价值观念	人力资源决策的含义
金字塔式	命令与控制	层级化的清晰的晋升路线 清楚的详细的工作说明 报酬支持、功绩晋升与投入 根据工作需要进行培训 最高管理层掌握信息
扁平金字塔式	减少层级 工作丰富化 强调工作小组 员工授权	有限的晋升路径，水平晋升 与员工分担事业前程责任 概括性的工作描述 报酬强调员工个人与工作小组的业绩 培训强调通用性和灵活性 与工作小组共享信息
网络化联合	重建与供给者和需求者的边界 不强调职能专家 强调顾客 以工作小组为基本的工作单位	事业前程由员工自己负责 概括性的工作描述 根据员工意愿进行培训 报酬强调个人的知识和工作小组的业绩 信息共享

2. 员工需要

人们的一切活动都是为了满足自己的某种需要，需要成为人类行动的出发点。作为一个管理者，要实行有效的管理，必须了解员工的需要，并给予机会帮助实现，以此激发员工的工作积极性，这也正是人力资源战略的一项重要职责和内容。

人的需要从不同角度可以划分为不同的类型，马斯洛将人的需要从低到高分为生理需要、安全需要、社交需要、尊重需要和自我实现的需要五大层次。麦克利兰认为，人的基本需要有三种：成就需要、权力需要和情谊需要。无论哪种划分方式，人的需要最终都可以归纳为物质需要和精神需要两大类。现代企业中的员工，随着文化素质和生活水平的提高，价值观念发生了变化，自我意识和社会意识极大增强，员工需要的内容也随之扩展，不仅要求有优厚的报酬、福利和就业保障，而且要求有自主和参与的民主权利，要求有良好的职业前途和成长机会等。员工需求的变化，对人力资源战略提出了新的要求。

1）建立有效的激励机制

美国哈佛大学的管理学家威廉姆·詹姆斯（William James）研究发现，在缺乏激励的一般岗位上，员工仅能发挥其实际工作能力的 20%～30%，而受到充分激励的员工，其潜能可以发挥出80％左右。因此，通过激励，可以激发员工的创造性与革新精神，提高员工努力程度，争取更高的业绩。现代企业中有效的员工激励机制表现出两个特点：一是通过物质激励和精神激励相结合的方式满足员工的需要，尤其是高层需要（自我实现、成就感等）来达到激励效果；二是要讲求激励的艺术性。

员工在自己的物质生活有了保障后，工作的动力更多地来自于在工作中获得的成就感和满足感。例如，IBM公司设有"100％俱乐部"，每当有业务代表超额完成销售额时，他就被批准成为这一俱乐部成员，他和家人将被邀请出席隆重的集会，获得较高的心理满足。

就激励艺术而言，需注意以下几点：①激励要因人而异，根据不同员工的个性心理特征，采用相应的激励方式；②激励要及时，及时激励会增加受奖员工的荣誉感和满足感，而迟到的激励则会使员工轻视奖励的价值；③人人都需要激励，传统的激励仅仅是针对少数特别优秀者，长期如此，就会使广大员工觉得奖励是少数人的事，与自己无关而漠不关心。因此，科学的激励方法是缩小奖项，扩大受奖面，不仅表扬那些成绩优异者，也表扬那些尚未成功但一直锲而不舍努力奋斗的员工；④真情激励，特别是运用精神激励的方式时，领导者一定要发自内心，真情真感，切不可给员工留下走过场、作秀、装样的不良印象。

2）充分的员工参与

员工参与管理意味着组织中权力的再分配。将一部分的管理权授予员工，使员工感到自己被关心、受尊重，同时也愿意为企业的最大利益而努力工作。一般来说，员工参与管理的方式有三类：

一是咨询，即员工对经营活动提出意见和建议，这是参与管理的低级形式。

二是员工直接参加到管理机构中去，员工不仅有建议权，而且还有部分决定和监督权。如在日本，约有70％的企业工会以多种形式参与董事会，他们与公司上层领导共同研讨企业经营方针、事业计划和海外投资等活动。

三是自主管理，在自主管理中，员工在划定的职权范围内有较大的自主权和决议权。在长期的实践活动中，许多企业形成了许多行之有效的自主管理形式，如建立质量控制小组，工作小组通过举行定期和不定期的分析讨论会，主要解决设备损坏和维护、浪费、工作设施和配合等质量控制问题。美国西屋电器公司装配线上的工人曾经发明了一种方法使次品率从16％降低到1％，从而使这个小组的生产率提高了30％。再如，实行目标管理，这种方式在欧美企业和日本企业中十分普遍，员工根据企业目标，自行制定个人目标，在个人目标中充分体现个人意愿，在目标完成后员工还参与成果评定工作。

3）灵活的福利计划

随着生活水平的提高及观念的转变，人们对福利内容以及获取福利的途径的要求发生了很大的转变。过去，员工对福利的需要主要是生活条件，如宿舍、公共设施（托儿所、幼儿园、食堂、浴室等）、各种补贴（交通补贴、住房补贴、伙食补贴等）；而现在，员工对福利的需要主要是一系列的职业保障，如住房公积金、医疗保险金、养老保险金、失业保险金的交纳等。一项有效的福利计划应做到：①吸引和留住人才；②作为一种激励工作提高员工的满意度并以此提高员工的工作业绩；③提供安全感；④在员工和组织之间树立一种合作关系意识；⑤奖励忠诚的服务；⑥提高员工士气。

4）定期的员工培训

员工教育是员工需要得以实现且不断深入的一项重要方式，员工通过教育培训，发掘自己的潜力，提高自己的素质和才能，去从事一些具有挑战性和竞争性的工作，从而得到更多的发展机会，实现自我价值。一般来说，不断扩展和延伸员工的技能也要求教育的定期化。

3. 企业文化

企业文化也是影响人力资源战略的一个重要因素。企业文化是指在企业的长期经营发展过程中逐步形成的具有本企业特色能够推动企业发展壮大的群体意识和行为规范，以及与之相适应的规章制度和组织机构的总和。企业文化与人力资源战略相辅相成，密不可分。不同的企业文化对企业中员工的要求不一样，因而人力资源战略的内容也有差异，同时，人力资源的战略性管理也正是企业文化的具体体现和贯彻落实。无数个案例和经验证明，优秀的企业文化会产生一种关心人、尊重人的良好氛围，给企业成员带来和谐、富有激情的工作环境，有助于激发员工的创造热情，促使员工专心于提高自己的工作能力和素质，个人行为与企业目标相统一，从而使人力资源战略的作用得以充分发挥。

第三节　人力资源规划

➤ 案例引入

AT&T 人力资源规划的核心：关注高层管理者的胜任力模型[①]

近年来，AT&T 公司和许多跨国公司一样，在人力资源规划方面，极其重视对所需人员，尤其是高管人员的能力要求。公司需要一种"新类型"的经理，这些人对公司新的产品和服务有丰富的知识，有能力对收购和合并进行管理，并有能力在不确定的环境中有效地行使其职能。

AT&T 重新进行了详细的人力资源规划，并重点对高层管理者的素质和技能进行了描述，借助开发和实行一套职业生涯管理系统来解决高层管理者配备的管理问题。这一系统有两方面的目的：第一，确认公司新的全球商业计划所要求的管理技能；第二，追踪所有有志于高层管理职位的现有经理的技能水平。

系统中储存了有关 AT&T 的人员和职位的大量信息。例如，"人员档案"包括每一位管理人员的信息，如工作经历、受教育程度、优缺点、开发计划、参加过的和计划参加的培训以及个人的特殊技能。对于每个作为目标的高层管理职位，"职位档案"都列出了如职位头衔、就任地点、现在和未来的技能要求以及这一职位可能的继任者。

---

① 改编自李剑锋. 人力资源管理：原理与技术. 北京：电子工业出版社，2002；257，258.

AT&T 借助人力资源规划保持了其组织高层领导的连续性，具体来说，就是描述定义对于不同高级职位所需的领导技能，了解有资格升至某个职位的雇员，对每个候选人进行充分的培训开发。

通过这些做法，公司掌握了一个在高层管理职位出现空缺时可以从中进行挑选的合格内部候选人的后备库。而且，规划具有相当的灵活性，允许公司对突然的变化作出快速反应。例如，当巴黎的高层管理职位由于合并而突然出现悬而未决的情况时，这一系统会迅速地确定一名能流畅地使用法语的合格候选人。

➤ 案例启示

通过开发和实行职业生涯管理系统这种人力资源规划方式，AT&T 确保了企业内部高层领导者的连续性，提升了公司对突变情况的应变能力。作为人力资源战略的重要组成部分，人力资源规划不仅直接影响着人力资源战略活动的有效实施，而且关系着企业的正常运行和发展。本节我们将学习人力资源规划的相关知识，具体包括：

(1) 人力资源规划的概念；

(2) 人力资源规划的基本程序；

(3) 人力资源需求预测；

(4) 人力资源供给预测；

(5) 人力资源供需平衡。

一、人力资源规划的概念

人力资源规划有几十年的发展历史，人们对其含义的认识也经历了一个过程。

20 世纪初，对"人力规划"的关注点主要是在实行计件工资的工人，通过改进工作过程和运用早期工业心理学的方法实现改进工作效率的目的。

第二次世界大战期间及其以后的许多年，人们更关心如何获取有能力的管理人员。

20 世纪六七十年代，技术进步和企业的快速发展使人力资源规划转向人才的供需平衡上，这一时期，人力资源规划被认定为"管理人员通过制定规划，努力让适当数量和适当种类的人在适当的时间和适当的地点，从事使组织与个人双方获得最大长期利益的工作"。

20 世纪 80 年代后，人力资源被广泛作为大企业和政府组织的一种活动，在内涵上范围扩大，不再仅限于供需平衡和数量预测，而是扩展为上与战略计划相联系、下与行动方案相结合的过程。

20 世纪 90 年代以来，西方发达国家的企业管理者和研究人员发现，在影响组织目标实现的诸多因素当中，人力资源已成为一个重要的前提条件，此时人们认为人力资源规划应当是通过人员管理获得和保持竞争优势机会的计划，是管理人员对正在出现的问题的反应，人力资源规划的角色应当不仅仅是在既定的企业目标下的一项战术计划，还必须充分考虑人力资源环境的影响，并从人力资源环境的角度影响企业目标的制定。

综合以上观点，我们把人力资源规划定义为通过预测未来的企业任务和环境对企业的要求而制定人力资源管理行动方针的过程。

二、人力资源规划的基本程序

人力资源规划可分为六个阶段，如图 4-7 所示。

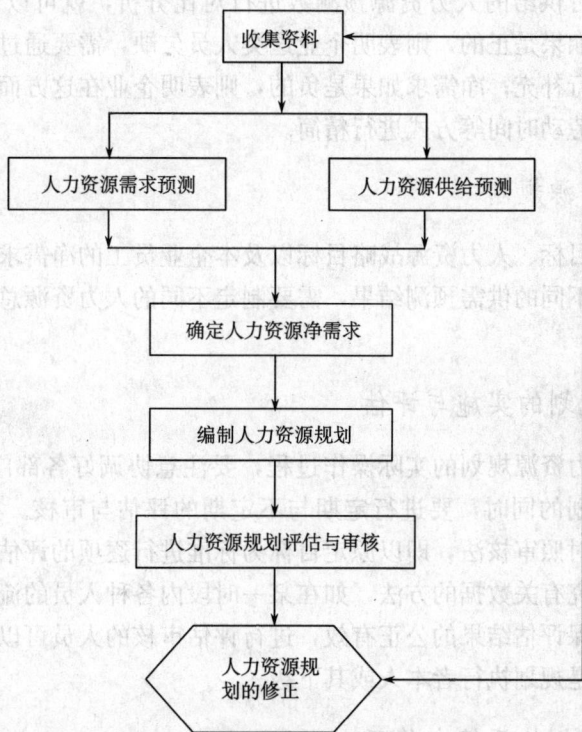

图 4-7　人力资源规划的阶段图

(一) 搜集资料

信息资料是制定人力资源规划的依据。调查分析阶段的主要任务就是广泛搜集企业内部和外部的各种有关信息，并进行分析整理，为后续阶段实务方法与工具的确定作准备。企业外部信息主要包括：宏观经济发展趋势、本行业的发展前景、政府的政策法规、相关技术的发展、劳动力市场相关人才的供需状况、主要竞争对手的动向等。企业内部信息主要包括企业战略、企业人力资源战略、企业员工流动状况、企业员工素质、人力资源成本及其变动趋势、产品市场占有率、岗位需求变化等。

(二) 预测企业人力资源的供需

在分析所搜集的人力资源信息的基础上，采用定性与定量相结合、以定量为基础的各种统计方法和预测模型，对企业未来的人力资源状况进行预测。预测的目的是得出计划期各类人力资源的余缺情况，即得到"净需求"的数据。人力资源的供需预测是一项技术性较强的工作，其准确程度直接决定了规划的有效性。因此，除了选择科学的方法之外，预测人员的素质、业务能力和经验等也至关重要。

（三）确定人力资源的供需差异

在企业员工未来供给和需求预测的数据基础上，将本企业人力资源需求的预测数与在同期内企业本身可供给的人力资源预测数进行对比分析，就可以计算出各类人员的"净需求"。净需求如果是正的，则表明企业这类人员欠缺，需要通过招聘、企业内部晋升、调配等方式进行补充；净需求如果是负的，则表明企业在这方面人员出现过剩，需要采取裁员、缩短劳动时间等方式进行精简。

（四）制定人力资源规划

根据企业战略目标、人力资源战略目标以及本企业员工的净需求量，即可以制定出人力资源的规划。不同的供需预测结果，需要制定不同的人力资源总体规划以及相应的业务计划。

（五）人力资源规划的实施与评估

该阶段作为人力资源规划的实际操作过程，要注意协调好各部门、各环节的关系。在实施人力资源规划的同时，要进行定期与不定期的评估与审核。在评估审核的方法上，可以采用目标对照审核法，即以原定目标为标准进行逐项的评估审核；也可以采用广泛搜集并分析研究有关数据的方法，如在某一时段内各种人员的流动情况、员工的生产积极性等。为确保评估结果的公正有效，进行评估审核的人员可以是规划执行者的上级或同级，但不能是规划执行者本人或其下级。

（六）人力资源规划的反馈与修正

该阶段是人力资源规划的最后阶段，也是最容易被忽视的一个阶段。评估结果出来后，应进行及时的反馈，进而对原规划的内容进行适时的修正，以确保规划的可操作性和滚动发展与衔接。

三、人力资源需求预测

（一）人力资源需求的影响因素

1. 企业外部因素

（1）经济发展水平。经济发展水平的高低直接影响企业对劳动力的需求，经济发展程度不同地区的企业对人力资源的需求是不同的。另外，人力资源的需求还受经济周期的影响。经济景气时期，人力资源需求相对旺盛；经济衰退时期，人力资源需求往往相对不足。

（2）产业结构。一方面，产业结构影响人力资源的数量。第一产业比重降低，第

二、第三产业比重上升，会导致不同技能的人才过剩或短缺。另一方面，产业结构影响人力资源需求的结构。例如，高科技产业的增加，会导致对科技人才和管理人才需求的增加。

（3）技术水平。新技术的发明应用，一方面，会推动新产品的发明和利用，进而扩大企业对人力资源的需求；另一方面，新技术提高了劳动生产率，又将减少企业对人力资源的需求。

（4）政府政策。政府对某一产业和领域的发展政策、对新技术的开发和推广、对中小企业的扶持等，都会对人力资源的总量产生影响，进而直接或间接影响人力资源的需求量。

2. 企业内部因素

（1）企业战略的变化。企业战略对人力资源需求的影响十分关键。企业的战略目标决定了企业发展的方向和高度，也决定了企业所需人才的数量和质量。

（2）企业的发展状况。企业目前的经营发展状况也直接影响了其对人力资源的需求。在企业经营良好、市场扩张的时候，对人力资源的需求则相应加大；反之，在企业经营不良、市场萎缩的时候，对人力资源的需求则相应减少。

（二）人力资源需求预测的步骤

（1）预测现实人力资源需求。现实人力资源需求的预测，主要包括以下几个环节：确定职务编制和人员配置；统计缺编、超编；分析现职人员任职资格和条件；审视、修正统计结果，从而确定现实的人力资源需求。

（2）预测未来人力资源需求。未来人力资源需求预测的步骤包括：预测确定各部门的工作量；根据工作量的增长情况，确定各部门需要增加的职务数和任职人员数，进行统计汇总，从而得出未来人力资源需求。

（3）预测未来流失人力资源需求。未来流失人力资源需求预测的步骤包括：统计预期内的退休人员；根据历史数据，预测未来可能发生的离职率；将统计和预测结果进行汇总分析，得出未来流失人力资源需求。

（4）预测企业整体人力资源需求。将现实人力资源需求、未来人力资源需求和未来流动人力资源需求的结果进行汇总，即得出企业整体的人力资源需求。

（三）人力资源需求预测的方法

目前国内外对人力资源需求进行预测的方法和技术，主要有以下几种。

1. 德尔菲法

德尔菲法是 20 世纪 40 年代末从美国兰德公司的"思想库"中发展而来的一种定性预测方法。德尔菲法采用问卷的方式，以书面的形式搜集各位专家对企业未来人力资源需求量及其相关因素的分析，并经多轮反复，最终达成一致，因此也称为专家评估法。德尔菲法中的专家既可以是外请的，也可以是企业内部有丰富经验的管理人员或技术人员。

德尔菲法的具体做法是：首先，确定专家组，并将所需预测的内容编写成若干简明扼要的问题，以问卷形式列出；其次，将问卷寄给所选定的专家，请专家在背对背、相互独立的方式下完成答卷；再次，归纳分析专家们的意见，并将结果反馈给每个专家，请他们修改自己的答卷，再将修改后的意见寄回；最后，经过 3～4 次的反复修改，在最后一轮统计资料的基础上，得出所要的结果。

在德尔菲法中，专家们是在互不知情的情况下进行预测的，既不受其他专家预测结果的影响，也不受外界因素的干扰，因此能充分表达专家本人的意见，结果较为客观，操作也比较简便。这种方法的难点在于问题的提出和专家的回答要有信度和效度。

2. 趋势预测法

趋势预测法是根据企业或企业各部门过去的人事记录，找出过去若干年的员工数量的变动趋势，并绘制出趋势曲线，加以修正，从而对未来企业整体或各子部门的人员需求状况作出预测。这种方法比较简单，易于操作。但这种方法有效的前提是企业人力资源变动的趋势在过去和未来保持一致。实际上，影响人力资源需求的因素如技术、劳动生产率、销售量等是不断变化的。如果仍然采用原有的趋势曲线进行预测，显然难以保证结果的正确性。

3. 回归分析法

运用回归分析法，首先要找出对企业中劳动力的数量和结构影响最大的因素，如产量、销售额等，然后分析过去几年企业员工随着这种因素变化的趋势，再根据这种趋势对未来企业员工的需求进行预测。该方法有四个步骤：第一步，选取与企业员工需求量相关的企业因素，所确定的因素应与企业的基本特性直接相关。例如，对于生产性企业来说，可能是产量，对于销售性企业来说，可能是销售额。同时，这些因素的变化与企业需求量之间必须成比例。第二步，找出在过去的若干年中所确定的因素与企业员工数量之间的关系，如生产性企业中员工数量与产量的关系，销售性企业中员工数量与销售额之间的关系等。第三步，根据资料计算出过去每年的劳动生产率，分析平均的生产率变化和企业因素的变化，确定劳动生产率的变动趋势。第四步，根据收集的数据分析影响变化率的因素，预测出未来员工的需要量。

此外，企业人力资源需求预测的方法还有计算机模拟法、转换比率分析法、时间序列法等。

四、人力资源供给预测

（一）人力资源供给的影响因素

1. 内部人力资源供给的影响因素

影响内部人力资源供给的因素有很多，主要可以归纳为以下三个方面：①员工自然流失，如正常的员工退休、合同结束等。这是能预知且可控制的因素。②员工的内部流动，如企业内部轮岗、内部调动等。相对而言，在一定程度上，这也是可控的。③员工跳槽。与前两者相比，这是影响供给最难预测、最难控制的一种因素。

2. 外部人力资源供给的影响因素

影响外部人力资源供给的因素主要有：①企业所在地的人力资源现状，包括人力资源的整体情况，尤其是有效的人力资源情况等。②企业所在地对人才的吸引程度，如企业所在地的居住环境、地域文化等。③企业自身对人才的吸引程度，如企业的薪酬福利、企业发展前景等。④企业所在行业的预期经济增长。

（二）人力资源供给预测的步骤

（1）预测内部人力资源供给。企业内部人力资源预测的步骤包括：了解组织员工状况；分析企业的职务调整政策和员工调整的历史数据，统计员工调整比例；了解各部门可能出现的人事调整情况；通过上述调查统计，得出企业内部的人力资源供给预测。

（2）预测外部人力资源供给。企业外部人力资源供给预测的步骤包括：分析影响外部人力资源的区域性因素；分析影响外部人力资源供给的全国性因素；结合两方面的分析结果，得出外部人力资源供给预测。

（3）预测企业人力资源的整体供给。将企业内部人力资源供给预测与企业外部人力资源供给预测汇总，即可以得出企业人力资源供给的整体预测。

（4）确定人员"净需求"。根据人力资源供给预测的结果，结合人力资源需求预测的情况，测算出企业规划期内各类人力资源的余缺情况，从而得到"净需求"的数据。

人力资源供给预测需要分析企业内部供给和外部供给两个方面。

（三）人力资源供给预测的方法

1. 企业内部人力资源供给预测的方法

（1）技能清单法。技能清单记录着员工的教育水平、培训背景、过往经历、技能特长及主管评价等一系列信息资料，是一张反映员工工作能力和竞争力的图表，如表 4-4 所示。人力资源规划人员可以依据技能清单的内容来预测哪些员工可以补充可能出现的空缺岗位，为企业内部人力资源供给预测提供信息。因此，技能清单实际上是一宗"员工储备与开发记录卡"。

（2）人员核查法。人员核查法是通过对现有人力资源数量、质量、结构和各职位上的分布状态进行核查，从而掌握企业可供调配的人力资源数量及其利用潜力，并在此基础上评价当前不同种类员工的供给状况，确定晋升和岗位轮换的人选，确定特定员工的培训和发展项目需求，帮助员工制定职业生涯开发计划。

（3）员工替换法。员工替换法是通过职位置换图来预测企业内部人力资源供给的一种方法。职位置换图以员工目前的绩效水平为依据，显示企业中潜在的职位空缺和可能出现的替换。潜在的空缺产生于两种情况：一种是当员工绩效十分优秀时，将会被提升到更高的岗位；另一种是当员工绩效低下时，有可能被调离现任岗位甚至辞退。空出的岗位将由职位候选人替代。如图 4-8，在人事副经理这一职位上，K. Gonznlez 工作绩效突出，有提升的可能，其职位便为潜在的空缺，将由 C. Huscr 和 S. French 两位候选人通过进一步的培训，选取其中绩效优秀者进行补充。通过职位置换图，可以清楚地看到企业内各岗位的空缺及员工候补的情况，为企业内部人力资源供给预测提供了依据。

表 4-4　某企业技能清单图

姓名：		性别：		出生年月：			填表日期：	
科室：		工作岗位：		职称：			到职日期：	

文化程度	类别	毕业日期	学校		专业		
	高中						
	专科						
	本科						
	本科以上						

培训经历	培训日期		培训内容		培训证书	

特长	有何特长			级别	

员工意愿	你是否愿意接受培训以担任其他岗位的工作？	是	否
	你认为自己是否应进一步提高现有的工作技能？	是	否
	你是否愿意接受工作轮调以丰富工作经验？	是	否
	如果可能，你愿意从事哪类工作？		

员工签名：	部门主管签名：	人力资源部签名：

（4）马尔可夫预测法。马尔可夫预测法是一种内部人力资源供给的统计预测方法。其基本思路是通过具体历史数据的收集，找出组织过去人事变动的规律，由此预测未来的人事变动趋势。马尔可夫预测方法实际上是一种转换概率矩阵，使用统计技术预测未来的人力资源变化的方法。这种方法描述组织中员工流入、流出和内部流动的整体形式，可以作为预测内部劳动力供给的基础。其步骤是：首先，根据组织的历史资料，计算出每一类的每个员工流向另一类或另一级别的平均概率；其次，根据每一类员工的每一级别流向其他类或级别的概率，建立一个员工变动矩阵；最后，根据组织年底的种类人数和步骤二中人员变动矩阵表预测第二年组织可供给的人数。

2. 企业外部人力资源供给预测的方法

（1）文献法。外部人力资源预测一般是根据国家的统计数字或者有关权威机构的统计资料以及社会的总需求量来进行分析。企业可以通过互联网以及国家和地区的统计部门、劳动和人事部门发布的一些统计数据，及时了解人才市场信息，同时，也应该及时关注国家和地区有关政策和法律的变化情况。

（2）直接调查法。企业可以就自身所关注的人力资源状况进行调查。除了与猎头公司、人才中介公司等专门机构建立并保持长期的、紧密的联系外，还可以与各类院校建

副经理 人事		
▲	K.Gonznlez	
╱	C.Huscr	·
△	S.French	·

行政 副经理		
△	H.Chan	■
▲	D.Snow	
╱	E.Farley	

副经理 市场		
▲	S.Goldstein	
╱	M.Murray	·
╱	F.Goland	

行政 副经理		
△	G.Sleight	
╱	C.Hood	■

经理

内务分解   工业分解   (提议新的分解)

管理者 内务		
╱	D.Snow	■
╱	J.James	
╱	R.Jar vis	

管理者 工业		
▲	E.Farley	■
╱	R.Jarvis	
△	F.Goland	·

管理者 环境状况		
	R.Jarvis	■

管理者 人事		
△	C.JIuscr	
╱	A.Kyle	■

管理者 会计		
╱	C.Hood	■
╱	W.Wicks	
△	H.Ross	

管理者 人事		
▲	S.French	
╱	T.Smith	
△	J.Jones	·

管理者 会计		
△	M.Piper	■

管理者 生产		
△	J.James	■
╱	W.Long	
╱	G.Fritz	·

管理者 销售		
▲	M.Murray	■
╱	F.Renfrew	
△	B.Storey	

管理者 生产		
╱	R.Janrvis	■
	C.Pitts	
△	C.Combs	

管理者 销售		
▲	F.Goland	
△	S.Ramons	·

图例

目前的绩效	
突出	▲
满意	△
有待于提高	╱

潜在的提升	
现在即可	□
需要进一步培训	·
值得推荐	■

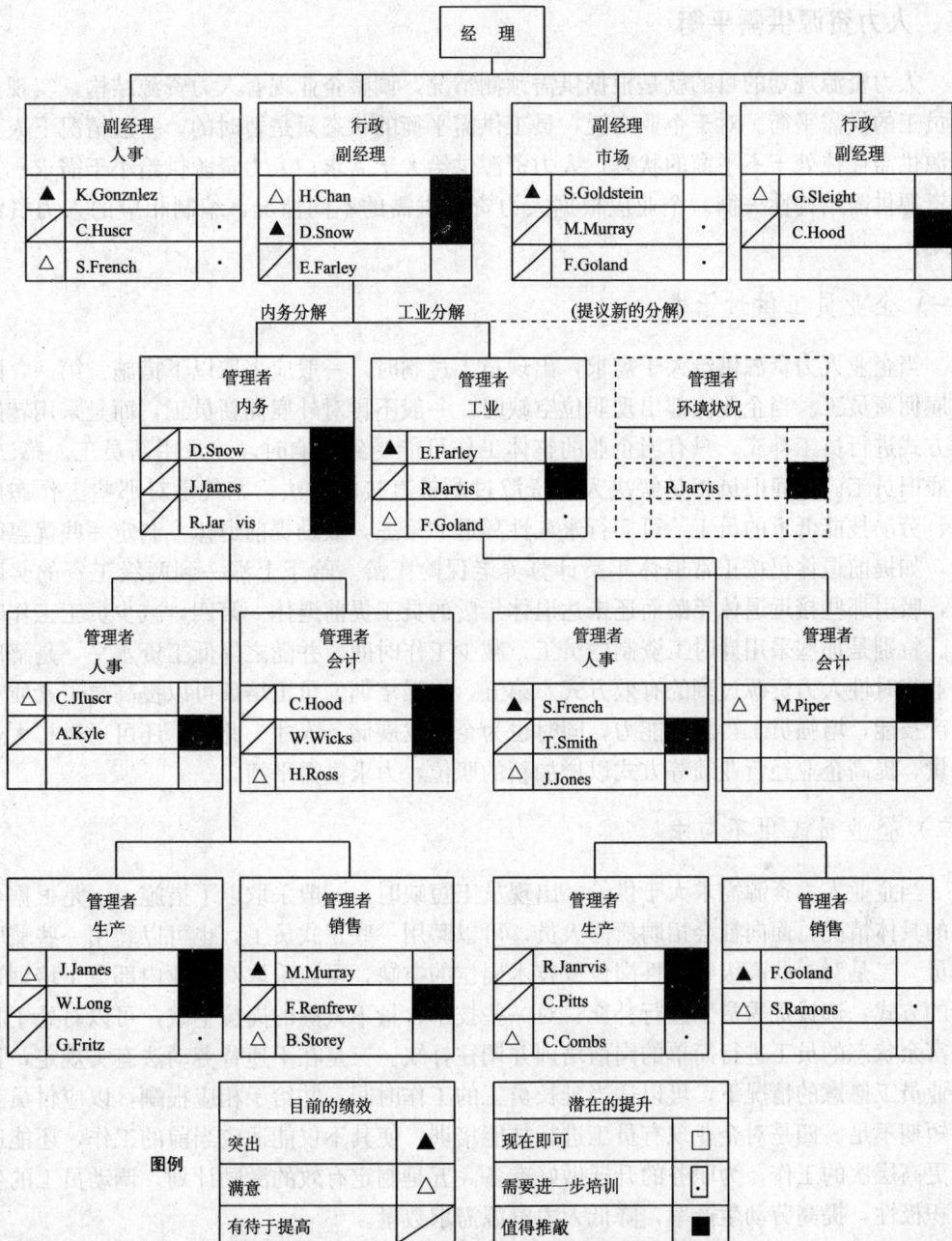

图 4-8 职务置换图

立并保持合作关系，密切跟踪目标生源的情况，及时了解可能成为企业目标人才的相关情况。

（3）分析应聘人员。企业可以对应聘人员和已经雇佣的人员进行分析，了解未来人力资源供给的相关信息。

五、人力资源供需平衡

人力资源规划的目的就是根据供需预测情况，调整企业现有人力资源结构，实现企业员工的供需平衡。对于企业来说，员工供需平衡的状态只是暂时的，一般情况下人力资源供需往往处于不平衡的状态：人力资源供给大于需求；人力资源供给小于需求；人力资源供需结构性失衡。企业应根据人力资源供需的不同情况，编制相应的人力资源规划。

（一）企业员工供过于求

当企业人力资源供给大于需求，出现员工过剩时，一般应采取以下措施：第一，限制雇佣新员工。当企业内部出现职位空缺时，一般不再对外雇佣新员工，而是采用转岗等方式进行员工补充；只有当企业的整体工作可能受到影响时，才录用新员工。第二，解雇旧员工。解雇旧员工是解决人力资源过剩最直接的方法，尤其是对那些工作态度差、劳动技能低下的员工，可实行永久性辞退。第三，鼓励提前退休。制定一些优惠政策，如提前退休仍按正常退休年龄计算养老保险工龄，给予上涨一到两级工资的奖励等，吸引那些接近退休年龄而还未达退休年龄的员工提前退休。第四，减少员工工作时间。特别是那些采用计时工资制的员工，减少工作时间，并随之降低工资水平，是解决企业临时性人力资源过剩的有效方式。第五，加强培训。员工培训可以提高员工素质和生产技能，增强员工再就业能力，同时也为企业发展储备人才。此外，还可通过扩大业务量、提高企业经营业绩等方式以增加新的职位，力求供需平衡。

（二）企业员工供不应求

当企业人力资源需求大于供给，出现员工短缺时，一般采取以下措施：一是根据企业的具体情况，面向社会招聘所需人员，可以聘用一些正式员工，也可以聘用一些兼职人员。二是对一些高级管理性岗位或技术岗位的空缺，可以采取对企业内部员工培训晋升的方式，选拔优秀员工进行补充；对一些技术含量不太高的岗位空缺，可以对处于相对富余状态的员工进行简单的岗前培训并调往补缺。三是在不违背劳动法有关规定，且企业员工愿意的情况下，可以适当延长员工的工作时间，并给予相应报酬，以应付员工的短期不足。四是对企业现有员工进行技能培训，使其不仅能适应当前的工作，还能适应更高层次的工作，为职务的升迁做好准备。五是制定有效的激励计划，调动员工的生产积极性，提高劳动生产率，降低人力资源需求数量。

（三）企业员工供需结构性失衡

员工供需结构的失衡表现为企业中有些部门或岗位出现员工过剩，而另一些部门或岗位存在员工短缺。此时，企业需要对现有的人力资源进行结构性调整，例如，将一部分员工从某些供过于求的岗位上转移到另外一些供不应求的岗位。也可以针对某些员工进行专项培训，同时辅之以招聘和辞退等，以保证人力资源结构的平衡。

总之，企业人力资源的供需平衡，不仅要使员工在需求和供给的总量上保持平衡，更重要的是要使员工在质量、层次、类别等供需结构上实现平衡。因此，应通过员工培训、绩效激励等方式，最大限度地开发利用人力资源的潜力，实现人力资源的最佳配置，使企业和员工的需要在互动中得到充分满足。

学 习 建 议

1. 组织小组讨论：人力资源战略与企业竞争优势的关系。
2. 结合自己熟知的企业，举例说明人力资源战略与企业战略的关系。
3. 组织小组调研，为华中师范大学出版社制订一份人力资源规划。

本章参考文献

何永福，杨国安 . 1996. 人力资源策略管理 . 台北：三民数据印行

侯光明 . 2009. 人力资源战略与规划 . 北京：科学出版社

李剑锋 . 2002. 人力资源管理：原理与技术 . 北京：电子工业出版社

梅燕京 . 1999. 人力资源开发与管理 . 北京：华文出版社

秦合舫 . 2007. 当人力资源成为战略 . 中国中小企业，(11)

颜春杰 . 2004. 新编人力资源开发与管理 . 北京：社会科学文献出版社

杨清，刘再煊 . 2003. 人力资源战略 . 北京：对外经济贸易大学出版社

杨顺勇，王学敏，查建华 . 2007. 人力资源管理 . 上海：复旦大学出版社

于桂兰，魏海燕 . 2004. 人力资源管理 . 北京：清华大学出版社

于秀芝 . 2003. 人力资源管理 . 北京：经济管理出版社

袁蔚，杨加陆，方青云等 . 2006. 人力资源管理教程 . 上海：复旦大学出版社

赵曙明，戴万稳 . 2009. 人力资源战略规划 . 北京：北京师范大学出版社

赵曙明 . 2003. 人力资源战略与规划 . 北京：中国人民大学出版社

第五章 员工招聘管理

第一节 员工招聘概述

> **案例引入**

两次失败的招聘①

  X公司位于北京东单东方广场，是一家国外SP公司在中国投资的独资子公司，主营业务是为电信运营商提供技术支持、手机移动增值服务、手机广告。总经理为外国人，在中国留过学，自认为对中国很了解。公司地处北京繁华商业区，薪金待遇也比其他传统行业略高。

  因发展需要，公司在2005年10月底从外部招聘行政助理（女）。整个招聘流程如下：①公司在网上发布招聘信息。②总经理亲自筛选简历（筛选标准：本科应届毕业生或者年轻的，最好有照片，看起来漂亮的，学校最好是名校）。③面试。如果总经理有时间就总经理直接面试。如果总经理没时间人力资源管理部（HR）进行初步面试，总经理最终面试。④面试合格后录用，当天可直接开始工作。

  最初，公司录用了一位行政助理王某，23岁，北京人，专科就读于北京工商大学，后专升本就读于中国人民大学。但是，入职的第二天，在没有事先通知公司的情况下，王某无故旷工，且公司打电话一直联系不到本人。三天后继而来公司上班，中间相继反复两次，最终以工作内容琐碎繁杂、与自己预期不一致而辞职。HR对她的印象是性格内向，不甘于琐碎繁杂的工作，对批评（即使是善意的）非常敏感。

  初次招聘失败后，公司又进行了第二次招聘，最终录用了李某，21岁，北京人，大专学历，就读于中央广播电视大学电子商务专业。李某2004年曾参加瑞丽封面女孩华北赛区复赛，说明其形象气质均佳。但是，遗憾的是李某工作10天后也辞职了。自述的辞职原因为奶奶病故了，需要辞职在家照顾爷爷（但是当天身穿大红毛衣，化彩妆）。透露家里很有钱，家里没有人给人打工。HR对她的印象是：形象极好、思路清晰、沟通能力强，行政工作经验丰富。总经理的印象是：商务礼仪不好，经常是小孩姿态，撒娇的样子，需要进行商务礼仪的培训。

---

① 李持恒.一个真实的招聘失败案例分析.http://www.globrand.com/2009/283845.shtml.2009-10-14.

➤ **案例启示**

招聘行政助理连续两次失败，作为公司的总经理和 HR 觉得这不是偶然现象，在招聘行政助理方面肯定有重大问题。问题出在什么地方？人力资源管理的一项重要职能就是为企业获取合格的人力资源。对于企业而言，成功的员工招聘工作能够确保录用人员的数量和质量，提高企业核心竞争力。然而员工招聘并不是随意的盲目的，而是需要遵循特定的原则和科学的程序，案例中 X 公司两次招聘行政助理的失败与此不无关系。在本节的课程学习中，我们将了解员工招聘的基本知识，具体内容包括：

(1) 员工招聘的概念；

(2) 员工招聘的原则；

(3) 员工招聘的影响因素；

(4) 员工招聘的程序。

一、员工招聘的概念

员工招聘这一领域，涉及四个术语，即"招聘"、"招募"、"甄选"和"录用"。而不同的学者对于每个术语的理解和使用各不相同。

廖泉文认为，"招聘"是组织为了生存和发展的需要，根据组织人力资源规划与工作分析的具体要求，通过发布信息和科学甄选，获得组织所需人才并安排其到相应岗位工作的过程。[①]"录用"是"继招聘之后引导新员工上岗或提升优秀管理者到新的领导岗位的过程"。

董克用将"招聘"定义为，在企业总体发展战略规划的指导之下，制定相应的职位空缺计划，并决定如何寻找合适的人员来填补这些职位空缺的过程，其实质是让潜在的合格人员对本企业的相关职位产生兴趣并前来应聘这些职位。[②] 而将"选拔录用"等同于"人员甄选"，即"通过运用一定的工具和手段对已经招募到的求职者进行考察和鉴别，区分他们的人格特点与知识技能水平、预测他们的未来工作绩效，从而最终挑选出企业所需要的、恰当的职位空缺填补者"[③]。

彭剑锋在其编著的《人力资源管理概论》中将"招募"和"甄选"并列使用，认为两者是完全不同的概念。其中，招募是指组织确定工作需要，根据需要吸引候选人来填补工作空缺的活动，而甄选是指从所有前来应聘这一职位的候选人中进行选择的活动。换句话说，人员招募的目的是形成一个工作候选人的蓄水池，而甄选的目的是通过采用适当的甄选方法和甄选程序实现人与岗的匹配。[④]

在现代汉语词典中，"聘"作为动词有"请人担任职务"之义，如"聘请"、"聘

① 廖泉文. 招聘与录用. 北京：中国人民大学出版社，2008：4.

② 董克用. 人力资源管理概论. 第二版. 北京：中国人民大学出版社，2008：251.

③ 董克用. 人力资源管理概论. 第二版. 北京：中国人民大学出版社，2008：270.

④ 彭剑锋. 人力资源管理概论. 上海：复旦大学出版社，2005：263.

任"、"聘用";而"募",则承"广求"之义,解释为"募集财物或兵员等"。考虑到汉语使用上的特点,本书比较倾向于廖泉文教授的观点,将"招聘"理解为是一个涵盖"招募"和"甄选"两个环节的综合概念,其中"招募"和"甄选"分别对应于英语的"recruitment"和"selection"。因此,本章对招聘给出如下定义:招聘是组织为了生存和发展的需要,在组织总体发展战略规划的指导下,根据组织人力资源规划和工作分析所确定的数量与质量要求,通过发布信息和科学甄选,获得本企业所需合格人才的过程。

招聘的这一定义,包含如下要点:

(1)招聘的目的是满足组织对人员的需要。具体来说,是为了填补组织在维持生存或者谋求发展的过程中所出现的职位空缺。

(2)进行招聘活动的基础是人力资源规划和工作分析,人力资源规划和工作分析确定了对招聘对象的数量和质量要求。同时,人力资源规划和工作分析本身也需要适应组织战略,在组织总体发展战略规划的指导之下进行。

(3)招聘的过程可分为两个相互独立但又紧密相关的阶段:招募、甄选。其中,招募是指组织确定工作需要,并根据需要吸引候选人前来填补职位空缺的活动;而甄选是指组织通过一定的手段,对应聘者进行区分、评估,并选择出最适合组织需要的人员的活动。

(4)在聘用决策之后,存在着一个导引新员工上岗的过程。其中,新员工上岗培训(或定向培训)是帮助员工适应新环境的一个重要措施。但是这一导引过程发生于招聘之后,不属于招聘的范畴。

二、员工招聘的原则

行之有效的人力资源招聘不仅能够确保企业获得优秀的人力资源,提高企业的核心竞争力;同时也有助于减少离职,降低企业员工的流动率;此外人力资源招聘的有效性也影响着人力资源管理费用的高低,影响着企业的外部形象。[①] 为了保证人力资源招聘的有效性,人力资源管理工作者在其招聘流程中应遵循相关客观规律和基本原则。对于此,学者们亦是各持己见。

董克用提出了员工招聘的因事择人、能级对应、德才兼备、用人所长、宁缺毋滥等五条原则。①因事择人原则,即以事业的需要、岗位的空缺为出发点,根据岗位对任职者的资格要求来选用人员。②能级对应原则。不同的企业有不同的文化和价值观,与企业文化和管理风格不能相融的人,即使富有能力和技能,对企业的发展也会有不利之处。此外,由于人的知识、阅历、背景、性格、能力等各方面存在差异,人力资源选择应量才录用,适合的就是最好的。③德才兼备原则。在招聘选人的工作中,对于有才无

① 董克用.人力资源管理概论.第二版.北京:中国人民大学出版社,2008:282,283;廖泉文.招聘与录用.北京:中国人民大学出版社,2008:4.

德之人，应坚持不用。① ④用人所长原则。用人所长指在招聘过程中，一方面，要克服求全责备的思想，力戒"宁用无暇之石，不用有瑕之玉"的做法，用人所长；另一方面，在用人之长时，也要正确对待其短处，如果短处直接影响其长处的发挥，则要采取积极措施，促使其在发挥所长的过程中把短处的干扰降至最低。⑤宁缺毋滥原则。制定招聘决策时一定要树立"宁缺毋滥"的观念，一个岗位宁可暂时空缺，也不能让不适合的人占据。②

廖泉文也提出了员工招聘需要遵循的六条原则。①遵守国家关于平等就业的法律、法规和政策。在招聘过程中，企业应严格遵守《劳动法》及相关的法律法规，坚持平等就业、互相选择、公平竞争，反对就业歧视。严格控制未成年人就业，保护妇女儿童的合法权益。②能职匹配原则，即在招聘时，应坚持所招聘的人的知识、素质、能力与岗位要求相匹配。③提供内外平等的机会。在招聘前，企业首先明确是以"内部招聘"为主，还是以"外部选择"为主的策略；然后，依次确定招聘条件、信息发布的范围。对所有应聘者平等对待，公开、公平、公正地筛选和录用，使得整个招聘过程有组织、有计划，筛选录用程序严格统一，录用决策科学合理。④协调互补。有效的招聘工作，除达到"人适其职"的目的之外，还应注意群体心理的协调。一方面，考察群体成员的理想、信念、价值观是否一致；另一方面，注意群体成员之间的专业、素质、年龄、个性等方面能否优势互补、相辅相成。⑤着眼于战略和未来。对于稀缺人才、高科技人才、怀有特殊技能的人才，虽然目前没有用上，但为企业的战略目标着想，应适当储备相关人才，以供未来发展之需；⑥重视应聘者的综合素质和潜在发展能力。对于知识面广、综合素质高的人才，要重视其发展前景，予以录用或提升。③

通过上面的回顾可以看出，对于员工招聘的基本原则，不同研究者的观点既有共同之处，也存在一定的分歧。我们认为员工招聘的原则应该是少而精、简而全。具体来说，可以概括为三大原则，即匹配原则、战略性原则和公平原则。下面对每种原则的具体含义进行说明。

---

① 此处，笔者提到德才兼备是我们历来的用人标准。司马光曾说过：德才兼备者重用，有才无德者慎用，无德无才者不用。通用公司前总裁韦尔奇在他的"框架理论"中也提到此事。他以文化亲和度（品德）为横坐标，以能力为纵坐标，把员工分成四种类型。在谈到对这四类人员的政策时，韦尔奇唯独对有能力、缺少文化亲和度（品德）的人提出警告。因为无德无才的人没有市场和力量，并不可怕。唯独有才无德的人是最有迷惑力和破坏力的，许多企业失败都与错用这类人有关。此处值得考虑的一个问题是，到底如何定义此处的"德"？假如"德"也是人的特征之一，那么如何协调对"无德有才"的人的弃用与用人所长原则的关系问题？在中国的历史上，德才兼备的确是常用的用人标准，但是也存在一些相反的事例，如刘邦之于私德有缺的陈平；曹操的《求贤令》更是提出了"但有所长，不惟道德"的主张。

② 董克用．人力资源管理概论．第二版．北京：中国人民大学出版社，2008：252，253.

③ 彭剑锋曾对两种不同的招聘甄选理念进行了比较。传统的招聘甄选是基于短期的职位需求开展招聘甄选工作，仅仅以工作分析与候选人"过去做过什么"作为考察候选人是否具备所需要的知识、技能和经验的基础，缺乏对候选人未来绩效的预测与判断；基于素质的招聘甄选除了采用既定的工作标准和技能要求对候选人进行评价之外，还要依据候选人具备的素质对其未来绩效的指引作用来实施招聘甄选，基于素质的招聘甄选将企业战略、经营目标、工作与个人联系起来，在遵循有效的招聘甄选决策程序的同时，提高了招聘甄选的质量。同时，整个招聘甄选以企业战略为基础，也使那些对企业持续成功最为重要的人员及其素质得到了重视与强化。彭剑锋．人力资源管理概论．上海：复旦大学出版社，2005：253.

（一）匹配原则①

匹配原则是员工招聘中需要遵循的首要原则。招聘中的匹配原则可分为三个层面：个人-工作匹配、个人-团队匹配、个人-组织匹配。

1. 个人-工作匹配

个人-工作匹配指的是人与岗位特征的匹配。原因在于人各有专长，不同岗位对胜任者的能力大小与结构也各有不同的要求，一个有着既定知识、技能、能力的人不可能适应所有的岗位。因此，招聘者需要根据拟聘岗位的工作要求和报酬来评价、甄选求职者。

依据不匹配的实际状况，人职不匹配的后果主要有两种表现：任职者能力大于工作岗位要求；任职者能力小于工作岗位要求。当任职者能力大于工作岗位要求时，容易导致员工大材小用，怀才不遇，最终致使人员流动率上升；当任职者能力小于工作岗位要求时，则会因工作岗位的职责无法正常履行而贻害无穷。因此，只有当任职者能力等于工作岗位要求时才能保证招聘切实有效。②

然而，个人-工作匹配原则并不意味着应聘者的素质状况一定要严格等于工作岗位的相关要求。实际工作中，工作岗位要求略高于任职者能力状况易使工作更具有挑战性和吸引力，而任职者能力略高于工作岗位要求也能提高员工的自信心。因此，个人-工作匹配不应是一个点，而是一个区间。

2. 个人-团队匹配

个人-团队匹配指的是新员工和其所属的工作团队之间的匹配。原因是员工与团队中其他成员之间的关系会影响其对工作团队的贡献。有关团队工作的研究表明，团队成员之间的匹配可分为辅助匹配和互补匹配两种类型，它们的内涵与影响团队绩效的方式各有不同，如表 5-1 所示。

表 5-1　辅助匹配和互补匹配

类型	内涵	影响团队绩效的方式
辅助匹配	新员工和其他员工有相似的价值观和信念	减少团队成员的分歧从而有利于增进团队的凝聚力、促进成员之间的合作、保证团队的维持
互补匹配	新员工和其他团队成员之间有明显不同的素质和性格	影响团队任务的方向和宽（跨）度职能

3. 个人-组织匹配

个人-组织匹配主要指的是员工和组织文化的匹配。不同的企业有不同的文化和价值观，形成了各自的"水土"。与企业文化和管理风格不能相融的人，即使很有能力和技能，也常常会因为"水土不服"而无法在组织中正常地发挥效用。

"公司招聘的是技能，解雇的是不合"，正如这句话所说，公司通常是因为某人具备

---

① 王丽娟. 员工招聘与配置. 上海：复旦大学出版社，2007：4～9.

② 廖泉文. 招聘与录用. 北京：中国人民大学出版社，2008：65，66.

所需的技能而聘用他，如果不考虑候选人所需的品质，那么在聘用后问题就会接踵而来，终究会因为不适合公司的战略、文化和价值观而以解雇告终。究其根源，这种招聘模式只着眼于为某一特定的工作岗位挑选恰当的人选，即对某个人在某个工作岗位上的未来绩效作出预测，并未把人放到具体环境中考虑员工与除工作岗位以外的其他组织因素的相互关系，忽视了对于个体与组织文化、组织价值观之间匹配程度的评估。这种局限性在技术、市场环境变化快的行业，如高新技术行业表现得更加明显。

综上所述，匹配原则分别从个人、团队和组织三个层面着手研究人岗匹配的相关问题，其侧重点和作用点略有不同，表 5-2 是对三个匹配原则的具体说明。

表 5-2　招聘中的匹配

匹配类型	分析层次	动机成分	组织有效性成分
个人-工作匹配	个人	自我效率	工作的熟练程度
个人-团队匹配	团队	社交便利	团队的合作 团队的增效
个人-组织匹配	组织	有效激励	满意程度工作态度

资料来源：Werbel J D, Johnson D J. The Use of person-group fit for employment selection: a misting link in person-environment fit. Human Resource Management, 2001, 40 (3): 230.

值得说明的是，上述匹配本身也应该具有动态性和前瞻性，不能只局限于当前一时一地的匹配。正如前面所述，一方面，企业在招聘人员时应该着眼于战略和未来，适当储备部分人才以供未来发展之需；另一方面，在考察应聘者时也应从长期着眼，重视应聘者的综合素质和潜在发展能力。这并不是对因事择人和宁缺毋滥原则的违背，而是强调要用动态和发展的眼光，在更长的时间段上来看待"事"和职位空缺。

(二) 战略性原则

员工招聘中的另一重要原则即是战略性原则。所谓战略性原则是指应当从战略人力资源管理理念的角度出发来开展招聘工作。

人力资源管理在实践和理论上主要经历了三个不同的发展阶段：人事管理、人力资源管理和战略性人力资源管理。这三个发展阶段在理念、与战略的关系、职能和绩效等方面既有区别又有联系。[①] 作为一种新的人力资源管理型态，战略性人力资源管理定位于在支持企业的战略中发挥人力资源的作用和角色，它是 21 世纪人力资源研究的一个重要领域，是组织中关于"人"的管理的一种新的视野。实践证明：实施战略性人力资源管理是组织获得长期可持续竞争优势的战略途径。战略性人力资源管理应当成为组织中人力资源各项管理职能工作开展的指导原则。

到目前为止，尽管研究者们对战略性人力资源管理还没有统一的界定，但是基本在如下几点上达成了共识：人力资源是企业获取竞争优势的首要资源，人是资产或者投资而不只是费用；通过人力资源规划、政策及具体实践可以达到获取竞争优势的人力资源

---

① 方振邦．战略性绩效管理．北京：中国人民大学出版社，2007：14.

配置；所有人力资源活动皆是为了实现组织目标，与企业战略之间实现纵向匹配，并且在不同人力资源管理职能之间保持横向匹配；这种匹配应该是动态的、弹性的，能够随着组织目标、组织战略的变化而相应地进行调整。

鉴于此，战略性原则应该成为指导员工招聘工作开展的重要原则。具体而言，就是以组织战略目标的实现为导向，以人力资源战略规划为基础，在整体人力资源管理战略部署之下所进行的招聘活动，既要注意招聘活动与组织目标和战略之间的一致，也要注意招聘与培训、薪酬、绩效管理等其他人力资源职能之间的协调。不同国家以及同一国家内部的企业之间常常在招聘上表现出自己独特的模式，例如，美国企业和日本企业通常在人员选择标准以及招募渠道上表现出系统性的差别。① 但是这种差别之所以存在并且都能够发挥良好的作用，是因为招聘上的差别与企业其他人力资源管理实践上的差别共存并且存在相辅相成的关系。因此，在进行招聘决策和实践时，必须采取战略性视角，消除就招聘论招聘的现象。

（三）公平原则

从一定程度上讲，匹配原则和战略性原则都是从效益的角度来阐述企业员工招聘工作所应遵循的原则。但是，在遵循效益原则的同时，企业的员工招聘工作也应该遵循公平原则。招聘中的公平原则，就是指企业在招聘过程中不以与维持公共秩序和职业内在需要无关的因素为条件对劳动者进行差别对待。反之，则构成就业歧视。

此处，我们不想单纯地从企业自身的角度来谈效率和公平之间所存在的复杂关系，指出一定程度的公平是实现效率的重要保障并且能够促进效率的实现，而是想指出，企业作为社会的重要组成部分，作为越来越多的社会成员将在其中度过很大一部分有生之年的重要社会组织，应当树立企业公民观念，履行企业社会责任。具体到招聘而言，企业是否承担社会责任的重要表现就是企业能否遵守和推行就业公平原则。

公平原则包括两个不同的层面。

（1）法律层面。公平原则的法律层面是指企业应当遵守国家关于平等就业的法律、法规和政策。由第十届全国人民代表大会常务委员会第二十九次会议于 2007 年 8 月 30 日通过、自 2008 年 1 月 1 日起施行的《中华人民共和国就业促进法》，原则上宣示了劳动者就业的平等权利，明确反对就业歧视。该法第 3 条规定："劳动者依法享有平等就业和自主择业的权利。劳动者就业，不因民族、种族、性别、宗教信仰等不同而受歧视。"并且，该法也设置了公平就业专章，对妇女、少数民族、残疾人、传染病患者、农村劳动者等弱势群体的劳动权利进行了单独规定，并明确禁止对这些群体的歧视。除此之外，有些条款还对用人单位苛以积极义务，要求对这些群体给予适当照顾（第 28 条规定对少数民族劳动者给予适当照顾）。

（2）道德层面。公平原则的道德层面是指企业应当公平对待所有应聘者。尽管遵守有关平等就业的各种法律、法规非常重要，但是，由于法律本身也会存在盲点和立法滞后的现象，并非所有的歧视都能通过法律加以规定和制止。企业自身也应当从外部强制转向

---

① 廖泉文. 招聘与录用. 北京：中国人民大学出版社，2008：8～13.

内部自律，在招聘实践中自觉恪守公平原则，抵制招聘中存在的各种就业歧视现象。

三、员工招聘的影响因素

员工招聘是在一定的环境中进行的。有效的员工招聘既需要遵守招聘的原则，也需要在实践中充分考虑影响招聘工作的各项因素，实现原则性和灵活性的统一。员工招聘的影响因素主要包括外部、内部两个方面。其中，外部因素主要有政治法律因素、经济市场因素、社会文化因素和科学技术因素；内部因素主要包括企业所招聘职位的性质、企业经营战略、企业形象和自身条件、企业用人政策以及企业招聘预算等。

（一）员工招聘的外部影响因素

1. 政治、法律因素

国家政策对企业人力资源招聘具有决定性作用。这一点在我国经济体制改革的过程中得到了最充分的体现。1979 年以前，我国实行计划经济体制。与计划经济体制相适应，就业制度实行计划用工制度，国家对城镇劳动力实行指令性统一计划、统包统配，以"低工资高就业"的政策对职工实行终身就业保障。企业用人计划、招收范围等由国家统一计划管理，国有企业缺乏选人用人的自主权，几乎不存在招聘工作；而私营企业则直到 1979 年才获得政策上的正当性①。1986 年 9 月，国务院发布了从 10 月 1 日起施行的《国营企业实行劳动合同制暂行规定》、《国营企业招用工人暂行规定》、《国营企业辞退违纪职工暂行规定》和《国营企业职工待业保险暂行规定》。四个暂行规定的重点是用工、招工制度改革，即国营企业新招收的工人都要实行劳动合同制，取消退休工人"子女顶替"和内部招收职工子女的办法，实行面向社会，公开招工，坚持德、智、体全面考核，择优录用。它标志着实行达 30 年的铁饭碗式的劳资关系的改变，是对新中国建立以来劳动制度的重大改革，是整个经济体制改革的一项重要内容。这些政策的出台打破了国有企业单位终身所有制，使企业招聘的对象有了更大的选择余地，也对我国民营企业的招聘活动起到了促进作用。而直到 1987 年的中央 5 号文件，民营企业的雇工人数才被彻底放开。随着劳动力市场制度逐步完善，企业也逐渐拥有了用人的自主权，可以按照企业运营需要决定招聘的人数和类型。

法律法规的本质是规定人们不能做什么事情，因此，在一般意义上，国家的法律法规对企业的招聘活动具有限制作用，它往往规定了企业招聘活动的外部边界。例如，西方国家有关公平就业方面的法律法规就规定了企业在招聘中不能涉及性别、种族和年龄的特殊规定，除非能证明这些是职位所必需的条件。再比如，近期北京市政府也规定，在企业招聘信息中不能出现"35 岁以下"和"北京市户口"之类的条件，可见国家和各级地方政府的各种法律法规都对企业的招聘活动起到了一定的限制和约束作用。

---

① 1978 年召开的党的十一届三中全会，通过了两个农业文件，宣布解禁农村工商业，家庭副业和农村集贸市场得到认可。1979 年 2 月，760 万知青返城，两年之内还将有 300 万返城知青。就业问题成为燃眉之急。知青返城当月，国务院迅速批准了一个有关发展个体经济的报告，表示"各地可根据市场需要，在取得有关业务主管部门同意后，批准一些有正式户口的闲散劳动力从事修理服务和手工业个体劳动"。全国第一张个体户照发给了温州的小贩章华妹。到年底，全国批准的个体户约为 10 万。私营企业在政策的意义上具有了正当性。

2. 市场、经济因素

劳动力市场是招聘工作进行的主要场所和前提条件,企业现有或预期的人力资源数量、结构与素质水平都最终取决于劳动力市场的基本状况。为了有效地开展招聘工作,招聘人员应当密切关注劳动力市场,特别是相关劳动力市场供求条件的变化,依据劳动力市场现状对招聘工作进行相应调整。一般而言,企业应当综合考虑地理位置(员工愿意居住的地方或者愿意经常往返的距离)、专业技术水平(需要的资格和技能)、提供相似产品或相似服务的其他竞争者(包括参加竞争的企业主和参加竞争的劳动者)等多种因素选定自己的相关劳动力市场。

同劳动力市场相似,产品市场对企业的招聘工作同样具有重要意义。首先,企业所涉及的产品/服务市场条件影响着企业对人力资源需求的种类和数量:当产品/服务市场增长时,企业为了满足市场需求,就会相应地扩大生产、增加雇工,反之亦然。

其次,企业的产品/服务市场(市场运营状况)影响着企业对应聘者的吸引力:企业的市场增长幅度和速度显示了企业的发展潜力,企业的销售收入状况决定了企业的支付能力,而无论是企业的发展前景还是企业的薪酬状况无疑都是应聘者求职意向的重要参考指标。

最后,宏观经济状况会通过直接或间接地影响企业所在的劳动力市场和产品市场进而影响企业的招聘活动。一方面,一般而言,当宏观经济形势良好时,劳动力总体需求旺盛,劳动就业率高;宏观经济形势衰退时,劳动力总体需求低迷,劳动就业率低。例如,通货膨胀使得企业员工招聘的直接成本上升,员工工资上涨,继而影响了企业的招聘规模。另一方面,政府对经济的宏观调控也会在很多方面影响企业的招聘活动。例如,政府的财政支出政策在很大程度上决定了劳动力市场上各种职位的需求结构和数量,随着政府财政开支占国民生产总值比重的逐步上升,这种影响作用将会变得更加显著。

3. 社会文化因素

社会文化因素包括两个方面:一是社会人口因素;二是文化因素。前者主要指一个国家或地区人口的总量及其分布和结构。后者主要指人们的观念形态,包括价值观念、伦理道德、风俗习惯和宗教信仰等[①]。对于整个社会而言,文化具有重要的社会整合和导向作用,内在地影响着人们的思维和行为方式。而文化的重要特征就在于,它是一个如此微妙的过程,以至于人们并不能总是意识到它对价值观、态度和行为的影响。

文化还决定着人们对其社会体系的理解,不同的群体对行为反应的认可程度与其所处文化环境产生的行为评价标准密切相关。以一位澳大利亚人为例,他被派驻印度尼西亚掌管一家新开设的矿产企业,负责员工招聘的当地经理在招聘时雇用了自己家族中的大多数亲戚,而不是雇用具有相应技能的其他人。这位印度尼西亚人认为自己只是实践了对家庭的职责,因此,他非常不理解为什么澳大利亚总经理在发现这种情况后会很不

---

① 文化是一个非常广泛的概念,给它下一个严格和精确的定义是一件非常困难的事情。自20世纪初以来,不少哲学家、社会学家、人类学家、历史学家和语言学家一直努力,试图从各自学科的角度来界定文化。然而,迄今为止仍没有一个公认的、令人满意的定义。据统计,有关"文化"的各种不同的定义至少有200多种。人们对"文化"一词的理解差异之大,足以说明界定"文化"概念的难度。广义的文化涵盖物质、制度、行为和精神等多个层面,此处主要从狭义的角度,即从精神文化层面来理解文化。

高兴。在印尼人看来，由于他有权力雇用他们中的大多数，因此他必须这么做。然而，澳大利亚人却是从自己的价值评判体系出发，认为印尼人的行为是任人唯亲的不良之举。因此，对于企业特别是跨国企业而言，在开展员工招聘活动之前，充分考虑当地（包括子公司和母公司）的社会文化因素是十分必要的。

（二）员工招聘的内部影响因素

1. 职位性质

员工招聘的直接目的是为企业的空缺职位获取合格人才。因此，空缺职位的性质和数量对企业招聘工作具有直接影响。空缺职位的性质是整个招聘过程的灵魂。对于企业来说，它决定了招聘的对象及招聘对象选择的地理区位；对于应聘者来说，它可以让应聘者明确了解该职位的基本概况和任职资格条件，便于求职者进行筛选抉择。

2. 企业经营战略

企业经营战略会在宏观上影响招聘决策。首先，战略调整会产生新的职位，改变企业对员工性质的要求。当然，企业招聘后员工的变动，特别是高管人员的变动也会影响企业经营战略的制定。其次，企业战略存在不同的类型，企业战略类型影响着企业的招聘活动。实施不同发展战略的企业，对员工的知识、工作经验等会有不同的倾向和要求。例如，在实施防御型战略的企业中，倾向于从企业内部选拔初级岗位以上的人才；而在实施探索型战略的企业中，倾向于在各个层次上从企业外部招聘有经验的员工。

3. 企业形象

企业形象决定了企业在人才市场上的竞争力，体现了其对应聘者的吸引力。企业形象概念广泛，包括企业的发展阶段、管理水平、报酬福利待遇、社会地位、地理位置等。近年来，人们开始用"雇主品牌"的概念来指代企业在人才市场上的竞争力状况。雇主品牌最早由英国管理专家赛蒙巴洛与伦敦商学院提姆安博拉教授于20世纪90年代初提出。他们将营销学中的"产品品牌"概念应用到人力资源管理领域，号召企业应用市场学的方法，找到在人力资源市场上的定位，在目标群体中建立独特的雇主形象，从而更好地吸引、激励和挽留优秀人才，实现自己的竞争优势。

4. 企业用人政策

很多企业都具有独特的用人政策。[1] 企业用人政策对招聘工作也有重要影响。首先，企业高层决策者的用人政策不同，对员工的素质要求也就不同。例如，IBM前总裁沃森认为："对于重用那些我并不喜欢却有真才实学的人，我从来不犹豫。然而重用那些围在你身边尽说恭维话，喜欢与你一起去假日垂钓的人，是一种莫大的错误。我寻找的是那些个性强烈，不拘小节，以及因直言不讳似乎令人不快的人。如果你能在你周围发掘许多这样的人，并能耐心听取他们的意见，那你的工作就会进展顺利。"我国著名企业家牛根生在谈到企业用人政策时，也有"有德有才，破格重用；有德无才，培养使用；有才无德，限制录用；无才无德，坚决不用"的名言。其次，企业高层决策者对企业内部招聘或外部招聘的倾向性看法决定着企业的招募渠道。

---

① 彭剑锋. 人力资源管理概论. 上海：复旦大学出版社，2005：282.

5. 招聘预算

由于招聘目标包括成本和效益两方面，而且各种招聘方法的收益期各不相同，所以招聘预算和对人才需求紧迫性的限制性因素明显地影响了招聘效果。招聘资金充足的企业，招聘信息发布的范围较广、媒介选择较为灵活、人员甄选方法也较为精细。此外，一般情况下，不同的招聘方法完成招聘所需要的时间有所不同，而完成时间也会随着劳动力市场条件的变化而变化。因此，招聘者应做好预测以保证企业在预定的时间内获得所需的合格人员。

四、员工招聘的程序

员工招聘工作的开展需要遵循一定的程序和步骤。对此，彭剑锋将员工招聘分成了六个步骤，包括：定义人员获取需求、进行招聘准备（职位分析和制定素质模型）、进行招募渠道决策、选择招募方法和途径、开展招募活动、进行人员甄选获得合适的候选人。[①] 董克用也将员工招聘分成了六个步骤，包括：识别职位空缺、选择招聘渠道、制定招聘计划、选择招聘来源和方法、回收应聘资料、评估招聘效果。[②] 廖泉文将招聘的过程作了更为细致的划分，共分成招募、甄选、录用、评估四个阶段，每个阶段又包含了多个不同的工作环节。其中，招募是为了吸引更多更好的应聘者而进行的一系列活动，包括招聘计划的制定和审批，招聘渠道的选择、招聘信息的发布，应聘者申请等；甄选是企业从职位需要出发挑选出最适合的应聘者的过程，包括申请资格审查、初选、考试、面试、体检、人员甄选等；录用主要包括企业对甄选出的人员初始安置、进行定向培训、试用，以及正式录用等环节；最后评估是企业对整个招聘活动效益与录用人员质量进行的评估。[③]

综合不同学者对招聘程序的论述，我们认为，员工招聘主要包括如下五个关键环节：

（1）识别职位空缺，定义人员需求。员工招聘工作始于组织中的职位空缺，职位空缺提出人员增补需求。因此，确定职位空缺是整个招聘活动的起点，包括数量和质量两个方面。职位空缺的确定要以人力资源规划和工作分析为基础。组织的人力资源规划决定了需招聘人员的种类和数量，对应于每一岗位人员则必须借助工作分析来确定岗位的任职资格和甄选标准。只有明确获知企业中的职位空缺以及职位的具体要求，才能开展招聘工作。

（2）制定、审批招聘计划。在招聘需求确定之后，组织的人力资源部门必须根据招聘工作的具体要求制定相应的实施计划。招聘计划是组织人力资源规划的重要组成部分，为人员招聘工作提供了客观依据，有利于避免甄选录用过程中的盲目性和随意性。一般来说，招聘计划的内容主要包括以下几个方面[④]：一是确定招聘的人

---

① 彭剑锋. 人力资源管理概论. 上海：复旦大学出版社，2005：264.

② 董克用. 人力资源管理概论. 第二版. 北京：中国人民大学出版社，2008：257~262.

③ 廖泉文. 招聘与录用. 北京：中国人民大学出版社，2008：4.

④ 对于招聘计划的内容有两种不同的说法。董克用认为包括以下几个方面：一是招聘规模即企业准备通过招聘活动吸引多少数量的应聘者；二是确定招聘的范围，即企业要在多大的地域范围内进行招聘活动，即确定相关劳动力市场；三是确定招聘的时间；四是制定招聘预算，即对招聘过程中需要花费的各种人工费用、业务费用以及其他各项费用进行估计。此处采用的是王丽娟对招聘计划内容的论述。参见王丽娟. 员工招聘与配置. 上海：复旦大学出版社，2007：41.

数，即确定出各年度应招聘的员工数量，包括招聘的员工总数及各部门的招聘人数；二是确定招聘基准，即确定招什么样的人才，指组织对计划招聘人员的基本素质要求以及针对各个部门中不同职位招聘人员的特殊要求；三是确定招聘策略。包括人员策略①、时间策略②和地点策略及具体的工作规划；四是制定招聘预算。招聘成本包括内部成本、外部成本和直接成本。制定招聘预算就是对招聘过程中需要花费的各种成本进行估计。招聘计划确定之后，需要报告主管人力资源领导或董事会批准。

（3）员工招聘的实施。员工招聘的实施是实质性的招聘工作的开始。这主要包括三项主要活动：一是选择招募渠道，发布招聘信息，吸引潜在的应聘者前来应聘；二是采用各种不同的方式和手段对应聘者进行甄选，作出录用决策；三是通过录用决策的合格者成为组织的试用员工，在正式录用之前需要进行初步安置、进行适应性培训和试用期考核，合格的试用者将成为组织的正式员工。

（4）员工招聘的评估。评估是企业对整个招聘活动效益与录用人员质量的评估。对招聘效果进行评估可帮助企业发现招聘过程中存在的问题，对招聘计划以及招聘实施过程进行优化，提高以后的招聘效果。

第二节 工作候选人的招募

➤ **案例引入**

招募中层管理者的困难

远翔精密机械公司最近几年在招募中层管理职位上不断遇到困难。该公司是制造销售较复杂机器的公司，目前重组成六个半自动制造部门。公司高管相信这些部门的经理有必要了解生产线和生产过程，因为许多管理决策需要在此基础上作出。传统上，公司本来一贯是严格地从内部选拔人员，但不久就发现提拔到中层管理职位上的基层员工缺乏与他们新职位相适应的技能。

这样，公司决定改为从外部招募，尤其是招聘那些企业管理专业的好学生。通过一个职业招募机构，公司得到了许多经过良好训练的工商管理专业毕业生做候选人。他们录用了一些，并将其先放在基层管理岗位上，以便为今后提拔为中

---

① 组建强有力的招聘队伍对招聘工作的开展来说很重要。知识、能力、气质、性别和年龄的互补是组建招聘队伍时应当考虑的因素，此外，部门经理以及公司高级管理者最好也能参加招聘工作。

② 招聘工作本身需要耗费一定的时间，为了避免企业因缺少人员而影响正常运转，企业必须合理地确定自己的招聘时间，保证职位空缺能够及时得到填补。招聘时间取决于招聘阶段的数量以及每个阶段所需要的时间。招聘时间的确定还应当遵循劳动力市场的人才规律。

层管理人员作准备。不料在两年之内，所有这些人都离开了公司。公司只好又回到以前的政策上，从内部提拔；但又碰到了素质欠佳的老问题。不久，就会有几个重要职位的中层管理人员退休了，他们的空缺亟待称职的后继者。到底该怎么办，公司一时没了主意。

➤ **案例启示**

招募是根据组织人力资源规划和工作分析所确定的数量与质量要求，并根据需要吸引候选人前来填补职位空缺的活动。一般来说，企业的招募渠道有两个：一是内部招募；二是外部招募。而无论是选择内部招募还是选择外部招募，远翔精密机械公司都遭遇了不同的挑战。面临这种"两难"境地，公司人力资源部门究竟该何去何从，我们将从本节相关知识的学习中寻求答案。具体来说，本节课程包括以下内容：

(1) 内部招募；

(2) 外部招募；

(3) 招募渠道的选择。

一、内部招募

(一) 内部招募的定义

对于内部招募的定义，不同的学者在论述时采用了不同的术语和表述方法，如廖泉文提到，内部招募是指通过企业内部去获得企业所需要的各种人才。王丽娟则提到，内部招聘是指当企业出现了职位空缺的时候，优先考虑企业内部员工并调整到该岗位的方法。[①] 程桢、贾雅军则认为内部招聘是企业利用现有的人力资源，对内部人员进行合理的发掘，选拔出适合空缺岗位的人选。企业内部人力资源包括现有的员工、员工的社会关系、以前的员工和以前的应聘者。[②]

综合不同学者的观点，我们将内部招募定义为从组织内部获取满足职位空缺的人选的活动。

(二) 内部招募的形式

基于对内部招募定义认识的差异，不同研究者对于内部招募的形式也莫衷一是。例如，彭剑锋从人力资源再配置的角度来看待内部招募，认为内部招募是组织根据在实际工作中员工与职位的匹配程度或是员工个人因素，对员工进行重新评价、重新配置的过程。其形式包括晋升、降职或辞退，工作轮换，竞聘上岗等。其中，晋升、降职或辞退

① 王丽娟.员工招聘与配置.上海：复旦大学出版社，2007：64.
② 程桢，贾雅军.企业内部人才资源的运用.经济问题，2004，(11).

是根据绩效考核或任职资格考核发现人事不匹配而进行的再配置，而工作轮换的原因是出于员工职业生涯发展的需要；竞聘上岗则是因为"职位空缺，从组织内部招募"。①从这一点来看，他是把竞聘上岗等同于内部招募，认为其从属于人力资源再配置的范畴。董克用则将内部晋升和岗位轮换、内部公开招聘，以及临时人员的转正都列为内部招聘的具体措施②；王丽娟也采取了类似的做法，认为内部招聘的主要方式包括：提拔晋升、工作调换、工作轮换、人员重聘。③廖泉文认为内部招募的最重要方式是竞聘上岗，尽管并未提及内部招募的其他方式还有哪些，但显然她并不认为竞聘上岗是内部招募的唯一形式。④

　　考虑到我们对内部招募的定义就是从"组织内部去获得满足职位空缺的人选"，我们主张将上面所提到的各种方式都视为内部招募的不同途径，而竞聘上岗是最为典型的做法。

　　1. 内部公开招聘

　　内部公开招聘是在企业内通过广播、公告栏或口头传达的方式让全体员工了解现有的空缺岗位、需要的人数及任职资格等信息，鼓励员工积极应聘。这种形式主要运用于以下两种情况：

　　（1）作为对传统人事任免制度的一种改革。在这种情况下，"通过竞聘上岗，组织内部所有候选人在共同的平台上进行公开、公平、公正的竞争，可以避免或降低部分员工心理不平衡的心态；同时通过采取各种有效的测评方法也为组织进一步了解其员工的内在潜质、获取组织需要的核心人才创造了条件"。正因如此，在我国大中型国有企业人事制度改革的过程中，推进中层干部的竞聘上岗成为其重要改革措施之一。⑤研究和实践表明，要使这种意义上的竞聘上岗能够真正地取得良好效果，在组织和实施时必须要符合一定的操作规程；否则，不仅会影响改革的权威性，而且会影响改革的效果。这包括：竞聘上岗的岗位必须事先公布，向所有员工周知；竞聘岗位均要有科学完整的岗位说明书，并向企业员工公开。应聘条件的设计必须具有普遍性，不能针对某些个体或小群体量身定做；注意"申请池"的大小规格，一个岗位一般不能低于1∶6的申请比例，在申请者太少的情况下，可适当放宽竞聘条件或放弃该岗位的竞聘，等待时机成熟；所有岗位都不能有定选对象，领导不能参与推荐、暗示或个别谈话；成立竞聘上岗领导小组，小组内应至少有一人是企业外部专家，负责指导竞聘工作同时监督其公正性，在程序设计上务必要保证公开、公平、公正。

　　（2）为人才的脱颖而出创造空间。内部竞聘上岗也是为人才的脱颖而出创造空间、防止上司压制下属的重要手段。在这种情况下，应特别注意对应聘者的保护。例如，红

　　① 彭剑锋对人力资源再配置的理论和实际操作进行了阐述。本章所提到的内部招募的形式与他所讲述的人力资源再配置的三种形式是一致的。参见彭剑锋. 人力资源管理概论. 上海：复旦大学出版社，2005：300～316.
　　② 董克用. 人力资源管理概论. 第二版. 北京：中国人民大学出版社，2008：265，266.
　　③ 王丽娟. 员工招聘与配置. 上海：复旦大学出版社，2007：65～66.
　　④ 廖泉文. 招聘与录用. 北京：中国人民大学出版社，2008：105.
　　⑤ 彭剑锋. 人力资源管理概论. 上海：复旦大学出版社，2005：312；廖泉文. 招聘与录用. 北京：中国人民大学出版社，2008：105.

桃 K 总部经常张贴各部门的招聘广告，每月都安排企业内部人才招聘活动，职员们若对自己的上司或岗位感到不满意，可以自由且秘密地前去应聘并"跳槽"，根本不需自己的上司同意，他们的上司无权阻止也没有办法去阻止。内部招聘由总裁直接领导下的人力资源委员会进行，为所有应聘者保密。员工只需私下填好招聘登记表，写清应聘岗位、职务并陈述自己的才干，用信封密封起来亲自（或委托专门的督办人员）送招聘小组，即可进入初试和复试，程序相当简洁。复试时，员工尽可以放心大胆地畅谈"跳槽"理由，包括自己在本部门是否受到压制等。一旦被聘上，即可跳槽到新的部门或新的岗位。即使未被聘上，也无关紧要，一来因为保密，别人都不知道，不存在面子过不去的尴尬；二来还可以再选择其他岗位继续秘密应聘直到成功。通过这种方式，公司可以及时发现人才、提拔人才，使之适得其所，避免埋没人才、才所不适的弊端。同时也给压制人才的那些上司敲敲警钟，因为如果在你的部门里员工频频"跳槽"，你这个负责人很可能就需要"跳槽"了。

2. 晋升与岗位轮换

晋升和岗位轮换是建立在系统的职位管理和员工职业生涯规划管理体系基础上的内部职位空缺补充办法。在管理制度中，应该至少规定晋升与岗位轮换的条件、范围、时间要求、流程等内容。

首先，要建立一套完善的职位体系，明确不同职位的关键职责、职位级别以及职位的晋升轮换关系，即指明哪些职位可以晋升到哪些职位，哪些职位之间可以进行轮换；在职位体系中需要建立各个职位的任职资格，在晋升和轮换时以任职资格为依据。第二，在员工的绩效管理基础之上建立员工的职业生涯管理体系。在每次绩效评定的时候，不但要对员工的工作目标完成情况进行评定，还要对员工的工作能力进行评估，建立员工的能力档案。同时，还需要不断地了解员工的职业发展愿望，帮助员工一起建立职业生涯规划，根据组织中员工的发展愿望和发展可能性进行岗位的有序轮换，并对有潜力、业绩优秀的员工加以提拔。第三，为了使企业内部晋升和岗位轮换有序进行，可以建立一个接班人计划，为组织中的重要职位确定一些可能的候选人，并跟踪这些候选人的绩效，对他们的提升潜力进行评估，一旦这些职位出现空缺就可以用最有潜力的候选人补充。

内部晋升和岗位轮换有其优点，一方面，它可以提升发展空间，鼓舞员工士气；另一方面，也有助于保持企业文化的稳定性。但是内部晋升和岗位轮换也存在一些弊端，具体说来，可能存在或出现的问题包括：①涟漪效应。导致几乎所有的人员都需要一段时间去熟悉新工作，甚至当员工在组织中工作了很多年情况下，新职位也要求其调整思路以适应新的职责。②容易引发内部矛盾，形成不健康的冲突，导致组织内人际关系紧张。员工可能会为了得到升迁机会而做小动作，比如胡乱猜测并散播被提拔人选谣言，四处送礼拉拢招聘者，甚至恶意地攻击诋毁潜在的竞争对手等。③角色重新界定。晋升者需重新界定与同事的人际关系，这些人必须在他们过去的同事面前扮演一个新的角色，并且在过去的同事成为下级后，面临的管理困难会不断涌现。相对于被一个"曾经的同僚"所领导，很多人更愿意接受一个"外来者"做上司。④"失败者"问题。职位有限能得到提拔的人毕竟是少数，如果员工申请某个职位而没有得到，他们会情绪低落，甚至还会认为上司在"暗箱操作"或"内定操作"，产生怨恨。而且没有得到提拔的人可能产生不平衡感，为以后的团队合作埋下隐患。

3. 人员重聘

人员重聘按照聘用人员的性质不同可具体再分为两类，即员工返聘与"落聘者"重聘。

（1）员工返聘。国外很多公司的人力资源部都有这样的一个新岗位——旧雇员关系主管。它设立的理论基础是：以前的雇员也是公司的重要财富。例如，摩托罗拉公司规定：如果员工离开公司后90天内回来，以前在公司的工龄还会延续。江苏隆力奇集团每年年终都会给以前的员工邮寄由董事长亲笔签名的贺卡，并邀请一些曾经在高层岗位工作过的人员回企业参观、座谈，通过这些方式来维系和他们的关系，使一些离开的人员又重回企业工作。有时回来的员工还会带来企业急需的人才，因为他们本身的行为就有一定的号召力。招回离职员工最重要的原因是：企业与员工彼此非常熟悉和了解，信息对称，因此可以减少由于不了解所需要花费的时间和文化磨合成本。

（2）"落聘者"重聘。企业出现岗位空缺发布招聘公告后，会吸引较多的应征者，通常其中绝大部分应征者会落聘。之所以会这样，一是由于每次空缺岗位数量有限，不可能吸纳全部应征者；二是由于有些优秀的应征者不符合招聘岗位的要求。因此，在招聘结束后，企业应该建立人力资源数据库，完整保存落聘者的资料，在以后有合适岗位时，向其发出邀请，以节约招聘时间和费用。

二、外部招募

外部招募的定义比较简单。外部招募是指企业直接或者通过外部中介机构从企业外部获得职位候选人的过程。外部招募的形式主要有媒体广告、人才招聘会、职业中介机构、推荐招聘四类。

（一）媒体广告

通过媒体广告形式向社会公开招募人才是目前运用最为广泛的人员招募方式。组织通过广告形式进行人员招募主要有以下两个关键思考点：一是广告媒体的选择；二是招聘广告的设计。

1. 广告媒体的选择

一般来说，可采用的广告媒体主要有报纸、杂志、广播、电视、网站，以及随机发放的宣传单页等。组织在选择广告媒体时，首要考虑的是媒体本身承载信息传播的能力。表5-3对各种媒体的优缺点及其适用范围作了简要的概括。

表5-3 广告媒体优缺点及其适用范围比较

类型	主要优点	主要缺点	适用情形
报纸	发行量大； 信息传播快； 广告大小可灵活选择	针对性不高； 保留时间短； 纸质和印刷质量会对广告设计造成限制	特定地区招聘； 短期内需要得到补充的职位；候选人数量较大；流失率较高的行业或职位

类型	主要优点	主要缺点	适用情形
杂志	接触目标群体概率较大； 保存时间较长； 纸质和印刷质量较好	发行地域分散； 广告预约期长	候选人地区分布较广； 候选人集中在某专业领域，选择 该领域中的人广泛阅读的杂志； 职位空缺不迫切；
广播 电视	视听效果有较强冲击力； 黄金时间受众人数多； 容易留下深刻印象	时间较短； 费用比较昂贵； 缺乏持久性	公司需要迅速扩大影响，将企业 形象的宣传与人员招聘同时进行； 需招聘大量人员； 用于引起求职者对其他媒体广告 的注意
网站 广告	不受时间和空间限制； 方式灵活、快捷； 可与招聘及 HRM 的其他环节 形成整体； 成本不高	不上网的潜在候选人可能会没 看到招聘信息	适用于有机会使用网络和电脑的 人群
印刷品	容易引起应聘者的兴趣，并引 发他们的行动	宣传力度有限； 可能会被人抛弃	适合于与其他形式的招聘活动配 合使用

资料来源：加里·戴斯勒. 人力资源管理. 第六版. 刘昕译. 北京：中国人民大学出版社，1997；127.

在确定了媒体形式后，还需要进一步选择刊登招募广告的媒体单位，一般来说，在选择媒体单位时应着重考虑如下几点：①媒体的定位。各种具体的传播媒体都有其独特的消费群体定位，组织应根据潜在应聘者的媒体消费特征选择其最有可能接触的媒体。②媒体的相关内容集中度。求职者在搜寻职位时，往往集中关注传播职位招聘信息量较大的媒体以便进行比较和选择，组织应选择招募信息相对集中并且在业界具有一定影响力的媒体。③多种媒体并用。在进行大规模招聘或者招聘难度较大时，可综合采用多种媒体，尽可能地覆盖目标人群接触范围。

2. 招聘广告的设计

好的广告有利于吸引更多的求职者的关注，并且有利于树立组织的公共形象。在广告媒体的选择之后，应根据组织实际需要进行招聘广告的设计。

一般来说，招聘广告应该遵循真实、合法、简洁、有效的原则。为了提高招聘广告的有效性，人们总结出了"AIDA"原则。其中，A 即 attention，指广告必须能够引起受众的注意；I 即 interest，指广告应当能够引起受众对广告的兴趣；D 即 desire，指能够激起求职者申请工作的愿望；A 即 action，指广告应当具有让人看了之后立即采取行动的特点。"AIDA"原则表明，好的广告设计必须以了解应聘者的关注内容为前提。一般来说，应聘者所关注的内容包括：工作是否具有挑战性、待遇与福利、工作地点、工作环境、工作时间的灵活性、公司声望、行业发展前景、公司人际关系和雇佣关系状况、领导开明与否、晋升机会、培训进修的机会、对优秀员工的嘉奖，以及单位内部或外部的儿童保育等内容。

具体来说，招聘广告的内容一般应包括如下方面：①广告题目。一般是"××公司招聘"、"高薪诚聘"等。②公司情况介绍。包括公司的全称、性质、主营业务等。公司介绍应当简明扼要。③审批机关。发布招聘广告一般要经过人事主管机关进行审批，一般是当地的人才交流中心。④职位情况介绍。包括岗位名称、任职资格、工作职责、工作地点等内容。⑤人事政策。包括公司的薪酬政策、社会保障政策、福利政策、培训政策等内容。⑥应聘者应做的准备。在招聘广告中应该注明应聘者需要准备的材料，如中英文简历、学历学位复印件、资格证书复印件等，以及提供薪金要求和户口所在地等信息。⑦应聘方式和联系方式。应聘方式一般采取将简历和相关材料通过信件、电子邮件、传真等方式发送到公司，因此需要提供相应的联系方式，如公司地址、联系电话、联系传真、网址、电子邮箱地址、联系人等，此外还应提供应聘的时间范围或截止日期。

（二）人才招聘会

外部招募的另一种方式是通过人才招聘会招募。招聘会的类型很多，如按参加单位的情况可分为专场招聘会和非专场招聘会。专场招聘会只有一家公司举办，非专场招聘会则由某些人才中介机构组织有多家招聘单位参加。按照所面向的特定群体，可以分为校园招聘会、各类专业技术人员招聘会等，同时也可能不是面向特定群体的综合性招聘会。

与其他方法相比，通过招聘会进行招聘具有一些明显的优势：首先，这种招聘是由企业自己的招聘人员直接实施的，因此可以避免信息传递过程中的"漏斗现象"和失真现象，能够使潜在的应聘者得到真实的信息；其次，招聘人员可以与应聘者进行现场交流，作为一种初步的筛选机制，在一定程度上可以减轻后续甄选阶段的工作；最后，企业可以通过参加招聘会的时机很好地进行自我形象的宣传。但是，通过招聘会进行招聘也存在一些缺点，如招聘费用比较高、在时间上受到诸多限制等。[①]

通过招聘会招聘时应注意做好流程管理：①招聘会的选择。应注意选择对自己有价值的招聘会，此时往往需要综合考虑招聘会的档次、面向的群体、招聘会的组织者，以及招聘会的媒体宣传状况。②会前准备。企业应为招聘会作好充分准备。包括设立有吸引力的展位，准备好会上所用到的资料、相关设备，组建招聘队伍，与招聘会的协作方作好沟通联系等。③会场表现。招聘人员的表现会直接影响招聘的效果。参会招聘人员应注意招聘会上的表现，做到及早入场、展现良好的精神风貌、反应迅速果断、不交头接耳、不对求职者评头论足等。④会后工作。招聘会结束后，企业应当尽快整理简历并与应聘者取得联系。在招聘会现场就对简历进行粗略的整理可以简化会后工作，但是这种做法一定要做得隐蔽，不要让求职者发现，否则会对求职着的自尊心造成打击。[②]

① 董克用. 人力资源管理概论. 第二版. 北京：中国人民大学出版社，2008：268.
② 吴志明. 招聘与选拔实务手册. 第二版. 北京：机械工业出版社，2008.

（三）职业中介机构

在全国的大中城市中，一般都有人才交流服务机构。据统计，截至 2000 年年底，全国共有各类职业中介机构近 3 万所。职业中介机构承担着双重角色，既为企业招募人才，又为求职者寻找工作。借助这些中介结构，企业与求职者可以进行大量的信息交流。职业中介机构的类型有很多，如职业介绍所、人才交流中心、猎头公司等。通过职业中介机构进行招聘具有其自身的优势和劣势。一方面，由于职业中介机构是专门从事人员招聘工作的，一般都拥有自己的人才资料库，掌握着大量的信息。因此，借助这些机构进行招聘，不仅可以使招聘活动更有针对性，而且可以凭借其专业优势代替企业完成很多工作，提高应聘者的总体质量、节省大量的成本和时间。因此，不少企业都选择进行招聘流程外包（recruiting process outsourcing，RPO），即企业将全部或部分招聘需求外包给专业公司来完成。① 此类专业服务公司的功能相当于企业内部的招聘部门，负责向客户提供必要的技能、工具和技术。② 另一方面，这种方法也存在一些问题，例如，由于中介机构对企业的情况并不完全熟悉，因此招聘到的人员可能并不符合企业要求；企业必须支付中介费用，可能会增加企业的招聘成本等。

（四）推荐招聘

推荐招聘是指通过企业的员工、客户或者合作伙伴的推荐来进行招聘，这也是外部招聘的一种重要方法。

其中员工推荐得到很多企业的重视。所谓员工推荐是指企业内的员工在了解了企业的岗位需求后，向企业推荐其熟悉的内部或外部人员，供企业进行甄选的方法。成立于 1984 年的思科公司，是一家标准硅谷模式的高科技公司。思科的招聘方式是全面撒网，报纸招聘广告、网站、猎头、人才招聘会等都采用，以满足每年巨大的人才缺口。思科大约 10% 的应聘者是通过内部员工互相介绍进来的，思科有一项特别的鼓励机制，鼓励员工介绍优秀人才加入，方式有点像航空公司累积旅程。思科规定：介绍一个人来面试就给你一个点数，每过一道面试关又有一个点数，如果员工最后被录用，则有事成的奖金，这些点数最后累积折成海外旅游的奖励。这是思科创造性的做法，让所有员工都成为猎头代理，有合适的人一定要介绍到公司来。

---

① 职业中介机构可以提供的服务内容有很多，包括：整体招聘解决方案，指为企业提供全程招聘服务，包括招聘项目的设计、策划和组织实施，根据岗位需求设计笔试题目、面试方案，并提供专业测评工具；项目招聘解决方案，指为企业提供同一职位或不同职位批量的招聘服务，如区域销售代表、具有同一属性的工程师等职位的招聘，或项目经理、技术工程师等不同职位一定数量的招聘；专业测评服务，指为企业提供内部选拔中高级人才的测评服务，包括协助企业建立关键岗位胜任素质模型和简单易行的沟通与激励机制，随时监测关键岗位和经营管理层人力动态；项目团队配置，指为企业提供整个团队人员组成的建议方案，包括组织架构设计、岗位分析、人员配置等。企业可以根据自身的情况选择外包的内容。

② 企业选择进行招聘流程外包通常是基于以下四种情况：a. 企业内无人力资源管理部门，不能较快地进行招聘工作；b. 企业虽有人力资源管理部门或专职人员，但由于种种原因无法从事招聘工作；c. 企业人力资源管理部门过去的招聘经验显示，它们很难招聘到足够且合格的应聘者；d. 职位空缺急需填补，企业来不及进行准备。参见王丽娟. 员工招聘与配置. 上海：复旦大学出版社，2007：78.

推荐招聘的优点是：一方面，由于推荐人对企业工作和被推荐人都有比较充分的了解，因此，录用者的质量更有保证，一旦录用离职率低。另一方面，企业招聘费用比较低。但如果运用不慎推荐招聘也存在突出问题：一是容易在企业内部形成非正式的小团体。比如很多人都利用自己的关系为介绍来的员工谋取更多的利益，如何处理好这些关系问题，就成为招聘后期摆在企业面前的一个新难题；局部的不公平感，不但挫伤其他员工（无论是新员工还是老员工）的积极性，还会打击公司现有人才的士气，从而影响正常的工作。二是推荐招聘如果不加控制，会出现任人唯亲的现象。三是由于推荐的应聘人员不可能太多，因此选拔的范围比较小。

三、招募渠道的选择

（一）内外部招募的简单对比

前面介绍了内部招募和外部招募的各种不同方式及各自的特点。表 5-4 是从更一般的角度对内部招募和外部招募两种不同招募渠道的对比。

表 5-4　内部招募和外部招募比较

内部招募	外部招募
优点	优点
1. 组织对候选人的能力有清晰的认识	1. 更大的候选人蓄水池
2. 候选人了解工作要求和组织	2. 会把新的技能和想法带入组织
3. 奖励高绩效，鼓舞员工士气	3. 比培训内部员工成本低
4. 组织仅仅需要在基本水平上雇佣	4. 降低徇私的可能性
5. 成本较低	5. 激励老员工保持竞争力，发展技能
缺点	缺点
1. 会导致"近亲繁殖"的状态	1. 增加与招募和甄选相关的难度和风险
2. 会导致为了提升的"政治性行为"	2. 需要更长的培训和适应阶段
3. 需要有效的培训和评估系统	3. 内部员工可能感到自己被忽视
4. 可能会因操作不公或心理因素导致内部矛盾	4. 新的候选人可能并不适合企业文化
	5. 增加搜寻成本等

资料来源：The Global Law Firm Mater Human Resources Guide 2002. 2002：198.

（二）内外部招募渠道的选择

在实践中应该如何进行招募渠道的选择？对这个问题，学者们有一些相关的论述。

彭剑锋认为，对于组织的中高层管理者，内部招募和外部招募都是行之有效的途径。在具体选择方面并不存在标准的答案。一般来说，对于需要保持相对稳定的组织中层管理者更多地需要从组织内进行提升，而高层管理者在需要引入新的风格、新的竞争时，可以从外部引入合适的人员。通用电气公司数十年来一直从内部选拔 CEO，日本企业的管理特色之一是从内部提拔，而 IBM、HP 等公司的 CEO 则更多是从外部"空降"。[①]

廖泉文提出了如下观点：①企业招募的主渠道应当是外部招募。②高层管理者应该畅通外部与内部两个渠道。③中层管理人员可考虑以内部招募为主。在企业高速发展时，应着眼于战略人力资源储备，此时应是内部获取与外部获取相结合。④高科技人才应主要考虑从外部招募，应委托专门的猎头公司或从专门科研机构获取。[②]

对招募渠道选择进行比较详细论述的学者是王丽娟。她认为，企业在选择招募渠道时应考虑如下原则：①高级管理者的选拔应遵循内部优先的原则。原因是高级管理者对企业的服务，一方面取决于自身的专业技能、组织和经验，另一方面则需要其对企业文化和价值观的认同，愿意为企业贡献自己全部的能力和知识，后者无法在短期内完成和实现。企业内部培养的人才由于长期受企业文化的熏陶，认同并能坚持企业的核心价值观念，而核心价值观的延续不但对企业至关重要，同时也有利于高层管理团队和技术骨干的合作。②外部环境剧烈变化时，企业必须采取内外结合的方式。原因是，当外部环境发生剧烈变化时，行业的经济技术基础、竞争态势和整体游戏规则发生根本性的变化，知识老化周期缩短，原有的特长、经验成为学习新事物新知识的一种包袱，企业受到直接影响。因此，从企业外部、行业外部吸纳人才和寻求新的资源成为企业生存的必要条件之一。同时，不仅企业内部缺乏必需的人才，时间也不允许坐等企业内部人才培养成熟，因此必须采取内部招募和外部招募相结合的方式。③快速成长期的企业应当广开外部渠道。原因之一是由于企业发展速度较快，仅仅依靠内部提拔和培养无法跟上企业的发展，同时企业人员规模的限制，导致人才选择余地小，无法得到最佳的人才。④企业文化类型的变化决定了招募渠道。如果企业要维持现有的强势企业文化，则应当选择内部招募。因为内部员工在思想、核心价值观念、行为方式等方面对企业有更多的认同，而外部人员则需要较长的时间来接受，而且存在风险；反之，如果企业想改善或重塑现有的企业文化，则可以选择外部招募，新的人员带来的新的思想和观念可以对企业原有的文化造成冲击，促进企业文化的变化和改进。[③]

从上面的论述中可以看出，职位类别、组织所处的外部环境和发展阶段是招募渠道选择时需要考虑的重要因素。另有研究表明：内部与外部招募的结合会产生最佳的结果。具体的结合力度取决于组织战略、职位类别以及组织在劳动力市场上的相对位置等因素。企业需要在既定的战略规划的前提下，在对企业现有的人力资源状况分析和未来情况预测的基础上制定详细的人力资源规划，明确企业的用人战略，建立内部的培养和选拔体系，同时有目的、有计划、分步骤地开展招聘工作，为企业内外部人才提供公平合理的竞争机会，以形成合理的人才梯队，保证企业的长远发展。

① 彭剑锋．人力资源管理概论．上海：复旦大学出版社，2005：267.
② 廖泉文．招聘与录用．北京：中国人民大学出版社，2008：118.
③ 吴志明提到：高层管理者的选拔应当遵循内部优先的原则。原因是企业内部培养造就的人才，更能深刻理解和领会领导的核心价值观；处于快速成长期的企业，应当广开外部渠道，吸引和接纳需要的各类人才；当外部环境剧烈变化时，企业必须采取内外结合的人才选拔方式。这种论述与此处相似。吴志明．招聘与选拔实务手册．北京：机械工业出版社，2008：80.

第三节 人员甄选

➤ 案例引入

选聘一流人才①

　　人才招聘是企业人力资源部心中永远的痛！HR 经理抱怨最多的就是招聘难！不经意间，招聘到一个不适合公司的人才，企业绩效没上去，员工也在抱怨公司埋没人才。寻找适合岗位的人才，并制定一个可量度的标准选择人才，是人力资源管理最重要的一个环节。

　　通信公司的最大特点就是高速发展。对中兴通讯这类的行业开拓者来说，这里的高速发展有着两个方面的含义：一是企业业务的高度膨胀，市场份额不断扩大；二是技术的更新换代持续加快。高速发展的公司面临的首要问题就是人力资源的扩张。人力资源短缺往往是限制业务拓展的主要障碍之一。比如市场份额更多更大时，由于人手问题而无暇顾及一些客户就可能造成客户的流失。因此，中兴通讯一直非常重视招聘，并提出了"以一流的标准选聘和培训员工"的理念。

　　什么是一流人才？中兴通讯的定位是"在某一个专业领域里的国内前 5%"，这群人是一流人才。这在其每一次招聘中都得到了体现。随着招聘的积累，中兴通讯目前的 1 万多名员工，面试人员也就超过 10 万人，搜索的简历将达 30 万～50 万。

　　谈到花费这么多的精力与时间选聘员工时，中兴通讯人力资源中心主任陈健洲先生很肯定地说，这很值得！员工选聘就是从一组求职者中挑选最适合特定岗位要求的人的过程，而企业招聘工作对选择过程的质量影响很大，如果符合条件的申请人很少，组织可能不得不雇用条件不是十分理想的人，企业就不得不加强培训工作，这增加了隐性成本。而且高能力员工和低能力员工之间生产率差别估计高达 3∶1。因此，选择了一流人才可以获得很大的益处。陈健洲形象地比喻说，只要这些一流的人才还列在企业的工资单上，这种益处就会不断延续下去。

　　在招聘中，中兴通讯都会重点考虑人才的背景，对其所受教育的要求一般锁定在重点本科院校。对此，陈健洲解释说，我们不否定非重点高校的学生能力，但是我们认为在重点高校的范围内，优秀的学生比率要更高，更有利于中兴通讯选聘到一流的人才。中兴通讯的大部分岗位都要求员工有好的技术背景，因此对高校和专业都有一个较为明确的要求，此外，对工作经验及健康的体魄也要求较高。中兴通讯的面试非常严格，分为技术能力和素质考核两个方面进行考察，被面试者须通过6～7关，把关极其严格，实行一票否决制，而且中兴通讯的面试官都是经过专业培训的。中兴通讯的要求很简单：招聘到的人才要既是优秀的人才，也是符合公司文化原则的人才。

---

① 尚磊．招聘案例集锦．中人网．2004-09-13.

➤ 案例启示

正如中兴通讯人力资源中心主任陈健洲先生所说，对于企业而言，能否选到合适的成员对于企业的生存能力、适应能力和发展能力都会产生至关重要的影响。因此，组织有必要在招募到大量候选人的前提下，采用适当的方法从中挑选出合适的人员，即进行人员甄选。本节课程中，我们将深入学习人员甄选的相关知识，具体包括：

(1) 甄选的含义；

(2) 人员甄选的程序；

(3) 人员甄选的方法；

(4) 甄选方法的评价和选择。

一、甄选的含义

学者们对于甄选提出了多种定义，例如，廖泉文认为甄选就是指运用多种方式对应聘者的知识水平、能力、专业兴趣和个性特征等多方面的内容进行全面深入的了解，以选择适合工作岗位要求的最佳人选。它是企业招聘过程中的一个最重要的阶段。[①]

吴志明认为，甄选就是指综合运用心理学、管理学和人才学等学科的理论、方法和技术，对候选人的任职资格和对工作的胜任程度进行系统的、客观的测量、评价和判断，从而作出录用决策的过程。[②]

董克用认为，甄选是"指通过运用一定的工具和手段对已经招募到的求职者进行鉴别和考察，区分他们的人格特点与知识技能水平、预测他们的未来工作绩效，从而最终挑选出企业所需要的、恰当的职位空缺填补者"[③]。他主张对甄选含义的理解，需要把握以下几个要点。①甄选应该包含两个方面的工作：一是评价应聘者的知识、能力和个性；二是预测应聘者未来在企业中的绩效。很多企业在甄选时将注意力过多地集中于前者，而忽视了后者，其实后者对企业来说更有意义。②甄选要以职位空缺所要求的任职资格为依据来进行。只有那些符合职位要求的人才是企业所需要的。③录用决策应由人力资源部门和直线部门共同完成，最终的录用决策应由直线部门作出。④高质量的录用决策应同时满足两个要求：既没有录用不合格的人员，也没有遗漏符合要求的人员。

人员甄选直接决定着企业最终录用人员的质量。如果不能够挑选到合适的人员，则对应的岗位职责就无法很好地完成，影响企业的正常运转。因此，非常有必要确保甄选工作的有效性。从上面对甄选的定义中也可以看出，甄选本质上需要完成两个任务：一是测评，即运用一定的工具和手段对已经求职者进行鉴别和考察，区分他们的人格特点与知识技能水平；二是选拔或者录用决策，即综合测评阶段所得到的信息，依照人员甄

---

① 廖泉文. 招聘与录用. 北京：中国人民大学出版社，2008：127.

② 吴志明. 招聘与选拔实务手册. 北京：机械工业出版社，2008：112.

③ 董克用. 人力资源管理概论. 第二版. 北京：中国人民大学出版社，2008：270.

选标准确定录用人员。可见，有效的录用决策既依赖于甄选标准的合理性，也依赖于甄选过程和技术的科学性。其中，工作分析和素质模型的构建是建立人员甄选的客观标准和依据。下面主要对甄选过程和甄选技术进行论述。

二、人员甄选的程序

（一）人员甄选程序的评价标准

董克用指出，作为对应聘者的筛选机制，一个有效的人员甄选系统应达到一些标准。[①] 归纳起来，这些标准包括：

（1）甄选程序标准化。所谓甄选程序标准化，是指要保证每位应聘者都经历同样数量和类型的甄选测试。

（2）甄选程序能提供明确的决策点。决策点指那些能明确作出淘汰或保留的时点，如笔试成绩、体检结果等。关于应聘者通过决策点所必须具备的资格，企业应事先确立明确的标准。利用决策点的重要作用在于，由于在前面的决策点上淘汰了不合要求的应聘者，因此可以将更多的时间和精力放在那些更有可能获得该职位的应聘者身上。

（3）甄选程序能提供充分的决策信息。好的甄选程序应能保证提供充分的可以确定应聘者是否胜任该职位空缺的信息，以便能够作出最后的录用决策。同时，对于应聘者背景情况中的重要方面，有效的甄选程序应能按照需要进行多次核实和检查。

（4）甄选程序安排高效化。例如，对于那些成本较高的程序等要放在系统的最后，使这些程序只用于那些最有可能被录取的应聘者。同时，合理化也意味着要尽量避免无谓的重复。

（二）人员甄选的程序

按照上面所提到的标准，人员甄选通常按照下面的程序来进行：首先评价应聘者的工作申请表和简历，进行初步筛选；然后，采用心理测验、面试、评价中心等技术，对应聘者进行全面、深入的了解；在进行初步录用决策之前，通常还需要进行背景调查审核应聘者材料的真实性，并进行入职体检以确保应聘者的身体状况能够符合岗位要求；应聘者被录用后通常还要经过一个试用期考察，最后才能作出正式录用决策，如图5-1所示。

从程序图中可以看出，甄选过程由六个步骤组成，其中每个步骤都是关键决策点，只有通过该决策点的应聘者才能继续进入下一个甄选环节。当然，在企业招聘实践中，可根据企业实际情况做一些调整。比如，一些企业可能会选择将甄选测试和面试结果综合考虑来决定是否对应聘者进行更深入的调查，而不是将其作为前后两个不同的阶段。

---

① 董克用.人力资源管理概论.第二版.北京：中国人民大学出版社，2008：271，272.

```
                    ┌──────────────┐
                    │   应聘者      │
                    └──────┬───────┘
                           │
                    ┌──────┴───────┐
                    │ 评价工作申请表 │
                    │   和简历      │
                    └──────┬───────┘         ┌──────────────┐
                           │──────────────────│  不符合要求   │─────┐
                    ┌──────┴───────┐         └──────────────┘     │
                    │   甄选测试    │                              │
                    └──────┬───────┘         ┌──────────────┐     │
                           │──────────────────│  测试不合格   │─────┤
                    ┌──────┴───────┐         └──────────────┘     │
                    │    面试       │                              │
                    └──────┬───────┘         ┌──────────────┐     │   ┌────┐
                           │──────────────────│  面试不合格   │─────┤   │ 不 │
                    ┌──────┴───────┐         └──────────────┘     ├──→│ 录 │
                    │   背景调查    │                              │   │ 用 │
                    └──────┬───────┘         ┌──────────────┐     │   └────┘
                           │──────────────────│  调查有问题   │─────┤
                    ┌──────┴───────┐         └──────────────┘     │
                    │   入职体检    │                              │
                    └──────┬───────┘         ┌──────────────┐     │
                           │──────────────────│  体检不合格   │─────┤
                    ┌──────┴───────┐         └──────────────┘     │
                    │  试用期考察   │                              │
                    └──────┬───────┘         ┌──────────────┐     │
                           │──────────────────│  考察不合格   │─────┘
                    ┌──────┴───────┐         └──────────────┘
                    │   正式录用    │
                    └──────────────┘
```

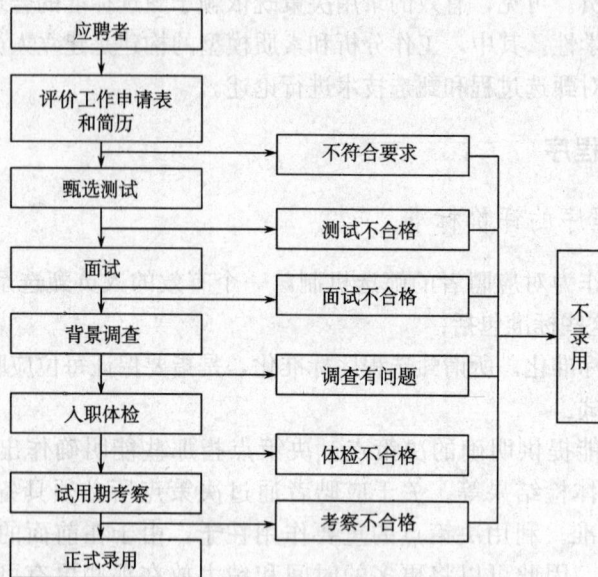

图 5-1　人员甄选流程图

资料来源：董克用．人力资源管理概论．第二版．北京：中国人民大

学出版社，2008：273.

三、人员甄选的方法

　　如何采取一定的方式了解应聘者的各种深层次特征是人员甄选过程中所必须解决的问题之一。[①] 人员甄选的方法有很多，包括心理测验、面试、评价中心等。

（一）心理测验

　　心理测验是指根据已标准化的实验工具，引发和刺激被测试者的反应，并由被测试者本人或他人对反应结果加以记录，然后通过一定的方法加以处理，从而实现对被测试者的心理现象或心理品质的定量分析。[②]

　　心理测验有很多不同的类型。例如，①按照测验的内容，可分为认知测验和人格测验。认知测验测评的是认知行为；而人格测验测评的是社会行为。②按照测验的人数，可分为个别测验和团体测验。个别测验是由一位主试在一段时间内测量一名被试。而团体测验则可以由一位主试在一段时间内能同时测量许多人。③根据测验的材料，心理测验可分为语言或文字测验和非语言测验（操作性测验）。下面介绍最有代表性的测验

---

　　① 这一问题的解决过程也就是进行素质测评的过程。所谓素质是指个体完成一定活动与任务所具备的基本条件和基本特点，包括生理素质和心理素质两个方面。它对一个人的身心发展、工作潜力发展和工作成就的提高起着决定性作用。而素质测评就是指测评主体运用科学的方法，收集被测评者在主要活动领域中的表征信息，针对某一素质测评指标体系作出量值或价值判断的过程，或者直接从所收集的表征信息中引发与推断某些素质特征的过程。参见萧鸣政．人员测评与选拔．上海：复旦大学出版社，2003：2～9.

　　② 廖泉文．招聘与录用．北京：中国人民大学出版社，2008：130.

方法。

1. 认知测验

认知测验可进一步分为成就测验、智力测验、能力倾向测验等。成就测验主要测评人的知识和技能，是对认知活动结果的测评；智力测验主要测评认知活动中较为稳定的行为特征，是对认知过程或认知活动的总体测评；能力倾向测验是对人的认知潜能的测评，属于对认知活动的深层次测评。智力测验有时也被称为一般能力测验，与能力倾向测验一起并称为能力测验。

（1）成就测验。成就测验用于衡量应聘者是否具备完成职位职责所要求的知识。具备职位所要求的知识是取得良好工作绩效的必要条件，因此在人员甄选过程中要对应聘者进行相关知识的测试。对于不同职位要测试的知识内容也不同。成就测验的优点是比较简单，便于操作，不需要特殊的设备；测验费用较低；相对来说比较公平。其缺点在于成就测验主要考察的是应聘者的记忆能力，对实际工作能力考察不够。因此成就测验往往作为一种辅助手段与其他方法一起使用。

（2）智力测验。心理测验起源于智力测验，同时智力测验也是最早运用于人员测评和选拔的心理测验。常用的智力测验有韦科斯勒智力量表和瑞文推理测验。前者由美国心理学家大卫·韦科斯勒研制，包括适用于不同年龄段人群的多种测验。编制的依据是其独特的智力概念：智力是人合理地思考、有目的地行动、有效地应付环境聚合成的整体能力。后者是由英国心理学家瑞文设计的一套非文字智力测验。其编制的理论依据是斯皮尔曼的智力二因素理论，主要测量智力的一般因素中的引发能力，即那种超越已知条件、应用敏锐的创造力和洞察力、触类旁通地解决问题的能力。

（3）能力倾向测验。能力倾向是指经过适当训练或被置于适当环境下完成某项任务的可能性，反映的是一个人能够获得新知识、新技能的潜力。它与能力是两个不同但又密切联系的概念。职业能力倾向测验是了解人在职业领域具有某些潜力的有效手段。能力倾向测验分一般能力倾向测验、特殊能力倾向测验。①一般能力倾向测验。招聘中经常测量的能力倾向有言语理解能力、数量关系能力、逻辑推理能力、综合分析能力、知觉速度和准确性等。为了能方便地对能力倾向进行评价，一些机构编制了成套的能力倾向测验。其中，比较有代表性的一般能力倾向测验（GATB）由美国劳工部自1934年开始花了10多年的时间研制，涵盖一般能力、言语能力、数理能力、书写能力、空间判断力、形状知觉、运动协调、手指灵活度以及手腕灵巧度等九种职业能力倾向。目前我国应用较广，水平较高的是《BEC职业能力测验》。②特殊能力倾向测验。特殊能力倾向指那些与具体职位相联系的不同于一般能力要求的能力。特殊能力倾向测验是对那些不包括在一般智力测验中的较为特殊和专门能力进行测验的工具，如对机械能力、运动能力、音乐能力、艺术能力等的测验。在使用特殊能力测验时需要根据空缺职位的类别进行选择。另外，用来考察被测试者在某一具体职业上的发展潜力的测验称为专门职业能力倾向测验。常用的专门职业能力倾向测验有飞行员素质测验、行政职业能力测验、文书测验、推销员测验等。[1]

---

[1] 对能力倾向相关内容的介绍，参见萧鸣政.人员测评与选拔.上海：复旦大学出版社，2007：312~319.

2. 人格测验

人格测验按其具体的对象可分为态度测验、兴趣测验、性格测验和道德测验等。人员招聘中经常用到的是兴趣测验和性格测验。

（1）兴趣测验。招聘中的兴趣测验主要是指职业兴趣测验。所谓职业兴趣是指人们对具有不同特点的各种职业的偏好以及从事这一职业的愿望。职业兴趣会影响人们对工作的投入程度。如果应聘者的职业兴趣与所应聘的职位相符，通常他们会积极主动地工作；反之，则可能会影响他们的积极性。职业兴趣测验可以表明一个人最感兴趣的并最可能从中得到满足的工作是什么，该测试是将个人兴趣与那些在某项工作中较成功的员工的兴趣进行比较。它是用于了解一个人的兴趣方向以及兴趣序列的一项测验。兴趣似乎在很长时期内是稳定的，并与某些领域的成功有关。但是兴趣不等于才能或能力，对这些特点的测试应与能力测验同时进行。兴趣测验常用的技术方法有史特朗职业兴趣量表（Strong Vocational Interest Blank，SVIB）和库德兴趣记录（Kuder Preference Record，KPR）等[1]。霍兰德职业兴趣测验是由美国职业指导专家霍兰德根据他本人大量的职业咨询经验以及在他所创立的"人格类型"理论的基础上编制的测评工具。[2]

（2）性格测验。性格是指个人对现实的稳定态度和习惯的行为方式，按照不同的标准可以将人们的性格划分成不同的类型。由于人们的性格在很大程度上决定着他们的行为方式，而不同职位所要求的行为方式又存在差异，因此对应聘者进行性格测验有助于判断他们是否胜任所应聘的职位。目前性格测验的方法有很多，主要可分为自陈式测验和投射式测验。自陈式测验是向被试者提出一组有关个人行为、态度方面的问题，由被试根据自己的实际情况回答，测试者将被试的回答和标准进行比较，从而判断他们的性格，常用的测验有：卡特尔16种人格因素量表（16PF）[3]、明尼苏达多项人格量表（MMPI）、加州心理调查表（CPI）和爱德华个人爱好量表（EPPS）。投射式测验是向被试提供一些刺激物或设置一些刺激情景，让他们在不受限制的条件下自由地作出反应，测试者通过分析反应的结果，从而判断被试者的性格。常用的投射测验是罗夏墨迹测验和主题统觉测验（TAT）。[4]

心理测验具有一些突出的优点。使用现成的心理测验，可以节省时间、人力和物力，而且有些测验经过长期不断的修订，其效度和信度都比较好，往往比自己编制要来得好。但是像其他工具一样，心理测验只有加以适当的运用才能发挥良好的效果。如果由不具备相关资格的人员实施、解释或被滥用会引起不良后果。在人员甄选中正确使用心理测验，需要做到以下几点：①测验本身的目的和用途应当与人事测评的目的和指标

---

① 兴趣测验通常列出众多的兴趣选择项，涉及运动、音乐、艺术、文学、科学、社会服务、计算、书写等领域，例如，喜欢踢足球、看球赛、听流行音乐、听交响乐、喜欢看画展、外出写生、看爱情小说、看侦探小说、看科普杂志，喜欢自己做小家具、写诗歌、做数字游戏，喜欢写信，喜欢外出旅游，喜欢独立思考，喜欢下棋，等等。根据被试者对各种兴趣项目的"是"或"否"选择，或依据受试者排列出的兴趣序列，可以对其是否适合某一职业或某一种工作作出判断。http://wiki.mbalib.com/wiki.

② 更多的介绍参见：http://bbs.yingjiesheng.com/thread-27749-1-1.html.

③ 对该测验原理的介绍，参见萧鸣政.人员测评与选拔.上海：复旦大学出版社，2007：284.

④ 投射技术参见萧鸣政.人员测评与选拔.上海：复旦大学出版社，2007：287~289.

相匹配。②测验的实施方法、时限及注意事项应当标准化。③慎重解释测验结果，任何心理测验都有误差，而且人的心理水平是多变的，需要参照其他考核标准和评价方法共同评判。④注意选择信度和效度较高的测验。

（二）面试

面试是人员甄选过程中经常运用的另一种重要方式。所谓面试是指在特定时间、地点进行的，有着预先精心设计好的、明确的目的和程序的谈话，通过面试者和被面试者面对面的观察、交谈等双向沟通的方式，了解被面试者的个性特征、能力状况以及求职动机等方面情况。[①]

1. 面试的类型

按照不同的标准，面试可以划分为不同的类型：

（1）根据面试的结构化程度，面试可分为结构化面试、半结构化面试和非结构化面试。结构化面试对所有应聘者按照事先确定的顺序，依次提出相同的问题。在极端的情况下，面试者甚至会提前准备好问题和各种可能的回答，要求应聘者在问卷上选择答案，对回答情况进行数量化分析，得出结果。结构化面试能使所有应聘者感到同等公平，便于对不同应聘者进行比较，操作简单，便于掌握。只要有科学和规范的面试题目，均能使招聘顺利进行，较少出现意外情况。其缺点在于缺少充分的双向沟通，了解不够深入，而且进行起来显得有些唐突。非结构化面试对面试中应当提问的问题，以及问题的提问顺序上事先无明确规定。面试官可以根据不同的应聘者，以及应聘者对上一个问题的回答决定下一个问题问什么。其优点是针对性强、交流更为充分、衔接自然；但是应聘者可能会感到不公平，不便于应聘者之间的相互比较，而且可能会漏掉关键性的问题，面试的有效性严重地依赖于考官本人的把握能力。半结构化面试介于结构化面试和非结构化面试之间，兼有结构化面试和非结构化面试的特点。

（2）根据面试的组织方式，面试可以分为一对一面试、系列面试、小组面试和集体面试。一对一面试中，面试官和应聘者两个人单独进行面试，对应聘者只进行一次面试就作出是否录用的决策。系列面试则是指企业在作出录用决策之前，由几个考官依次对应聘者进行面试。由于系列面试综合了多人的观点，因此其结论比一对一面试可能更为客观。小组面试即由几个面试官（其中一人为主考官）同时对一个应聘者进行面试。小组面试允许多位面试官从不同角度对应聘者提问，因此其评价比较准确；但是对应聘者的压力较大。最后，集体面试指的是多个面试官和多个应聘者同时进行的面试。面试小组提出一个需解决的问题，然后不采取行动而是观察哪位应聘者首先提出答案。集体面试中，由于应聘者之间会相互影响，因此有助于了解应聘者的人际关系技能。这种方法也可以为面试官节省时间。[②] 在实践过程中，企业往往将上述类型的面试结合起来

---

① 吴志明. 招聘与选拔实务手册. 北京：机械工业出版社，2008：121.

② 此处对面试的分类，参见廖泉文. 招聘与录用. 北京：中国人民大学出版社，2008：153. 与董克用的分类稍有不同。参见董克用. 人力资源管理概论. 第二版. 北京：中国人民大学出版社，2008：277.

使用。

（3）根据面试的目的，面试可分为压力面试和非压力式面试。压力面试（stress interview）指面试官有意制造紧张气氛，提出一些出乎意料的问题；或者提出数个问题穷追不舍，步步紧逼，打击求职者的自信心。通过这两种手段来观察求职者对压力的承受能力、应变能力及真实想法。这种面试形式被广泛应用于招聘销售、营销、公关等需要广泛与人接触和交流的职位人员时。压力面试的要点不在于从对方的不舒服中得到乐趣，而是探究被面试者处于困境中将作出何种反应。相反，在非压力式面试中，面试官则力图创造一种宽松亲切的氛围，使应聘者能够在最小压力情况下回答问题，以获取录用所需要的信息。

2. 面试题目的类型

面试中所使用的题目通常有如下几种类型：

（1）封闭式问题。封闭式问题是要求面试者用非常简短的语言，甚至是"是"或"否"来回答的问题。这类问题可帮助澄清或验证某些信息，可以用最简洁的方式得到最有效的信息。在很多情况下回答本身并不重要，是各种形式的问题的过渡。

（2）开放性问题。开放性问题是让被面试者在回答中提供较多信息的问题。这类问题鼓励被面试者多说话，特别是害羞和内向的被面试者；有助于了解被面试者的语言表达能力、沟通技巧。它们一般不会给面试者带来过大的压力。同时对开放性问题的回答往往能够引发进一步的讨论，因为面试者可以从答案中找到新的问题。

（3）行为性问题。行为性问题是告诉被面试者一种情景，然后询问应聘者过去是如何应对这一情景的。其典型的表述是"举一个你⋯⋯的例子"。行为性问题目前在面试中应用得越来越广泛。行为性面试的基本思路是在对目标职位进行深入分析的基础上，对职位所需要的关键胜任特征进行清晰界定，然后在被面试者过去的经历中探测与这些胜任特征有关的行为样本，在胜任特征的层次上对被面试者作出评价。

（4）假设性问题。假设性问题是提供给被面试者一个与未来的工作情景有关的假设情景，让被面试者回答他们在这种情景中会怎样做。这类问题的典型表述是"如果⋯⋯你会怎样"。通过被面试者的回答，面试官推断其思维推理能力、价值倾向、态度、创造性、工作风格等。假设性问题和行为性问题都反映被面试者在一个具体情景中的表现，区别在于假设性问题使用的是虚构的情景，而行为性问题是让被面试者本人描述一个已经发生的真实情景。尽管对假设性问题的回答也能提供大量信息，但是被面试者可能会故意提供面试者所期望的回答。不过，在被面试者缺乏相关经历的情况下，使用假设性问题还是有必要的。

3. 面试的过程

不同的企业对面试过程会有不同的安排，但是为了保证面试的效果，一般来说都要按照下面几个步骤来进行面试。

（1）面试准备。面试准备阶段要完成以下几项工作：第一，确定面试官人选。这是决定面试成功与否的一个重要因素。面试官一般由人力资源部门和业务部门的人员共同组成。第二，明确面试时间。提前明确面试时间可以让应聘者和面试官双方都对自己的工作提前进行安排，以保证面试的顺利进行。第三，了解应聘者情况。为了提高面试效果，增强问题的针对性，面试官应提前查阅应聘者的相关资料，对其情况进行大致了解。第四，准备面试材料。包括面试评价表、面试提纲等。第五，安排面试场所。面试场所是构成面试的空间要素，企业在安排面试场所时应当便于应聘者寻找，并且尽量做到宽敞、明亮、安静、整洁，为应聘者提供一个舒适的环境。

（2）面试实施。面试实施是面试的具体操作阶段，也是整个面试过程的主体部分。面试实施过程本身通常可以划分为关系建立阶段、导入阶段、核心阶段、确认阶段和结束阶段共5个阶段。在每个阶段都有各自的任务，并且通常使用不同的题目类型、问到不同的相关内容；各阶段在时间分配上也存在较大的差异，如表5-5所示。

表5-5　面试实施过程

阶段	任务	比重	题目内容与类型	实例
关系建立阶段	创造轻松、友好的氛围	2%	常与工作无关；主要是封闭性问题	我们这个地方容易找吧？路上堵车吗？
导入阶段	缓解被面试者依然有些紧张的情绪	8%	被面试者一般有所准备的题目；开放性问题	请介绍一下你自己，好吗？你能介绍一下自己的工作经历吗？
核心阶段	收集被面试者核心胜任特征方面的信息	80%	以行为性问题为主，综合使用多种题型	略
确认阶段	对上一阶段的判断进行确认	5%	开放性问题	刚才我们已经讨论了几个具体的实例，现在你能不能清楚地概括一下你安排新员工培训方面的程序？
结束阶段	检查有无遗漏问题，并加以追问	5%		略

资料来源：吴志明. 招聘与选拔实务手册. 第2版. 北京：机械工业出版社，2006：147～150.

（三）评价中心（情景模拟测验）

评价中心测评法是通过创设一种逼真的模拟管理系统和工作场景，将被试人纳入该环境系统中，使其完成该系统环境下对应的各种工作。在这个过程中，主试人采用多种测评技术和方法，观察和分析被试人在模拟的各种情景下的心理、行为、表现以及工作绩效，以测量评价被试人的管理能力和潜能等素质。评价中心最主要的特点之一就是它的情景模拟性，所以又被称为情景模拟测评。公文筐测验和无领导小组讨论是评价中心中经常使用的技术。

1. 公文筐测验

公文筐测验在假定情境下实施。该情境模拟一个公司所发生的实际业务、管理环境，提供给受测人员的信息包括涉及财务、人事备忘录、市场信息、政府的法令公文、客户关系等十几份甚至更多的材料。这些材料通常放在公文筐中，公文筐测验因此而得名。测验要求受测人员以管理者的身份，模拟真实生活中的想法，在规定条件下（通常是较紧迫困难的条件，如时间与信息有限、独立无援、初履新任等），对各类公文材料进行处理，形成公文处理报告。评价者通过观察应试者在规定条件下处理过程中的行为表现和书面作答，评估其计划、组织、预测、决策和沟通能力。评分除了看书面结果外，还要求被试者对其问题处理方式作出解释，根据其思维过程予以评分。公文筐测验具有考察内容范围广、表面效度高的特点，因而非常受欢迎，使用频率居各种情境模拟测验之首，是评价中心技术中最主要的活动之一。

2. 无领导小组讨论

无领导小组讨论也是评价中心中比较常用的技术。在无领导小组讨论中，被试人被分为不同的小组，每组 4～8 人不等，就某些争议性比较大的问题进行讨论，要求在有限的时间里形成一致意见，并以书面形式汇报。讨论过程中不指定谁是领导，也不指定受测者应坐的位置，让受测者自行安排组织，评价者观测考生的组织协调能力、口头表达能力、辩论说服能力等各方面的能力和素质是否达到拟任岗位的要求，以及自信程度、进取心、情绪稳定性、反应灵活性等个性特点是否符合拟任岗位的团体气氛，由此来综合评价考生之间的差别。

3. 其他

除了上述两种常用的测评技术外，评价中心还有管理游戏、角色扮演、模拟面谈、演讲、案例分析等方法。管理游戏也称商业游戏。在这种活动中，小组成员各被分配一定的任务，必须合作才能较好地解决，如购买、供应、装配或搬运。有时引入一些竞争因素，如三四个小组同时进行销售或进行市场占领，以分出优劣。评价者通过候选人在完成任务的过程中所表现出来的行为来测评候选人的素质。角色扮演即让候选人成对地扮演各种角色并讨论各种相关的问题。在这种活动中，评价者设置了一系列尖锐的人际矛盾和人际冲突，要求候选人扮演某一角色并进入角色情景去处理各种问题和矛盾。评价者通过对候选人在不同人员角色的情景中表现出来的行为进行观察和记录，测评其素质潜能。模拟面谈是一种特殊的情景模拟。在这种模拟当中，被试人被要求与另一个下属、同事或者顾客进行对等性的谈话。面谈对象是接受过专门训练的，要求按照标准化的方式向候选人提问、建议、回答问题，甚至做一些令对方心烦意乱的行为，具体表现出哪一种行为视面谈模拟和具体要求而定。评价者在旁观察候选人如何与面谈对象交谈和如何解决有关问题。模拟面谈对于测评候选人的口头交流能力、移情与机灵性、人际关系问题解决能力等非常有效。

（四）工作样本测验

工作样本测验是测量应聘者在一个可控的环境中实际执行工作的某些基本任务的表现，其理论基础是应聘者在执行所应聘职位样本任务时的表现是其未来工作表现的有效预测因子，例如，对计算机编程人员的编程测试等。工作样本测验在设计上的要求较高，需要对工作十分熟悉的专家对工作任务进行分解才能保证样本测试得分与实际工作表现之间的相关性。

工作样本测验的基本程序包括：①请专家进行工作分析，列出所应聘职位的所有工作任务；②从中选择一个关键任务，并将其细分为不同的小任务；③针对每种小任务列出所有可能的执行方法，并对这些方法进行打分、分配权重；④提供一个与未来工作相似的工作场景，要求应聘者用工作中的真实工具依次执行这些小任务。由一位观察者对应聘者的表现进行检测，并在清单上对其执行任务的好坏进行记录。

工作样本测验被认为是所有测试中效度和信度最高的一种，因为它们系统地测量了与工作直接相关的行为，应聘者很难提供虚假的答案。应聘者的背景信息很难搜集或者很难进行解释，而通过工作样本测验可以直接获得关于工作能力的信息。但是工作样本测验也有其自身的问题。第一，由于工作样本测验是专门针对特定工作设计的，因而普遍适用性比较低；第二，由于对每一种工作都必须设计新的测试，工作样本测验的开发成本相对较高。

四、甄选方法的评价和选择

如前所述，人员甄选方法种类较多，不同的甄选方法具有各自的特点。但是无论哪种方法都必须符合通用的评价标准。一般认为，在选择人员甄选方法时，信度和效度是两个最基本的评价指标。

（一）信度

信度指测量的一致性程度，即一种测量方法所得到结果的前后一致性。甄选工具的信度将决定其评价结果的科学性和可应用性。没有信度的甄选工具是没有意义的。判断信度的指标有很多，包括重测信度、复本信度、内部一致性信度、评价者信度等。其中，重测信度指对同一组被试者前后两次实施同一测验，两次得分的相关程度；复本信度是指在对被试者实施测试后，再进行一次与前面的测试平行的测验，两次得分的相关程度；同质性信度检验是指同一测试内部的一致性程度，对同质信度的一种粗略检验是分半信度，即将测试分成相等的两半后计算结果的相关系数；评价者信度是指不同的评价主体运用统一评价方法对相同的客体进行评价时所得出的评价结果的一致性程度。对于人员甄选过程中采用的测量工具到底应该达到多高的信度才可以接受，目前并没有标准答案。一般来说，在其他条件不变的情况下，测试的信度越高，则我们越有信心依据测试结果所揭示出来的差异作出决策。

（二）效度

效度是对一个测验对其所要测量的特性测量到什么程度的估计。效度所要回答的基本问题是：测验测量的是什么东西？或者说，测验测到了它要测得的东西吗？测验对它所要测量的东西测量到什么程度。效度的判断指标主要有内容效度、效标效度和结构效度。其中，内容效度（content-related validity）关注一种测量工具对其所要测量的内容的反映程度。评价范围包含了所有与测量目的相关的内容，各部分所占的比例适当。效标效度（criterion-related validity）通过预测因子与效标的相关程度来证明测试的有效性。根据效标与测评结果是否同时获得，可分为同时效度（concurrent validity）和预测效度（predictive validity）。结构效度（construct-related validity），指测量工具能够测量到理论上的构念或特质的程度。它关注测量能否正确地反应理论概念的特性。导致一种测量工具效度低的两种情况是缺失和污染。前者指一种测量工具不能够衡量到所有应该测量的方面，一些该评价的项目"缺失"；后者则指测量工具测量了与本应测量内容无关的方面,导致最后的评价结果不是单纯地对工作绩效的反映,评价结果受到了"污染"。

(三)其他标准

除了信度和效度两个标准之外,也存在其他一些衡量人员甄选方法的标准。例如,雷蒙德·诺伊等认为,除了信度和效度之外,普遍适用性、效用和合法性也是三个重要标准。[①] 其中,普遍适用性指在某一背景下建立的甄选方法的效度同样适用于其他情况的程度,通常可以概括出三种不同的背景:不同的处境、不同的人员样本以及不同的时间段。效用是指甄选方法所提供的信息对于组织的基本有效性进行强化的程度,即甄选方法的成本与组织收益的相对大小。合法性指所采用的甄选方法必须符合法律的要求,避免引起不必要的法律纠纷。

综合以上各种标准,我们将常用的各种人员甄选方法加以比较,如表5-6所示。

表5-6　人员甄选方法评价表

甄选方法		信度	效度	普遍适用性	效用	合法性
面试		非结构性面试中评价不可观察的特征时,信度较低	非结构性、非行为性面试效度较低	高	低。因成本较高	
心理测验	认知测验	高	中等	较高。可对大多数工作进行预测,最适合复杂的工作	高。成本较低,能广泛运用于企业内各项工作	
	人格测验	高	较低	较低。只有少数特征适用于多种工作	低	
情景模拟测验		高	高	一般适用于管理类和专业技术类职位	成本高昂,但收益相对较高	
工作样本测验		高	高	低。适用于特定的工作	高。但开发的成本相对较高	

资料来源:彭剑锋.人力资源管理概论.上海:复旦大学出版社,2005:300.

学习建议

1. 参加一个现实的招聘会,观察人力资源管理工作人员在招聘过程中的活动。
2. 组织小组讨论:在招聘过程中,学历与经验哪个更重要?
3. 运用无领导小组讨论的方法模拟一次招聘实例。

---

① 雷蒙德·诺伊等.人力资源管理:赢得竞争优势.刘昕译.北京:中国人民大学出版社,1997:226.

本章参考文献

董克用 . 2008. 人力资源管理概论 . 第二版 . 北京：中国人民大学出版社

方振邦 . 2007. 战略性绩效管理 . 北京：中国人民大学出版社

加里·戴斯勒 . 1997. 人力资源管理 . 刘昕译 . 北京：中国人民大学出版社

雷蒙德·诺伊等 . 1997. 人力资源管理：赢得竞争优势 . 刘昕译 . 北京：中国人民大学出版社

廖泉文 . 2008. 招聘与录用 . 北京：中国人民大学出版社

彭剑锋 . 2005. 人力资源管理概论 . 北京：中国人民大学出版社

王丽娟 . 2007. 员工招聘与配置 . 上海：复旦大学出版社

吴志明 . 2008. 招聘与选拔实务手册 . 北京：机械工业出版社

萧鸣政 . 2007. 人员测评选拔 . 上海：复旦大学出版社

第六章　员工培训管理

第一节　员工培训概述

➤ **案例引入**

戴尔的高管内部授课

作为戴尔公司新领导力精英项目的第一批学员，去年9月份，大卫·马曼蒂在奥斯汀度过了10天。在这期间他与其他17位被快速提拔上来的高管人员一起沟通、畅谈，其中3天还和公司董事长迈克尔·戴尔及首席执行官凯文·罗林斯进行了战略探讨。像许多在技术革新年代里一飞冲天的高速成长公司一样，长久以来，戴尔完全依赖着一股冲劲使马曼蒂这样的管理人员不断获得挑战，并使公司业务蒸蒸日上。戴尔从一个新兴公司以闪电般的速度成长为一家实力雄厚的大企业，当时公司充满活力，想进来的人几乎挤破了头，股票期权使许多中层管理人员成了百万富翁，进不进行人力资源管理几乎没有差别。

戴尔目前的销售收入已达490亿美元，随着公司开始向800亿美元的目标进军，销售增长变得越来越困难，而且更多的销售将来自距离公司总部奥斯汀很远的地方。3年前，戴尔和罗林斯意识到，公司一度充满魔力的组合（高品质产品、低价位和超精简高效）已经不足以支撑销售额的高速增长，他们必须把人才管理也纳入关注视线。于是他们便委派内部人员设计出新的培训项目，主要由戴尔公司自己的高级经理授课，其中也包括戴尔和罗林斯本人。这两位公司带头人进行了360度评估，希望他们手下的高级经理也能这么做。目前，管理人员的薪酬部分由他们在栽培人才时的表现决定。

马曼蒂已把自己的工作方式作了相应调整。现在，他花在人员管理上的时间占30%～35%，比过去要多，由他亲自指导的管理人员也比过去多得多。马曼蒂说："一旦确定了所需要的人才类型和数量，我们会在公司内部搜寻并且问自己'我们有达到目标所需要的人才吗?'"他有一位高层经理教练，能够不断获得有关自己表现的反馈，这也是领导力精英课程中长期项目的一部分。

虽然要想确切地知道这个范围广泛的培训项目是否有效尚需时日，但以目前的标准来衡量，马曼蒂团队的表现相当不错。在过去15个月里，它在戴尔公司雇员满意度调查中的得分上升了20%。真正的考验将是，戴尔是否能留住这些员工并使他们成为公司的下一代领军者。

➤ 案例启示

正如戴尔和罗林斯所意识到的,一度充满魔力的高品质产品、低价位和超精简高效组合已经不足以支撑销售额的高速增长,他们必须把人才管理也纳入关注视线的范围之内,不断为员工提供新培训,提高员工的个人素质。这不只是戴尔公司面临的独特挑战,也同样是其他企业谋求发展的关键领域。本节我们将开始对员工培训概述的学习,具体来说包括以下内容:

(1) 员工培训的概念;

(2) 员工培训的类型;

(3) 员工培训的发展趋势。

一、员工培训的概念

(一)员工培训的起源与发展

员工培训与开发的起源可以追溯到 18 世纪的学徒培训制度。由于缺少职业学校和技术学校,当时的店主们不得不自己教授并训练他们的工人。因此,早期的学徒制是当时最普遍、最常用的培训方式。工业革命时期,制造业的出现打破了传统的作坊式生产方式,对熟练、半熟练技术工人的需求大增。早期的职业教育和工厂学校为了适应这一需求开始出现。

在科学管理诞生之初,泰勒就认识到对员工进行培训的重要性。泰勒在《科学管理》一书中指出,第一流的工人不是天上掉下来的,而是通过两种途径获得的:一是严格挑选;二是科学培训。[①] 他指出,工人自己的摸索,或者靠师傅带徒弟等传统培训方式,虽然可以教会员工有用的方法,但也会把不科学的东西传下来。相反,如果利用标准的作业方法来集中、成批地培训,则不仅可以保证受训者掌握的是科学的操作方法,而且可以提高培训的速度和效率。

自从泰勒的科学管理理论开创了员工培训理论研究的先河以来,许多学者对培训的概念、培训的意义、培训的方式方法进行了广泛的探讨。我们认为,要搞清楚什么是培训,应该将培训放到人力资源开发这个大的范围来讲。因为培训是人力资源开发活动中的一个部分。

"人力资源开发"这一术语最早由美国乔治·华盛顿大学的教授里奥·纳德勒于1967 年提出。纳德勒在为美国联邦政府培训公务员时发现,受训人员是否正在或即将从事与培训内容相关的工作对他们的学习动机有很大的影响;正在从事相关工作的受训者对培训需要很迫切而且积极;而既不从事相关工作,培训结束后也不会从事相关工作的人则对解决问题和学习技巧没有兴趣。

根据这一经验,纳德勒对不同的学习需要进行了区分,并为不同的需要寻找到了新

---

① 泰勒.科学管理.北京:中国社会科学出版社,1984.

的标签：培训、教育与开发。纳德勒认为，培训是一种由雇主向雇员提供的，与他们当前的职务相关的学习活动。也就是说，因为雇员当前的知识、技能、能力和态度等与当前他所从事的职务的要求总是有距离的，而弥补这种距离就是培训的任务，因此，培训与其他许多人力资源开发活动比起来就带有难以避免的短期性。培训帮助雇员最大限度地满足职务的要求。纳德勒将培训、开发与教育统称为"人力资源开发"，如表 6-1 所示。纳德勒认为，人力资源开发是指在某一特定的时间内，由雇主所提供的有组织的学习经验（内容）导致雇员行为绩效改善和个体成长的可能性。[①]

表 6-1　纳德勒区分的培训与开发

活动领域	名　称	
1. 与学习者当前所从事的职业相关的学习	培训	
2. 与学习者未来可能从事的职业相关的学习	开发	人力资源开发
3. 与学习者所从事的工作无关的学习	教育	

（二）员工培训的定义

除了纳德勒以外，其他一些学者也对培训给出了各自的定义。诺伊（Raymond Noe）认为，培训是公司有计划地实施有助于员工学习和工作相关能力的活动。这些能力包括知识、技能和对工作绩效起关键作用的行为。[②] 培训的目的在于让员工掌握培训项目中强调的知识、技能和行为，并且让他们可以将其应用于日常工作之中。

伊万切维奇（John M. Ivancevich）和赵曙明把培训看成一个过程，认为培训是为员工提供信息、技能和对组织及其目标理解的过程，设计培训系统的目的是为了帮助员工能够以良好的绩效继续作出积极贡献。[③]

对培训的定义是很多的，我们没有必要对这些定义一一罗列。要全面理解培训，我们可以从培训主体、培训内容、培训对象和培训目的四个方面来把握。

（1）培训主体。随着培训实践的发展，培训活动的主体已经绝不仅仅限于公司或企业。当代许多公共部门及非营利组织都非常关注培训问题，包括大学、研究机构、政府机关等，这些机构在培训方面都有许多需求。

（2）培训内容。培训的内容除了知识、技能、行为之外，还包括心理素质和价值观等内容。新的培训理念把员工的素质培训也视为培训内容的一个重要方面，企业价值观、经营理念、员工严谨的工作态度及良好的生活习惯等都是员工素质培训的内容。这主要是因为世界经济全球化趋势以及人才的流动特性，使得企业不再具有区域与种族的特色，加上员工个体的独立与差异，对企业原有的文化带来很大的冲击。这时对员工进行统一的企业价值观和经营理念的教育显得尤为重要。

---

① Nadler L, Nadler Z. Developing Human Resources. San Francisco：Jossey-Bass Inc. Pub，1989.

② 雷蒙德·A. 诺伊. 雇员培训与开发. 徐芳译. 北京：中国人民大学出版社，2007.

③ Carroll S J Paine F, Ivancevich J J. The relative effectiveness of training methods：expert opinion and research. Personnel Psychology, 1972，（25）：495～509；赵曙明. 人力资源管理与开发. 北京：中国人事出版社，1998.

（3）培训对象。培训对象也不仅仅局限于企业内部员工，有时甚至包括部分外部利益相关者，为实现企业理念的磨合，或是为开拓产品或行业前景等，也培训公司的供应商、客户、代理商和战略合作伙伴。有的企业甚至明确提出，营销的最高境界是培训消费者。

（4）培训目的。培训目的包括三个递进层次的目的：首先是增加和改进受训者的知识、技能、态度和行为；进而通过提高学习效应，使受训者提高工作灵活性和解决问题的能力，并使有关组织团队改进和优化工作于业务流程，能够协调地、高效地、低耗地会做、快做、做好工作，实现成本领先，确保提高员工工作效率和组织绩效，并满足员工个人发展需要；最终目的是全面提高员工素质，构建企业核心竞争力和战略优势，实现组织发展目标。

二、员工培训的类型

了解员工培训的类型，对于制定培训方案、计划和增强培训效果都具有重要的意义。

（1）根据培训内容划分。根据培训内容划分，可以将员工培训分为知识性培训、技能性培训和态度性培训。知识性培训侧重使受训者具备完成本职工作所必需的基本知识，了解公司的基本情况，如公司发展战略、目标、经营方针、经营状况、规章制度。技能性培训强调使受训者掌握完成工作所必备的技能，如谈判技能、操作技能、人际关系技能。态度性培训强调培养受训者对组织的认同、信任、忠诚，以及完成员工培训工作应当具备的心理素质。

（2）根据培训对象划分。根据培训对象是否为新进员工，员工培训可以分为新员工入职培训和老员工的在职培训。对新员工的培训一般为知识性培训，以便让新进员工尽快熟悉和适应工作环境。对在职员工的培训又可以根据其在组织中的层级，分为基层员工培训、一般管理人员培训和中高层管理人员培训。对基层员工培训一般更多为知识、技能的培训；一般管理人员培训则要注重管理能力和管理艺术、思维观念层次的开发；对中、高层管理人员培训则更侧重决策能力、计划能力。

按照培训对象在企业中的职能，员工培训又可以分为销售人员培训、生产人员培训、研发人员培训、财务人员培训、管理人员培训等。针对不同对象的培训，不仅培训内容有所差异，采用的培训方法也不尽相同。

（3）根据培训实施主体划分。根据培训实施主体划分，员工培训可以分为组织内部培训、专业培训机构和咨询公司实施的外部培训等。一些企业建有内容齐全的培训中心甚至企业大学，培训基本上在内部完成。另外一些企业则把部分业务外包给专业机构或咨询公司，自己集中力量开展增强核心竞争力的培训。

（4）根据培训方式划分。根据培训方式，员工培训可以划分为讲演式培训、案例讨论式培训、角色扮演式培训、行动学习等。

三、员工培训的发展趋势

在过去 50 年间，美国和欧洲企业也越来越重视员工培训与开发，并不断探索有效的人力资源开发培训方式、方法。随着培训开发技术和理念的不断发展。培训活动呈现出以下一些新的趋势。

（一）培训关注点发生转变——从技能到绩效与知识管理

培训的关注点从注重传授雇员特定技能转变为从更广泛意义上注重学习及知识的创造和共享。由于现在越来越多的企业开始关注自身的竞争优势，因此培训部门应该确保它们能够帮助各业务部门（如市场营销、财务、生产部门）满足发展的要求，更关注改进雇员的绩效，并帮助其适应经营发展的需要和挑战（从战略角度来考虑）。

已有一些中大型企业的培训部门将本身重新定位为公司内部的"绩效改善顾问"，培训人员运用本身的专业知识，运用培训发展的手法，协助其他单位改善问题、提升绩效、有效实现目标。这些公司的培训部门也开始修正本身绩效的衡量指针，变为培训实施后对原定"能力提升目标"、"行为改善目标"或"组织效益目标"的达标率。

传统上，培训部门将主要精力放在认知知识和高级技能的开发上。但实际上培训的价值在于使雇员了解整个生产或服务过程及各部门之间的关系（系统理解力），同时激励他们进行革新并提供高质量的产品和服务（关心为什么是）。为了创造和共享知识，公司必须提供一些物质和技术上的支持，如电子邮件、网站，以此鼓励雇员之间的合作和知识共享。

（二）新技术在培训中的运用日益广泛

从传统课堂培训到视听培训，到视听培训和计算机辅助学习相结合的多媒体学习，再到以内部网和互联网为基础的网络学习，新技术已经对传统的课堂培训产生了很大影响。在未来，多媒体、互联网和其他新技术的运用将日益广泛。新技术的运用使得培训与工作融为一体成为可能，受训者完全可以控制培训的时间、地点，按照自己的要求来随时获得所需的信息。这将大大降低培训成本，提高培训的效率。

（三）培训部门将发展合作关系或将培训外包

由于组织内部的培训部门编制有限、学习内容不断更新，而培训需求日新月异，因此，培训部门需加强与外部教育培训机构的合作。其具体表现在以下两个方面。其一，产学合作。国外一些公司在加强企业职工培训时，很注意与高校的联合和协作。美国教育理事会的调查证实，早在1984年，就有半数的高校在企业开设课程。著名的贝尔实验室就与麻省理工学院、斯坦福大学等37所高校合作，为其培训研究生。其二，培训功能外包，或者与培训机构共同开发课程，或者由公司制定培训战略和目标，具体课程实施交给培训机构。

（四）培训更受重视，企业大学进一步发展

企业大学是企业培训的最高形式。一系列实践证明，企业大学建立了较为完善的人力资源培训体系，是最有效的学习型组织实现手段，更是企业规模与实力的有力证明。根据凯洛格（北京）管理咨询有限公司（以下简称凯洛格）的研究，在美国，从1988

年到 1998 年，企业大学数量由 400 家猛增到 1600 家。到了 2003 年已超过 2000 家，其中财富 500 强的大部分企业都建立了自己的企业大学，如 GE 克劳顿学院、IBM 学习中心、西门子管理学院、摩托罗拉大学、惠普商学院、麦当劳大学等。不久的将来，企业大学的数量甚至将会超越传统的大学，成为未来成年职场教育及终身学习的主流。

自 2006 年起，国内企业对企业大学的热情逐步显现。根据不完全统计，目前国内企业大学大约有 200 多家，真正活跃、称得上企业大学的约四五十家（凯洛格管理咨询公司）。

第二节　员工培训的实施流程

➤ **案例引入**

FIAT 集团的人才培训特色

菲亚特集团（FIAT）是意大利一家老牌的家族式汽车制造企业，也是目前欧洲最大的汽车制造和销售集团，现有职工 22.4 万人，年生产各类汽车 240 万辆，年销售额达 576 亿欧元（约合 513 亿美元），2000 年排在世界 500 强第 47 位。而这些辉煌的取得是与 FIAT 集团独特的人才培训体制密不可分的。

FIAT 集团对培训工作的理论定位准确、立意高、有战略眼光。他们认为，必须把对培训的投入（包括资本投入和人力投入）看成是企业的资本投资，而不仅仅是企业生产产品或提供服务的成本。FIAT 人力资源部负责人说，如果把培训投入作为生产成本来看待，就会导致企业在盈利时不愿意增加成本而对培训进行投资，而在企业出现亏损时又无力进行培训投资。但是，如果把培训投入作为资本投资来看待，就会产生积极的意义：把培训投入作为资本投资，企业经营者就要讲回报，他就会像对待其他资本投资一样，必然重视培训的产出和经济回报，从而企业的高层领导就会要求培训机构和参训人员要不断地提高培训质量，注重培训效果，延伸培训的价值链。

FIAT 集团的培训原则为培训必须紧密结合本企业的实际需要，配合公司的人力资源开发规划，设计和制订科学的、受培训者欢迎的培训项目。ISVOR 公司的前身是 FIAT 汽车技术培训学校，成立于 20 世纪 30 年代，1997 年 FIAT 集团的几家培训机构重组联合后成立 ISVOR 国际培训公司，是 FIAT 集团内享有独立法人的非营利机构。根据自身从事 60 多年企业培训的经历，ISVOR 公司的培训项目设计独具特色，他们研究提供的所谓"量体裁衣"式的培训项目，从项目设计、培训需求分析、课程讲授（培训方法的运用），到培训项目实施中的质量监控和培训效果评估，有一套严格、科学又易于操作的规范化程序。

在 FIAT 那里，企业开展人才培训不是孤立进行，而是与建设企业文化和学习型企业密切结合的。由于 FIAT 集团总部提出要把 FIAT 办成学习型企业，强调学习知识的重要性和知识转变成能力的巨大价值，从而在公司上下已经形成了强烈的学习氛围，广大员工和各级管理人员为了明天比今天过得更好，为了自己比别人干得更出色，为了有更多的晋升和进步的机会，人人都争先恐后地争取培训机会，或自学（在 FIAT 集团各业务部门、各企业，甚至每个车间都有由 IS-VOR 培训中心统一设置的"学习角"（learningpoint）。FIAT 的职工和干部，白天干活，晚上到培训中心参加各种课程的培训，学技术、学管理、学外语已在全集团蔚然成风。FIAT 集团的学习风气和较高的员工素质在意大利企业界乃至社会上享有盛誉，不少企业、学校、社会团体甚至政府部门、民间机构都把 FIAT 董事长视为意大利的企业明星和国民的楷模，把 FIAT 公司及其生产的汽车看成是国家的成绩和骄傲。

➢ 案例启示

从培训理念的定位、到培训内容的设计甚至是员工培训的辅助机制，菲亚特集团的员工培训工作可谓是一个完整的系统。也只有像菲亚特集团这样周密的培训管理才能确保企业员工培训的切实有效。本节课程我们将要学习员工培训实施流程的相关知识，具体包括：

(1) 培训需求分析；

(2) 培训项目设计；

(3) 培训项目实施。

员工培训是一项包含内容众多的系统工程，要使培训活动获得实效，必须精心设计，并遵循科学的流程。员工培训的流程一般包括三个阶段，即前期需求分析阶段、培训设计与执行阶段和培训效果评估阶段，如图 6-1 所示。本节重点讨论培训需求分析和培训设计执行阶段。

一、培训需求分析

（一）培训需求分析的概念

培训需求分析主要是寻找理想的绩效标准与实际绩效之间的差距。它是人力资源开发的基础性工作，是进行有效培训的前提条件，它有助于培训计划的顺利实施，也是衡量培训方案的标准。换言之，培训需求分析是指寻找和发现组织中谁需要学习、学习什么、排列需求的优先顺序，以帮助其更好地完成工作。

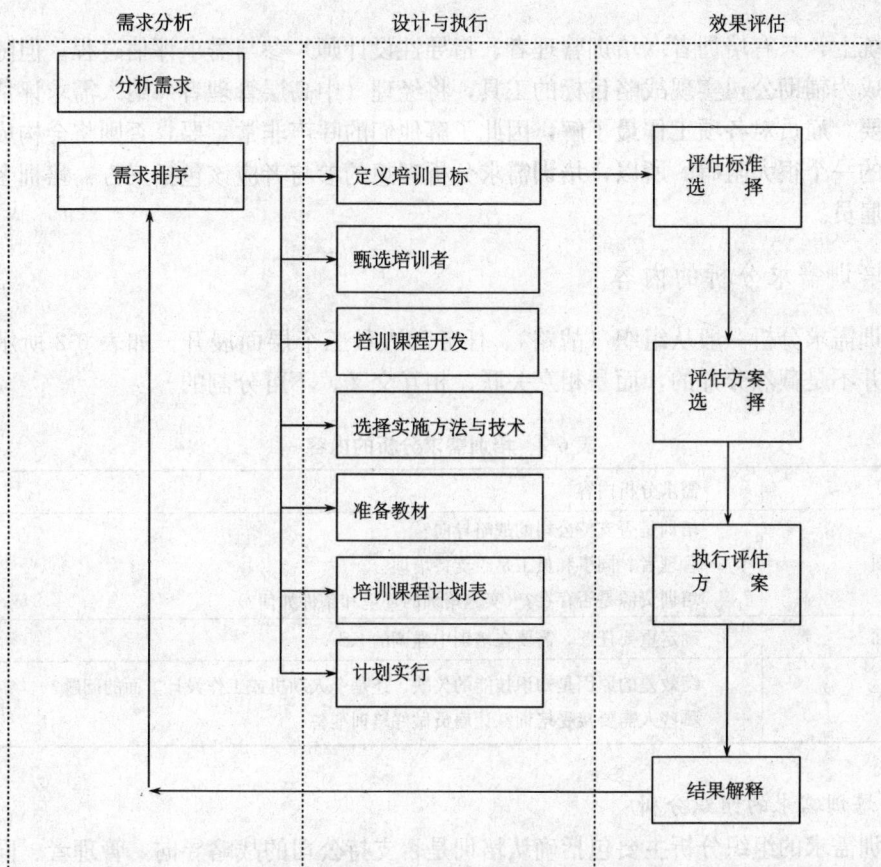

图 6-1　员工培训实施流程

资料来源：徐芳．培训开发理论与技术．上海：复旦大学出版社，2009：48.

（二）培训需求分析的意义

通过培训需求分析，首先可以确定组织绩效问题产生的原因，是员工知识技能的欠缺、工作动力不足、工作设计有问题，还是工作当中沟通不畅等等。如果原因是工作环境的，即使进行了培训，问题也依然会存在。因此，培训管理者必须寻找组织的真正问题所在，确定是否需要培训。其次，培训需求分析可以明确理想绩效与现实绩效之间的差距，以及达到目标绩效所需的知识、技能、行为与现有的知识、技能、行为方面的差距，以便根据这些差距，设计相应的培训的内容和方式。复次，通过培训需求分析，可以了解员工个人的需求，了解个人职业发展需求，赢得组织成员的支持。再次，通过各种方法收集的与培训有关的信息，有助于建立动态信息数据库，便于进行培训效果的评估和反馈。最后，培训需求分析可以确定培训项目需要的成本，从而决定投入多少才更经济。

（三）培训需求分析的参与者

传统上，只有培训者（培训管理者、指导性设计师）参与需求评估过程。但随着培训日渐成为辅助公司实现战略目标的工具，将经理（中高层管理者）纳入需求评估过程十分重要。雇员对各项工作最了解，因此了解他们的呼声非常重要，否则将会构成培训过程中的一个很大阻碍。所以，培训需求分析理想的参与者应该包括三方：培训者、管理者和雇员。

（四）培训需求分析的内容

培训需求分析一般从组织（战略）、任务和人员三个层面展开，如表 6-2 所示。三个层次并不是截然分开的，而是相互关联、相互交叉、不可分割的。

表 6-2　培训需求分析的内容

层次	需求分析内容
组织层面	培训是否支持公司的战略导向？ 管理者、同事和员工是否支持培训？ 培训资源是否存在？（实施培训的环境和条件如何？）
任务层面	确定重要任务，需要在培训中强调的 KSA
人员层面	绩效差的原因是知识技能的欠缺，还是个人动机或工作设计方面的问题？ 哪些人需要接受培训？让雇员做好培训准备

1. 培训需求的组织分析

培训需求的组织分析主要包括确认培训是否支持公司的战略导向，管理者、同事和员工是否支持培训活动，以及培训资源是否存在。

实行紧缩投资战略的公司比实行其他战略的公司更注重诸如新职业介绍和寻找工作技能方面的培训，要注重跨专业培训，以使留下来的员工承担更大的责任，而实施集中战略的组织则要强调团队建设培训、人际交往技能培训以及现场培训等。

大量研究表明，同事和管理者对培训的知识在员工参与培训的热情和动力方面具有十分重要的作用。成功的关键在于管理者和同事是否对参与培训活动抱有积极的态度，他们是否愿意向受训者提供有关如何在工作中有效利用培训所学的机会。如果同事和管理者不采取支持的态度和行为，那么受训者将很难把培训收获运用到实际工作当中。

弄清楚本组织是否拥有培训经费、培训时间及与培训相关的专业知识是很有必要的。根据组织所具有的资源状况，可以有三种策略选择：内部开发培训项目、向外购买培训项目、让不具备相关知识技能的员工转岗或解聘。选择最后一种策略说明公司更愿意将资源分配到人员甄选和安置上，而不是用于培训。

2. 培训需求的任务分析

只有从组织分析中得出公司愿意在培训上投入时间和资金的结论后，才能进行任务分析。因为任务分析是一个耗时而且乏味的过程，它需要大量的时间来收集并归纳数据。任务分析的最终结果是对工作活动的详细描述，包括员工执行任务和完成任务所需的知识、技能和能力。

任务分析包括四个步骤：一是选择待分析的工作岗位。二是通过访问并观察熟练员工和他们的经理，或者与其他进行过任务分析的人员讨论，列出工作岗位所需执行的各项任务的基本清单。三是确保任务基本清单的可靠性和有效性，包括以会议讨论或问卷调查的方式让在职人员，经理人员确定执行该任务的频率、完成各项任务所需的时间、各项任务对工作的重要性，以及学会完成这项任务的难度。表6-3给出了对电工进行任务分析的调查问卷中的样题。四是一旦工作任务确定下来，就要通过访谈或问卷来明确胜任各项任务所需的知识、技能或能力，并按照重要性对其进行排序。维特克提出一种计算培训需求的模式——需求优先指标（priority need index，PNI），其计算时运用量表评定等级的方法分别表示任务的重要性和任职者的工作熟练程度。公式如下：

$$PNI = I \times (I - D)$$

其中，I为任务的重要性；D为任职者的工作熟练程度。

表6-3　对电工进行任务分析的调查问卷中的样题

工作	电工		
任务	执行等级评定		
任务描述	执行频率	重要性	难度
换灯泡	0 1 2 3 4 5	0 1 2 3 4 5	0 1 2 3 4 5
换插座	0 1 2 3 4 5	0 1 2 3 4 5	0 1 2 3 4 5
装灯座	0 1 2 3 4 5	0 1 2 3 4 5	0 1 2 3 4 5
换电灯开关	0 1 2 3 4 5	0 1 2 3 4 5	0 1 2 3 4 5
安装新的断路开关	0 1 2 3 4 5	0 1 2 3 4 5	0 1 2 3 4 5
	执行次数 0=从来没有 5=经常	重要性 1=可忽略 5=非常重要	难度 1=非常容易 5=非常难

PNI的值越大，表明培训需求越大，在排序上优先考虑。通过比较不同任务的PNI数值，可以得到培训需求的优先顺序。

3. 培训需求的人员分析

人员分析能帮助你确定哪些雇员需要培训，也就是说，通过分析员工目前的实际工作绩效与预期的工作绩效来判定是否有进行培训的必要。

Herbert和Doverspike认为，人员层面的培训需求分析可以分为两个部分，用来判断员工个人整体绩效水平的判断式人员分析和用来寻找隐藏在个人绩效背后原因的诊断式人员分析。[1] 他们还对人员分析绩效评估模型进行了归纳，如图6-2所示。该模型分为以下几个步骤：①进行全面准确的绩效评估，获取现有资料；②确认员工行为、特质

① Herbert G R, Doverspike D. Performance appraisal in the training needs analysis process: a review and critique. Public Personnel Management, 1990, 19 (3): 253~270.

与理想的绩效标准之间的差距；③确认差距的成因，确认这种差距是由于员工个体特征，还是由于工作环境；④选择合适的措施消除差距；⑤经过干预措施实施后，反馈到第一步重新评估。

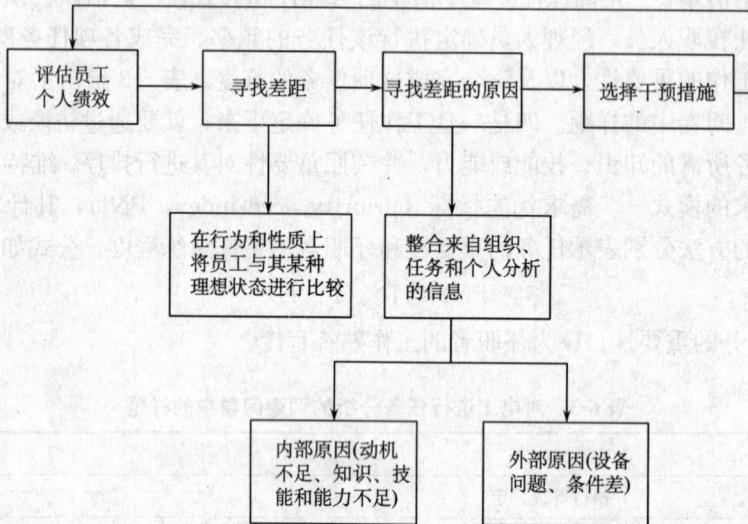

图 6-2　人员分析绩效评估模型

　　在进行人员分析时，为了明确培训是否是解决绩效问题的最佳方案，管理者应该评价：①绩效问题是否很重要，公司是否有因生产率下降或顾客流失而蒙受重大损失的可能。②雇员是否知道应如何有效地工作。也许他们以前很少或根本没有受过培训，或者所接受的培训是无效的。③雇员能否掌握正确的知识和行为方式。可能他们虽然受过培训，但他们在工作中不经常或根本就不运用培训所学的知识、技能等。④绩效预期是否明确，是否存在实现绩效的障碍，比如不合适的设备或工具。⑤绩效优秀的员工是否会获得满意的回报，业绩差的雇员是否得不到奖励。如果雇员对自己的薪酬不满意，那么他的同事可能鼓励他放慢工作速度。⑥雇员能否获得有关他们工作绩效的及时、有意义、准确、建设性和具体的反馈。⑦是不是有其他解决办法，比如重新设计工作或给雇员调换工作岗位，成本太高或不现实。

　　在雇员缺乏完成工作的知识和技能而且其他条件允许的情况下，培训是必需的。如果雇员具备执行任务的知识和技能，但达到理想绩效的其他条件不具备，培训也许就不是解决问题的最好方案了。比如，如果绩效差是由于缺乏信息反馈，那么就不需要对员工进行培训，而是要让他们的经理接受如何给予绩效反馈的培训。

二、培训项目设计

　　经过培训需求分析，确定了培训需求的优先次序，明确了哪些人需要培训、需要什么内容的培训后，紧接着就应该根据学习理论，设计有效的培训项目。设计有效培训项目应考虑以下因素：第一，培训项目目标的确定；第二，培训材料的准备；第三，选择培训者；第四，培训方式方法的选择；第五，选择和准备培训场地。下面将依次对这些问题进行阐述。

（一）培训项目目标的确定

培训目标（objective）指的是培训活动的目的和预期的成果。它既是确定培训内容与培训方法的基本依据，也是评估培训效果的主要依据。明确的培训项目目标也有助于引导受训者集中精力完成培训与学习任务。

培训项目目标的准确表述是艰巨而重要的任务。好的培训目标应该具体、可度量、可观察。例如"意识到大多数植物的生长需要阳光"就不是一个很好的培训目标，因为"意识到"是受训者内在的心理活动，无法测量，也无法从外部观察到。类似地，诸如"了解"、"知道"这样的表述也是不合适的。相反，"举例说明阳光影响植物的生长"就是一个明确的培训项目目标，因为"举例说明"这一行为是具体的，也是外部可观察的。表6-4列举了一些可用于描述认识上的、情感上的和精神上的学习成果的动词。

表 6-4　培训目标中的绩效或成果举例

范围	绩效
知识（信息回顾）	排列、定义、标注、列表、回顾、复述
整理（用自己的词解释）	分类、讨论、解释、评论、翻译
运用（运用到新的环境中）	运用、选择、论证、举例、准备
分析（分成几部分并说明它们之间的关系）	分析、归类、比较、图解、检验
综合（将各部分总结为一个整体）	整理、收集、排列、计划、制定
评价（在标准的基础上进行判断）	评估、批评、争论、选择、比较
响应（最小限度地参与）	答复、回答、赞成、服从
技巧活动（高级学习活动）	操作仪器、运用手工工具

（二）培训材料的准备

培训材料是指能够帮助学习者实现培训目标、满足培训需求的所有资料，包括：课程描述、课程具体计划、学员用书、课前阅读材料、教师教学资料（视听材料、练习册、背景资料、电脑软件等）、小组活动的设计与说明、测试题目等。课程描述主要是提供培训项目的基本信息，具体包括：课程名称、目标学员的基本要求、培训的主要目的、本课程的主要目标、培训时间、场地安排，以及培训教师的姓名。详细课程描述举例见表6-5。详细课程计划（detailed lesson plan）主要是设计培训的内容和活动，安排活动的前后顺序，以帮助培训教师顺利完成本课程的教学内容，达到培训的目标。根据组织可以获得的资源，上述培训材料可以由培训教师准备或组织自行设计开发，可以向外部组织购买，或者也可以从外部购买并按组织特定需求修改。

表 6-5　课程描述举例

项目名称：大学生现代礼仪

课程名称：电话礼仪

课程目的：

(1) 能准确复述电话礼仪的三要素

(2) 能列举出接电话、通话中和挂断电话的注意事项

(3) 能通过角色扮演，展示有效的电话沟通

目标学员：即将走上社会的在校大学生

学员人数：30 人

课程时间：2 小时

地点：8202 教室（活动桌椅，座位扇形排放）

先决条件：学员能正确、熟练使用电话

指导者：×××

（三）培训师的选择

一名合格的培训师不仅应该具备相关的专业理论知识和实际应对经验，还需要具有培训经验和技巧，能熟练运用培训工具。此外，他还应该具有多方面的能力，包括良好的交流和沟通能力、引导学员自学的能力、善于发现问题和解决问题的能力。最后，他应该拥有培训热情，愿意投入到培训活动中。培训师既可以从外部聘请，也可以从内部培养、选拔。两种来源的培训师各有其利弊。

外聘培训师的优势在于：选择范围大，质量高；可带来全新的理念；具有"名师"效应，吸引学员，可以提高培训档次。其劣势则是外聘培训师可能对企业和培训对象缺乏了解，因而可能影响培训效果。另外，也可能对培训师的了解度不够，加大了培训的风险。最后，外聘培训师的成本通常较高。

内部培训师的优势在于：了解企业和培训对象的情况，培训的针对性强；而且由于内部培训师熟悉培训对象，有利于沟通；此外，内聘培训师的成本相对较低。内部培训师的劣势主要是：不易于在培训对象中树立威信，可能会影响学员的学习态度；在内部员工中选择范围比较小，可能会影响培训师的质量；而且，培训师受企业文化影响较大，不利于带来新理念。

要结合内外培训师的优点，人力资源部可以做两件事。一是要重视选拔和培训内部培训师的工作。企业内部的各级管理人员是内部讲师的天然候选人，各类职业的业务骨干是企业内部讲师的重点对象，所以内部讲师的甄选主要针对这些群体。同时，为克服内部选拔的讲师在业务方面优秀，但在有关课程设计、授课方法、课程组织等方面欠缺的问题，人力资源部需要专门对这些讲师进行培训。二是为促使外部培训师培训成果的实现，可以建立"外部讲师助手"制度，为每个外部讲师配备专门的内部助手。内部助手的主要任务是为外聘培训师提供本企业的案例故事和实际素材，丰富外聘讲师的讲课内容，强化授课的针对性、实用性。然后就是对外部讲师的授课提出建议，收集评价和反馈信息给外部讲师，促使培训成果有效转化。内部助手在帮助外聘讲师的过程中也提

高了自身的专业知识和授课水平，有利于企业内部讲师队伍的成长。

（四）培训方法的选择

在培训项目设计中，非常重要的一个方面是培训方法的选择。培训方法的采用直接关系到培训的效果，因此特别值得关注。培训方法有许多种，而且受培训实践和技术发展的影响，还在不断创新之中。总体上，根据培训是否需要借助互联网等新技术来传递信息，我们可以将各种培训方法划分为传统培训方法和新技术培训方法。传统的培训方法是指以培训师直接面对受训者为主要形式的培训方式，这种方式一般不需要借助电子信息技术来传递信息。我们可以将传统培训方法分为三大类：演示法、亲身实践法和团队建设法。新技术培训包括多媒体培训、基于计算机的培训、网络学习等。当然，传统方法与现代新技术方法培训的界限并不绝对，很多传统的培训方法同时也可以通过光盘或互联网来实现。例如，课堂教学既可以在师生之间面对面展开（传统培训），也可以在一个没有指导者的虚拟课堂进行。讲座还可以被录制或刻成光盘。由于新技术培训方法可能有助于提高学习效率，降低培训成本，因此其使用频率正逐渐升高。

可供选择的员工培训的方法有很多，但在培训实践中用得最多的方法是哪些呢？根据全球人力资源培训和咨询领域当中最有影响力的组织——培训与开发学会（ASTD）——对美国本土雇员人数超过 100 人的会员企业的最新的产业培训调查，2006 年、2007 年，按照每种方法所用学时数的比例来看，传统的课堂讲授仍然是最常用、使用频率最高的培训方法。其次是在线学习和自学。而且这两种培训方法都有增加使用的趋势。下文将简要介绍几种常用的培训方法，并比较其在培训有效性方面的优劣，以为选择适当的培训方法提供参考。

1. 演示法

演示法是指受训者为被动的信息接受者的培训方法，这些信息包括事实、过程及解决问题的方法。演示法包括讲座法和视听法。

（1）讲座法（lecture）。讲座法又称讲演法、课堂讲授法，是指培训者用语言传达想要受训者学习的内容的方法。这种学习的沟通主要是单向的，即从培训者到听众。不论新技术如何发展，讲座法一直是普遍采用的培训方法。与其他新技术培训方法相比，它对硬件要求较低，简单到只需要一名讲师、一间教室就可以进行培训；而且所有的活动都在教室内完成，组织实施简单。讲座法可面对多数学员，是按照一定组织形式有效传递大量信息的成本最低、时间最节省的一种培训方法。除了作为传递大量信息的主要沟通方法之外，讲座法还可以作为其他培训方法的辅助手段，比如行为示范和技术培训。在开展互动性更强、更符合受训者特定需要的培训之前，讲座法可以用于向他们传递有关培训目的、概念模型或关键行为的信息。

讲座法的不足之处在于它缺少受训者的参与、反馈以及与实际工作环境的密切联系，这些都会阻碍学习和培训成果的转化。为了克服这些问题，讲座法经常会附加问答、讨论和案例研究。这些方法使培训者能在讲座中为学员提供更多的参与机会、与机会有关的案例和实践练习，从而有利于学习和培训成果的转化。

（2）视听法。视听法是指利用幻灯片、投影、照片、录音、录像、电影等设备来传递信息的方法。录像也是实践中最常用的培训方法之一。视听法的优点很多：第一，灵活、具体化、过程化，可将动态、复杂的事件很好地复制出来，使受训者很快融入情境。第二，可以重复播放、慢播，行为模仿性和互动性强。第三，可以接触到不易接触到的设备、事件、难题。第四，录像可以使受训者看到自己的表现，矫正行为。视听法比较适合用来进行技能型培训，如提高沟通技能、谈话技能、客户服务技能、阐述工序的要领等。但是，录像开发难度大，而且如果剧情过于复杂或背景音乐过多或演员之间对话效果不好，就会扰乱学习重心。因此培训中录像内容不宜多，要注意背景音乐和对话效果，剧情宜简单化。

2. 亲身实践法

亲身实践法是指要求受训者积极参与学习的培训方法。这类方法包括现场培训、仿真模拟、案例研究、商业游戏、角色扮演和行为示范。这些方法在用于以下方面的时候非常理想：开发特定技能，理解技能和行为如何运用于工作中，亲身经历任务完成的全过程，或处理工作中发生的人际关系。

1）现场培训

现场培训（on the job training）有时也被称为在职培训、工作指导法。它是指新员工或没有经验的员工在通过观察并仿效同事或管理者工作时的行为来学习的培训方法。现场培训可以采用多种方式，如师徒制和自我指导学习。

师徒制是一种既有现场培训又有课堂学习，兼顾工作和学习的培训方法。传统的师徒制早在行会制时期就已存在。它没有固定的模式，师傅拼接自己的知识和技能指导徒弟，先给徒弟讲解一些基本要点，然后自己示范，徒弟通过观察和模仿获得经验。新式的师徒制训练要求根据学习的技术程度，制定学习计划，并指定专人负责，采用在职培训和课堂培训相结合的方式分阶段进行，因而效率大大提高。新式的师带徒不仅适用于技能行业，也适用于工作结构性差的工作，例如，经理的管理工作就可以用这种方法，通过做一段时间的经理助理，训练和提高管理能力。

自我指导学习是指受训者按照自己的进度学习预定培训内容的培训方法。培训者只是作为一名辅助者，负责评估受训者的学习情况并回答所提出的问题。培训者不对学习过程进行控制或指导，学习过程完全由受训者自己掌握。

总的来看，现场培训是一种很受欢迎的方法，因为与其他方法相比，它在材料、培训者的工作或指导方案上投入的时间或资金相对较少。某一领域内专业的管理者和同事都可以作为指导者。这样聘请他们按照他们的理想来指导培训，就成为一种很有吸引力的选择。

但是使用这种缺乏组织的现场培训方法也有不足之处。指导者也许既传授了有用的技能，也传授了不良习惯。同时，他们可能并不了解演示、时间和反馈是进行有效现场培训的重要条件。没有组织的现场培训可能使受训者接受不到很好的培训。

2）仿真模拟

仿真模拟是一种体现真实生活场景的培训方法，受训者的决策结果能反映出如果他在某个工作岗位上工作会发生的真实情况。模拟可以让受训者在一个人造的、无风险的环境下看到他们所作决策的影响，常被用来传授生产和加工技能及管理和人际关系技能。

3）案例研究

案例研究是关于雇员或组织如何应对困难情形的描述，要求受训者分析评价他们所采取的行动，指出正确行为，并提出其他可能的处理方式。案例的来源可以是真实的，也可以是杜撰的，其篇幅可长可短，其形式可以是文字或录像电影。案例研究培训的基本假设是：学习者只有能够在一个不断发现的过程中进行学习，才最有可能在必要时回忆起并应用这些知识和技能。这种培训方法适于开发高级智力技能，如分析和解决问题的能力、综合及评估能力。

4）游戏培训法

游戏培训法是由两个或更多的参与者在遵守一定规则的前提下相互竞争达到预期目标，或者是众多参与者通过合作克服某一困难实现共同目标的培训方法。这种方法适用于各种管理开发（尤其是高层管理者的开发）、人际能力、市场营销和以财务为衡量目标的培训。

5）角色扮演法

角色扮演法是指在一个模拟的工作环境中，指定参加者扮演某种角色，借助角色的演练来理解角色的内容，模拟性地处理工作事务，从而提高处理各种问题的能力。角色扮演的对象是工作中经常遇到的人或经常处理的事。这种方法适用于人际关系、决策、管理技能、访谈等培训。

6）行为示范法

行为示范是指向受训者提供一个演示关键行为的示范者，然后给他们机会去实践这些关键行为。行为示范培训以社会学习理论为基础。它更适用于学习某一种技能或行为培训，而不太适合于事实信息的学习。这种培训方法是传授人际关系和计算机技能的最有效方法之一。

3. 团队建设法

团队建设法是指用来提高小组或团队绩效的培训方法，旨在提高受训者的技能和团队的有效性。团队建设法要求受训者分享思想与经验，建立团队意识，理解人际关系动态，了解自己和同事的优势和劣势。团队建设的方法包括拓展训练、团队培训、行动学习。

（1）拓展训练。拓展训练又称冒险性学习（adventure learning），注重利用有组织的户外活动来开发团队协作和领导技能。拓展训练可能包括一些费力的、富有挑战性的体育活动，还可能采用有组织的个人和小组户外活动。它适于开发与团队效率有关的技能，如自我意识、问题解决、冲突管理和风险承担。

（2）团队培训（team training）。团队培训通过协调一起工作的单个人的绩效，从而实现共同目标。受过有效培训的团队能够设计出一套程序，以便发现和改正错误，协调信息收集，相互鼓舞士气。

（3）行动学习（action learning）。行动学习是指给团队或工作小组一个实际工作中面临的问题，让他们共同解决并制定出行动计划，然后由他们负责实施计划的培训方式。这些问题包括如何改变经营状况、更好地利用技术、消除顾客和公司之间的障碍、开发全球领导者等。

4. 新技术培训方法

新技术培训方法依赖于当代科学技术的发展，具体包括下面几种类型。

（1）多媒体培训。多媒体培训是把各种视听辅助设备，包括文本、图表、动画及录像等与计算机结合起来进行培训的一种现代培训方法。由于多媒体培训以计算机为基础，受训者可以用互动的方式来学习培训内容。多媒体培训使原来抽象、枯燥的知识变得生动详细，能够更加直观地把培训内容传递给受训者，激发受训者的学习兴趣和求知欲望，使其更容易接受。最典型的多媒体方式是互动性录像，以计算机为基础时就变成CD-ROM。

多媒体培训在对员工进行软件和计算机基本应用技能培训时使用频率较高，在进行管理技能培训时也有一定程度的应用。多媒体技术与网络的结合更是使得这一技术获得了快速增长。制约多媒体技术运用的最大障碍是开发成本，而且培训内容难以更新。

（2）基于计算机的培训。基于计算机的培训是一种互动培训方式：计算机给出激发学习的因素，受训者必须做出响应，再由计算机分析这些响应并向受训者提供反馈。它包括一系列的互动录像、计算机硬件、计算机应用程序等设备。基于计算机的培训最大的优点在于其互动性。这种互动不是学习者与培训者的互动，而是学习者与计算机的互动。这就相当于让每个学习者都得到一个私人教师，能够为受训者提供个性化的学习指导计划。基于计算机的培训第二个好处是受训者能够按照自己的速度自行安排培训内容，按照自己的需要随时进行，保证培训具有连续性，也便于受训者进行自我控制和自我强化。这种培训方式可用于指导技术程序和人际交往技能的培训。

（3）网络学习（e-learning）。网络学习又称在线学习（online-learning）是指通过在线计算机和互联网开展教学和传递培训课程的方式。它包括基于网络的培训、远程学习、虚拟课堂、任务支持、仿真模拟培训以及学习入门等多种方式。在基于网络的培训中，网络可以是互联网或内部网。前者由公共或私人计算机进行传递，并通过网络浏览器进行演示来实施培训；后者则通过公司自己的计算机网络开展的培训，它只面向公司内部员工，不面向一般大众。

网络学习不仅为受训者提供培训内容，还教授提高他们控制学习内容、学习进度、训练强度甚至学习时间的能力。另外，网络学习还允许雇员之间以及雇员与专家之间相互合作或交流，并为其提供其他学习资源的链接。课程内容可以通过文本、录像、图片或声音等形式传递给受训者。这些可以大大提高学员参与学习的积极性，强化学习效果。与传统培训方法相比，网络学习可以面向更多的受训者，同时也使得分散在不同地区的员工可以在各自的工作地点接受培训成为现实，这既为公司节省了培训的旅费开支，也可以大大节省培训时间，有利于培训成本的下降。此外，网络学习的培训内容是通过使用方便的网页语言来编写的，因此很容易更新。培训者可以在储存网络学习项目的服务器上对内容进行更新。网络学习的管理模式也更加高效，是无纸化的。

作为一名培训者或管理者，工作中经常需要在各种培训方法中作出选择。一种可行的办法是对各种培训方法进行比较。Carroll 等和 Shoenfelt 等曾经对常用的培训方法在实现培训目标方面的有效性进行过研究。[1] 这 10 种方法是分阶段自学、计算机辅助培训、有提问的讲演、电影、电视讲座、敏感性培训、案例研究、讨论、角色扮演、模拟游戏。分阶段自学指按照一定的学习进度，发给材料，经过考试或者提问通过后进入下一阶段学习的方式。敏感性培训是指让人认识到自己的偏见、对他人更敏感的培训。研究考察的六个目标是获取知识、改变态度、解决问题能力、人际技能、学员接受度、知识保留（记忆并运用的能力）。他们的研究得出了大致相似的结论。在表 6-6 中，各栏下前面一列是 Carroll 的研究结论，后面一列是 Shoenfelt 的研究结论。

表 6-6　培训方法有效性比较

	获取知识		改变态度		解决问题能力		人际技能		学员接受度		知识保留	
分阶段自学	1	2	7	10	6	7	7	9	7	9	1	6
计算机辅助培训	—		—		—		—		—		—	
有提问的演讲	9	6	8	6	9	8	8	6	8	7	8	8
电影	4	8	6	7	7	9	6	7	5	5	7	9
电视讲座	5	10	9	8	8	10	9	8	9	10	9	10
敏感性培训	8	9	1	1	5	5	1	2	6	6	3	7
案例研究	2	4	4	5	1	1	4	5	2	3	2	1
讨论	3	3	3	3	4	4	3	3	1	1	5	4
角色扮演	7	7	2	2	3	3	2	1	4	4	4	2
模拟游戏	6	5	5	4	2	2	5	4	3	2	6	3

资料来源：Carroll S J. Paine F, Ivancevich J J. The relative effectiveness of training methods：expert opinion and research. Personnel Psychology, 1972, (25)：495～509; Shoenfelt E L et al. The relative effectiveness of training methods for attaining training objectives：current opinion of training practitioners. The Annual Meeting of the Southeastern Psychological Association. New Orleans, LA, 1991, March 20～23.

如表 6-6 所示，不同的培训方法，各有擅长。计算机辅助培训和分阶段自学在增进员工的知识上有很强的优势；敏感性培训和角色扮演在改变受训者态度方面效果明显。而案例研究、模拟游戏和角色扮演在提高学员解决问题的能力方面效果更好。角色扮演和敏感性培训都是增进人际技能的有效方法。相比而言，尽管讲演法由于操作方便、成本低廉，是最频繁使用的方法，但是，它既不是最有效的方法，也不是最受学员欢迎的方法。综合来看，案例研究的培训效果是比较好的。这也是为什么哈佛商学院的职业经理人培训大量进行案例教学的原因。当然，除了实现培训目的的有效性之外，在选择培训方法时，开发和使用这种方法的成本也是必须要考虑的因素。

三、培训项目实施

培训项目的实施工作主要由人力资源培训与开发人员来完成。当准备工作进展到一

[1] Carroll S J, Paine F, Ivancevich J J. The. relative effectiveness of training. methods：expert opinion and research. Personnel Psychology, 1972, (25)：495～509; Shoenfelt E L et al. The relative effectiveness of training methods for attaining training objectives：current opinion of training practitioners. The Annual Meeting of the Southeastern Psychological Association. New Orleans, LA, 1991, March 20～23.

定阶段的时候，培训组织者就需要把这些前期工作的成果汇总起来，并付诸实践。为了使培训能够顺利实施，还有一些需要注意的问题。

（一）培训场所的选择与布置

如何布置培训的物理环境对在职培训来说尤其重要，因为只有在舒适的环境中受训者才有可能集中精力学习。

好的培训场所首先应该舒适且交通便利。培训场所的温度不能过高或过低。闷热的房间会让人感觉疲倦；而太冷的房间则不仅分散注意力还降低手指的灵活性。光线应该充足而柔和，以方便受训者记笔记、阅读印刷物或辨认投影图像。培训场所还要便于培训师和受训者到达，以免因交通不便影响正常的培训活动开展。

其次，培训场所应该是安静、独立、不受干扰的。培训管理者要检查培训场所是否有多余的椅子、是否有装满的垃圾桶、是否有前一个培训过程留下的成堆的材料。一个凌乱、无序、令人厌倦的培训教室会使人受到干扰。如果培训场所有很多干扰培训的分心刺激，比如噪音和电话铃声，培训管理者必须设法消除或尽量减少这些分心物。

再次，培训场所要为受训者提供可以自由移动的足够空间，提供足够大的工作空间，并让他们清楚地看到其他同事、培训者和培训中使用的任何可视材料与范例。培训场所的空间要与培训学员的数量匹配。将25个人安排在能够容纳250人的房间显得不合适，受训者也会觉得自己不受重视。如果可能的话，培训者最好事先巡视一下培训场地，看看有没有柱子、固定隔板之类会阻碍视线的物理障碍。如果培训是在教室进行的，座位的安排就会在培训者和受训者之间形成一种空间关系。教室内纵向固定的椅子会使受训者的行动受到很大限制，但是有利于将注意力集中到讲师身上。而随意可以挪动的椅子则可以根据具体的学习目标来安排座位。一般来说，扇形、U形、方桌和圆桌型座位摆放方式有利于双向沟通与交流。

此外，培训管理者还要考虑墙壁和地板的颜色及覆盖物。一般来说，铺地板的房间会更安静一些。此外，还要考虑室内的音响效果、有无必要的电源插座等。另外，只要可能，投影屏幕的位置最好与书写板或活动挂图的位置错开，这样就可以同时使用投影和书写板或活动挂图。

（二）培训日程安排

培训日程安排是否妥当直接关系到培训的效果，甚至决定了培训活动能否如期举行。培训日程安排无外乎工作时间内和工作时间外。在工作时间内安排培训，势必会影响企业正常工作的开展，延迟工作进度，造成企业整体运营成本增加。而一味将培训活动安排在八小时工作时间以外，员工容易产生抵触心理，导致缺勤率高，参与度低，培训活动过于被动。因此，在安排培训日程的时候，除了要考虑成本之外，还必须考虑培训的实际效果。作为培训活动组织者来说，应该掌握的基本原则是，在保证企业正常生产与经营活动照常进行的前提下，力求降低实施培训活动的成本，提高培训活动的有效性。因此，培训活动安排在正常工作时间内抑或在正常工作时间外，并无定论。

此外，在确定并公示了培训日程后，切忌随意更改日程，以免给参与培训活动的人员带来不便和协调上的困难。

（三）培训项目管理

培训项目管理是指对培训项目实施前、实施中和实施后所发生的活动进行的协调。培训管理包括：

（1）将课程和培训项目通知雇员。

（2）对参与课程和培训项目的雇员进行登记注册。

（3）准备并印制一些培训前所需的材料，如阅读资料和测试题目。

（4）准备指导过程中需要的资料（幻灯片复本、案例）。

（5）安排培训设施和房间。

（6）检查指导过程中要用的设备。

（7）准备备用设备（幻灯片的复本、备用的幻灯机灯泡）以防止设备出问题。

（8）在指导期间提供支持。

（9）分发评估材料（测验、培训效果反馈表、调查问卷）。

（10）在培训中及培训后为培训者与受训者之间的沟通提供便利（例如，E-mail 地址的交换）。

（11）在受训者培训记录或人事档案中记录课程结果。

良好的培训管理和协调工作可以保证不让受训者因为其他事情（如房间不舒服或者资料组织得不好）而分心，保证培训按照预定的目标和方向进行。

第三节　员工培训成果转化与效果评估

➤ 案例引入

为什么这次培训没有奏效？

D 公司是一家专门提供移动通信网络整体解决方案的高科技公司。多年来，公司凭借领先的科技实力，取得了良好的效益，目前已经是通信产业的领航人。公司高层管理者充分认识到，作为高新科技产业，只有迅速提高员工的素质才能在未来的通信产业中立于不败之地。因此，近年来公司与颇具知名度的 Z 培训公司合作，组织了几次大型培训。钱投了不少可效果却都不理想，原因何在？从以下两个事例中或许能了解一二。

事例一：

小李在参加技能培训前向培训负责人反映："新机器比我原来操作的那台复杂多了，并且在操作时总是出错。"负责人说："也许你尚未完全掌握要领，而我们提供的这次培训就是帮助你胜任这项工作的。"

> 然而，培训后，小李却满是疑问："可是在培训中演练的那台机器与我的这台新家伙完全不同啊！"另有技术骨干小张反映："直属上司似乎并不支持我来参加培训，在培训期间不断布置新任务，我根本没有精力，也无法静下心来上课。"
>
> 事例二：
>
> 除了技术类的培训，公司还为中高层管理人员安排了 MBA 课程。可培训还没有开始，大批老员工就声明不参加培训，他们觉得自己就这样了，没什么好培训的。于是要么推说工作忙，要么干脆请病假。另一些员工也只是抱着完成任务的态度，有的甚至认为：无非是走个过场，就当放几天假，休息一下好了。

➤ 案例启示

随着社会经济的发展与企业竞争的日益加剧，很多公司已经意识到了员工培训的重要性。但是由于缺乏科学理论的指导，培训过程存在着诸多的问题，正如案例中 D 公司遇到的困境一样，培训过程可能存在培训内容不合理、受训员工不支持、培训成果难以转化等问题。如何避免这些问题的产生，这就需要培训成果转化的相关知识，这也是本节将要学习的内容之一。具体来说，本节的课程内容包括：

(1) 培训成果转化的概念、意义和模型；

(2) 培训项目设计；

(3) 培训成果转化方法；

(4) 培训效果评估；

(5) 培训效果评估的原因和步骤；

(6) 培训效果评估模型；

(7) 培训效果评估方案。

一、培训成果转化

(一) 培训成果转化的概念和意义

组织都希望通过培训来提高个人和组织绩效，然而正如本章开篇的案例所表明的那样，很多时候，培训似乎并不尽如人意，并没有达到预期的效果。很多学者认为，培训效果不佳的原因之一是培训项目设计中很少考虑到培训成果的转化。所谓培训成果转化，是指受训者持续而有效地将其在培训中所获得的知识、技能、行为和态度运用于工作当中，从而使培训项目发挥其最大价值的过程。情况很可能是，尽管在培训过程中认知学习很可能会发生，但是受训者很可能没有在实际工作中运用培训内容的机会，或者培训过程中并没有教会受训者如何将所学内容运用于实际工作中。因此，如果企业想通过培训提高员工与组织的整体业绩，就必须了解如何实现企业中的培训成果转化。

（二）培训成果转化模型

　　研究表明，多种因素影响着培训成果转化的最终效果。鲍德温和福特（Baldwin & Ford）在前人研究的基础上提出了颇有影响力的培训成果转化模型（图 6-3）。该模型包括三部分：一是培训投入。培训投入包括受训者特征、培训设计和工作环境。二是学习保存。学习保存是培训产出之一，它受到培训投入的影响，同时也是培训转化的条件。三是推广和维持所学内容。维持即牢记程度，指长时间持续应用新获得的技能的过程。推广能力指受训者将所学技能应用于与学习环境中遇到的问题和情境相似但又不完全一致的问题和情境中去的能力。维持和推广既直接受到培训投入的影响，同时也以学习保存为中间变量，受到培训投入的间接影响。概括来说，培训成果的转化，就是通过培训投入获得新的知识和技能，并将其在受训者的认知与行为模式中加以保存，然后在适当的工作情境中加以维持和推广的过程。下面将具体介绍培训投入如何影响培训产出，并讨论确保培训成果转化的方法。

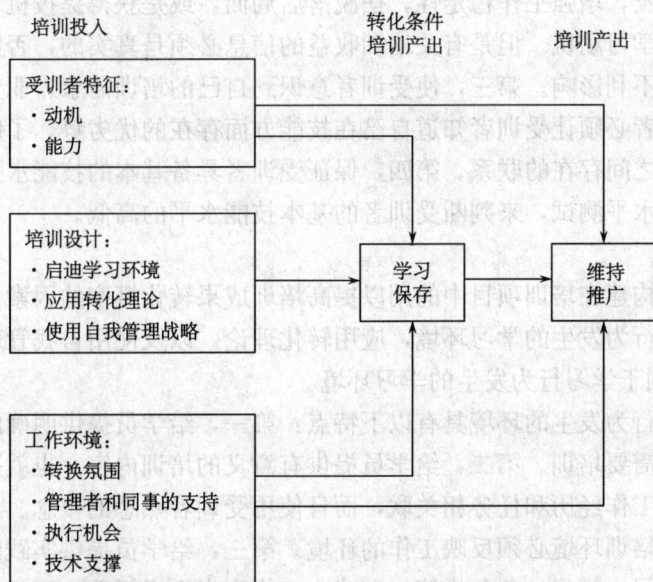

图 6-3　鲍德温和福特的培训成果转化过程模型

资料来源：Baldwin T T，Ford K. Transfer of training：a review and directions
for future research. Personnel Psychology，1988，41：65.

（三）培训投入

　　培训投入由三个环节构成，分别是受训者特征、培训设计和工作环境。

1. 受训者特征

　　受训者特征指的是受训者存在差异的特性，这种特性会影响个人学习的快慢以及学习内容的持久性和推广性。受训者的有些特征是稳定的、难以改变的，而有些特征则是可以改变的。与培训效果有关的两个主要受训者特征是学习动机和学习能力。研究表明，学习动机与受训者在培训中的知识技能获得、行为改变等密切相关。实践证明，在员工培训中，学习动机更强的受训者，更有可能克服学习中的各种障碍，达到更好的培训效果。

除了学习动机之外，受训者的能力对学习和工作业绩都会产生影响，而其中人的认知能力影响至关重要。认知能力包括语言理解能力、数量能力和推理能力。一个缺乏基本读写能力的人也很难通过培训胜任文书工作，也很难想象通过培训可以将一个数量能力很低的人变为计算高手。因此，如果受训者本身不具备掌握所学的基本技能的能力，学习行为与培训转化是否能够成功就很值得怀疑。

为了确保受训员工具有较强的学习动机和具备一定的学习能力，管理者可以采取以下措施：第一，确保受训者有充分的自信。让员工知道培训的目的是提高他们的绩效，而不是找出他们在哪些方面存在问题，让他们相信自己可以像其他已经接受过培训的员工那样取得成功。第二，使受训者了解培训后的收益，比如更简单、更安全的工作方法，结交新的朋友，增强工作稳定性，摆脱落后局面，或是获得提拔机会等。这会有助于强化受训者的学习动机。但是有关培训收益的信息必须是真实的，否则反而会对受训者学习动机产生不利影响。第三，使受训者意识到自己的培训需求、职业发展兴趣以及个人目标。管理者必须让受训者知道自己在技能方面存在的优劣势，了解培训计划与改善他们个人不足之间存在的联系。第四，保证受训者具备基本的技能水平。管理人员可以开展一些文化水平测试，来判断受训者的基本技能水平的高低。

2. 培训设计

培训设计指构建在培训项目中的用以提高培训成果转化概率的因素。这些因素包括营造有利于学习行为发生的学习环境，应用转化理论，以及使用自我管理战略。

1）营造有利于学习行为发生的学习环境

有利于学习行为发生的环境具有以下特点：第一，给学员提供明确的培训目标，让他们知道为什么需要培训。第二，给学员提供有意义的培训内容。也就是说，培训应该与受训者目前的工作经历和任务相关联，而且使用受训者熟悉的概念、术语和例子来传递信息。另外，培训环境必须反映工作的环境。第三，给学员提供实践的机会。实践的方式包括案例学习、模拟、角色扮演、游戏、口头和书面提问等。而且实践必须与培训目标相关。第四，给学员提供便于记忆的培训内容。培训内容的编码方式（文本、图像、多媒体）和培训方式都要有利于学员记忆。第五，给学员提供及时、频繁的反馈，而且应该以正面强化为主。第六，给学员提供机会，让他们通过观察、体验和人际交往来学习。第七，为学员合理安排并协调培训项目。

2）应用转化理论，提高培训内容与工作的关联性

根据培训转化理论，有三种影响培训设计的培训转化理论，它们是同因素理论、激励推广理论，以及认知转换理论。

同因素理论认为，培训转化只有当受训者在执行工作与接受培训期间所学内容完全相同时才会发生。能否达到最大限度的转化，取决于任务、材料、设备和其他学习环境特点与工作环境是否相似。这种理论特别适用于诸如设备使用培训等工作环境的特点可

预测且稳定的培训项目。同因素理论的关注点在于培训环境和实际工作环境的相似性，但它却没有告诉我们，当工作环境与培训环境不同时，该如何进行培训成果转化，尤其是对人际关系技能的培训。因此，受训者必须学习的是解决冲突的一般原则，在不同环境要求下能够变通使用，而不仅仅告诉其解决问题的具体方法和答案。

激励推广理论指出，理解培训转化问题的方法是建立一种强调最重要的特征和一般原则的培训，同时明确这些一般原则的适用范围。当工作环境（设备、任务和问题）与培训环境有所差异时，受训者具备在工作环境中应用学习成果的能力。因此，只要培训内容集中在解决问题的一般原则上，受训者就可以在转化过程中依据一般原则来解决问题。在设计管理技能培训项目时，激励推广理论得到了最广泛的应用。有很多管理技能开发的项目属于行为模拟培训。设计行为模拟培训的步骤是，先明确成功处理某一状况的关键行为，示范者演示一遍这些关键行为，并为受训者提供练习机会。在行为模拟培训中，关键行为可用于处理多种情况。实际上，行为模拟培训的练习就是要求受训者能在各种关于模拟情形不完全一致的情况下表现出这些行为。激励推广理论指出，只要可以针对工作时的一半原则来进行培训，培训环境的设计就可以和工作环境不相似。

认知转换理论以信息加工模型为理论基础。信息的存储和恢复是这一学习模型的关键因素。认知转换理论认为，转换实现的可能性取决于受训者恢复所学技能的能力。因此，可以通过向受训者提供有意义的材料来增加他们将工作中遇到的情况与所学能力相结合的机会，从而提高转换的可能性。同时，向受训者提供对所学技能进行编码记忆的认知策略也很重要，这样他们就能轻而易举地恢复这些能力。培训过程中培训师鼓励受训者思考培训内容可能在实际工作中的应用，这也是认知转化理论在培训项目设计中的应用。这种应用练习可以让学员在工作环境中发现适当的线索时，提高回忆起培训内容并将其应用于工作的概率。培训的应用练习可帮助受训者理解所学能力与现实应用之间的联系，以便在需要时更快地回忆起所学技能。

应用培训成果转化理论，可以提高培训内容与工作的关联性。不同的转化理论适用于不同的培训内容和培训对象，如表 6-7 所示。例如，对于基础员工的技能培训可以采用同因素理论，基本按照工作环境来设计培训环境；对于中层员工或管理层的管理技能开发培训，则应该采用激励推广理论或认知转化理论来设计培训环境和培训内容。

表 6-7 三种培训转化理论比较

理论	重点	适用条件	转化类型
同因素理论	培训环境与工作环境完全相同	工作环境的特点可预测且稳定，如设备使用培训	近转化
激励推广理论	一般原则适用于多种不同的工作环境	工作环境不可预测且变化剧烈，如人际关系技能的培训	远转化
认知转化理论	有意义的材料和编码策略可促进对于培训内容的存储和回忆	各种类型的培训内容和环境	近转化和远转化

3）使用自我管理战略，促进员工培训技能的运用

自我管理战略指个人控制自己的某些决策和行为的尝试。为什么自我管理在培训中

重要呢? 因为工作环境中会遇到许多阻止其进行培训转化的障碍, 包括与工作本身相关的因素和缺乏同事及管理者的支持。其中, 与工作本身有关的因素, 诸如时间压力、设备不足、缺少机会使用新技能, 或是资金不足, 会使培训者难以运用新知识、技能或行为方式。而很多研究发现, 受训者的同事和上级管理者对培训的支持非常关键。同事对培训的消极态度可能会阻碍受训者在工作中运用新知识和技能。他们可能不乐于提供运用培训所学的反馈, 或者认为培训只是浪费时间。这都不利于受训者运用新知识、技能或行为方式。另外, 培训转化如果缺乏管理者支持, 管理者也不会重视培训或为受训者提供在工作中运用新知识、技能和行为方式的机会。管理者可能不接受培训中所学的新思想和新主张, 不与下属商讨培训机会, 反对运用培训中所学的技能, 灌输培训是浪费时间的思想, 或者不乐于提供受训者运用培训内容所需的强化、反馈和鼓励等。

工作环境中的这些障碍因素会使得受训者继续运用培训以前的、有效性差的技能, 而没有尝试运用培训项目中强调的技能。这会阻碍培训转化的进行。帮助受训者做好应付这些阻碍因素的方法之一就是在培训项目结束时, 向受训者提供自我管理技巧的指导。自我管理的内容包括: 判断在工作中应用新掌握的技能可能得到的支持和带来的负面作用; 设置应用所学技能的目标; 在工作中应用所学技能; 自我监督所学技能在工作中的应用; 自我强化[1]。研究表明, 应用自我管理策略的受训者的转化行为和技能水平, 要比没有应用自我管理策略的受训者高。

3. 工作环境

许多工作环境特征会影响培训成果的转化, 其中包括转化氛围、管理者和同事的支持、执行的机会和技术支持。

1) 培训转化氛围

转化氛围是指受训者对各种各样能够促进或阻碍培训技能或行为应用的工作环境特征的感觉。这些特征包括管理者和同事的支持、应用技能的机会以及运用所学技能的结果 (表 6-8)。

表 6-8　有利于成果转化的氛围特征

特征	举例
主管和同事鼓励受训者使用培训中获得的新技能和行为方式, 并为其设定目标	刚接受过培训的管理者与他们的主管和其他管理者讨论如何将培训成果应用到工作当中
任务线索: 受训者的工作特点会督促或提醒他应用在培训中获得的新技能和行为方式	刚接受过培训的管理者的工作就是按照他用新技能的方式来设计的
反馈结算: 主管支持受训者运用培训中获得的新技能和行为方式	主管应关注那些应用培训内容、改革受过培训的管理者

---

① 个人依据强化原理安排自己的活动或生活, 每达到一个目标即给予自己一点物质的或精神的酬报, 直到最终目标完成。

续表

特征	举例
不轻易惩罚：对使用从培训获得的新技能和行为方式的受训者不会公开责难	当刚受过培训的管理者在应用训练内容的过程中出现失误时，他们没有受到惩罚
外部强化结果：受训者会因应用从培训获得的新技能和行为方式而受到外部奖励	刚受过培训的管理者成功运用了培训内容，他们的薪水就会增加
受训者会因应用从培训中获得的新技能和行为方式而受到内部奖励	主管和其他管理者应表扬那些刚受过培训就将所学内容应用于工作当中的管理者

2）管理者支持和同事支持

管理者支持（manager support）指受训者的管理者对参加培训项目的重视程度，以及对培训内容在工作中的应用的重视程度。管理者能为培训活动提供不同程度的支持。支持程度越高，就越能促进培训成果发生转化。管理者能提供的最基本的支持水平是允许雇员参加培训，最高水平是在培训中担任讲师或培训师。有几种方法可以帮助获得管理者支持：第一，向管理者简单介绍培训项目的目的以及它与经营目标和经营战略的关系。把培训结束后管理者应该做的确保培训转化的有关事项的日程表发给他们。第二，鼓励受训者将他们在工作中遇到的难题带到培训中去，可将其作为实践练习材料或列入行动计划。受训者应与管理者一道去发现各种问题。第三，与管理者共享从以前的参与者那里收集到的关于培训收益的信息。第四，培训师可安排受训者与他们的上司共同完成行动计划。第五，如果可能的话，聘请管理者作为培训师。至少，应安排管理者参加专门会议，向其说明培训目标，并设定预期目标，使他们鼓励员工参加培训，提供实践机会，强化培训应用，并能和受训者一起探讨应用新掌握的技能的进展情况。

同事支持也是影响培训成果转化的工作环境特征之一。可以在受训者之间建立支持网络，来促进培训成果转化。支持网络（support network）是指由两个或两个以上的受训者组成的、愿意会面并讨论将所学技能应用于工作中的进展情况的小组。这种会面可以是面对面的交流，也可以是通过电子邮件进行的沟通。通过这种交流，受训者之间可以共享将培训内容运用到实际工作所取得的成功经验。他们还可以讨论如何争取在运用培训中所学技能时必需的资源，或者如何抵制培训转化干扰因素的不利影响。培训师也可利用内部简讯或推荐以前参加过同样的培训项目的有经验的雇员作为咨询人员，来指导受训者进行培训成果转化。

3）执行机会

执行机会是指受训者应用所学技能的机会，即向受训者提供的或由他们主动寻找到的在应用培训中新学到的知识、技能和行为方式的机会。执行机会包括在工作当中运用培训内容的范围、运用的次数和频率，以及工作中执行的培训内容的难度和重要性。执行机会受到工作环境和受训者学习动机的双重影响。受训者应用所学技能的机会之一是在实际工作安排当中需要使用新技能（如遇到难题、任务）。在工作分配的决策中，受训者的上司通常扮演着重要角色。另外，执行机会还受到受训者寻找机会应用新技能的主动性的影响。有实践机会的受训者要比没有实践机会的受训者更可能保持所获得的能力。

4）技术支持

为了促进培训成果的转化，公司可以为受训者提供技术支持。电子绩效支持系统（electronic performance support system，EPSS）是一种计算机应用系统，它可以通过在全公司范围内获取、储存并传递雇员个人和公司的知识资本来帮助雇员在最短的时间、最少的外部支持的情况下，达到要求的绩效水平。EPSS能够按要求为受训者提供技能培训、信息资料和专家建议，也可向他们提供电子信息资源，作为在工作中应用所学技能的必要基础。培训者还可以监督受训者使用EPSS的情况，了解他们在培训转化中遇到的难题。

（四）培训成果转化方法

1. 阻碍培训成果转化的因素

在掌握了培训成果转化模型和转化理论的基础上，组织就可以寻找可能阻碍培训成果转化的环境因素，然后建立并推行有利于培训成果转化的方法。目前我国有相当多企业的培训经理人已经开始意识到在工作环境中存在诸多阻碍受训员工进行培训成果转化的因素。归纳起来大致体现在以下几个方面：

（1）缺乏各部门管理者的支持。管理者对培训没有给予足够的重视，不了解培训的大体内容，不清楚应如何为员工创造有利于培训成果转化的条件，或很少为受训员工提供应用新技能的工作机会。

（2）缺乏同事支持。员工们担心变革会冲击他们已经掌握的、习惯的工作方法和已有的业务知识，担心改革会危害他们的工作安全。所以为了切身利益，同事们会经常规劝受训员工使用原有的习惯性的行为方式或技能。

（3）与工作本身相关的因素。例如，工作中经常面临时间紧迫、资金短缺、设备匮乏等现象，让受训员工难以应用新技能。

（4）受训者本身的原因。受训者不明白自己为什么需要学习，不清楚培训结束后应该达到何种目标，不具备接受培训必需的基本技能，或受训者在培训期间由于其他原因没有集中精力接受培训，导致根本没有将培训成果进行转化，或者受训者在进行培训成果转化时，没有得到及时的反馈，使其进行培训成果转化的积极性大幅削弱，造成其缺乏培训转化的动机。

2. 促进培训成果转化的方法

尽管在培训成果转化的过程中存在着上述多种阻碍因素，但是我们可以采取有效方法确保、促进培训成果的转化。这些方法主要有：

（1）明确关键人员在培训成果转化中的作用。培训中的关键人员，包括管理者、培训者、受训者和受训者的同事。表6-9给出了各方关键人员在培训中应该做的工作，以克服阻碍培训成果转化的各种因素。

表 6-9 建立促进培训成果转化的工作环境的方法

关键人员	培训前	培训中	培训后
管理者/主管	1. 了解是什么问题导致不良绩效 2. 向受训者强调组织目标并为其设立培训目标 3. 参与制定和/或评价培训计划 4. 参与培训需求评估，选择受训者并制定培训成果转化计划 5. 建立支持机制	1. 观察或参与培训 2. 获得受训者的进展报告 3. 鼓励受训者 4. 如果可能，重新分配受训者的工作量 5. 尽可能避免中断受训者的培训 6. 制定培训后的行动计划	1. 和培训者、受训者同事一起编写受训者的培训报告 2. 维持支持机制 3. 监控培训计划的进展 4. 成为辅导员或行为榜样 5. 为受训者提供应用新技能的机会 6. 评估受训者的工作业绩 7. 经常正面强化，让受训者把工作中的错误当成学习机会
培训者	1. 依据系统的教育计划和学习理论设计培训项目，包括：收集组织和环境的信息并用于培训项目设计 2. 和管理者和受训者讨论培训要达成的目标或成果 3. 评定受训者现有的技能或知识水平	1. 提供详细联系机会和恰当的工作帮助 2. 对受训者提供反馈 3. 制定培训结束后的行动计划 4. 帮助受训者制定完整且现实的行动计划 5. 对培训过程和培训成果进行评估	1. 对培训进行评估并进行后续跟踪 2. 与管理者和受训者保持合作关系 3. 回顾和修正培训计划 4. 与管理者和受训者分析评估结果
受训者	1. 积极参与培训计划或培训需求评估 2. 完成所要求的任务或培训开始前必需的学习任务 3. 承诺完成学习任务 4. 开始建立支持培训的关系网络	1. 自我管理自己的学习任务 2. 对培训者和管理者的反馈意见作出建设性的改进 3. 为培训成果转化制定实际行动方案：确定障碍，获得自我发展机会 4. 与密友分享培训心得	1. 应用新技能和实施培训成果转化方案 2. 使用工作援助 3. 与同事分享资源和学习成果 4. 告诉管理者培训经验和现在的工作业绩 5. 与其他受训者和培训者保持联系以获得支持 6. 回顾评估结果并制定未来的自我发展计划
受训者同事	1. 要求受训者掌握关键的学习成果从而与团队成员分享 2. 参与讨论培训需求分析	1. 与受训者保持联系并鼓励他们 2. 帮助减轻受训者的工作量	1. 赞同并支持受训者实现培训成果转化 2. 如果可能，从受训者那里学习新技能

（2）通过激励强化受训者的学习动机。可以运用目标设定理论、期望理论、需求理论等来调动员工参与培训和运用培训成果的积极性。

（3）改进培训项目设计环节。运用学习理论和转化理论，尽量设置有利于学习行为发生的培训环境，让培训环境与工作环境尽量相似，并让受训者掌握如何将培训所学应用于实际工作的原理和方法。在培训结束后让受训者明确哪一部分的培训内容对自己今后的工作最有帮助，并承诺将这些知识应用到工作中。

（4）积极培育有利于培训成果转化的工作环境。比如，对员工运用所学的实践机会进行测量，提高管理者的支持程度，建立受训员工的联系网络等。

（5）在培训结束后，对受训者将培训内容应用于工作实际的情况及时跟踪调查，并进行评价和反馈。

（6）搞好培训全程的沟通。有效沟通是增强培训效果的重要手段。培训前的沟通可以了解学员的培训需求是什么，使课程具有针对性。培训中的沟通可以保证培训项目顺利进行，而培训后的沟通则有强化、转化、消化、扩大培训效果的作用。

二、培训效果评估

培训循环的最后一个环节是评估培训效果。培训效果（training effectiveness）指公司和受训者从培训中获得的收益。培训给受训者带来的好处是他们可以学习各种新的知识、技能和行为方式；而给公司的收益则可能包括销售收入上升及顾客满意度增加。培训效果评估是指收集培训成果以衡量培训是否有效的过程。

（一）开展培训效果评估的原因

首先，由于公司在培训和教育上投入了大量的经费，并将培训作为公司获得成功的一项策略，因此他们希望培训获得成果和收益是可以测度的。其次，通过评估，可以明确培训对于组织的贡献。评估可以明确哪些受训人员从培训中获益最多，哪些人获益最少；评估也可以明确项目的财务成本和收益，从而得以比较不同培训项目的成本和收益，并从中选择一个最优项目。评估结果还可以比较进行培训和不进行培训的成本与收益。再次，通过评估，可以明确培训项目的优势和不足，包括判断项目是否符合学习目标的要求、判断培训的内容、组织和管理是否有助于学习和实际应用，并且提供培训改进所需的相关信息。最后，对培训者和培训机构来说，通过了解参与者是否愿意向他人推荐该培训项目，为何要参与该项目，以及对该项目的满意度，可以收集有助于推销该培训项目的信息。

（二）培训效果评估的步骤

评估过程始于培训需求分析。需求分析有助于确定受训者需要哪些知识、技能、行为方式或其他能力。一旦明确了所需要的能力，评估的下一步就是要确立能够指导项目实施的、具体的、可测量的培训目标。这些目标越具体、越容易测量，就越容易确定用于评估的相关培训成果。对工作环境进行分析，以确定培训成果的转化，对于确定如何将培训内容运用于工作也是很有用的。第三步是根据学习目标和培训转化分析，设定衡量培训效果的学习成果或标准，以评价学习和培训成果转化发生的程度。第四步是选择评估方案。在选择评估方案时要考虑诸如专业技术、获得信息所需的时间、变化的可能性及企业文化等因素。最后一步是按计划收集培训成果，实施评估。鉴于培训目标及培训转化前文已经论及，下文将重点介绍培训评估中所使用的成果及培训评估方案的选择。

（三）培训效果评估模型

1. 柯克帕特里克四层次评估模型

有很多学者尝试建立培训效果评估模型，并在模型中使用不同的学习成果。其中最广为人知的是美国学者柯克帕特里克在 1959 年提出的四层次评估模型。表 6-10 给出了柯克帕特里克划分培训成果的四层次框架体系。柯氏认为，反映和学习层次是在受训者返回工作岗位前收集的。行为和结果层次衡量了受训者在工作中应用培训内容的程度，要在培训结束后在实际工作中收集。这两个层次的成果是用来判断培训转化的。柯氏的层级结构表明，只有低层次取得积极成果，才能测量高层次成果。例如，如果受训者不喜欢培训课程，是不会产生学习行为的。其次，柯氏还认为，高层次的变化会比低层次的变化更加有益。

表 6-10　柯克帕特里克的四层次评估标准框架

层次	标准	重点
1	反应	受训者的满意程度
2	学习	知识、技能、态度、行为方式方面的收获
3	行为	工作中行为的改进
4	结果	受训者获得的经营业绩

但是，这一框架体系在很多方面也被人们质疑。第一，研究并没有发现框架中每一层次的成果都是由前一层次的成果所引起的，也没有证据表明各个层级的重要性是不同的。第二，这种方法没有考虑评估的目的。培训评估所使用的成果必须与培训需求、项目学习目标以及培训的战略出发点相联系。第三，运用这种方法意味着成果可以而且必须以一种有序的方式来收集，也就是先有对反应的衡量，才能接着有对学习、行为和结果的衡量。而事实上，对学习成果的收集和反应成果的收集是在大致同一个时间段，即培训项目临近结束的时候进行的。

2. 拓展后的培训成果

由于存在这些质疑，理论和实践界都认为需要一个更全面的培训标准模型，也就是说，还存在许多对评估培训项目有用的其他培训成果。这些成果包括态度、动机及投资回报率。这样，就将培训成果分成了五大类：认知成果、技能成果、情感成果、绩效成果，以及投资回报率，如表 6-11 所示。

表 6-11　评估培训项目所使用的成果

成果	举例	如何测量	测量什么
认知成果	安全规则 电子学原理 绩效面谈的步骤	笔试 工作样本测试	获取的知识
技能成果	使用拼图 倾听技能 指导技能 飞机着陆	观察 工作样本测试 等级评定	行为方式 技能

续表

成果	举例	如何测量	测量什么
情感成果	对培训的满意度 对其他文化的信仰	访谈 焦点小组 态度调查	动机 对培训项目的反应 态度
绩效成果	缺勤率 事故发生率 专利	观察 从信息系统或绩效记录中收集数据	公司收益
投资回报率	收益值	确认并比较项目的成本和收益	培训的经济价值

（1）认知成果用来衡量受训者对培训项目中强调的原理、事实、技术、程序或流程的熟悉程度。它衡量的是受训者从培训项目中学到了什么。对应于柯氏模型的学习层。但是，受训者知道某些知识并不能保证他一定会在工作中将其加以运用。

（2）技能成果用于评价技术性或运动性机能和行为的水平，包括技能的获得与学习及技能在工作中的应用两个方面。技能成果与柯氏模型的学习层和行为层有关。

（3）情感成果包括态度和动机，如对多元文化的容忍度、安全态度、顾客服务导向等。其中之一是受训者对培训项目的反应，包括对培训设施、培训者和培训内容的感觉。此时对应柯氏模型的反应层。尽管可以用问卷了解受训者的反应，但它与培训成果转化关系不大。

（4）绩效成果用来确定培训项目给公司带来的收益情况。绩效成果包括雇员流动率或事故率的下降所引起的成本降低，产量的提高，设备故障停工时间的减少，以及产品质量或顾客服务水平的改善。

（5）投资回报率是指培训的货币收益与培训成本的比较。培训的成本包括直接成本和间接成本。直接成本指参与培训的所有雇员（受训者、指导者、咨询人员、项目设计人员）的工资和福利、培训所使用的物料费用、设备或教室的租金或购买费用、交通费。间接成本指一般的办公用品、设施、设备及相关费用，行政人员的工资等。培训的收益指公司从培训项目中获得的价值。可以通过比较培训前后的结果，获得每年的收益数额。

在选择培训成果时，要考虑评估成果的相关度、信度、区分度和可行性。相关度指培训成果与培训项目所强调的应该学习的能力之间相关联的程度。也就是说，成果必须是学习的有效衡量尺度。信度是指测试结果在一段时间内的一致性程度。区分度表示不同受训者取得的成果反映其真实绩效差别的程度。而可行性则是指收集培训成果的测量结果的难易程度。

（四）培训效果评估方案

评估方案的种类较多，表6-12对各种方案进行了比较，包括谁参与评估（受训组、对照组）、测量数据（培训前、培训后）、实施评估所需的费用和时间以及方案设计对于结果歧义进行排除的力度。一般来讲，使用培训前和培训后成果测量数据及对照组的方案能够降低其他因素（并非培训本身）是评估结论产生歧义的风险，从而增强培训者使用评估结果制定决策的信心。当然，不足之处在于应用这样一些方案进行评估，要比不使用培训前和培训后测量或对照组的评估花费更多的时间和金钱。

表6-12　评估设计方案的比较

评估设计方案	小组	测量				
		培训前	培训后	费用	时间	力度
后测	受训者	否	是	低	少	小
前测/后测	受训者	是	是	低	少	中等
有对照组的后测	受训者和对照组	否	是	中等	中等	中等
有对照组的前测/后测	受训者和对照组	是	是	中等	中等	大
时间序列	受训者	是	是，好几次	中等	中等	中等
有对照组和撤销培训干预的时间序列	受训者和对照组	是	是，好几次	高	中等	大
所罗门四小组	受训者 A	是	是	高	多	大
	受训者 B	否	是			
	对照组 A	是	是			
	对照组 B	否	是			

很难说哪一个评估方案是最佳的。在选择评估方案时，需要考虑修改培训项目的可能性、培训的影响范围、培训的目标，也要考虑公司愿意为收集培训成果投入的时间和精力，同时也需要考虑可以获得的专业评估技术。

学 习 建 议

1. 在网络上收集企业培训的活动，并对其进行分类。
2. 组织小组讨论：员工培训与学校教育的不同。
3. 阅读案例研究中的案例，并结合本章的知识回答案例后的问题。

本章参考文献

曹振杰. 2006. 人力资源培训与开发教程. 北京：人民邮电出版社

顾英伟，杨春晖. 2007. 人力资源培训与开发. 北京：电子工业出版社

雷蒙德·A. 诺伊. 2007. 雇员培训与开发. 北京：中国人民大学出版社，

石金涛. 2003. 培训与开发. 北京：中国人民大学出版社

王少华，姚望春. 2009. 员工培训实务. 北京：机械工业出版社

王玥. 2009-10-08. 2007年度企业大学白皮书——企业大学的最佳模式和建设实践. 中训网. http://www. training-mag. com. cn/Article/Articledetail/709007876174. aspx

谢晋宇. 2008. 企业培训管理. 成都：四川人民出版社

徐芳. 2009. 培训与开发理论及技术. 上海：复旦大学出版社

颜世富. 2007. 培训与开发. 北京：北京师范大学出版社

杨光斌. 2006. 培训与开发. 西安：西安交通大学出版社

第七章 职业生涯管理

第一节 职业生涯管理概述

> **案例引入**

小金的职业生涯

1989 年，小金被某大学物理系调剂录取。为了弥补不喜欢物理专业的心理缺憾，她选择了辅修国际金融与贸易专业。与她不喜欢的物理相比，她对辅修课程学得津津有味；而与此同时，物理专业又锻炼了她的逻辑思维能力，从而对她日后的工作大有裨益。

1992 年，小金毕业后被一家中外合资公司录用，任市场部秘书。当时该公司的外方刚进入中国市场，在上海设立了一个办事处，她又转到那里担任人事总务经理的秘书。由于平时的工作就是打印材料、跑跑腿、打打杂，慢慢地，她对这种简单琐碎的辅助性工作开始感到不满意了，觉得自己应该拥有一份能长久发展的职业。

向哪个职业转型呢？她最早想到的是市场和财务，后来觉得从事人力资源工作也不错。那么是跳槽还是在公司内部等待机会呢？她选择了后者，因为当时公司正处于迅速发展阶段，在经过第一次合并后正式成立了独资的控股公司，组织结构有很多的变数，虽不稳定却孕育着机遇。两年后，她原先的上司离开了公司，新组建的人力资源部正好需要一名行政专员，于是她就转到那里负责全公司的行政工作。这时公司已经发展到了 400 多人，在上海以外又设立了 7 个办事处。

虽然行政工作并不是她理想的职业发展目标，但因工作较轻松，空闲时间较多，而她又乐于帮助其他同事，所以她逐渐赢得了领导的信任与同事的尊重。与此同时，为了能够在事业上有进一步的发展，她又向领导提出了参加人事上岗证培训的请求。

在从事行政工作不到三年的时候，机遇开始向她招手了——原先负责招聘的同事要到国外读书，小金成了接替她的理想人选。就这样在踏上工作岗位六年半后，小金终于真正走上了自己的职业发展之路。虽然起步较晚，但由于有了较长时间的积累，她上手很快，一年半后，由于工作出色，她被提升为人力资源部副经理。她不断地在实践中汲取养料，业余时间又进修了人力资源硕士学位。2001年年底，她被公司提升为人力资源部经理。

➢ **案例启示**

职业生涯成功是人生成功的重要基础，也是职场人士追求的重要目标。上述案例表明，小金的职业生涯是成功的，小金成功的关键就在于她能主动规划、经营自己的事业。除了她的领导能力、和蔼可亲、真诚和精力充沛等人格魅力外，更重要的是她在激烈竞争的职场环境中主动规划和经营自己的职业生涯，懂得利用机会，勇于接受挑战，并能根据环境的变化和要求适时地调整自己的职业发展目标。可见，职业生涯成功离不开合理科学的管理，换言之，职业生涯管理需要遵循一定的规律。不仅如此，职业生涯管理对组织的长远发展，也具有重要的意义，是人力资源管理中的重要内容。本节我们主要学些职业生涯管理的基本内容，具体包括：

(1) 职业、职业生涯与职业生涯管理的含义；

(2) 职业生涯管理的特征；

(3) 职业生涯管理的主要任务；

(4) 职业生涯管理的意义。

一、职业、职业生涯与职业生涯管理的含义

(一) 职业的含义

职业，在英语里主要有两种专门词语表达：一是 vocation，强调一种内在的、心理上的使命感，即自觉受到召示且具有适合做某种工作的特定天赋或神召天职；二是 occupation，强调一种外在的、客观的占据状态，即由于社会制度安排或外在分工环境约束，一个人所从事的需要永久性地耗用时间精力于其上的社会事务或工作。国内通常认为，职业是指人们从事的相对稳定的、有收入的、专门类别的工作。它是对人们的生活方式、经济状况、文化水平、行为模式的综合性反映；也是一个人的权利、义务、权力、职责及社会地位的一般性表征。由此也可以说，职业是人的社会角色的一个重要方面。

(二) 职业生涯的含义

职业生涯，在英文中为 career，有人生经历、生活道路和职业、专业、事业的含义。职业生涯的实质是指一个人在一生中遵循一定道路（或途径）的工作任职经历或历程，是指与工作相关的活动、行为、价值、愿望等的综合。职业生涯不仅表示职业工作时间的长短，而且包含着职业发展、变更的经历和过程，包括从事何种职业工作、职业发展的阶段、职业转换等具体内容。职业生涯分为外职业生涯和内职业生涯。外职业生涯是指从事职业时的工作单位、工作地点、工作内容、工作职务、工作环境、工资待遇等因素的组合及其变化过程。外职业生涯的构成因素通常是由别人给予的，也容易被别人收回。内职业生涯是指从事一项职业时所具备的知识、观念、心理素质、能力、内心感受等因素的组合及其变化过程。内职业生涯各项因

素的取得，可以通过别人的帮助而实现，但主要是靠自己的努力追求而得以实现的。内职业生涯的构成因素一旦取得，别人就不能收回或剥夺，并且内职业生涯发展往往是外职业生涯发展的基础。

（三）职业生涯管理的含义

职业生涯管理（career management）是指个人与组织相互配合，通过分析评价员工的能力、兴趣、价值观等，确定双方都能够接受的职业生涯目标，并通过培训、工作轮换、丰富工作经验等一系列措施，逐步实现员工职业生涯目标的过程。职业生涯管理的目的是，通过员工和组织的共同努力与合作，使每个员工的生涯目标与组织发展目标相一致，使员工的发展与组织的发展相吻合，因此，职业生涯管理包括两层含义：一是个人为自己的职业生涯发展而实施的管理，称为个人职业生涯管理；二是组织针对个人和组织发展需要所实施的职业生涯管理，称为组织职业生涯管理。

二、职业生涯管理的特征

（一）关于职业生涯管理本质的认识

职业生涯管理强调组织要给予员工适当的训练、协助和机会，使员工能够配合组织的发展目标和经营理念，制定切实可行的个人生涯发展目标，并努力促进其实现。所以，员工职业生涯管理也就包括对员工个人状况的深入了解和对组织的深入了解。只有在深入了解的基础上，才能有针对性地确定其生涯规划目标以及实现这一目标所需要的各种管理方法与手段。

除了重视组织的发展以外，现代人力资源管理的重点更应考虑员工个人的发展需求。因此，每个组织都应该尽可能地把这两个目标融合到一起，作为组织自身追求发展的指南，并作为组织确定经营理念与制定工作策略时的依据。

就员工个人来说，需要尽可能多地了解组织的目标、经营理念以及组织所能提供的发展、训练、升迁机会与晋升渠道等；同时，全面了解自己的性格、兴趣、能力、工作动机、价值观、态度、优缺点等。

就组织而言，则应详细了解自身过去的发展及未来的目标，预测外在政治、经济、社会、文化等环境可能发生的变化及可能产生的影响，为自身规划出一个具有长远性、前瞻性的发展方向；同时，还应尽可能地深入了解员工们的个别差异性及绩效表现、发展目标等。组织应主动向员工提供各种信息，强化彼此之间的回馈、沟通、信赖与支持，使员工了解个人在组织中的发展方向，以提高员工的工作积极性和凝聚力。

由此可见，一套系统的、有效的职业生涯管理制度和体系往往涉及组织管理与员工发展的诸多方面的内容，是一个极其庞大的系统。

（二）职业生涯管理的特征

从职业生涯管理的本质中可以看出，职业生涯管理具有以下特点：

（1）职业生涯管理是组织与员工双方的责任。在职业生涯管理中，组织和员工都必须承担一定的责任，双方共同合作才能完成职业生涯管理。在职业生涯管理中，员工个人和组织必须按照职业生涯管理工作的具体要求做好各项工作。但无论是个人还是组织都不能过分依赖对方，因为许多工作是对方不能替代的。从员工角度看，个人职业生涯规划必须由个人决定，要结合自己的性格、兴趣和特长进行设计。而组织在进行职业生涯管理时，所考虑的因素主要是组织的整体目标，以及所有组织成员的整体职业生涯发展，其目的在于通过对所有员工的职业生涯管理，充分发挥组织成员的集体潜力和效能，最终实现组织发展目标。

（2）职业生涯信息在职业生涯管理中具有重要意义。组织必须具备完善的信息管理系统，这是因为只有做好信息管理工作，才可能有效地进行职业生涯管理。在职业生涯管理中，员工个人需要了解和掌握有关组织各方面的信息，如组织的发展战略、经营理念、人力资源的供求情况、职位的空缺与晋升情况等。组织也需要全面掌握组织成员的基本情况，如员工个人性格、兴趣、特长、潜能、情绪以及价值观等。此外，职业生涯信息总是处于变动过程之中，组织的发展在变、经营重点在变、人力需求在变、员工的能力在变、员工的需求在变、员工的生涯目标也在变，这就要求必须对管理信息进行不断的维护和更新，才能保证信息的有效性。

（3）职业生涯管理是一种动态管理，它贯穿于员工职业生涯发展的全过程和组织发展的全过程。在职业生涯的不同阶段及组织发展的不同阶段，每一个组织成员的发展特征、发展任务以及应注意的问题都是不相同的。由于每一阶段都有各自的特点，各自的目标和各自的发展重点，所以对每一个发展阶段的管理也都应有所不同。而随着决定职业生涯的主客观条件的变化，组织成员的职业生涯规划和发展也会发生相应的变化，职业生涯管理的侧重点也应有所不同，以适应情况的变化。

三、职业生涯管理的主要任务

具体而言，职业生涯管理的任务主要包括以下六个方面：

（1）帮助员工开展职业生涯规划与开发工作。组织为员工提供工作分析资料、工作描述、宣传经营理念、人力资源开发的策略等，员工据此设定自我发展目标与开发计划，使个人的目标与组织目标相配合。

（2）确定组织发展目标与组织职业需求规划。根据组织的现状、发展趋势与发展规划，明确组织的发展目标，并据此确定不同时期组织的职业发展规划与职位需求。

（3）开展与职业生涯管理相结合的绩效评估工作。这包括工作业绩与表现的评估、工作士气的调查，并提供相关回馈资料给组织或员工，配合组织发展目标与方向，晋升优秀员工，提供生涯发展路径，及早确认有潜力者，确定甄选升迁标准，使员工公平竞争。

（4）职业生涯发展评估。组织应协助员工发展职业生涯目标，并进行科学的评估，找出员工的优缺点及组织的优劣势，分析员工职业生涯发展的可行性。

（5）工作与职业生涯的调适。根据绩效、生涯发展的评估结果，对员工的工作或职业生涯目标作适当的调整，使员工的工作、生活与目标密切融合。

（6）职业生涯发展。这包括各种教育与训练、工作的扩大与丰富化、责任的加重、激励措施等。

以上六项彼此之间有密切联系，互有影响。在实际操作中，应彼此兼顾，才能获得最佳效果，在促进员工的自我发展的同时，确保组织的持续发展。

四、职业生涯管理的意义

对绝大多数人而言，其职业生涯都会跨越人生中精力最充沛、知识经验日臻丰富和完善的几十年，职业成为其生活的重要组成部分。可以说，职业已经不再仅是个人谋生的手段，它还为个人创造了迎接挑战、实现自我价值的大好机会和广阔空间。组织已经越来越深刻地认识到，人是组织中最重要的资源。职业生涯管理是满足员工与组织双方需要的最佳方式。

（一）职业生涯管理对员工个人的意义

对员工个人而言，职业生涯管理可以增强员工对职业环境的把握能力和对职业困境的控制能力；帮助员工协调好职业生活与家庭生活的关系，更好地实现人生目标；同时，组织为员工制定的职业发展计划也有利于员工充分把握机会，发挥能力，以促使员工实现自我价值的不断提升和超越。

（二）职业生涯管理对组织的意义

从组织的角度看，职业生涯管理能够提高组织的竞争力和应变能力，减少因员工流动而带来的损失。组织关心员工的职业发展，会增强员工的组织归属感和主人翁意识，从而改善员工的工作态度，激发他们的士气，提高劳动生产率。良好的职业生涯管理对组织主要具有以下三方面的作用：

（1）可以帮助组织了解组织内部员工的现状、需求、能力及目标，调和它们同存在于组织现实和未来的职业机会与挑战之间的矛盾。

（2）通过协调和统一人力资源管理中的人员选择、工作安排和能力开发等活动，更加合理与有效地利用人力资源。

（3）可以为员工提供平等的就业机会，改善组织的企业文化，促进企业可持续发展。

注重企业的可持续性发展，在考虑组织利益的同时兼顾员工个人的发展，是现代企业的管理趋势。实际上，也只有使员工的职业生涯发展目标与组织的发展目标保持一致，将员工的职业生涯发展与组织发展紧密结合起来，才能真正发挥职业生涯管理的作用，既能使员工终生受益，也让组织茁壮成长，实现两者的共同目标。

第二节　职业生涯管理的理论基础

➢ **案例引入**

孔子的人生七阶段法[①]

子曰:"吾十有五而志于学,三十而立,四十而不惑,五十而知天命,六十而耳顺,七十而从心所欲,不逾矩。"(《论语·为政》)这也正是孔子的人生七阶段法,如表7-1所示。

表7-1　孔子的人生七阶段法

年龄阶段	发展阶段	主要特征
0～15岁	从学前期	已开始学习
15～30岁	立志与学习时期	与从学前期相比,此时的学习更与志向相结合
30～40岁	自立时期	懂理、独立于社会
40～50岁	不惑时期	不被外界事物所迷惑,办事不犹豫
50～60岁	知天命时期	认识自然规律,知道自己的人生使命
60～70岁	耳顺时期	冷静地倾听别人的意见、分别真假、明辨是非
70岁以上	从心所欲不逾矩时期	言行自由,自觉遵循客观规律,自觉遵守道德规范

➢ **案例启示**

几千年前的孔子,就已经意识到了人生生涯的问题。虽然当代的职业生涯管理已经有了空前的发展,但是这位先人敏锐的洞察力和无与伦比的智慧仍然让我们肃然起敬。本节课程将要进一步学习现代职业生涯管理的相关理论,具体包括:

(1) 职业选择理论;

(2) 职业生涯发展理论;

(3) 职业锚理论。

有效的职业生涯管理离不开科学理论基础的指导,职业生涯管理的理论基础主要有三个方面:职业选择理论、职业生涯发展理论和职业锚理论。

---

① 郑晓明.现代企业人力资源管理导论.北京:机械工业出版社,2002.

一、职业选择理论

(一) 人职匹配理论

该理论最早是由有着"职业辅导之父"之称的美国波士顿大学教授弗兰克·帕森斯(Frank Parsons)提出的,这是用于职业选择、职业指导的经典性理论。1909 年,帕森斯在其所著的《选择一个职业》一书中,明确阐明职业选择的三大要素和条件:一是应该清楚地了解自己的态度、能力、兴趣、智谋、局限和其他特征。二是应清楚地了解职业选择成功的条件、所需知识、在不同职业工作岗位上所占有的优势、不利和补偿、机会和前途。三是上述两个条件的平衡。帕森斯的理论内涵即是在清楚认识、了解个人的主观条件和社会职业岗位需求条件的基础上,将主客观条件与社会职业岗位(对自己有一定可能性的)相对照、相匹配,最后选择一种职业需求与个人特长匹配相当的职业。

人职匹配分为两种类型:①条件匹配,即所需专门技术和专业知识的职业与掌握该种特殊技能和专业知识的择业者相匹配;或者脏、累、险劳动条件较差的职业,需要吃苦耐劳、体格健壮的劳动者与之相匹配。②特长匹配,即某些职业需要具有一定的特长,如具有敏感、易动感情、不守常规、有独创性、个性强、理想主义等人格特性的人,宜从事审美性、自我情感表达的艺术创作类型的职业。

帕森斯的人职匹配论,作为职业选择的经典性原则,至今仍然正确、有效,并对职业生涯管理、职业心理学的发展具有重要的指导意义。

(二) 择业动机理论

美国心理学家弗鲁姆(V. H. Vroom)在其 1964 年出版的《工作和激励》一书中,提出了解释员工被激发程度的期望理论。期望理论的基本公式是

$$F = V \times E$$

其中,F 为动机强度,指积极性的激发程度,表明个体为达到一定目标而努力的程度;V 为效价,指个体对特定重要性的主观评价;E 为期望值,指个体对实现目标可能性大小的估计,也就是目标实现的概率。公式表明,员工个体行为动机的强度取决于效价大小和期望值的高低。弗鲁姆将这一期望理论用来解释个人的职业选择行为,具体化为职业动机理论。该理论的应用,即个人如何进行职业选择,可以分为两个步骤。

1. 确定择业动机

确定择业动机,用公式表示为

择业动机 = 职业效价 × 职业概率

其中,择业动机表明择业者对目标职业的追求程度,或者对某项职业选择意向的大小。职业效价指择业者对某项职业价值的评价。职业效价取决于:择业者的职业价值观;择业者对某项具体职业要素如兴趣、劳动条件、工资、职业声望等的评估,即职业效价 = 职业价值观。职业概率是指择业者获得某项职业可能性的大小。职业概率的大小通常取决于四个因素:一是某项职业的社会需求量。在其他条件一定情况下,职业概率同职业需求量呈正相关。二是择业者的竞争能力,即择业者自身工作能力和求职就业能力。竞

争力越强，获得职业的可能性越大。三是竞争系数，指谋求同一种职业的劳动者人数的多少：在其他条件一定的情况下，竞争系数越大，职业概率竞争越小。四是其他随机因素。因此，职业概率＝职业需求量×竞争系数×竞争能力×随机性。

择业动机公式表明，对择业者来说，某项职业的效价越高，获取该项职业的可能性越大，那么，择业者选择该职业的意向或者倾向越大；反之，某项职业对择业者而言其效价越低，获取此项职业的可能性越小，择业者选择这项职业的倾向也就越小。至此，劳动者要作出最后的职业选择决策，尚需进行第二步的活动。

2. 比较择业动机，确定选择的职业

择业者对其视野内的几种目标职业，进行价值评估和获取该项职业可能性的评价，在测定对几种职业的择业动机坚持上横向进行择业动机比较。择业动机是对职业的全面评估，已经对多种择业影响因素进行了全面考虑与利弊得失的权衡，一般来讲，多以择业动机分值高的职业作为自己的选定结果。

（三）霍兰德的职业性向理论

美国约翰·霍普金兹大学心理学教授霍兰德（John Holland）是美国著名的职业指导专家。他在其1971年出版的《职业决策》一书中，提出了具有广泛影响的职业性向理论。他假设人的职业选择是其人格的反映，认为大多数人的人格类型可以概括为六种：现实型（R型）、研究型（I型）、艺术型（A型）、社会型（S型）、企业型（E型）和常规型（C型）。而且霍兰德用与人的人格类型相同的名称来给六种职业环境命名，每种类型人格者在职业选择时，应该选择与其相对应的职业环境，这样劳动者的能力和积极性才能得到充分发挥，工作效率就高。所以，霍兰德的职业性向理论实质在于劳动者的职业性向与职业类型的适应，其实也是人职匹配理论。这六类人格者的特点及其相对应的职业环境如下。

现实型人格者的个性特征：有机械呆板倾向；重视现实；体魄健壮；偏好具体工作；避免人际关系的任务。对应的职业环境：要求明确的、具体的体力任务和操作技能；需要立即行动和获得强化；较低的人际要求；户外的职业环境。适应的职业范例：农民、机械操作者、飞行员、司机、木工等。

研究型人格者的个性特征：富有理智和评判精神；讲究科学性；偏好抽象工作；简明扼要；缺乏领导才能；有创造力。对应的职业环境：要求具备思考和创造能力；社交要求不高；思考任务定向；要求实验室设备但不需要强体力劳动。适应的职业范例：科研人员、科技工作者、实验员、生物学家、数学家、化学家、海洋地理学家等。

艺术型人格者的个性特征：想象力丰富；唯美、理想化、情绪化、冲动、无秩序、有创意、直觉；艺术化的自我表达；相当独立且外向。对应的职业环境：通过语言、动作、色彩和形状表达审美原则；单独工作；对优异有特殊标准；长时间埋头苦干。适应的职业范例：诗人、画家、小说家、音乐家、剧作家、设计师、雕刻家、导演、演员等。

社会型人格者的个性特征：爱好人际交往；富有合作精神、友好、热情、肯帮助人、和善；关心社会问题；不能理智地解决问题；对教育问题感兴趣。对应的职业环

境：解释和修正人类行为；要求高水平的沟通技能；热情助人；强调威望。适应的职业范例：咨询者、公关人员、教师、社会活动家、外交工作者、导游、社区工作者等。

企业型人格者的个性特征：冒险、野心、决断、乐观、自信、精力充沛；偏好领导角色；言辞有技巧。对应的职业环境：有说服他人的能力；需要管理行为；完成督察性角色；需要做语言反应。适应的职业范例：公共部门任职者、政府官员、企业领导、业务经理、政治家、广告宣传员、销售员、律师等。

传统型人格者的个性特征：谨慎、保守、守秩序、服从；稳重、能自我控制、有效率；偏好结构性工作与社会认同。对应的职业环境：要求系统的、常规的行为；体力要求极低；户内的；人际技能要求低。适应的职业范例：出纳员、会计、统计员、图书管理员、秘书、邮局职员、打字员、出纳等。

霍兰德经过研究认为，大多数人实际上并不是只有一种人格特征，而是兼有多种人格特质，即以一种类型为主，同时具备其他类型的特点。

二、职业生涯发展理论

金兹伯格是职业生涯发展理论的缔造者，他和萨帕成为该理论的主要代表人物。

（一）金兹伯格的职业性成熟论

美国著名职业指导专家金兹伯格（E. Ginzberg），对职业生涯的发展进行过长期研究，对社会实践产生过了广泛影响。金兹伯格的职业发展理论分为幻想期、尝试期和现实期。

幻想期：处于11岁之前的儿童时期。儿童们对大千世界，特别是对于他们所看到或接触到的各类职业工作者，充满了新奇、好玩的感觉。此时期职业需求的特点是：单纯凭自己的兴趣爱好，不考虑自身的条件、能力水平和社会需要与机遇，完全处于幻想之中。

尝试期：11～17岁，这是由少年儿童向青年过渡的时期。此时期，人的心理和生理在迅速成长发育和变化，有独立的意识，价值观念开始形成，知识和能力显著增长和增强，初步懂得社会生产和生活的经验。在职业需求上呈现出的特点是：有职业兴趣，但不仅限于此，更多地和客观地审视自身各方面的条件和能力；开始注意职业角色的社会地位、社会意义，以及社会对该职业的需要。

现实期：17岁以后的青年年龄段。即将步入社会劳动，能够客观地把自己的职业愿望或要求，同自己的主观条件、能力以及社会现实的职业需要紧密联系和协调起来，寻找适合自己的职业角色。此期所希求的职业不再模糊不清，已有了具体的、现实的职业目标，表现出的最大特点是客观性和现实性。

金兹伯格的职业发展论，事实上是前期职业生涯发展的不同阶段，也就是说，是初次就业前人们职业意识或职业追求的变化发展过程。

（二）萨帕的职业生涯阶段论

萨帕的生涯阶段论主要依据发展心理学和社会学对各种职业行为的分析，以年龄阶段分析发展过程。具体来说，他将职业生涯分成五个主要阶段，每个阶段有其独特的发展任务。

1. 成长阶段：属认知阶段，从出生到14岁左右

此阶段属于儿童期，在这个阶段内的儿童经过对父母以及周围家人、小伙伴等的观察和模仿，开始了解自我、探索自我。然而，处于这个年龄阶段的儿童由于认识发展水平较低，抽象思维能力较差，还不能全面地分析问题和解决问题，思维有片面性和局限性，往往会抓住事物的一个方面来解决问题。在这个阶段，需要、幻想与喜好为这阶段最重要的特征。成长阶段可再细分为下列三个时期。

(1) 幻想期：0～10岁，以需求为主，情景性较强，主要是通过幻想中的角色扮演与经验尝试来选择职业。

(2) 兴趣期：11～12岁，兴趣是参与各种活动的主要考虑因素，相对忽视自己的能力等因素。

(3) 能力期：13～14岁，能力逐渐提升到重要位置，并能考虑到各种工作的条件，了解工作的意义，发展对工作世界的正确态度。

2. 试探阶段：此阶段包括青少年时期和成年期，年龄范围在15～24岁

该阶段主要涉及学校和工作前期。个人通过学校、娱乐活动及各种工作经验，经过自我认识、反省，检验所形成自我观念、职业角色的合理性，并在此基础上对选定的职业进行修正。在这个时期，个人还可以尝试性地从事一些短期的工作，如周末或寒暑假期的打工，此阶段又划分为以下几个时期。

(1) 试探期：15～17岁，考虑到个人的兴趣、需求、能力及社会就业机会因素，作暂时性的试探，并在学业科目、工作经验中进行试探，使职业喜好逐渐具体。

(2) 转变期：18～21岁，正式进入就业市场或进一步接受专业训练，由一般性的选择转变为特定目标的选择，以实现职业自我观念。

(3) 尝试并初步承诺期：22～24岁，正式选择职业并努力工作，考验该职业成为长期职业发展目标的可能性，若职业适应不良，则可能需要由试探期再重新出发，若工作满意度高，则可以确定个人的职业发展方向，实现个人职业喜好。

3. 立业阶段：属于选择、安置、立业阶段，年龄在25～44岁

经过早期的试探后，个人会逐渐显现一种安定于某类职业的趋向，从开始认同所选定的职业，经过经验的累积，逐渐建立起稳固、专业、能独当一面的地位，以提高晋升的能力。工作职位或工作项目可能有所变动，但职业不会轻易地改变。它又可细分为两个时期。

(1) 稳定承诺期：25～30岁，重点在寻找职业及生活上的稳定。

(2) 立业期：31～44岁，致力于职业的安定及工作的满意，并且力求上进，突破成长。

4. 维持阶段：属于专精、升迁阶段

此阶段为保持并持续建立阶段性工作成果，迈入中老年的阶段，年龄在45～65岁。心态渐趋保守，重点为维持家庭及工作间的和谐关系，大部分人是享受努力后成功的喜悦及成果，少部分人则要面对失败或是不如意的困境。成功者还逐渐传承经验，寻觅接替人选。

5. 衰退阶段：属于退休阶段

此时期年龄在 65 岁以上。此阶段，人的身心状况逐渐衰弱退化，达到退休的年龄，原来的工作停止，而发展新的角色，寻求不同的工作方式以满足身心的需要，适应退休生活，如参加老年大学进修，从事义务活动等，以减缓身心上的衰退，持续生命力。

从总体上看，萨帕的理论是伸张性很大的一个发展理论。它既考虑到了发展的年龄阶段，而且也考虑到了发展的子阶段，将一般规律与特殊规律很好地整合起来，对于不同的人的职业生涯发展有很强的解释力。

三、职业锚理论

职业锚是由美国著名的职业指导专家薛恩（H. Schein）教授提出的。

他认为，职业生涯发展实际上是一个持续的探索过程。在这一过程中，每个人都在根据自己的天资、能力、动机、需要、态度和价值观等慢慢地形成较为明晰的与职业有关的自我概念。随着个人对自我了解的不断深入，就会形成一个占主导地位的职业锚。通俗地说，职业锚就是当一个人不得不作出职业选择时，他无论如何都不会放弃的职业中至关重要的东西或价值观。其实质是人们选择和发展自己职业时所围绕的中心，职业锚具有四个特点：以员工习得的工作经验为基础；不可能根据各种测试提前进行预测；不是固定不变的；强调个人能力、动机和价值观三方面的相互作用与整合。

由于每个人都有各自的动机、追求、需要和价值观，所以每个人寻求的职业锚也就会有所不同。薛恩依据自己对麻省理工学院毕业生所做的研究提出了以下五种职业锚。

（1）技术职能型职业锚。具有较强的技术职能型职业锚的人往往不愿选择那些带有一般管理性质的职业。相反，他们总是倾向于选择那些能够保证自己在既定的技术或功能领域中不断发展的职业。以技术职能为职业锚的员工有其特有的工作追求、需要和价值观以及晋升方式，他们主要表现出如下特征：①强调实际技术或某项职能等业务工作；②拒绝一般管理工作，但愿意在其技术职能领域管理他人；③追求在技术职能区的成长和提高。

（2）管理能力型职业锚。管理能力型职业锚的人表现出要成为管理人员的强烈动机，他们获得的职业经验使他们充分相信自己具备提升到管理型职位上的能力，也十分自信自己有获得承担较高责任的管理职位的机会。他们以追求最高的管理职位为最终目标。其职业锚呈现出如下特点：①追求承担一般管理性工作，并且责任越大越好；②具有强有力的升迁动机，以提升等级和收入作为衡量成功的标准；③具有突出的管理才能；④对组织有很大的依赖性。

（3）安全稳定型职业锚。具有安全稳定型职业锚的人极为重视长期的职业稳定和工作的保障性，愿意选择能够提供有保障的工作、体面的收入以及可靠的未来生活的职业。其职业锚特点是：①追求职业的安全和稳定；这类员工的安全取向主要分为两类，一是追求职业安全，二是注重情感的安全稳定；②对组织具有较强的依赖性；③没有太大的职业抱负。

（4）自主独立型职业锚。自主独立型职业锚的人在选择职业时，往往被一种自己决定自己命运的需要所驱使，他们希望摆脱那种政府机关、大型企业和事业单位依赖别人的境况，他们不愿意受别人的摆布、领导。这种职业锚的特点是：①最大限度地摆脱组织的限制和约束，希望能够随心所欲地安排自己的工作方式、工作习惯、时间进度和生活方式，追求能够施展个人职业能力的工作环境，以便能够追求自由自在、不受约束或少受约束的工作生活环境。②追求在工作中享有自身的自由，他们往往有着较强的职业认同感。③与其他类型的职业锚有明显的交叉。他们不排斥其他职业锚的追求。

（5）创造型职业锚。具有创造性职业锚的人都有这样一种需求："建立或创设某种完全属于自己的东西——一件署着他们名字的产品或工艺、一家他们自己的公司或一批反映他们的成就的个人财富，等等。"他们既追求自主权和管理权，也追求施展自己特殊才能的工作内容，喜欢冒险，喜欢求新求异。其主要特征有：有强烈的创造需求和欲望；意志坚定，勇于冒险；同其他类型职业锚存在着一定程度的重叠。

职业锚理论的实践意义是，对具有不同"职业锚"的员工实施不同的管理方法，提出了个人职业成长与企业发展相互作用的一种分析模式，从而为企业人力资源开发提供了新的思路和工具。

第三节　个人职业生涯管理

➤ 案例引入

小王的离职

　　小王离职了，这个消息很快传遍了公司上下，大家都颇感意外。因为小王是这家中关村有名的软件开发公司最年轻的部门经理，还是公司第一代 W 杀毒软件的主要研制者，深得公司高层的器重。据说，上周的总经理办公会议上还决定提升小王为总经理助理。小王前途光明，他为什么突然离职了呢？

➤ 案例启示

　　小王的离职并不是偶然的，在一些高科技企业，我们会遇到这样的状况：技术尖子被提拔到管理岗位后，不仅荒芜了原来的业务，而且由于不善管理而导致两头耽误。究其原因，企业未能提供给员工良好的职业发展之路，员工也不了解自身的长处和短处而陷入了事业发展的困境。本节就从个人职业生涯管理这一角度，讲述相关知识，具体包括：

（1）个人职业生涯早期管理；

（2）个人职业生涯中期管理；

（3）个人职业生涯后期管理。

一、个人职业生涯早期管理

所谓职业生涯早期，即由学校进入组织，在组织内逐步"组织化"，并为组织所接纳的过程。这一阶段一般发生在 20～30 岁，是一个人由学校走向社会、由学生变成雇员、由单身生活变成家庭生活的过程，个人对这一系列角色和身份的变化必然要经历一个适应过程。在这一阶段，个人的组织化以及个人与组织的相互接纳是个人和组织共同面临的、重要的职业生涯管理任务。

（一）职业生涯早期阶段的个人特征

在职业生涯早期阶段，员工个人正值青年时期，因此这一阶段无论是从个人生物周期、社会家庭周期还是从生命周期来看，其任务都较为单纯、简单。

1. 个人的主要任务

（1）进入组织，学会工作。

（2）学会独立，并寻找职业锚。

（3）完成向成年人的过渡。

2. 个人突出的心理特征

（1）具有很强的进取心和积极向上、争强好胜的心态。

（2）职业竞争力不断增强，具有做出一番轰轰烈烈事业的心理准备。

（3）开始组建家庭，逐步学习调适家庭关系的能力，承担家庭责任。总之，在职业生涯早期阶段，个人尚是职业新手，一切都还处在学习与探索之中。而这一阶段的心智特征则将对其职业生涯发展产生重要影响。

（二）职业生涯早期面临的主要问题

在职业生涯早期阶段，新员工对组织尚不十分了解，与上司、同事群体之间也尚不熟悉。由于新员工和组织双方未能觉察彼此的需求，很可能会引发某些矛盾的问题。这一时期常见的问题主要有：

（1）现实冲击。现实冲击通常发生于一个人开始职业生涯的最初时期，它是一种阶段性结果。因为在一个人的职业生涯初期，每个人可能都希望去寻找一份富有挑战性的工作，希望能够发挥自己在学校所学到的新知识、新技术，证明自己的能力以获得提升的机会。但往往新员工的较高工作期望所面对的却是枯燥无味和毫无挑战性可言的工作现实。在这一时期，他们最初的期望或目标第一次面对组织生活的现实，并且第一次与自己的能力和需要发生碰撞。因此，现实冲突和失望也就成了经常发生的事。

（2）新员工难以得到第一任上司的信任和重用。当个人刚刚进入组织时，由于对组织的人员和环境都不了解，组织对员工也缺乏深入的了解，因此员工很难立即取信于自己的第一任上司。在这种情况下，上司往往会认为只有等到新员工真正了解公司运作的真实情况之后才可以让其承担重要的工作，因此最初交给新员工的往往是或者过于容易或者很乏味的工作。但是，如果数月、一年甚至更长时间都是这样不信任的态度，就会大大压抑新员工的工作积极性和才能的发挥，并将直接影响到员工未来的职业生涯发展。

（3）组织成员往往会对新员工心存偏见或嫉妒。由于年龄与时代的差别，在新老员工之间出现代沟往往也是不可避免的。因而组织中的老员工常常会对新员工持有某种偏见或成见，认为新员工幼稚单纯、好高骛远、书生意气、经验不足、自视清高等。这种成见很可能有其合理的、符合事实的地方，但同时又具有很大的片面性。

当然，这些矛盾只是具有普遍性的一些问题，具体到现实生活中，它们会因不同的组织管理和组织文化而呈现出不同的情况。通过分析和了解这些问题，有助于我们更好地融入组织、进入职业生涯角色，更好地促进职业生涯目标的实现。

（三）个人职业生涯早期的管理策略

1. 熟悉工作环境，树立良好形象

作为新员工进入组织后，个人应当及时地去熟悉组织环境、工作环境、人际环境和企业文化等，并应通过衣着服饰、言谈举止、良好的工作态度等给人留下良好的初期印象。

2. 掌握职业技能，学会如何工作

承担职业任务，做好本职工作，是员工的基本任务和重要责任。对于新员工来说，第一步就是要掌握职业的技能，学会如何在组织中开展工作。在这一过程中需要注意以下三个方面的问题：弄清岗位职责，明确工作任务；克服依赖性心理，学会自主地开展工作；从小事做起，树立良好的职业形象。

3. 适应组织环境，学会与人相处

新员工进入组织后要想尽快融入组织必然要经历一个适应组织环境的过程，这也是新员工学会工作、做好工作、获得发展的必要条件。在适应组织环境的过程中，有以下三个方面的问题需要注意。

（1）要接受组织现实的人际关系。任何一个组织都存在着一定的甚至复杂的人事关系或人事结构，并且会存在诸多缺陷。此时，需要特别注意的是切忌卷入消极的人际环境，比如帮派组织等，更不要掺和到一些喜欢制造事端的人群之中，而是应该很快学会将自己的分析能力和智慧用在完成组织的工作上，以免因那些不合逻辑、不合情理的人际纠纷而浪费太多的时间和精力。

（2）要尊重上司，学会与上司融洽相处。在职业生涯初期要尽快完成由学生到雇员的角色转换，新员工应当接受任何性格类型的上司并尝试着与其保持融洽的关系，如果工作做得好，领导的印象也好，对个人成长就会有十分重要的影响。再者，还应注意处理好依赖性和独立性之间的关系。作为刚刚进入组织的新员工，一定要有虚心好学的态度，要积极热情、认真负责地开展工作，发挥自己的能动作用，主动解决工作中面临的问题，以展示出自己的实力和对上司工作的支持。

（3）寻找个人在组织中的位置，建立心理认同。新员工在进入组织后给自己设定一个恰当的心理定位，对于争取上司的认可和同事群体的接受也具有重要的作用。如果你被分配到一个工作团队，并明确承担本团队的任务，那么你就必须学会使自己的需要和才干与该团队的要求相配合，学会与团队成员和睦相处，团结协作。

4. 正确面对困难，学会如何进步

对于刚开始工作的新员工来说，在工作中经常遇到各种障碍或困难是难免的。对于新员工来说，这时最重要的是要用正确的态度来对待工作中所产生的困难障碍，并逐渐学会克服困难的技巧。

面对困难与障碍千万不要心灰意冷，畏缩不前，而是必须学会如何消除障碍和解决困难，因为这不仅能够表明你个人的能力、素质与进取精神，而且还在很大程度上决定了个人未来的职业发展道路。

与此同时，个人从自己的角度出发也面临着同样的问题，即在决定到那里履行承诺之前要先看看组织都为自己提供了什么样的选择和工种。所以在这一阶段，个人有什么样的才干、个性、动机和价值观，以及由此会带来怎样的实效并不清晰，进步的标准也不明确。不过在双方相互考察的过程中，个人学会如何进步是非常重要的。而个人进步的关键则是为组织努力作贡献。出色工作——只有这样个人才有发展前途可言。在个人组织化阶段，新员工往往会出现走两个极端的情况：或是只想表现自己，过于关心如何才能进步；或是不闻不问，安于现状，缺乏进取心。实际上，这两种情况都应该避免。个人思想重心和行为的重心应该是如何在组织文化氛围中出色地工作，而不是过分地只想"晋升"。只有为组织努力贡献，出色工作，使自己尽快地融入组织中，才是不断进步的根本。

5. 与组织配合进行职业生涯规划

在职业生涯早期阶段，组织一般都会为员工制定出切合实际的个人职业发展规划，对个人的职业生涯进行管理。为了更好地实现个人职业生涯目标，个人应该按照组织的发展目标和发展方向，配合组织进行个人职业生涯规划和管理。

(1) 提供自己的真实资料；

(2) 主动从上司和同事那里获得有关自我优势及不足的信息反馈；

(3) 争取获得晋升机会；

(4) 与管理人员沟通发展的取向；

(5) 与管理人员一同制订可行的方案；

(6) 朝既定的行动方案努力；

(7) 与来自组织内外不同工作群体的员工进行接触。

作为组织中的一员，个人应当积极主动地采取措施配合组织进行职业生涯的管理，以便于更好地促进个人职业目标的实现。

二、个人职业生涯中期管理

职业生涯中期主要通过两种方法来界定：一是根据个人的职业生涯发展的状况来区分，即从立业到退休的一段时间；二是根据年龄来划分，即从 30～50 岁。由于按职业生涯发展状况来决定职业生涯中期，时间段差异较大，因此这里我们以年龄为标准来划分职业生涯。

职业生涯中期是一个非常复杂的时期，作为人生最漫长、最重要的时期，其特殊的生理、心理和家庭特征都发生了很大的变化。职业生涯中期处于发展和提升时期，并逐步达到顶峰；家庭周期由组建家庭到生育、培养子女直至子女离家自立；生命周期则由精力旺盛到逐步衰弱。在这种情况下，只有处理好各种人际关系和各种职业危机及压力，才能有效地实现职业生涯各项目标，充分实现个人价值。

（一）职业生涯中期的个人特征

1. 个人的心理特质

（1）职业认同感受到冲击，青春期的心理冲突复活。进入职业生涯中期，特别是人到中年后，往往就会开始面临个人梦想和实际成就之间的不一致；青春期曾发生的选择职业和生活道路时的矛盾冲突的情感，往往又会复萌和再现。眼看着子女长大成人，而自己对职业认同或角色定位尚不明朗，很容易让人在心底对自己昔日的职业选择产生怀疑、不满和焦虑。加之父母同子女间存在代沟，年轻的子女常常向父母亲的价值观、成就提出挑战，更是会进一步影响和加重他们对自己职业生涯的焦虑和怀疑。

（2）家庭结构和内部关系改变。人到中年，孩子长大成人并逐个离开家庭，家庭角色结构出现明显的变化：充当照顾和抚育子女任务的父母角色消失；"空巢"家庭下的夫妻二人需要重新分配感情，重新学会处理彼此的关系；饮食、娱乐、休闲等方面的全部日常活动安排都会有所改变；子女的抚养和教育费用的停止，使家庭经济负担大幅度减轻；有财力可以自由地运用于其他活动，如旅游或者重新评估职业目标，财力包袱可以降低；进入中年期的员工还要注意处理同父母的关系，这时候对父母长期压制的感情会再现出来，并会想方设法去满足父母的要求、解决父母的困难。

（3）意识到职业机会有限而产生焦虑。人到中年，随着年龄不断增大将会逐渐意识到适合个人的职业岗位和职业机会越来越受到限制，要想再选到一个好的职业将会十分困难，由此产生焦虑不安的心情。

（4）承认时间有限和生命有限的事实，从而产生心理变化。当步入中年遇到朋友、同事、父母或者配偶甚至子女的去世时，个人才从感情上真正认识到了死亡的可能性和生命的有限性，并会反思自己的过去，重估自己的抱负和建树，思考在自己的职业和一生中是否完成了预计要做的事情，还有多少时间可以去做这些未竟之业。当一个人意识到自己的学习能力正在下降，感到力不从心，已没有时间、精力和机会去完成各种梦寐以求的事情时，常常会出现抑郁、忧虑的心态，产生心理负担。

2. 个人能力和职业生涯特征

（1）职业能力稳步提高并逐渐成熟。在职业生涯中期阶段，员工的职业能力不断得到提高，各方面都逐渐趋于成熟：人到中年，已经有了相当的生活阅历，具有处理人际交往和各种事情的技能经验；人到中年，价值观成熟，世界观成形，绝大多数人的事业心与责任心都有所增强，并逐步形成了沉稳、踏实和一丝不苟的工作作风；有较为稳定的长期贡献区，职业技能娴熟，积累了相当丰富的职业工作经验。

（2）创造力旺盛，工作业绩突出。在职业生涯中期，员工一般都是作为组织的骨干和中流砥柱在发挥作用。此时，个人也具有创造一番辉煌业绩的潜在实力。这种潜力一方面源于其工作能力的增强和经验的积累，另一方面则源于其自身长期潜伏的个性和能力，以及由此激发的创造冲动或未曾施展过的才干。因此，职业生涯中期正是个人创造力最强、工作卓有成效、不断创造辉煌业绩的时期。

（3）职业发展轨迹呈现"∩"形。职业生涯中期是一个长达 20 多年的时间段：在其初始阶段职业发展轨迹呈现由低到高逐步上升的趋势，职业顶峰多出现在职业生涯中期的中间段，跨过辉煌的职业高峰后，职业轨迹就会呈现下降的趋势，整个过程呈现出一条"∩"形曲线。

（二）职业生涯中期所面临的主要问题

1. 职业生涯中期危机问题

（1）缺乏明确的组织认同和个人职业认同。在职业生涯中期，当个人发现还没找到自己的职业锚，尚没有明确的专长和贡献区，工作绩效平平——这种情况常发生在一些流水线上的工人、一般职员，甚至某些中层经理身上时，他们往往就会陷入既没有清晰可认同的工作、不被组织所赏识，也没有显赫地位、不为人所知的默默无闻的境地。在这种状态下，他们不仅难以向家人朋友讲述自己的职业工作，而且在一个基本的水平上也很难认同自己的贡献区是什么、自己的突出成绩和作为是什么。

（2）现实与职业理想不一致。许多人在职业中期都会陷入一种自我矛盾中，因为其现实职业发展同其早期的职业目标、职业理想不相一致。此时一般会出现三种情况：第一，虽然从事的是自己理想的职业，然而并未取得所期望的成就。第二，自己的职业锚完全不同于最初的设想，现实的职业比最初设想的低，或者与早期的职业设想、抱负相比更需要职业以外的其他东西。第三，实际获得的职业成就（如职位）比预期的高。其中，职业生涯中期应该解决的问题是指前两种情况。

（3）职业工作发生急剧转折或下滑。这方面经常出现的情况有：由于工作对他们来讲不再富有挑战性，也就不再能使其感到兴奋，从而感到落入了组织或职业陷阱；对工作不再有进取心，平淡应付，得过且过，没有生气和活力，消沉抑郁；如果经济收入不减少、其他条件也允许的话，会突然地、戏剧性地转换职业；发生"战略"转移，由原来以事业和工作为重心转向以家庭和个性发展为重心，活动指向个人业余爱好、兴趣、社交关系方面。

2. 职业生涯发展的瓶颈问题

职业生涯发展的瓶颈主要来自组织结构的制约。通常，组织对各类人员的需求量不同，初级层次的人员较多，中间层次次之，高级层次的需求相对较少。整个组织的人员层次分布类似于金字塔形。刚刚从学校毕业的员工在进入组织后，因为处于初级发展时期，发展机会比较多，组织对这一时期的员工需求量比较大，相互之间竞争不是十分明显。有些员工误以为今后的发展也会如此，放松了对自己的要求，满足于已有的现状；而有的员工出于对职业的兴趣或对未来发展的忧虑，不断地努力，从各方面提升自己，兢兢业业、勤勤恳恳地工作，与时代要求一起发展，与社会一同进步；还有一些员工，不仅努力工作、注意方法，而且天资过人，各方面表现优异，很快脱颖而出。这样一来，就形成了初期的分化格局。由于组织对低、中、高级人才需求呈金字塔形，初期和中期的竞争可能不是十分激烈，但争取高级职位就比较困难。职位少，竞争激烈，许多人由于缺乏竞争力，会感到前途渺茫。

3. 工作与家庭的冲突问题

职业生涯中期，是家庭、工作、生命周期相互作用最强烈的时间段。处于职业生涯中期的人，基本上都有家庭和孩子，孩子的教育、抚养是一个需要花费时间和精力的任务；与此同时，处于这个时期的员工，在积累了一定的工作经验后，事业也处于上升时期，正是做贡献的时候，组织特别需要他们积极的工作态度；而到了40岁左右，生理上的制约也开始出现，如体力下降、身体状况下降等。从家庭和事业角度看，对人的时间和精力的需求都在增加，而从生理的角度看，个人的精力又有下降趋势，因此冲突在所难免。

工作家庭冲突有三种基本形式，即时间性冲突、紧张性冲突和行为性冲突。时间性冲突是指由于时间投入到一个角色中而使执行另一角色提出的要求变得困难。个人的多重角色会争夺时间。比如，一个员工的家人计划周末去郊游，而单位安排他在这个时间与外商谈判。紧张性冲突是指由一个角色产生的紧张使执行另一角色提出的要求变得困难。比如，一位员工应付繁重的工作，这时家庭中又出现了严重矛盾，就会使他筋疲力尽，感受到紧张性冲突。行为性冲突是指一个角色中要求的行为使执行另一角色提出的要求变得困难。一个角色中的行为模式可能与另一个角色中的行为期望不相容。例如，一方面，通常认为男性管理者在工作中应该情绪稳定，有自信心、判断力、独立性、攻击性和逻辑性；另一方面，家庭成员可能希望他在与他们的交往中是温和的、体贴的、情绪化的。假如个人不能调适自己的行为使之符合不同角色的期望，他（她）就可能体验到角色之间的行为性冲突。

4. 精神压力过大，健康状况不佳

职业生涯中期，往往是个人发展的一个相对顶点，通常人们可以暂时舒缓一下紧张的工作生活方式，恢复自己的身体健康。然而，由于我国社会变革加剧，鼓励人们开拓进取，注重业绩表现，因此，经过了多年艰辛的中年人，仍然不能喘气，还要百尺竿头，更进一步，特别是要应对来自年轻人的挑战，以巩固自己多年辛勤劳动换来的地位。这些人在追求事业成就、社会地位的同时，往往忽视必要的身体锻炼、户外活动、心理保健，结果身心都受到伤害。

事实上，中年人的身体处于下降时期，相对于探索阶段的人，在工作上比较熟练，因此，许多的重要工作都落在了这些中年人身上，结果其工作负担相对比较重。而且，这个时期员工的子女在中小学阶段，升学压力比较大，为了孩子的未来，也需要投入一定的时间和精力。此外，中期职业生涯发展阶段的员工，一般还有年迈的父母要照顾和赡养。

可见，中年是人生最劳累的阶段，事业发展、子女教育、父母赡养都需要耗费精力，而就在这一阶段，个人生理素质却开始下降，如果不能妥善地处理这些事务，往往容易出现身体疾病，甚至死亡。

(三) 个人职业生涯中期的管理策略

在职业生涯中期，除了组织的管理外，个人也应根据自己的特点制定有针对性的职业生涯管理措施，来促进自己职业目标的顺利实现。

1. 保持积极进取的精神和乐观的心态

人到中年，面对诸多问题和生命周期运行的变化，这是人生的一个关键时刻和转折点。对于有信心获得晋升和发展的人来讲，他们劲头十足，有充分的潜力进步，因为将来肯定能够进入高层领导职位或是成为职业中的稳定贡献者，增加薪资。但是，与此同时，则有相当数量的中年期员工由于面临职业生涯中期危机和各种家庭问题，减弱以致丧失了原有的工作热情、积极性和进取心，只求平平稳稳安度后期职业生涯，不想也不肯对工作投入太多、参与太多。少数人因为职业发展遇到的困难和问题较多，以致失望、沉沦，滑向下坡路。后两种情况的出现对个人、家庭和组织都十分不利。诚然，职业生涯中期的诸多问题会给个人造成巨大压力，但它同时也给个人提供了一个发展的新机遇。如果能够正确地控制自己的感情，正视客观现实，保持积极进取和乐观的心态，积极寻找解决矛盾和问题的新方案，那么中期职业危机就可能成为一个实现职业发展新跨度的新起点。因此，保持积极进取的精神和乐观的心态也是职业生涯中期应当完成的一项重要任务。

2. 适当考虑降低职业生涯目标

在职业生涯早期，每个人都有很多梦想和追求。如果由于种种原因，个人的潜力没有充分发挥出来，对于组织和个人来说都会是件很遗憾的事。但如果组织措施得当，个人也努力了，目标还是没有实现，那就不是选择或环境问题了，而是个人能力的问题。人与人之间的能力差异是一种客观存在，个人不能以精英标准来苛求自己。在职业生涯中期阶段，正是一个人的理智最发达的阶段，因而也就应该以更加实际的态度调整自己的职业目标，以更加豁达的眼光来对待自己的禀赋。如果职业目标过高，就要调低自己的职业生涯目标。

3. 进行新的职业与职业角色选择决策

在职业生涯中期，当个人陷入极大的矛盾或危机中时，往往也面临着新的职业角色选择。此时，应当及时查找自身的生活目标和价值观，以便取得一种更稳定的整合和生活结构，摆脱以往的角色模式或压力，选择新的角色：继续留在原来的职业锚位上，使自己的知识和技术更加精深和熟练，成为骨干或专家；通过一定的方式使自身的技能通用化，更多地充当项目带头人和良师的角色；离开原职业工作，寻求新的适宜的职业角色；进入行政管理领域，成为主管，从根本上改变职业角色。

可以说，每个人都需要在某个时间上对自己的职业作出选择和决定。这一决策通常都会受到内外两方面因素的影响：从内在因素来看，主要受个人职业锚的约束和指导，所积累的经验和智慧会强化其潜在的贡献，影响其角色选择；从外在因素来看，则主要是组织对个人才干和个人经验的价值判别，当组织觉察不到或识别不清楚一个人具有成为技术专家或业务主管所需要的才能时，就会限制其发展机会，而他也只能选择其他职业角色。

4. 学会成功求职的技巧

在职业生涯中期，如果组织中缺乏合适的机会和岗位，而个人又有能力，就可以考虑寻找新的发展机会。如果发现发展领域不合适，就需要重新发现自我，更换合适的职业生涯领域。但由于人处中年，体力和精力等相对于年轻人来说都缺乏竞争力。这时，你就更加需要重新复习或学习有关求职的技巧，例如，通过媒体、亲朋好友广泛地搜集职业空缺信息，撰写包含有显示自身优势在内的简历表，把握招聘者的心态，准备成功地进行面试等。

5. 担负起言传身教的责任

随着个人职业生涯的发展，一个人的职业锚逐渐稳固下来，在工作和发展中获得的经验也会变得日益丰富，而这对于正处在成长中的年轻员工来说则是十分宝贵的。因此，处于职业生涯中期的员工，不论其是否有一种正式的主管角色，都应当主动、自觉地承担起言传身教的良师责任，给年轻人以监督、教诲和支持。老员工主要的言传身教角色有：老师、辅导员或教练；正面的榜样角色；充当伯乐，作为人才的发现者；指路人或开门者，给予年轻人承担挑战性和出成果的任务和机会；保护人；成功的带头人，在自己成功的同时，保证自己的支持者和年轻人一起受益，提携年轻人。

6. 协调职业工作、家庭生活和自我发展三者间的均衡

在职业生涯中期，每个人都会面临来自工作、家庭和个人发展这三个生命周期方面的问题，及其相互影响、互相制约的矛盾。因此，解决职业生涯中期的问题，正确处理三个生命空间的关系，求得三者间的适当均衡，这是处于这一阶段的员工必须完成的一项重要任务。

要完成这一任务，可以从两个方面入手：一是自我重估，包括重估自己的职业锚和贡献区，现实地看待自己的职业才干、表现和业绩，重新思考自己的成功标准和目标定位等。二是对今后的人生进行重新定位，决策职业工作、家庭生活和自我发展三者的运作模式。

我们应当以自我重估和再认识的结果为基础和前提，对今后如何参与工作、如何适应家庭生活、如何给个人发展定向作出决策。虽然这种决策不一定是永久性的，但是它却能代表对未来的一种主要承诺。

因此，在职业生涯中期进行职业生涯发展决策时，应当根据自我重估和再认识后的需要，综合考虑各方面因素，妥善处理工作、家庭和自我发展三者的关系，求得三个区间的适当均衡。

7. 树立终生学习的理念

随着知识经济社会的到来，单靠体力的工作岗位竞争越来越激烈，不仅辛苦，回报还低；而且即便是一些技术含量低的岗位，也正在逐渐被高技术设备所取代。而职业生涯中期又是个人任务繁重的时期，职业发展也呈现复杂化和多元化，各种危机和困难不断加大。在这种形势下，只有不断地学习新知识、新技术，与社会一同进步，才能在本职工作岗位上保持领先的地位。因此，个人必须将压力转化为动力，制定合理的学习计划，利用各种途径和机会不断进取，才会有进步，才能远离困境。

8. 保持身心健康

在职业生涯中期，人生负担往往都比较重，此时更应采取有效的措施来应对压力，使自己保持良好的心态。

（1）寻求继续学习、提高的机会，不断地更新知识和技能，克服人生事业发展的高

原期；不断提高自信心，以更加积极的心态去应对年轻人的挑战。

（2）加强心理保健。心理健康会影响到身体健康，在中年时期，一些对名利患得患失的人往往就容易烦恼，而长期的不良情绪则很容易导致疾病的发生。只有保持平和的心态才有利于身心健康。

（3）合理安排时间，做到有张有弛。在职业生涯中期，各种压力都比较大，工作的时间往往会比较长，因此个人更应注意进行必要的休息和调整，合理安排时间，增加体育锻炼的机会，以便保持一个健康的身体和心态。

综上所述，在职业生涯中期，个人必须采取科学的管理方法对自己的职业生涯进行有效的管理，以促进个人职业生涯目标的顺利实现。

三、个人职业生涯后期管理

从年龄上看，职业生涯后期阶段的员工一般都处在 50 岁至退休年龄之间。由于职业性质及个体特征的不同，个人职业生涯后期阶段开始与结束的时间也会有明显的差别。在这一阶段，个人的职业工作、生活和心理状态都发生了与以前不同的变化，并呈现出某些明显的特征。

（一）职业生涯后期阶段的个人特征

1. 个人家庭和心理特征

（1）家庭境况发生很大变化。员工家庭出现"空巢"，夫妻相依为命，成为家庭情感生活的支柱，产生了对家庭的依赖感，温馨的天伦之乐成为职业生涯后期阶段员工的一大需求。

（2）自我意识上升，怀旧、念友心重。这一点突出表现在三个方面：追求自我发展，觉得干了一辈子，现在应该是从事个人活动、实现个人兴趣爱好的时候了；从感情上意识到健康的重要性，自我保健意识大大增强，重心转移至自我生命及健康；人已近老年，怀旧念友之情油然而生，渴望与过去的社会关系交往，回到过去的岁月，以满足精神上的要求。

（3）进取心显著下降，开始安于现状，淡泊人生。随着年龄的增长，个人的能力、精力、生理机能开始退化，学习能力下降，职业工作能力也明显衰退，深感力不从心，进取心也因经历过人生的酸甜苦辣、美丑善恶而不再有太多奢望和追求，而是平静自若地面对人生，安于现状，淡泊坦然。

2. 个人职业特征

处在职业生涯后期的员工，由于其职业能力与身心条件的变化，其职业也呈现出完全不同于早、中期职业生涯阶段的特征：

（1）进取心、竞争力和职业能力明显下降。

（2）权力、责任和中心地位下降，角色发生明显变化。

（3）优势尚存，仍可发挥余热，尽职贡献。

（二）职业生涯后期的自我管理

1. 承认竞争力和进取心的下降，学会接受和发展新角色

处在职业生涯后期阶段，个人要勇敢地面对和欣然接受生理机能衰退及其所导致的竞争力、进取心下降的客观现实，另辟新径，寻求适合于自己的新职业角色，以发挥个人的专长与优势。

现代的老年人们往往都有一种不服输的劲头，许多一度被认为应该结束工作而退休的员工现在都已经开始了自己的第二次（甚至是第三次）工作。在现实工作中，当师傅，带徒弟，培育新雇员；充任教练，对员工进行技能培训；充当参谋、顾问等角色，或出谋划策，提供咨询；或者从事力所能及的事务性工作等，均不失为适宜于职业生涯后期阶段的良好角色。

2. 学会和接受权力、责任和中心地位的下降

（1）要从思想上认识和接受"长江后浪推前浪"是必然规律，心悦诚服地认可个人职业工作权力、责任的减少以及中心地位的下降，求得心理上的平衡。

（2）将思想重心和生活重心逐渐从工作转移到个人活动和家庭生活方面，善于在业余爱好、家庭、社交、社区活动和非全日工作等方面寻找新的满足源。例如，通过钓鱼、养花、收藏、旅游、老同学老朋友相聚畅谈、参加社会治安和交通治理等活动，或者从事新职业等来充实自己的生活。

3. 学会如何应对"空巢"问题

在职业生涯后期，"空巢"的出现是家庭生活的一大变化，也是人生的一大转折。应对好这一变动，对于员工职业生涯后期的工作和个人发展都很重要。

（1）思想重心应向家庭倾斜，多给配偶一些时间，通过多种方式方法密切同配偶的关系。

（2）随着生活重心的转移，个人时间增多，从而也就有条件发展个人的业余爱好和兴趣，满足以前难以实现的个人需求，充实和丰富个人的"空巢"家庭生活。

（3）注重社会人际交往，增进亲情和友谊。

（4）积极参加社会活动，寻找适宜的新职业。

4. 回顾自己的整个职业生涯，着手为退休作准备

在职业生涯结束之时，员工应当很好地回忆一下自己所走过的职业生涯道路：一方面，可以总结和评价自己的职业生命周期，为自己的职业人生画上一个完满的句号；另一方面，也可以通过总结自己职业生涯成功的经验和失败的教训，现身说法，对新员工进行培训教育。与此同时，还要做好退休的准备工作：

（1）做好退休的充分思想准备，培养个人兴趣，策划退休后的生活。

（2）抓紧退休前的时间，使自身职业工作能够有一个圆满的结束和交代，培养接班人。

（3）为退休做好财务准备。

5. 拟订退休计划

不管你属于哪一类情况，首先都是要拟订退休计划。

（1）第一步：你需要什么。拟订退休计划的第一步应该是计算出你退休后每年需要的开支数量。简单的初步估计对你来说是没有用的——你必须尽可能地明确你的目标，以便确定需要的基金数量。

（2）第二步：你拥有什么。在这一步骤中，你需要估算你现在所拥有的财富，并折算出到你退休时这些财富可以提供的年收入是多少；如果还有其他收入的话，也要一并考虑进来，比如你收藏的价值连城的各种早期的名画等。

（3）第三步：两相比较。当你计算了你的资产和投资后，你就可以把这个数字与第一步中得出的数字进行比较。如果你所拥有的财富比你退休后所需要的还要大，那就恭喜你了，你拥有了考虑如何花掉多余资金的奢侈权利。但是，如果你所拥有的财富不够退休所需，为了享受你的退休生活，你就不得不采取行动改变你的状况——继续第四步。

（4）第四步：现在计划一下需要采取什么行动。计划的目标是增加你所拥有的资源，使它足以支付退休后的开支。一个比较好的办法就是咨询独立的财务顾问。但不管是找财务顾问还是你自己研究，你的计划都必须列明你想要投资什么、你想要支付多少费用以及你打算什么时候投资和付费。

（5）第五步：实施你的计划。

（6）第六步：评估你的计划并注意修正补充。按照你的安排适时地评估你的计划，确认你的计划正在顺利执行，否则你就需要考虑是否需要进一步的建议，或者有什么其他行动可以采用。

当然，即使你完全按照上述步骤去做，也并不能保证你就一定会拥有一个田园牧歌般的退休生活，但是这样做至少能够增加你得到这种生活的机会。

那么，对于那些经验丰富的职场资深者（就是那些到达退休年龄但却不愿意开始学习书法、摆弄花草或四处旅游的人们）来说，他们的其他选择是什么呢？

6. 部分退休与阶段退休的选择

（1）部分退休，即继续为现在的组织工作。在今后的日子里，再雇佣退休人员的做法可能会变得越来越流行。调查指出，部分退休的员工人数增长迅速。35%的人将出于兴趣或爱好从事非全职工作，23%的人是为了获取报酬，17%的人计划自己创业。

（2）阶段退休。阶段退休的主要特征就是退休者在退休后继续工作，但不再全职工作。阶段退休与全职雇佣相比，通常对组织和退休者都比较有利。对许多退休者而言，阶段退休是一个完美的折中方案。

也不是所有的阶段退休计划都是非常正式的。在大多数情况下，组织和员工之间都会根据组织的需要，雇员的技能、知识和经验的不同而形成不同的退休计划安排。退休者工作的形式可以是多种多样的，包括临时工作、特别项目、与其他员工分担工作、培训、指导和咨询；工作时间也各不相同，通常是每周 10～30 小时。

与退休后继续工作的人数不断增加一样，阶段退休的人数也在不断增加。从退休者的角度来看，1999 年 10 月由《洛杉矶时报》开展的一项全国范围的民意调查显示，44%的受访者表示计划在退休年龄后从事兼职工作。

第四节　组织职业生涯管理

➤ **案例引入**

重视员工的生命周期①

　　对于每一位从事企业人力资源管理的 HR 而言，在为员工制订职业生涯时首先要树立这样一种观念，即员工价值也有生命周期。一般来说，一个新员工在一个企业里某一个岗位上的价值，可以按照 6 个月为一周期分为四个阶段。

　　第一阶段是"学习投入阶段"，从一个新员工到公司工作起 6 个月。这一阶段，员工希望的主要是能找到"两个定位"。一是公司对个人职业生涯发展中的定位：我会在这个公司里有发展吗？这份工作我会干多久？这份工作是否可以帮助我培养我个人今后职业生涯所需要的技能？等等。另外一个定位是个人在团队里的定位：公司对我这个岗位的期望值是什么？一个部门（或项目小组）里的团队成员对我有什么要求？这个企业部门的文化是怎样的？在学习阶段，员工对公司基本上不创造明显价值，相反，公司还要投入相应的管理人员，花一定的时间和安排一定的费用来对他们进行培养。

　　第二个阶段是"价值形成阶段"，从第 7 个月到第 12 个月。这一阶段，员工最关心的是"两个肯定"。一是肯定自己在公司中的作用、地位和价值：由于我现在做这个岗位，工作方法、技术流程得到了明显的提高和改进，管理效率有了明显提升，我拿这份工资是拿得其所。第二个肯定是肯定自己在周围亲朋好友、老同学、同行业中的地位：我们这家公司还是在什么方面做得不错的。这时候，员工已经开始有了"公司荣誉感"。这时候，对员工的最好的激励就是认可他的工作成绩。

　　第三个阶段是"能力发挥阶段"，一般从员工工作一年以后开始，从第 13 个月到 18 个月。在这个阶段，员工能力的充分发挥有赖于"两个授权"。第一个授权是对于公司既定战略、目标、策略在实施过程中和这位员工相关的部分，提供他提出自己工作思路和想法的空间和机会，授权他就局部的管理工作进行具体的改进；第二个授权是鼓励他对公司整体的发展战略、管理流程、组织结构、企业文化等方面的问题提出自己独立的思考，并授权他可以在一定的范围和时间内，按照自己的思路，去尝试他本人的一些想法。在这一阶段，着重挖掘的是员工在管理能力、综合素质、分析问题和解决问题上的潜力。

---

① 佚名. 重视员工的生命周期. http://www.100guanli.com/HP/20100330/DetailD893098.shtml. 2010-03-30.

第四个阶段是"价值提升阶段"，这个阶段一般是从第 19 个月起到第 24 个月。在这个阶段，重要的是"两个评估"。首先要评估这位员工是否有一定的管理眼光、良好的沟通技巧、成熟的工作方法、进取的工作态度，是否善于管理团队，协调人际关系，总之，是否具有进一步的管理潜能。第二个评估是这位员工的实施能力，即把想法变成现实的操作能力。

➤ 案例启示

正如案例开篇所说，公司为员工制定职业生涯规划时首先要树立"员工价值生命周期"的理念，亦即每个员工在自己的工作岗位上有着不同的成长阶段。公司应该从员工的不同成长阶段的需求和任务出发，为其量身定做合适的职业发展规划。本节就从组织职业生涯管理的角度来探讨这一问题，具体来说本节课程内容包括：

（1）组织职业生涯早期管理；

（2）组织职业生涯中期管理；

（3）组织职业生涯后期管理。

一、组织职业生涯早期管理

在职业生涯早期阶段，组织承担着非常重要的职业生涯管理任务。组织需要通过对新员工进行有效的评估、培训、职业生涯规划及管理等措施，帮助员工顺利适应工作。通过员工和组织的共同努力与合作，使每个员工的职业生涯目标与组织发展目标相一致，使员工与组织都获得发展。

（一）组织在职业生涯早期的主要管理任务

1. 对新员工进行上岗引导和岗位配置

新员工上岗引导是指给新员工提供有关企业的基本背景，包括工资如何发放和增加、怎样获得工作证、工作时间为每周多少小时、新员工将与谁一起工作、工作的环境和条件、晋升机会等。这些信息对员工做好本职工作是必需的。

2. 提供一个富有挑战性的最初工作

大多数专家都认为，组织能够做的最重要的事情之一，就是争取为新员工提供一份富有挑战性的最初工作。霍尔根据自己的研究指出，提供富有挑战性的起步性工作是"帮助新员工取得职业发展的最有力然而却并不复杂的途径之一"。

3. 在招募时提供较为现实的未来工作展望

最大限度地降低现实冲击并提高新员工长期工作绩效的有效途径之一，是在招聘时就向被招聘者提供较为现实的、关于未来工作的描述，使他们明白，如果自己到组织中来工作，估计能够得到哪些方面的利益。对未来的工作进行较为现实的展示所能起到的重要作用表现在，它能够有效地使那些被聘用来从事相对较为复杂工作的员工长期留在组织中，减少人才流失。

4. 对新员工严格要求，并开展职业生涯规划活动

在一位新员工开始探索性工作的第一年中，应当为他找到一位受过特殊训练、具有较高工作绩效并且能够通过建立较高工作标准而对自己的新员工提供必要支持的主管人员。另外，组织还应当采取相关措施，加强新员工对他们自己的职业生涯规划和开发活动的参与。

5. 开展以职业发展为导向的工作绩效评价，提供阶段性工作轮换和畅通职业通道

从长期来看，主管人员向上级提供关于自己所属员工的工作绩效评价的有效信息是十分重要的，不能为了保护直接下属的短期利益而提供不真实的信息。新员工进行自我测试以及使自己的职业锚更加具体化的一个最好的办法，就是去尝试各种具有挑战性的工作。通过在不同的专业领域中进行工作轮换，员工们获得了一个评价自己的资质和偏好的良好机会。同时，组织也得到了一位对组织事务具有更宽的多种功能视野的管理者。工作轮换的一种扩展情形被称为"职业生涯通道"，它是指认真地针对每一位员工制定他们的后续工作安排计划，以促进员工的职业生涯发展。

（二）组织职业生涯早期管理的对策

1. 上司应尽快熟悉新员工

新来的员工，往往缺乏实践经验，因此，为了让他们尽快地熟悉工作，上司应该关心下属，了解下属的优点和不足，有针对性地进行引导，让下属取得成功体验。了解下属，可以通过工作中的观察，也可通过日常的交往，还要考察下属的工作实际状况，比如工作考核的情况就是对下属工作情况的比较客观的反映。同时，也应该注意避免前面提到的认识误区，如晕轮效应、首因效应、刻板印象等。

2. 上司通过绩效反馈，帮助员工确立职业生涯目标

在给员工确立职业生涯目标时，一方面要结合员工的绩效表现，另一方面还要适当地观察员工工作以外的其他特点。与工作有关的表现可以通过日常的工作来确定，而工作之外的表现就要通过其他的方法获得，如工会工作、集体休闲活动、工作外的交往等。通过工作内外的全面认识，可以使所确定的员工的职业生涯目标更加科学合理。

3. 给员工制定职业生涯规划

对员工有了一定的了解，就要着手替员工规划。这个规划必须是由上司和下属通过协商而达成的共识，否则就很难执行。它可以帮助员工和组织双方都明确努力方向，采取具体可行的方式保证目标的达成。

4. 促进员工的社会化

员工的社会化，一方面要靠员工自己的努力；另一方面，也需要组织提供相应的条件如文件、资料等来促进员工的社会化。

培训是促进员工社会化的一种比较好的形式。通常选择与员工的适应和发展相关的内容进行培训，如介绍组织的基本情况、组织的发展历史与现状、组织的发展宗旨和目标，劳动纪律、劳动待遇等。

为员工安排正式的导师（师傅），这在国外已被证明是成功的经验。导师对组织文

化比较了解，可以将组织的价值观、行为准则有效地传递给徒弟。

借助于表彰先进是促进员工社会化的另一重要途径。要认真地对待这些重要活动，通过这些活动给员工传递组织的经营理念、价值观，让员工与组织的观念一致起来。

5. 支持员工的职业探索

员工对自我的认识有一个探索过程，不论是专业技术人员还是管理人员，都不例外。许多大学毕业生在进行专业学习时，很可能其专业所需要的能力只是其所拥有的能力的一部分。同一专业可以从事不同的职业，不同的岗位尽管需要一些共同的知识和技能，但又并非完全一样，有一些特性可以在工作中培养，如专业知识和技能，但有些特性往往难以培养，如细心、外向、冒险等。为了使工作岗位更加适合员工，组织应该提供各种职位空缺的信息，并进行广泛地传播，让感兴趣的员工都有机会参与这些职位的竞争角逐，进而发现那些有潜力的员工。前面我们提到，将绩效考核与员工的职业生涯目标联系起来时，有时会出现一些问题，如埋没员工在现有岗位上无法展露的一些特殊能力。如果组织广泛地提供职位空缺的信息，有些员工可以主动地参与空缺岗位工作。在意识到自己潜力的情况下，可以主动地参与空缺岗位的竞争，从而避免组织的损失和个人的损失。

二、组织职业生涯中期管理

（一）组织职业生涯中期的管理原则

对于处在职业生涯中期员工的职业生涯管理，应当遵循如下五个管理原则。

1. 双赢的原则

双赢的原则也就是既利于组织又利于员工个人的管理原则。在职业工作岗位上，员工同组织是息息相关的，二者的利益具有明显的一致性。员工个人职业发展辉煌，必然会极大地促进组织的兴旺发达；相反，个人发生职业危机，也必然会制约组织劳动生产率和经济效益的提高。同时，二者的利益也有矛盾的一面，这一点特别容易在员工职业生涯中期发生，例如，员工个人的晋升愿望与组织有限的职位空缺之间的矛盾、员工的培训需求与组织的培训机会之间的矛盾、工作和家庭之间的矛盾等。在中期职业管理中，组织必须兼顾组织与个人双方的利益，尤其注意不要忽视员工的利益，而应想方设法协调双方的需要。

2. 与员工个人沟通的原则

管理沟通非常重要。通过沟通，可以详尽地了解员工的实情，根据员工的需要设置可行的职业通道，避免管理的盲目性；通过沟通，可以了解员工个人在职业中期的心理变化、新的需要与目标，以及未来的打算，从而提高组织职业生涯管理的科学性、针对性和有效性；通过沟通，组织不仅可以接收来自员工个人的各种信息，而且可以将组织的信息传递给员工，帮助员工更好地客观评估自己，审视自己的职业需求及其实现的可能性，从而有助于员工作出实事求是的、具有可行性的决策，顺利度过职业中期阶段。此外，与员工沟通还体现了组织对员工的关心，可以增进员工对组织的信任和情感，有利于员工工作积极性的保持和发挥，可以预防员工职业生涯中期危机的出现。

3. 因人而异、对症下药的原则

职业生涯中期是人生最复杂和任务最繁重的一个时期，每个员工的社会生命周期、职业生命周期和家庭生命周期的具体运行情况千差万别；各个生命周期相互影响、互相作用的情况也存在着很大的差异；每个员工所面临的各个生命周期运行任务和所负责任大小不同，轻重程度不同，繁杂程度也不相同，由此也就决定了每个员工在职业生涯中期的心态、理念、价值取向必然有别。因此，对员工中期职业生涯的开发与管理必须细致入微，因人而异，针对不同情况对症下药。

4. 重点管理原则

管理的重点应当放在处于职业生涯中期危机的员工身上，而不仅仅是那些在职业生涯中期能够获得晋升或进一步发展的员工身上。因为一般而言，在所有的员工中，在职业生涯中期仍能获得进一步发展的员工所占的比例并不很大，而与此同时，有相当数量的员工都因其职业生涯发展停止而变得不关心组织工作，丧失工作兴趣、热情和信心，缺乏进取心，安于应付，企求安稳。出现这种情况的原因是多方面的，但令人惊讶的是，对于在组织中占有很大比重的这些员工，组织却很少顾及，有的甚至对他们不闻不问。而实际上，这正是组织职业生涯中期管理的重点所在。因此，组织必须对员工职业动力不足的情况及其原因进行深入分析，并有针对性地采取措施，以激发员工的工作活力、热情和积极性，预防和补救职业生涯中期危机。

5. 动态管理原则

无论是员工还是组织，都是始终处在动态变化之中的。员工在其职业生涯早期，往往会对组织及其文化采取服从和接纳态度，并尽量将自己融入组织之中，尽心尽力地工作。到了职业生涯中期，员工大都处于而立不惑之年，职业工作已经立足脚跟，在事业也多能独当一面，谙熟组织及其中的人与事，具有一定的人生阅历，面对复杂多变的客观世界拥有个人的独立思考和见解。此时，他们的人生态度、价值观、心理理念大都已经发生了很大的变化。在职业工作上，员工队伍也发生了明显的分化与转折，有的如日中天，走向顶峰；有的平平稳稳，尽职尽责；有的则不闻不问，重心由工作转向个人与家庭。在员工职业中期心理、理念、行为发生动荡变化的紧要关头，组织切不可停留在对员工职业早期认识的基础上去进行职业管理，而必须依据组织和个人变化了的情况实施动态管理，这样才能取得最佳的效果。

（二）组织生涯中期的管理对策

1. 为员工提供更多的职业发展机会

按照组织发展的常规思路，对员工人力资源的需求呈金字塔形，而且随着组织的扁平化，中层和高层人员的数量将会更加有限。如何在这种情况下给发展到一定阶段的员工创造发展机会，是组织能否留住员工的关键。组织可以从以下几个方面着手：①开辟新的开发项目，以增加组织的新的岗位；②通过一定的形式，承认员工的业绩，给予一定的荣誉；③进行岗位轮换，丰富员工的工作经验，使员工的成长需求得到满足。

2. 转变观念，提高员工的竞争力

随着社会的飞速发展，组织的变革也在不断加快，再加上新技术的快速普及和经济

状况的急剧变化，人们需要付出更多的努力才能适应组织的变化。这就要求组织平时注重员工的成长和学习，将个人发展融入组织的人力资源政策中，比如鼓励工作轮换、管理人员跨部门流动或提升，当遇到经济或行业发展不景气时，员工就会有较强的调整和竞争能力，其职业生涯发展也就不会因偶发事件而中断。

3. 帮助员工形成职业自我概念

在职业生涯中期，由于个人的职位、地位上升困难，许多员工都会面临一些失败的体验，致使其早期确立的职业理想产生动摇，此时他们往往需要重新检讨自己的理想和追求，建立新的自我。

针对这种常见现象，组织应该较早地鼓励员工进行职业生涯探索，给他们提供必要的职业信息，对职业探索的结果尽可能地给予支持。通过这些措施，可以增强员工对职业变化的适应性，从而提高他们自我管理职业生涯的能力。

4. 丰富员工的工作经验

工作经验的丰富本身就是职业生涯追求的目的。组织有意识地进行工作再设计，可以使员工产生对已有工作的再认识、再适应，产生积极的职业情感。例如，原来一个人只完成一项工作的某一部分，通过工作再设计将所有这项活动整合起来，就可以让员工从原料到产品产生一个整体印象。虽然工作难度增加了但却丰富了工作内容，尽管没有晋升，但工作本身带来的成就感在某种程度上则超越了简单的晋升。另外，组织还可以通过加强工作经验总结和工作角色轮换，使员工的中期职业生涯发展得更好。

5. 协助员工解决工作家庭冲突

研究表明，来自家庭和来自工作场所的社会支持有助于减少工作家庭冲突。组织可以有意识地采取一些政策和措施以部分地减轻员工的家庭负担，帮助员工平衡工作和家庭责任的关系，比如设立幼儿日托，提供产假和家庭休假，设计灵活的职业发展通道，实行弹性工作制等。

三、组织职业生涯后期管理

对处于职业生涯后期的员工，如果管理得好，可使这些人力资源成为财富；如果管理得不好，就会导致许多冲突，增加许多矛盾，影响组织的工作。对职业生涯后期员工的管理，可以采取以下措施。

（一）理解和尊重员工

计划经济向市场经济转轨的条件下，由于种种原因，许多曾为集体、国家作过贡献的老人没有得到应有回报。在论资排辈的年代，他们的资历不够，不能得到回报；当他们终于获得了足够的资历时，社会分配又强调效率优先。过去，为了组织的发展，他们全心全意地工作，甘当一颗螺丝钉，在奉献自己知识和技能的同时，忽视自身的发展和建设；当尊重知识的时代到来时，他们人生获取知识的大好时光已经过去了。可以说，他们目前的一些问题除了自身因素的影响外，组织和社会也是有责任的。因此，组织和社会应该给予他们充分的理解和关心。组织还应当以制度的形式保障老员工的利益。

（二）制度化与差别化管理相结合

一般情况下，应该严格地按组织规定的相关制度对待退休职工，但也要考虑企业或组织实际，作一些符合市场变化、特殊情况的差别化处理。僵死的制度不适合于当今变革的社会。在员工退休问题上，"一刀切"的好处是便于操作，但对于那些在关键岗位上、掌握生产诀窍的高级员工或经验十分丰富的技术人员，就不宜采用"一刀切"的办法，否则可能造成人力资源的浪费。

员工有各自的情况和不同的类型，多数员工的贡献能力不会随着正式退休而结束，组织如果需要相关人员，可以采取兼职、顾问或其他方式优先考虑聘用他们。不同的员工，由于其能力、经历、原来的社会声望、身体状况、兴趣爱好等不同，在管理上应该实行有差别的管理。对于事业上有成就的员工，如果身体允许，应该采取适当的措施，为其提供发挥余热的机会，比如指导年轻员工，继续退休前尚未完成的研究工作，协助审查新的立项项目等，将他们的智慧充分利用起来。

（三）真诚关心员工

许多人为单位工作了一辈子，心里总是惦记着组织。特别是人总有惯性，工作习惯了，忽然离开单位，总是有些不适应。为了解决这种问题，有些单位采取了一些有人情味的做法：比如，让将要退休的职工外出旅游、疗养；有些单位则让员工延聘一年，在这一年中逐渐减少他们的活动，特别是有些会议、重要工作可以适当地减少，给他们一些时间，逐步处于半工作、半退休的状态，到了真正退休的时候，就习惯多了。此外，有些员工如果项目没有完成，可以继续工作，但对他们的要求可以逐步降低，给他们更大的自主权，比如不一定非要按时上班，只要能按计划完成工作即可。

组织要以多种形式关心退休员工。例如，为退休员工办好养老保险和医疗保健保险；关心退休者的疾苦，切实解决其实际困难和问题；每逢节日、生日之际，慰问安抚退休员工；对于希望丰富老年生活，弥补过去由于工作太忙，而没有时间休闲娱乐的员工，可组织他们去一些地方度假、旅游，充实晚年生活。有一些员工希望健康地度过晚年，对保健比较重视，组织可提供锻炼的场地，开展丰富多彩的、适合老年人的体育活动。很多老员工对工作单位有很深的感情，非常关心单位的发展。组织可以以退休员工座谈会、联谊会等形式，向退休者通报企业发展情况，互通信息；征求退休员工对企业的意见和建议；加强员工之间的沟通、联系和友谊。

（四）提前准备员工的退休

在退休前夕，首先应做好新老接替工作，其次还应该有计划地组织一些活动，帮助即将退休的员工了解退休后的生活，尝试性地适应这种生活。

1. 做好退休之际的工作衔接

组织要有计划地分期分批安排人员退休，及早进行岗位接替人的选拔和培养工作。帮助退休员工与其接替者做好具体的交接工作，在新老员工职业更替之时，确保工作的正常进行。

2. 进行退休准备教育

退休准备教育是以应该怎样度过退休生活为主题，通过多种教育训练的方式，启发即将退休的职工对退休后的生活的方方面面进行自我设计和规划，减少退休员工退休后的适应时间。一般员工退休后的问题主要是如何度过丰富的闲暇时光，如何保证身体健康，如何管理退休费用等。比如，可以计算出退休后的经济收入状况，结合子女的成长和生活状况、自己的身体状况等，给自己制定出较好的开支计划。如果是高收入职业，过去有较多的积蓄，而且子女没有什么负担，身体状况较好，则可以考虑不定期地旅游，完成以前没有时间做的一些娱乐活动；如果身体状况不佳，可以选择有利于健康的适当的活动，如练太极拳、打门球、跳舞、练书法等。如果身体允许，员工不以获取经济利益为主要目的，而是注重过程、注重成果转化、注重将自己的专业运用到社会所需要的地方、为社会作出贡献，可以考虑从事志愿者等社会工作。

3. 请退休员工谈经验

请退休后适应良好的员工介绍自己退休前的体会、心态和退休后的适应过程。比如退休后，社会责任少了，与同事交流的机会少了，如何使自己归属于新的群体？如何建立新的关系网络？生活的节奏变了，可快可慢，不再有外界的约束，自己是如何适应的？由于社会活动少了，满足受尊重的愿望的机会少了，失落感增加了，如何调节？由于工作量少了，待遇也相应减少了，不平衡心理出现了，如何处理？

4. 退休后的生活技能培训

如果有条件，可以尝试性地鼓励退休员工进入老年大学，发展多种兴趣与爱好，如学习绘画、写字，练习太极拳，学习跳老年健康操，学习养花、种草等适合老年人特点的活动。

（五）发挥员工的经验优势

根据马斯洛的需要层次理论，人有被尊重的需要。特别是年纪大的人，对晚辈的尊重更加在意，这涉及这些年长的员工对自己一生价值的评价。特别是当这些员工逐步从重要的岗位退下来之后，本身就有一些失落，如果不对他们的贡献以适当的形式予以认可，会让他们心理不平衡。另外，这些员工工作了一辈子，的确有许多的经验或教训，这些经验或教训都是宝贵的财富，如果将这些传授给年轻的员工，让这些年轻的员工吸取成功的经验，避免失败的教训，无疑有利于员工的顺利成长，为组织培养优秀的员工创造条件。

在知识经济时代，知识的价值日益得到肯定。许多技术工人、专业技术人员经过几十年的磨炼，积累了许多有价值的经验。这些经验如果没有后人学习和挖掘，就会被浪费掉。现在许多西方国家十分重视这些隐性知识的价值，专门对这些优秀员工的知识进行研究，寻求开发途径，加以有效地利用。过去，这些隐性知识是通过师傅带徒弟而逐步地传下来的，现在有人认为有了自动化、数字化的设施，这些老经验就已经过时了，不注重发掘和开发，等到需要的时候，又得重新探索，有可能重走弯路。

随着市场经济体系在我国的逐步建立和完善，个人主义、本位主义思想比较严重，年轻人和年长者的观念冲突比较严重，甚至各自为政，缺乏合理的沟通，相互之间理解困难，客观上造成了许多隐性甚至显性资源的浪费。作为年长者，往往觉得年轻人过于自负，听不进长者的良言，自己不愿意找气受；而对于年轻人，则觉得年纪大的人观念老化，社会价值判断跟不上时代，很难打交道。如果能建立一种良好的组织文化，使双方都能发扬优点，克服缺点，这对企业和个人都将是非常有利的。

学 习 建 议

1. 结合自己的实际情况，为自己制定未来 10 年职业生涯发展规划。
2. 调查自己身边的公司，了解并总结其职业生涯管理特色。

本章参考文献

谌新民，武志鸿 . 2002. 职业生涯规划 . 广州：广东经济出版社

杜映梅 . 2006. 职业生涯管理 . 北京：中国发展出版社

李宝元 . 2007. 职业生涯管理：原理、方法、实践 . 北京：北京师范大学出版社

刘冰，张欣平 . 2004. 职业生涯管理 . 青岛：山东人民出版社

龙立荣，李晔 . 2003. 职业生涯管理 . 北京：中国纺织出版社

谭永生，李春苗，傅清峰等 . 2008. 执行职业生涯管理 . 北京：中国发展出版社

吴国存 . 1999. 企业职业管理与雇员发展 . 北京：经济管理出版社

徐娅玮 . 2002. 职业生涯管理 . 北京：海天出版社

袁庆宏，付美云，陈文春 . 2009. 职业生涯管理 . 北京：科学出版社

张再生 . 2003. 职业生涯开发与管理 . 南京：南京大学出版社

郑晓明 . 2002. 现代企业人力资源管理导论 . 北京：机械工业出版社

第八章 绩效管理

第一节 绩效与绩效管理

> **案例引入**

A集团绩效考核的困惑和郁闷 [1]

A集团为一家民营企业，成立于1989年，主要投资领域是城市燃气、燃气机械、生命科技和地产开发，在国内和境外拥有两个上市公司。到2003年5月，拥有员工8000余人，总资产50多亿元。60多个全资、控股公司和分支机构分布在内地20多个省市及香港、悉尼、伦敦等地。其中，A燃气是A集团的支柱产业，以城市燃气运营为主业。除了少数新开发的项目外，A燃气更多的是通过并购当地原有的经营不善的国有企业实现快速扩张。2001年5月A燃气在香港上市，是国内规模最大的民营城市燃气专业运营商之一。2001年、2002年A燃气连续被美国《福布斯》评为"全球最佳小公司"，并入选《亚洲周刊》"国际华商500强"。

应该说，A集团是一个发展很快的企业。领导人很重视企业管理，建立了包括绩效考核在内的相对而言比较完备的管理体系。A集团的员工考核分为年度考核、年中考核和月度考核，而且对于普通员工和管理者分开进行考核。此外，考核结果与员工奖金挂钩的机制也确立了起来。

但是，实际情况是绩效考核最后变成了A集团管理者和员工的相互折磨。员工抱怨要填大量的表，而且总觉得管理者打分就凭个人印象，不公平；管理者们觉得下属老是应付，同时感觉要打出一个准确的分数真的很困难。双方在填表的问题上都很痛苦，在分数这个敏感问题上也都不愿意多谈。当然，最终的考核分数也打了出来，并与奖金挂了钩。但是对于很多管理者和员工来说，绩效考核变成了周期性的、繁重的、感觉"毫无意义"但是又不能不做的工作。之所以不得不做是因为奖金发放和人员晋升毕竟还是需要依据的。但是，绩效考核成为一件影响大家情绪的事情。对于集团领导来说，面临着困惑：设计得这么完备的一套体系，怎么就没有用呢？

---

① 彭剑锋. 人力资源管理概论. 上海：复旦大学出版社，2005：323，324.

对 A 集团经过系统分析之后发现，重要的问题有以下几个方面：第一，考核指标的设置没有指导原则；第二，指标完成情况的评价标准比较模糊和笼统；第三，为考核而考核，重形式走过场现象突出；第四，考核结果集中趋势明显；第五，沟通反馈机制缺失，管理者甚至害怕和员工就考核结果进行沟通；第六，对考核制度的宣传培训以及考核方法的培训几乎没有，而且，绩效考核与企业战略、发展方向没有什么关系，更谈不上支撑战略的实施。即使是最基本的公平公正也没有办到。因此，看上去很完备的考核体系，用起来却到处都是问题。

➤ 案例启示

实际上，对于 A 集团所面临的问题和困惑，很多企业都有体会。对于企业来说，绩效考核的根本目的是什么？如何消除和避免绩效考核中的这些问题？绩效考核就是绩效管理吗？如何建立以战略为导向的有本企业特色并为全体员工支持的绩效管理体系？这是本节所要探讨的主要问题，具体来说包括以下几个方面：

(1) 绩效的概念和性质；

(2) 绩效管理的概念；

(3) 绩效管理的意义。

一、绩效的概念和性质

一个组织内部往往可以被分为若干层次和数量的群体，群体由具体的员工组成。对应于不同层面的工作活动主体，相应地也产生了不同层面的绩效。因此，广义的绩效概念包含多个层次：组织绩效、群体绩效和个人绩效。以下我们主要讨论的是员工的个人绩效。

(一) 绩效的概念

绩效，是英文的"performance"的对译词。考察"performance"一词在日常生活中的运用，可以发现这是个内涵非常复杂的词汇。它有时指行为[1]，有时指结果[2]，有时指完成某种行为或达成一定结果需要具备的某些特性或特征[3]。绩效含义的这种复杂性，反映到管理学研究中就是学者们对于绩效的内涵也持有各种不同的观点。而其主要区分就在于对绩效是"结果"还是"行为"的不同看法上。

一种观点认为，绩效即结果，如伯纳丁（Bernardin）等认为，绩效是"在特定时

---

[1] 如："He failed completely in the performance of his duty."

[2] 如："The novel was rated a brilliant performance."

[3] 如："Engineers will test the performance of the tires."

间内，在特定工作职能或活动上生产出的结果记录"①，因为这些工作结果与组织的战略目标、顾客满意感及所投资金关系最密切。② 与此相反的一种观点认为，绩效即行为。如坎贝尔（Campbell）提出，绩效是在个体控制之下的与目标相关的各种活动，无论这些活动是认识的、驱动的、精神的，还是人际的行为，它不是结果，而是人们实际的并且能观察得到的行为表现。③ 与此相同，默菲（Murphy）也择时绩效定义为"一套与个人所在组织或小组的目标相关的行为"④。持这种观点的学者，通常基于下列理由反对以任务完成或者目标达成等结果作为绩效：第一，有些工作结果由与员工工作无关的因素带来；第二，过度关注结果将使人们忽视重要的过程和人际因素，使员工误解组织的要求；第三，员工完成工作的机会并不是平等的，而且，在工作中所做的一切事情不是都必须与任务有关，等等。

与上面两种观点不同，关于绩效的第三种观点主张从综合的角度来理解绩效的含义，即绩效是结果和行为的统一。这也是国内的研究者普遍持有的观点。例如，石金涛认为，绩效是指有效的活动及结果。绩效与组织的战略目标有密切关系。从组织管理的角度讲，绩效是组织为了实现其战略目标而期望展现在组织各个层面上的有效的活动表现。他认为，将绩效定义为行为与结果的统一的意义在于，优秀的绩效不仅表现为好的结果，还取决于作出这样的结果所拥有的行为或素质等。而且，随着环境的变化程度、竞争的激烈程度以及管理层级的不同，对于结果和行为的侧重程度是存在差别的。⑤ 方振邦认为，从最一般的意义上，绩效指的是活动的结果和效率水平。在管理实践中，绩效更强调工作活动的过程和结果。一般认为，绩效指的是那些经过评价的工作行为及其结果。绩效是一种客观存在，但从客观的绩效水平需要经过评价者的主观评价，形成绩效信息才能对管理决策产生影响的意义上讲，绩效又是一种主观评价。⑥ 颜世富认为，在绩效管理的具体实践中，应采用较为宽泛的绩效概念，即包括行为和结果两个方面，所以，绩效是指企业内员工个体或群体能力在一定环境中表现出来的程度和效果，以及个体或群体在实现预定的目标的过程中所采取的行为及其作出的成就和贡献。绩效通常包括两方面的含义：一方面，是指员工的工作结果；另一方面，是指影响员工工作结果的行为表现、工作过程，以及员工素质。⑦

在对绩效的理解上，我们比较倾向于采用董克用对绩效的定义，即绩效是"指员工

① Bernardin H J, Beatty R W. Performance Appraisal: Assessing Human Behavior at Work. Boston: Kent Publishing Co. , 1984.

② 转引自：颜世富. 绩效管理. 北京：机械工业出版社，206.

③ Campbell J P. Modeling the performance prediction problem in industrial and organizational psychology. In: Dunnette M D, Hough L M (Eds.). Handbook of Industrial and Organizational Psychology. CA: Consulting Psychologists Press, Inc. , 1990: 687~732; Campbell J P, McCloy R A, Oppler S H et al. A theory of performance. In: Schmitt N, Borman W C (Eds.). Personnel Selection in Organizations. San Francisco: Jossey-Bass, 1993: 35~70.

④ Murphy K J, Cleveland J N. Performance Appraisal: An Organizational Perspective. Allyn & Bacon Publishers, 1991.

⑤ 石金涛. 绩效管理. 北京. 中国师范大学出版社，2007：2~5.

⑥ 方振邦. 战略性绩效管理. 北京：中国人民大学出版社，2005：1~3.

⑦ 颜世富. 绩效管理. 北京：机械工业出版社，2007：6~7.

在工作过程中所表现出来的与组织目标相关的并且能够被评价的工作业绩、工作能力和工作态度，其中工作业绩就是指工作的结果，工作能力和工作态度就是指工作的行为"[①]。

按照这一定义，绩效需满足以下要求：一是绩效是基于工作产生的，与员工的工作过程直接联系在一起，工作之外的行为和结果不属于绩效的范围。二是绩效与组织的目标有关，对组织目标应当有直接的影响作用。与组织目标没有直接关系的行为和结果不属于绩效范畴。由于组织目标最终都会体现在各个职位上，因此与组织目标有关就直接表现为与职位的职责和目标有关。三是绩效应当是能够被评价的工作行为和结果，不能被评价的行为和结果也不属于绩效。四是绩效还应当是表现出来的工作行为和结果，没有表现出来的就不是绩效。

（二）绩效的性质

为了更深入地理解绩效的概念，我们需要深入了解绩效的性质。根据前面对绩效的定义，绩效具有以下多维性、多因性和动态性三个性质。绩效的这三个性质对于绩效管理的开展具有重要影响。

1. 多维性

多维性指绩效内涵的复杂性和多样性。从前面的介绍中可以看出，不同学者对绩效的理解的差异实际上主要根源于对绩效维度的取舍上。在对绩效的综合性定义中，绩效的多维性得到充分肯定，包含了工作业绩、工作能力和工作态度，其中，工作业绩就是指工作的结果，工作能力和工作态度就是指工作的行为。绩效具有多维性也意味着需要从多个方面去分析和评价绩效。在进行绩效评价时，通常应综合考虑员工的工作能力、态度和工作业绩三个方面的情况。当然，并不是所有情况下都需要全面考虑所有可能的评价维度。根据评价目的和员工工作职位的不同，我们可能选择不同的维度和不同的评价指标，而且对不同的维度赋予不同的权重。

2. 多因性

绩效的多因性指组织中员工绩效受多种主客观因素影响。员工绩效的多因性对于绩效管理而言具有重要意义。第一，对绩效的管理本质上其实是对绩效的影响因素的管理。正是通过改变和影响绩效的影响因素，组织也就间接地改变了员工的绩效状况。第二，对绩效的影响因素的研究有助于帮助我们分析绩效不佳的关键所在，在研究绩效问题时，只有从绩效的影响因素着手对绩效问题进行诊断，找到关键的影响因素，才有可能制定合理的绩效改进计划，真正改善组织的绩效状况。

对于组织中个人绩效的影响因素，一种常用的公式是 $P = F (S, O, M, E)$。其中，P 代表绩效；S 代表技能，指的员工的工作技巧和能力水平。但是员工的技能本身也并非一成不变。天赋、智力、经历、教育、培训等都是影响员工技能的因素。组织可以通过招聘和培训等工作的开展对组织成员的技能水平产生影响。O 代表机会。机会指的是一种偶然性。对于任何一名员工而言，被分配做什么样的工作往往在客观必然性之

外，还带有一定的偶然性。在特定的情况下，如果员工能够得到机会去完成特定的工作任务，可能会使其达到在原有职位上无法实现的工作绩效。当然，这种偶然性是相对而言的。好的管理者应当善于为员工创造能够发现和发挥其能力和潜能的机会。从这个意义上讲，所谓的机会是可以把握的。M 代表激励，指员工工作积极性发挥的程度。在技能水平相当的情况下，一个积极性更高的员工显然有更大的可能性取得好的绩效。员工的积极性主要受到组织激励制度等的影响。组织应当根据员工个人的需要、个性等因素，选择适当的激励手段和方式。E 代表环境，指影响员工绩效的组织内部环境因素和组织外部环境因素。其中，组织内部环境因素一般包括：劳动场所的布局和物理条件；工作设计的质量和工作任务的性质；工具、设备、原材料的供应；上级的领导作风和监督方式；公司的组织结构和政策；工资福利水平；培训机会；企业文化和组织氛围等。组织的外部环境因素包括社会、政治、经济状况、市场竞争环境等。不论是组织内部环境还是外部环境，都会通过影响员工工作任务的性质和难度、工作能力、工作态度等影响员工的工作绩效。[①]

3. 动态性

绩效的第三个重要性质是动态性。绩效的动态性指的是员工的绩效会随着时间的推移发生变化。绩效的这一特点要求我们在评价员工绩效时不能用一成不变的思想来对待，必须用发展的眼光来看待员工绩效。绩效的动态性决定了绩效的时限性，绩效往往是针对某一特定时期而言的。这也解释了为什么绩效评价中存在一个绩效评价周期的问题。

二、绩效管理的概念

绩效管理，顾名思义是为了提高绩效而进行的管理。但是要更深入地了解绩效管理的内涵还需要我们在对绩效进行界定的基础上作进一步探究。实际上，如同在对绩效存在不同认识一样，学者们对绩效管理也存在多种不同的理解。

---

① 可以看出，员工绩效既受到员工本人的影响，也受到员工之外的其他系统性因素的影响。与此相关的一个问题是，到底哪一类因素对员工绩效起着决定性的作用？在管理学界存在着对个人绩效决定因素的争论。例如，在人力资源实践领域，对员工的选拔和培训实际上蕴涵着这样的假设：员工个人的能力、知识和技能对员工的业绩起较大作用，员工之间的差异，是员工业绩差异的决定因素。戴明认为，员工业绩的 94% 以上是由系统因素造成的。员工业绩差异主要不在于员工个人而在于由管理人员创造和控制的系统。W. 爱德华兹·戴明. 戴明论质量管理. 海口：海南出版社，2007：357. 对于个人绩效决定因素的争论具有重要意义。一方面，绩效的多因性告诉我们：在研究绩效问题时，应该抓住目前影响绩效的众多因素中的关键因素实施有效的绩效管理。只有我们能够正确地确定影响绩效的关键因素，才有可能实施有效的绩效管理；另一方面，对绩效决定因素的不同看法，将决定组织如何对待绩效考评的结果。比如，假如我们认定员工个人所不能控制的系统因素才是影响其个人绩效的决定性因素，那么，将员工个人绩效考评的结果与个人薪酬挂钩的做法是否仍然恰当？相对于员工绩效而言，组织绩效的影响因素就更加复杂。显然，组织绩效除了受到组织成员的个人绩效的影响外，还依赖于组织战略的正确性，以及员工绩效和组织整体绩效的一致性。现实中经常会在组织中的出现这样的怪现象：每位员工的绩效都不错，公司总体绩效却不好。如何改变和消除员工个人绩效和组织绩效之间的脱节、保持两者之间的一致性，是有效的绩效管理所要解决的关键问题。

1. 广义的绩效管理

有的学者提出，管理就是广义的绩效管理。[①] 根据管理学的一般原理，管理通常被定义为"管理是管理者为了有效地实现组织目标、个人发展和社会责任，运用管理职能进行协调的过程"[②]。无论从实践角度看，还是从理论研究角度看，提高员工绩效进而改进组织绩效都是管理者和管理学研究者所关注的核心问题。正是在这个意义上，管理即广义的绩效管理。

2. 狭义的绩效管理

如前所述，广义的绩效包括组织绩效和员工个人绩效等多个层次，按照绩效管理所关注的绩效层次和所采取的主要管理手段，历史上人们对狭义的绩效管理主要持如下三种观点：

（1）绩效管理是管理组织绩效的系统。这一观点将绩效理解为组织绩效，强调通过对组织结构、生产工艺、业务流程等方面的调整实现组织的战略目标。这种观点的核心在于确定并实施企业战略。它能引起广泛关注的原因之一是它把 20 世纪八九十年代出现的众多新兴管理思想、管理原理和实践结合了起来。在这里，员工虽然将受到技术、结构、业务流程等变革的影响，但并不是重要的考虑对象。例如，安德烈·德瓦尔（Andre A. de Waal）强调绩效管理是一套程序，它使公司能够持续创造价值、作出可见的贡献。绩效管理程序包括战略开发、制定预算、确定目标、绩效测量、绩效评价以及激励性报酬等子程序。[③]

（2）绩效管理是管理员工绩效的系统。这一观点将绩效理解为单纯的员工绩效，强调以员工为核心。尽管如此，一些支持该观点的人并不否认对员工绩效的管理必须在组织目标的框架内进行。这种观点通常具有如下假设：①企业的价值观是明确的，而且已经得到了所有员工的认同，员工的心智模式已经得到了企业文化的改造。②企业的战略规划是明确清晰的。③企业的组织结构设置是合理高效的。④企业已经建立了分层分类的人力资源管理体系。例如，罗伯特·巴克沃（Robert Bacal）认为，绩效管理是一个持续的交流过程，该过程由员工和他们的直接主管达成的协议保证完成，并在协议中对下面有关的问题提出明确的要求和规定：期望员工完成的实质性的工作职责；员工的工作对公司目标实现的影响；以明确的条款说明"工作完成得好"是什么意思；工作绩效如何衡量；员工和主管应如何共同努力以维持、完善和提高员工的绩效；指明影响绩效的障碍并将其排除。[④]

（3）绩效管理是综合管理组织和员工绩效的系统。这一观点认为，绩效管理的中心目标是挖掘员工的潜力提高他们的绩效，并通过将员工的个人目标与企业战略结合在一起来提高组织的绩效。相比第二种观点，这一观点更强调组织绩效；而相比第一种观点，这一观点则强调以员工为核心。国内外的不少管理学者正是从这个意义上来界定绩

① 方振邦. 战略性绩效管理. 北京：中国人民大学出版社，2007：7.
② 周三多等. 管理学——原理与方法. 第 5 版. 上海：复旦大学出版社，2009：6.
③ Andre A. de Waal. Power of Performance Management. New York：Wiley，2001.
④ Bacal R. Performance Management. MC：Graw-Hill，1998.

效管理的，例如，董克用等认为绩效管理"就是指制定员工的绩效目标并收集与绩效有关的信息，定期对员工的绩效目标完成情况作出评价和反馈，以确保员工的工作活动和工作产出与组织保持一致，进而保证组织目标完成的管理手段和过程"[1]。方振邦认为，绩效管理是通过管理者与员工之间达成关于目标、标准和所需能力的协议，在双方相互理解的基础上使组织、群体和个人取得较好工作结果的一种管理过程。简言之，绩效管理是管理者用来确保员工的工作活动和工作产出与组织的目标保持一致的手段及过程。[2] 这也是本章绩效管理所采用的定义。

理解绩效管理的这一定义，需要注意以下几点：

第一，绩效管理的目的主要体现在三个方面：战略、管理和开发。战略目的强调绩效管理能够把员工的努力与组织的战略目标联系在一起，通过提高员工的个人绩效来提高组织的整体绩效，从而实现组织战略目标。其关键在于保持个人绩效和组织绩效的一致性。[3] 管理目的强调通过绩效管理，可以对员工的行为和绩效进行评估，并依据评价结果作出薪酬、晋升以及解雇等重要人力资源管理决策，从而激励员工努力提高工作绩效。其关键则在于保证绩效评价信息的准确性。开发目的强调在实施绩效管理的过程中，及时发现员工存在的不足，通过沟通辅导以及有针对性的改进和培训等更有效地提高员工的知识、技能和素质，促进员工个人的发展，其难点在于管理者和员工双方正视不足和以合理的方式解决问题。在这三个目的中，战略目的居首要地位，管理目的和开发目的的实现也为战略目的的实现提供了基础和保障。

第二，绩效管理是一个包含绩效计划、监控、评估、反馈和改进等若干环节的系统。对于绩效管理，一种常见的误区是将绩效管理和绩效评估等同起来。实际上，尽管绩效评估是绩效管理过程中非常关键、技术性非常强，并且是人力资源管理中最具争议性的一个环节，发挥着向员工和管理者提供有关绩效状况的真实信息，从而为相关决策提供依据的重要作用，它仍然仅仅是一个完整的绩效管理过程中的一环。绩效管理绝不是在绩效周期结束时对员工的绩效作出评价那么简单，只有把绩效评价纳入绩效管理的整个过程，才能有效地实现绩效管理的目的。

第三，绩效管理是企业所有管理者的责任。绩效管理虽然是人力资源管理的一项职能，在企业的人力资源系统中占据着核心位置，与人力资源其他职能之间存在紧密的联系，但这并不意味着绩效管理就只是人力资源部门的责任。如前所述，管理即广义的绩效管理，在这个意义上，管理者的管理工作就是一个绩效管理的过程。在整个绩效管理过程中，从绩效计划、绩效监控、绩效评估，到绩效反馈和绩效改进计划的制定和执行，都需要员工所在部门管理者的直接参与。而且，直线管理者参与这些活动的质量直

---

① 董克用. 人力资源管理概论. 第二版. 北京：中国人民大学出版社，2008：327.

② 方振邦. 战略性绩效管理. 北京：中国人民大学出版社，2005：8.

③ 需要注意的一点是：绩效管理体系不仅仅可以是一个战略实施体系，也可以是一个战略学习系统。作为战略实施体系，绩效管理由组织战略引导。因此，如果战略错了，绩效管理体系实施得再好也无助于组织绩效的改善和战略目标的达成。但是，一个设计良好的绩效管理体系也可以成为一个战略学习系统，能够帮助组织对战略本身进行评估和相应的调整。平衡记分卡的创立者卡普兰和诺顿是这一观点的支持者。参见卡普兰，诺顿. 平衡记分卡——化战略为行动. 孙俊勇，孙薇译. 广州：广东经济出版社，2008：203～218.

接决定着绩效管理的目的能否得到实现。人力资源部门在这个过程中更多地发挥的是倡导、支持和辅助作用。

国内外研究和管理实践表明，不论采用何种形式，一个科学有效的绩效管理体系应当包括"三个目的"、"四个环节"和"五个关键决策"等内容。其中，三个目的指战略目的、管理目的和开发目的；四个环节指绩效计划、绩效监控、绩效评估、绩效反馈；五项关键决策则指在进行绩效评价体系设计时必须作出的五项决策，包括评价什么（评价指标体系设计）、何时评价（评价周期决策）、谁来评价（评价主体决策）、如何评价（评价方法选择），以及如何应用评价结果等。这五项关键决策均与绩效评价体系有关，并且需要在导入绩效管理系统之前就统筹考虑，其科学性对于绩效管理系统的实施成功与否具有决定性作用。之所以说绩效评价是人力资源管理中技术性强而争议性大的环节，原因应与此有关。

三、绩效管理的意义

作为人力资源管理的一项核心职能，绩效管理具有非常重要的意义。其意义主要表现在如下四个方面[①]：

（1）有效的绩效管理有助于提升企业绩效。企业绩效以员工绩效为基础，有效的绩效管理系统可以改善员工的工作绩效，进而有助于提高企业的整体绩效。目前在西方发达国家，很多企业纷纷强化员工绩效管理，把它作为增强公司竞争力的重要途径。对美国所有上市公司的一项调查表明，具有绩效管理系统的公司在企业绩效的各方面明显优于没有绩效管理系统的公司。

（2）有效的绩效管理有助于保证员工行为和企业目标的一致性。企业绩效的实现有赖于员工的努力工作。但是近年来的研究表明，个人绩效和组织绩效的关系并不像人们想象的那么简单。在员工的努力程度和组织绩效之间有一个关键的中间变量，即员工努力方向与企业目标的一致性。只有两者一致的情况下，更高的员工努力程度，才能带来企业绩效的提升。有效的绩效管理是保证员工行为与企业目标一致的重要途径。通过设定与企业目标一致的绩效考核指标体系，将对员工的行为产生重要的导向作用，保持两者的一致。

（3）有效的绩效管理有助于提高员工的满意度。提高员工的满意度对于企业而言具有重要意义。有效的绩效管理，一方面，通过提高员工的绩效，提高了他们的成就感，满足了员工自我实现的需要；另一方面，在有效的绩效管理中，员工不仅可以参与到管理过程中，也可以得到绩效的反馈信息，这能够使他们感到自己在企业中受到了重视，从而满足其受尊重和自尊的需要。通过满足员工的需要，有效的绩效管理将会提高员工的满意度。

（4）有效的绩效管理有助于实现其他人力资源管理决策的科学化。绩效管理在人力资源管理系统中占据核心位置。这不仅表现在所有其他人力资源管理职能都以提高绩效为目的，而且也表现在绩效评价结果将为其他人力资源管理职能提供可靠的信息。这种

---

① 董克用．人力资源管理概论．第二版．北京：中国人民大学出版社，2008：329，330.

双向关系是绩效管理与其他人力资源职能的重要特征。例如，工作设计的合理性影响员工绩效，同时决定着绩效评价指标的具体内容。而绩效管理的结果是对工作设计合理与否的检验手段；绩效评价结果可能会促使组织作出招聘决定，也是检验企业人员甄选体系有效性的重要依据；绩效问题的出现可能最终导致新的培训需求，而绩效评价结果也是检验培训项目有效性的最终标准。

第二节 绩效评价体系

➤ 案例引入

某医药集团的一次评选

某医药集团公司 1998 年为了激励公司高层领导的积极性，决定从公司下属 9 个子公司总经理和总公司 5 个职能部门总经理中评选出一位授予突出贡献奖，奖金为人民币 10 万元。

由于时间紧迫，总公司决定由这 14 位候选人组成评委会，采用无记名投票方式逐轮淘汰，即首先由 14 人投票淘汰掉一个大家认为最没有资格得奖的候选人，以此类推，直到剩下最后一位，就是最终得奖人。

第一轮投票的结果是东南区的王总被淘汰，这一结果让人感到难以置信，原因是东南区是 9 个子公司中业绩最好的，王总的能力也是大家有目共睹的。

于是集团总公司意识到这种评选方法存在很多的偏差，进而向各位候选人提出更改评选办法，但遭到了大家的一致反对，理由是这种评选方法是总公司提出来的，并且经各位候选人一致同意，大家在评选中也是按照规则进行的，所以坚持要使用这种方法进行下去。当然，最后评选的结果也是难以令人满意的。

➤ 案例启示

一个组织绩效评价体系的科学性如何往往对于其绩效管理的成功与否具有决定性作用，案例中该医药集团对这 14 位候选人绩效评价时的失误就源于绩效评价方法选择的盲目性。但是，要设计一个科学、合理的绩效评价体系对组织来说并非易事，一般来说，在进行绩效评价体系设计时必须作出五项决策，包括评价什么（评价指标）、何时评价（评价周期决策）、谁来评价（评价主体决策）、如何评价（评价方法选择），以及如何应用评价结果等。这五项关键决策均与绩效评价体系有关，并且需要在导入绩效管理系统之前就统筹考虑，本节课程我们将系统学习绩效评价体系的相关知识，具体来说，包括以下内容：

（1）绩效评价指标的概念；

（2）绩效评价体系的设计；

（3）绩效评价的方法；

（4）绩效评价的主体；

（5）绩效评价的周期。

一、绩效评价指标的概念

（一）绩效评价指标的定义

绩效评价指标是指绩效考评中用以衡量员工绩效的依据。[1] 在评价过程中，人们要对被评价对象的各个方面或各个要素进行评估，而指向这些方面或要素的概念就是评价指标。只有通过评价指标，评价工作才具有可操作性。总的评价结果取决于对各个评价指标的加权总和。

一个完整的绩效评价指标通常包含如下四个构成要素：

（1）指标名称。指标名称是对评价指标的内容做出的总体概括。

（2）指标定义。指标定义是对指标内容的操作性定义，用于揭示评价指标的关键可变特征。

（3）标志。评价的结果通常表现为将某种行为、结果或特征划归到若干个级别之一。评价指标的标志指的就是评价指标中用于区分各个级别的特征规定。

（4）标度。标度用于对标志所规定的各个级别所包含的范围作出规定，或者说，标度是用于揭示各级别之间差异的规定。标志和标度是一一对应的，就好比是一把尺子上的刻度和规定刻度的标准。因此，二者也统称为评价尺度。

以"协作性"这一绩效评价指标为例，其具体构成如表8-1所示。

表8-1　"协作性"指标的构成图示

指标名称	协作性				
指标定义	与同事一起工作时表现出来的合作态度				
尺度	标志	S	A	B	C	D
	标度	合作愉快	肯合作	尚能合作	偶尔合作	我行我素

（二）绩效评价指标的分类

按照不同的标准，可以对评价指标进行不同的分类。其中对绩效评价体系设计而言具有重要影响的是按照指标的内容和尺度形式所做的分类。

1. 按照指标的内容，评价指标可分为结果指标、行为指标和特质指标

结果指标直接反映了绩效管理的最终目的。可能表现为职位的关键工作职责或一个阶段性的项目，也可能是年度的综合业绩。结果指标可以具体分为数量、质量、成本和

[1]　颜世富.绩效管理.北京：北京师范大学出版社，2007.

时限四类；行为指标是以员工行为为基础的绩效指标。而特质指标是以员工特质为基础的绩效指标，衡量员工个人特性，如决策能力、对公司的忠诚度、人际沟通技巧和工作的主动性等方面。重视"人"怎么样，而不是员工的"事"做得如何。这三类指标衡量的内容不同，在适应范围上也存在差别。

2. 按照指标尺度标准的性质，评价指标可分为定量指标和定性指标

定量指标具有数量式评价尺度。其尺度能够用具有量的意义的数字表示。其中可进一步分为离散型和连续型两种。定性指标具有定义式尺度。在定义式尺度中，制度的设计者通过语言文字来对指标的不同达成程度进行界定。定义式评价尺度能够有效地提高评价的客观程度，更好地实现评价的行为引导作用，因此在绩效评价中得到了越来越广泛的运用。上述两种分类具有一定的联系，一般来说，结果类指标通常也比较容易量化，而行为类和特质类指标常常需要借助于语言文字来对其实现程度进行描述。

二、评价指标体系的设计

在管理实践中，对应于某一特定职位的评价指标通常不是一个而是多个，而且不同指标在重要性程度上也常常存在差别。这样，对于任何一个职位来说，其评价指标体系的设计就涉及两个方面：一是要确定列入哪些具体的指标；二是要确定不同的指标所对应的权重。对于这两个问题的解决，没有绝对正确的做法。但是在理论研究和管理实践的基础上，也总结了一些一般的原则和方法。

（一）评价指标的选择

为了使绩效评价指标能够更有效地发挥作用，人们逐渐认识到，绩效评价指标必须满足一定的要求，符合一定的标准。实践中通常用 SMART 法则来对这些要求加以概括。

（1）S：specific。指标必须是具体的、可以理解的，能够并且已经给出操作性的定义，以避免不同的评价者对评价指标的内容产生不同的理解，从而减少评价误差的产生。

（2）M：measurable。指标是可以衡量的，能够并且已经使制定人与考核人有一个统一的、标准的、清晰的可度量的标尺。

（3）A：attainable。绩效指标信息是可以获得的，应该存在并且能够获得客观的和可观察的信息，作为衡量绩效指标标准达到程度的依据。只有这样我们的绩效评价指标体系才是切实可行的。

（4）R：relevant。指标本身应当对组织目标的实现和员工岗位职责的履行具有相关性。只有这样，绩效评价指标才能准确地引导员工的行为，使员工的行为与组织的目标保持一致性。相关性也说明，当组织的外部环境以及战略发生变化时，评价指标本身也应当随之发生改变。

（5）T：time-bound，指的是每个指标都应该确定其适当的考核周期。信息只有被及时获得才能更好地发挥效用，滞后的信息可能导致不适当的反应，甚至误导人的行为，同时指标的时限性与目标实现的时限性有密切关联。最后，作为总体的 SMART，

表示指标是灵敏的，能区分绩效优劣。不同绩效水平的人应当在指标标准的达成程度上表现出差异缺乏区分效度的绩效考评系统，就会出现不公正的局面。企业将无法将绩效评估信息用于进行管理决策。

这一法则从形式上确定了指标选择的主要标准。除了 SMART 法则之外，目的一致性原则和独立性与差异性原则也被认为在指导评价指标选择时具有重要作用。目的一致性原则指的是绩效评价指标应当与评价的目的和系统运行目标保持一致，并且能够完整地反映评价对象系统运行总目标的各个方面；独立性和差异性原则指的是评价指标之间的界限应该清晰，不会发生含义上的重复；能明确分清评价指标之间的不同之处。[①]

（二）指标权重的确定

尽管指标权重的确定在综合评价中的意义非常明显，但是怎样给评价指标赋权，却是一件比较困难的事情。对于如何确定考核指标的权重，国内外学者进行了很多研究。常用的方法包括以下几种。

1. 主观经验法

这是一种主要依靠历史数据和专家直观判断确定权重的简单方法。这种方法需要企业有比较完整的考核记录和相应的评价结果，而且它是决策者个人依据自己的经验对各项评价指标重要性程度的认识，或者从引导意图出发对各项评价指标的权重进行分配，也可以是集体讨论的结果。

2. 等级序列法

等级序列法的做法是首先由各评价者按重要性从大到小对所有指标排序，然后根据一定的公式[②]求各评价指标的 P 值。查正态分布表，将 P 值转换成 Z 值（区分不同指标重要性的具体差异），最后将 Z 值转换成比例，得出各指标权重。

3. 对偶加权法

对偶加权法是：将各考核要素两两比较，然后将比较结果进行汇总比较，从而得出权重的方法。其具体做法是：①制作表格，将各指标分别在首行和首列中列出。②将行中的每一个要素与列中的各个要素进行比较（比较标准为行中要素的重要性大于列中要素的重要性得 1 分；小于得 0 分）。③统计各指标分值，得出各指标的重要性排序。④汇总小组资料，计算 P 值（将次序量表资料转化成定距量表资料，方法是先求出与其他指标相比认为某评价指标更重要的人数，把人数转化成比率）。⑤查正态分布表，将 P 值转换成 Z 值（区分不同指标重要性的具体差异）。⑥将 Z 值转换成比例，得出各

① 方振邦. 战略性绩效管理. 第二版. 北京：中国人民大学出版社，2007：147~149. 在上述原则指导下，常见的指标选择方法有工作分析法、个案研究法、问卷调查法、专题访谈法和经验总结法。平衡记分卡和关键绩效指标（KPI）在企业绩效评价体系设计中被广泛应用。实践中一些企业采用的方法是：首先基于 BSC 理论和 KPI 设计方法进行组织和部门层面的关键绩效指标设计；其次，进行工作分析，根据对具体评价对象的岗位工作内容、性质以及完成这些工作所具备的条件进行研究和分析，从而了解被评价者在该岗位工作所应达到的目标、采取的工作方式，从结果、行为和特质三个方面考虑寻找绩效评价指标，初步确定绩效考核的要素；最后，根据评估的目的和 SMART 原则对备选指标进行选择。

② 公式为 $P=(\sum fR-0.5N)/nN$。其中，P 为某评价指标的频率；R 为某评价指标的等级；f 为对某评价指标给予某一等级的评价者数目；n 为评价指标数目；N 为评价者数目。

指标权重。在比较对象不多的情况下，对偶加权法比等级序列法更准确可靠。

4. 倍数加权法

倍数加权法的做法是：将指标集内重要程度最小的指标设为"1"，其他指标与之比较，作出其多少倍的重要程度的判断，然后逐一分析，得出各指标的权重。直接比较法要求被访者考虑各指标之间重要程度的差异性。因为需要被访者太多的时间比较和思考，不适宜同时测评过多的指标，一般10个左右，最多不要超过20个。通常采用面对面的访问方式比较合适。表8-2是采用直接比较法得出的模拟数据。一般来说，采用直接比较法计算所得的权重更易获得多方的赞同。

表 8-2 直接比较法权重确定

测评指标	重要性程度最小	比较倍数	权重/%
导向指引		2.0	10.0
舒适整洁		2.5	12.5
准时快捷		3.5	17.5
安全保障		4.0	20.0
票务票价		2.5	12.5
设备设施		2.5	12.5
服务及时周到		2.0	10.0
广告宣传	1		5.0
合计		20	100

5. 层次分析法

层次分析法（the analytic hierarchy process）是美国匹兹堡大学教授 T. L. Saaty 提出的一种定性与定量分析相结合的多目标决策分析方法。通俗地讲，层次分析法基本原理就是把所要研究的复杂问题看作一个大系统，通过对系统的多个因素的分析，划分出各因素间相互联系的有序层次；再请专家对每一层次的各因素进行较客观的判断后，相应给出相对重要性的定量表示；进而建立数学模型，计算出每一层次全部因素的相对重要性的权值，加以排序；最后根据排序结果规划决策和选择解决问题的措施。

三、绩效评价的方法

在实践中，基于员工个体的绩效考核方法很多，这些方法大致可归结为比较法、量表法和描述法三类。

（一）比较法（相对评价法）

比较法的特点是不按照事先统一制定的标准，而是通过在部门或团队内对人员进行相互比较决定其工作绩效的相对水平。常见的比较法主要有以下四种。

（1）排序法（ranking method）。排序法即将员工的绩效按照从好到坏的顺序依次排列，从而得出评价结论的方法。按照其操作方法的不同可分为直接排序法和交替排序法。直接排序法指评价者通过通盘考虑后，以自己对评价对象工作绩效的整体印象为依据进行评价，将所有被评价者从高到低排出一个顺序。交替排序法具体操作方法有所不同：首先是将所有待评价者的名单列出，删除不熟悉的评价对象；其次是经通盘考虑后，从余下的评价对象中选出最好和最差；以此类推，直到将全部人员的顺序排定。

（2）配对比较法（paired comparison method）。配对比较法由排序法衍生而来。就是把每一位员工和其他所有员工一一配对进行比较。每次比较中，如果表现好就记"＋"，表现不好就记"－"。最后通过统计"＋"的数目将所有员工进行排序。

（3）标准人物比较法。标准人物比较法就是在考核前，先选出一位员工，以他各方面的表现为标准，对其他员工进行考核。

（4）强制分配法（forced distribution method）。强制分配法指首先确定出绩效考核结果的等级，并且按照正态分布的原理确定每一等级的比例。最后按照这个比例，根据员工的表现将他们分别归入不同的等级。

总体而言，比较法的设计和使用比较简单；能够避免宽大化倾向、中心化倾向以及严格化倾向。但是主观性和随意性较强，容易引发争议。特别是绩效水平相近时，难以进行排列。

（二）量表法

量表法的特点是根据统一的标准尺度衡量相同职位的员工。这种方法首先将一定的分数或比重分配到各个绩效评价指标上，使每项评价指标都有一个权重，然后由评价者根据评价对象在各个评价指标上的表现情况，对照标准作出判断，最后汇总计算出总分，得到最终的绩效评价结果。这种利用客观尺度进行的绝对评价是绩效评价发展的大趋势。常用的量表法有以下几种。

1. 描绘性评定量表

描绘性评定量表法简单实用，考核人员只需要在考核量表中就各项指标对员工评分（每一等级对应一个分数），最后统计总分即可。但是，描绘性评定量表易受评价者个人主观因素如光环效应，标准过宽、过严、趋中等的影响，最终导致结果出现偏差。

2. 混合标准量表

混合标准量表是专门为了将光环效应和宽容或偏见降低到最低效度而特别设计的一种量表法。具体而言，有两种改进方法可以使量表法更为有效。

一是混合标准计数法。这种方法与简单的特征评价不同，例如，就工作主动性这一特征进行考核，混合标准计数法将特征分为三句话加以描述：

他是一个真正的工作主动的人，总是主动工作而不需要其主管督促。

尽管总体上说他是工作主动的人，但是偶尔也需要主管的督促。

他在工作中总是持观望态度，等待主管的指示。

在每句话后面，考核人员都应做上标记，例如，"＊"表示该员工是否符合标准；"＋"表示优于标准；"－"表示劣于标准。这样就产生了9个等级。

二是在量表中加入一些说明来描述表现的不同水平。

3. 行为观察量表

行为观察量表，由拉斯姆和瓦克斯雷于 1981 年提出。行为观察表既具有评定量表法的优点，又能克服各种主观判断所造成的偏差。开发行为观察量表的具体步骤是：

（1）运用关键事件分析法进行职务分析。对一组既了解职务的性质、目的，又能经常观察到这项职务（包括职务的领导、任职者、下级、客户等）的人员，通过会谈了解他们所观察到的该职务的操作情况。谈话可以单个进行，也可以集体进行。职务分析专家要求观察者描述职务操作行为中的有效和无效时间，一般至少要求 30 人进行大约 300 个事件的描述。

（2）对关键事件依照行为归类。例如，两个或多个观察者都描述了饭店服务人员要回答顾客对菜单的一些特殊问题，那么这就应归入"回答顾客对菜单提问"的行为项目中。

（3）把类似的行为项目归类成行为观察量表标准。一般情况下，行为项目被归为 3～8 个行为观察量表标准。

（4）评价内部判断一致性。内部判断一致性是指考察不同个体对同一关键事件是否评价归入同一行为标准之中。把事件随机呈现给另一些职务观察者，比较他们按上述步骤所确定的 3～8 个行为观察量表标准是否把事件做了相同的归类。

（5）评价内容效度。把关键事件进行归类集中时，大约有 10% 的事件没有归入行为项目中。这是，应再考虑这些事件是否描述了没有列出的行为项目，或是否可以将其归入已列出的行为项目中。

（6）构造评定量表。把每一个行为项目与一个利克特五点量表连接起来。要求观察者指出其所观察员工的每一行为出现的频度。

（7）去掉次数过多和过少的项目。

（8）确定行为观察量表的新都及各个行为观察量表的相对重要程度。

4. 行为定点量表

到目前为止，在绩效评价中容易被评定者接受的方法，从心理测量理论来看往往是站不住脚的，相反，那些在心理测量上被接受的方法又往往不为评定者所喜欢。而行为定点量表却是其中少有的同时被二者所接受的一种方法。行为定点量表的设计程序是：

（1）确定职务维度。与行为观察量表相同，也采用会谈法。熟悉某一职务的管理者及员工，确定该职务绩效对员工要求的独立的各个维度。

（2）列举行为。为每一维度列举出行为表现的各个方面的例子，以定义高绩效、一般绩效、低绩效的关键事件，以备作为绩效的标准。

（3）重新分布行为。由另一组人将关键事件分类或划归到最能说明的绩效方面去，即让一组领导和员工每个人独立地把前面已得到的职务维度的每个行为项目，重新分配归属到各个维度中去。

（4）为每一项目赋值。将经过第三步过程保留下来的工作维度的每一项目进行判断。让每个人对每个项目（通常 20 个以上的项目）进行 5 点或 7 点或 9 点法评定。1 点表示非常差，最高点表示非常好，中数点表示中等。保留下来的项目是那些评定分值变化很小的项目，即项目评定具有较高的一致性；然后计算每个项目的平均值和每一事件的标准差，给每个事件定出量表值。

（5）整理形成量表。把各个项目按维度和赋值的量的顺序整理排列，形成实用的量表。

5. 强迫选择量表

相对于前面的量表而言，强迫选择量表是一种比较复杂的评定方法。该量表有10-20组、每组4个行为描述项目组成。在每组4个行为描述中，要求评定者分别选择一个最能描述和一个最不能描述被评定者行为表现的项目。每一组中的描述都是由心理学家精心设计的，保证每组中的2个描述涉及优点，另2个描述涉及缺点。在每2个相同性质的描述中，有一个能够区分绩效好与绩效差，另一个则不能，但是评定者并不知道选择哪一个会对评定者有利或不利，因为每两个描述的强度都设计成是相等的。

（三）描述法

描述法（essay method）是指用描述性的文字对评价对象的能力、态度、业绩、发展潜力、优缺点等进行综合评价。常用的描述法有以下几种：

（1）能力记录法。能力记录法是由评价者通过对被评价者日常工作情况的观察，将其在工作中表现出来的工作能力记录下来的绩效评价方法。能力记录法可以同时记录优缺点，方便进行绩效改进。

（2）态度记录法。态度记录法是由评价者通过对被评价者日常工作情况的观察，将其在工作中表现出来的工作态度记录下来的绩效评价方法。

（3）业绩记录法。业绩记录法由评价者观察被评价者工作过程中的各种事实，分阶段记录所达到的工作业绩。基业记录法通常与目标管理法相互结合。

（4）指导记录法。指导记录法是指上级将其对员工的日常指导记录下来的一种方法。

（5）关键事件法。关键事件法是指评价者通过平时观察，将被评价者对部门的整体工作绩效产生重大影响（积极或消极）的事件予以记录。关键事件法由美国学者弗拉根纳和巴拉斯创立，是最为典型的描述法。

关键事件法帮助评价者根据客观事实进行绩效评价，容易得到员工的认同，并对绩效改进提供了相关指导。例如，美国通用汽车公司在1955年就运用了这种方法并取得了成功。但是单独使用关键事件法也存在一些弊端：适用于行为要求比较稳定、不太复杂的工作；无法进行横向比较，无法用于薪酬等管理决策；应用成本高，需要花费大量时间；容易造成上级对下级的过分监视，导致关系紧张；非结构化的评价报告，容易发生误差。因此，关键事件法经常用作其他方法，特别是量表法的补充。

四、绩效评价的主体

绩效评价主体的选择是绩效考评中需要解决的一个关键性问题，主要涉及两方面的内容：一是绩效评价主体的类型有哪些；二是在特定的情况下应该如何恰当选择绩效评价的主体。

（一）绩效评价主体的类型

一般来说，存在以下几种类型的评价主体。不同类型的评价主体各有其优点和缺点。

（1）直接上级。直接上级是最常见的评价主体。直接上级作为评价主体的优点是：①较熟悉下属工作情况；②熟悉评价的内容；③评价权是其对下属的控制力的重要来源，是促进工作顺利开展的条件。其缺点是方向单一，偏差难防。例如，某君敬业实干却得不到领导的赏识，某君才干平平却能平步青云。

（2）同级。同级与评级对象处于组织命令链的同一层次，并且与其有经常的工作联系。此处的同级包括评价对象所在团队或部门的成员和其他部门的成员。

（3）本人。本人作为评价主体的优点是会使员工在自我技能开发方面更加积极主动。缺点是常有高估工作绩效的倾向，而且常与上级评价存在矛盾。但是如果能够充分辨析评价结果产生差异的原因，管理者就能够更好地理解员工的行为并实行有针对性的指导。

（4）下级。下级作为评价主体的优点：①员工观察某些行为指标的能力往往要比管理者强，为管理者提供了一个了解员工对其管理风格看法的机会；②参与管理。让员工参与评价其主管的工作实际上是让其对管理提出自己的看法，反映员工的心声。缺点是：①管理者担心一些不受欢迎但是必要的行为会导致他们在评价时进行报复；②下属担心会遭到主管的报复，不敢讲真话；③下属不了解管理者工作，评价可能存在偏颇。

（5）客户和支持者。在某些情况下，客户和支持者可以为个人与组织提供重要的工作情况反馈信息。客户和支持者作为企业外部人员，不受组织内部利益机制所左右，因此客户评估可能会更加真实、公正和客观。客户和支持者评价的结果有助于为员工的晋升、工作调动和培训等人事决策提供依据。但是，客户和支持者评价也有其弊端：一是难以操作，由于每个员工接触的客户和支持者可能不同，而不同客户和支持者的评价标准又有所不同，所以对员工来说，客户和支持者评价没有统一的标准；二是比较费时费力，由于客户和支持者不是组织内部人员，不能用行政命令规定其按时完成评价任务，因此，说服其配合本组织的绩效考评无疑是一项费时费力的事情。

（二）绩效评价主体的选择

不同主体由于视角不同而对同一工作绩效的印象不同，因此通过选择多个评价主体来保证绩效评价的客观性和公正性是可能的。但是，如果评价主体选择有误，绩效评价可能会给组织带来混乱。而且，多评价主体占用更多的时间，费用较高。在进行评价主体选择时，首要的原则是指标-信息匹配原则。也就是，在选择评价主体时并非个数越多越好，应该针对特定的评价指标，选择那些能够掌握相关指标信息的人作为评价主体；反过来，评价主体所评价的内容必须基于他可以掌握的情况（信息可得性）。

　　这一原则是 360 度绩效评价实践给我们带来的启示之一。360 度绩效考评指从与被考核者发生工作关系的多方主体那里获得被考核者的信息，以此对被考核者进行全方位、多维度的绩效评估。这些信息的来源包括上级、下级、同事、支持者、服务对象和本人。360 度考评的前身是 360 度反馈（360°Feedback），这一做法被英特尔公司提出并加以实施运用，主要用于管理人员开发。但是后来，人们认为 360 度绩效考核打破了由上级考核下属的传统考核制度，可以从多个角度来反映被考评人，考评结果更加客观、全面、公正和可靠。原因是人们认为相比单向的考核，360 度考核具有明显的优越性：一是可以避免传统考核中考核者极容易发生的"光环效应"、"居中趋势"、"偏紧或偏松"、"个人偏见"和"考核盲点"等现象；二是一个员工想要影响多个人是困难的，管理层获得的信息更准确；三是可以反映出不同考核者对于同一被考核者不同的看法；四是防止被考核者急功近利的行为（如仅仅致力于与薪金密切相关的业绩指标）；五是它提高了员工的自主性和对工作的控制，员工的积极性会更高。

　　不过随着实践的发展人们认识到采用 360 度考核并不必然导致公平、公正的绩效考核结果。简单地将 360 度反馈方法用于评估目的（无论是人才评估还是绩效考评），不仅不能给企业带来预期的效果，而且还有可能产生许多负面影响：第一，考核成本高，考核培训工作难度大；第二，考核成为某些员工发泄私愤的途径，并造成新的人际关系矛盾；第三，考评指标与考评者不匹配，考评者评价信息不充分、考核失真等。360 度考核法的本意是让最了解情况的人对相应的评价指标进行评价，而不是让所有的人来评价所有的评价指标。就其目前的发展阶段来说，360 度绩效反馈法的最重要价值不是评估本身，而在于能力开发。

五、绩效评价的周期

　　绩效评价周期是指多长时间进行一次绩效考核。绩效评价是对员工在评价周期内工作绩效进行的评价。由于是周期性开展的工作，因此它包含着如何合理设定评价周期的问题。

　　实际上，评价周期是一个比较容易被忽视的问题，而评价周期处理不当会给企业带来诸多危害。评价周期过长，一方面，容易引起严重的"近因效应"，给评价带来误差；另一方面，也会使员工失去对绩效考核的关注，不利于及时改进。反之，评价周期过短，一方面，会导致考核成本加大；另一方面，也可能会因为工作内容跨越考核周期，无法正确评估工作绩效，导致"前人栽树后人乘凉"，或者"急功近利目光短浅"。

　　为了确定恰当的绩效评价周期，一般应综合考虑如下因素：

　　（1）指标的性质。不同性质的指标，其考核周期也是不同的。一般来说，性质稳定的指标，考核周期相对要长一些；反之，则要短一些。例如，特质类指标比行为类指标要更加稳定一些，因此，其考核周期也会更长。

　　（2）标准的性质。在确定绩效考核周期时，还应当考虑绩效标准的性质，即考核周期的时间应当保证员工经过努力能够实现这些标准，这一点也与绩效标准的适度性联系在一起。

（3）职位的性质。不同的职位工作内容不同，因此绩效考核的周期也有差别。一般来说，首先，职位的工作绩效是比较容易考核的，考核周期要相对短一些，例如，工人的考核周期比管理者的考核周期要短。其次，职位的工作绩效对组织绩效影响比较大的，考核周期要相对短一些，这样有助于及时发现问题并进行改进，如销售职位的绩效考核周期就比后勤职位的要相对更短一些。

（4）绩效评价的目的。绩效评价周期的确定也受评估目的的影响。如果考核目的是为了分奖金，自然就会使得考核的周期与奖金分配周期保持一致。正如多数企业选择年终对员工进行职务晋升、工资晋级、奖金发放等工作，因此就由年终考核作为上述工作的依据。而为了对部门和员工的工作进行进度控制，一般还应该有月度或季度考核，月度或季度考核应坚持结果导向和过程控制相结合。

（5）绩效评价体系的成熟性。绩效评价体系的成熟性也会影响绩效评价周期。例如，方振邦认为，刚开始进行绩效管理时需缩短评价周期，便于及时发现问题和纠错。[①] 考虑到成本因素，绩效管理系统成熟后可延长绩效评价周期。[②]

第三节 绩效管理的实施

➤ 案例引入

王军的烦心事

王军最近情绪糟糕透了，坐在办公室，冲着墙上那张《××年度销售统计表》不住叹气。这也难怪，全公司23个办事处，除自己负责的A办事处外，其他办事处的销售绩效全面看涨，唯独自己办事处作犬牙状，不但没升，反而有所下降。

在××公司，王军是公认的销售状元，进入公司仅五年，除前两年打基础外，后几年一直荣获"三连冠"，可谓"攻无不克，战无不胜"，也正因为如此，王军从一般的销售工程师，发展到客户经理、三级客户经理、办事处副主任，最后到了办事处最高长官——办事处主任这个位置，王军的发展同他的销售绩效一样，成了该公司不灭的神话。

王军担任A办事处主任后，深感责任的重大，上任伊始，身先士卒，亲率20名弟兄摸爬滚打，决心再创佳绩。他把最困难的片区留给自己，经常给下属传授经验。但事与愿违，一年下来，绩效令自己非常失望！

[①] 方振邦. 战略性绩效管理. 北京：中国人民大学出版社，2007：163.

[②] 也存在相反的观点，例如，有人主张，由于考核需要成本，因此刚开始进行绩效管理时需要评价周期较长；随着时间的推移、经验的积累越来越丰富，则可以适当缩短周期以减少近因效应和进行及时反馈与激励。参见陆智能. 制定考核周期的四大要素. 中文管理，2006，（2）.

　　烦心的事还真没完。临近年末，除了要做好销售总冲刺外，公司年中才开始推行的"绩效管理"还要做。王军叹了一口气，自言自语道："天天讲管理，天天谈管理，市场还做不做。管理是为市场服务，不以市场为主，这管理还有什么意义。又是规范化，又是考核，办事处哪有精力去抓市场。公司大了，花招也多了，人力资源部的人员多了，总得找点事来做。考来考去，考的主管精疲力竭，考的员工垂头丧气，销售怎么可能不下滑。不过，还得要应付，否则，公司一个大帽子扣过来，自己吃不了还得兜着走。"

　　好在绩效管理也是轻车熟路了，通过内部邮件系统，王军给每位员工发送了一份考核表，要求他们尽快完成自评工作。同时自己根据员工一年来的总体表现，利用排队法将所有员工进行了排序。排序是件非常伤脑筋的工作，时间过去那么久了，下属又那么多，自己不可能一一都那么了解，谁好谁坏确实有些难以的区分。不过，好在公司没有什么特别的比例控制，特别好与特别差的，自己还是可以把握的。

　　排完队，员工的自评差不多也结束了，王军随机选取 6 名下属进行了 5～10 分钟考核沟通，乌拉! OK! 问题总算解决了，每个人又将回到"现实工作"中去。

➤ 案例启示

　　尚且不谈王军这位办事处主任将绩效管理视为市场销售累赘的看法是如何的荒谬，单单看他在自己负责的 A 办事处实施绩效管理的流程，就已经是漏洞百出。我们也只能用"只适合做士兵，不适合做将军"来评价这位昔日"攻无不克，战无不胜"的"三连冠"。事实上，绩效管理的实施是绩效计划、绩效监控、绩效评价、绩效反馈四个环节循环往复的一个复杂过程。本节课程中我们将要逐步学习绩效管理实施的各个环节，具体来说，主要包括以下内容：

　　(1) 绩效计划；

　　(2) 绩效监控；

　　(3) 绩效评价；

　　(4) 绩效反馈；

　　(5) 绩效评价结果的运用。

一、绩效计划

　　绩效计划是在新绩效周期开始时，管理者和员工经过一起讨论，就员工在新的绩效周期将要做什么、为什么要做、做到什么程度、何时应做完、员工的决策权限等问题达成一致，形成绩效协议的过程。在绩效计划的制定过程中，需要注意以下两点。

（一）绩效计划应是一个参与式的、双向沟通的过程

绩效计划是一个参与式的过程，组织内的所有人都参与到绩效计划的过程中，每个人都对绩效计划的最终形成作出贡献。信息不仅自上而下传递（上级给下级分派任务），而且同时自下而上传递。在参与式绩效计划过程中，每个人根据上一级目标与分工，制定自己的目标与实现目标的行动计划，并与上级共同讨论这些目标和行动计划；上级再统筹协调每个人的工作内容，保证上一级目标能够实现。制定各级目标时保证每个小组成员都有充分的发言权，并鼓励下级人员积极参与上级目标的制定。自上而下的过程保证各级目标的战略一致性；自下而上的过程则保证目标的可执行性。

而作为一个双向沟通的过程，这意味着在绩效计划过程中管理者和员工双方都应当接受和传达相应的信息。一方面，管理者需要向员工说明：①组织的整体目标是什么；②为了完成组织目标，我们的部门目标是什么；③为了完成部门目标，对员工的期望是什么；④对员工的工作制定什么样的标准；⑤完成工作的期限是什么。另一方面，员工应该向管理者说明：①自己对工作目标和如何完成工作的认识；②对工作的疑惑和不解之处；③对工作的计划和打算；④在完成工作的过程中可能遇到的问题和需要的帮助。

（二）绩效计划的成果是形成绩效协议

绩效计划的结果是形成绩效协议，经过绩效计划的过程，管理者和员工应该就如下问题达成共识：

（1）员工在本绩效周期的主要工作内容和职责是什么？

（2）员工从事该工作内容的目的和意义何在？

（3）应该达到何种工作效果？

（4）如何衡量和评判？

（5）如何分阶段实现各种目标，从而实现绩效周期的目标？

（6）员工在完成工作任务时拥有哪些权力，决策权限如何？

（7）为了完成工作任务，员工是否需要接受培训或开发？

（8）管理者和员工如何对工作的进展情况进行沟通，防止出现偏差？

在日常管理实践中，评级指标体系决策和绩效周期决策一般而言都应在绩效管理系统正式实施前就以管理制度的形式固定下来。员工绩效计划的工作就变成根据评价周期和评价指标决策，为每个具体职位上的员工的工作要项和评价指标确定目标值（绩效标准），并计划保证该目标值顺利实现的活动，在此基础上设置分阶段的分目标，以便过程控制。

二、绩效监控

绩效监控指在整个绩效周期内，管理者采取恰当的领导风格，预防或解决绩效周期内可能发生的各种问题，以更好地帮助下属完成绩效计划，以及记录工作过程中的关键事件或绩效信息，为绩效评价提供依据的过程。绩效监控连接绩效计划和绩效评价，是持续时间最长的环节。绩效监控的过程也是绩效辅导的过程，因此有学者将绩效监控阶

段定义为绩效辅导阶段。

如前所述，绩效管理的根本目的是通过改善员工的绩效来改善组织的绩效，只有每个员工都实现了各自的绩效目标，企业的整体目标才能实现，因此在绩效计划阶段结束，绩效目标已经确立之后，管理者还应当帮助员工实现其绩效目标。在绩效监控阶段，管理者需要完成两项任务：绩效辅导和绩效信息记录与收集。

（一）绩效辅导

绩效辅导就是管理者根据绩效计划，采取恰当的领导风格，对下属进行持续的指导，确保员工工作不偏离组织战略目标，并提高其绩效周期内的绩效水平以及长期胜任能力的过程。有效的绩效辅导涉及三方面的因素。

（1）保持持续有效的绩效沟通。绩效沟通指管理者和员工在共同工作的过程中分享各类与绩效有关的信息的过程。这些信息包括有关工作进展的信息、有关员工工作中的潜在障碍和问题的信息、各种可能的解决措施等。通过绩效沟通，管理者和员工应该能够回答如下问题：①工作进展情况如何。②工作中有哪些方面进展顺利，为什么；工作中出现了哪些问题，为什么。③员工遇到了哪些困难，应如何帮助他们克服困难。④绩效目标和计划是否需要修正；如需要，如何进行修正。最后，值得注意的是，管理者和员工之间应就什么问题进行沟通，也应该成为沟通的话题。

（2）选择恰当的指导时机。通常，恰当的辅导时机包括：员工被安排参与一项大的或不寻常的项目时；员工不清楚工作的重要性；员工正在从事一项任务，而你认为如果他们采用其他方法能够更有效地完成任务时；员工未能按照标准完成任务时；员工面临崭新的职业发展机会时；员工正在学习新技能时；员工刚结束培训学习时。

（3）选择合适的指导方式。绩效管理主管采用何种风格来管理下属很重要。在绩效辅导方式的选择方面，领导理论方面的研究提供了理论基础。领导理论是研究领导有效性的理论。领导理论研究的核心是影响领导有效性的因素以及如何提高领导的有效性。从 19 世纪 30 年代开始，领导理论的发展已经历了特质理论、行为理论和权变理论三个主要阶段。

（二）绩效信息收集

绩效监控阶段的另一项任务是观察和记录员工的绩效表现，收集必要的信息。记录和收集信息的作用是为绩效考核提供客观的事实依据，并且为绩效诊断提供线索。通过一种或几种特定的方法收集所需数据，有助于管理者获得必要的绩效信息，确保指导有的放矢。信息收集的方法主要有观察法、工作记录法和他人反馈法。观察法是指管理者直接观察员工的工作表现，并如实记录；员工的某些工作目标的实现是可以通过工作记录体现出来的，如销售额、废品数量等，工作记录法就是指管理者将这些情况记录下来；他人反馈法指从员工的服务对象或者其他与之有交往的人那里获取信息的方法。无论通过哪种方法，管理者都需要注意做到客观，只是如实地记录具体事实，而不应对收集到的信息进行推测。

三、绩效评价

绩效评价是指评价主体在绩效周期结束时，依照绩效计划所确定的工作目标或绩效标准，采用科学的方法，对员工的工作情况加以考察的过程。绩效评价是绩效管理过程中最关键的一个环节。绩效评价是否合理在很大程度上取决于之前的绩效评价体系的设计状况。但在绩效评价阶段仍有必要特别注意的一个问题是绩效评价偏差和绩效评价者的培训问题。

（一）绩效评价偏差

绩效评价偏差指评价者在进行绩效评价的过程中，对员工的绩效表现所作出的不真实甚至是歪曲性的反映。绩效评价偏差的类型很多，按照评价者本人是否意识到偏差的存在，可以分为有意识的偏差和无意识偏差两大类型。

1. 有意识偏差

有意识偏差指的是评价者在明知自己提供的评价信息或评价结果与事实不符的情况下，仍然选择这样做。他之所以会这样做其根源在于评价者的动机。有意识偏差可区分为三种不同类型。其中，宽大化指评价者对评价对象的评价高于实际绩效；严格化指评价者对评价对象的评价低于实际绩效；而平均化或居中化指评价者对工作表现不同的个体总是保守性地给出处于中间状态的平均分，避免给出高分和低分。

2. 无意识偏差

无意识偏差指评价者在评价时不知不觉中发生的偏差。其根源在于评价者的信息不完全和有限理性。信息不完全导致考核者根据不准确的信息来源作出判断，而人处理信息能力的局限性带来的各种认知偏差。认知偏差的主要类型也有很多，比较典型的有：

（1）晕轮效应。晕轮效应指以员工某一方面的特征为基础而对其作出总体评价。从心理学角度看，晕轮效应的形成与知觉的整体性有关。晕轮效应的最大弊端就在于以偏概全。一种在绩效评价时防止晕轮效应的措施，即在评定时，评定者每次只就一个评价维度对所有的被评价者进行评定，然后再进行第二评价维度的评定。这种做法的一个潜在假设是，每次只评价一个维度迫使评定者去考虑特定的内容而不是对被评价者的总体印象。

（2）刻板印象。刻板印象指人们用对某一类人或事物产生的比较固定、概括而笼统的看法，来推断个体特征的做法。刻板印象有其合理性。"物以类聚，人以群分"，属于某一群体的人会有一些共同的特征。其失误在于忽视了差异的存在。

（3）首因效应和近因效应。这两种偏差都与信息出现的顺序有关。其中，首因效应就是说人们根据最初获得的信息所形成的印象不易改变，甚至会左右对后来获得的新信息的解释。近因效应，指在多种刺激依次出现的时候，印象的形成主要取决于后来出现的刺激，即最近、最新的认识占了主体地位，掩盖了以往形成的印象和评价，因此，也称为"新颖效应"。首因效应和近因效应使得评价者往往根据员工某一时段的表现而不是其在整个绩效周期的表现对其进行评价。

（4）对比效应。对比效应是指同一刺激因背景不同而产生的感觉差异现象。例如，同一种颜色把它放在较暗的背景上看起来明亮些，放在较亮的背景上看起来暗些。在绩效考核中，对比效应是指他人的绩效影响了对某人的绩效评定。比如，假定评定者刚刚评定完一名绩效非常突出的员工，紧接着评定一名绩效一般的员工，那么很可能将这名绩效本来属于中等水平的人评为"比较差"。对比效应也可能发生在评定者无意中将被评人新近的绩效与过去的绩效进行对比的时候。一些以前绩效很差而近来有所改进的人可能被评为"较好"，即使这种改进事实上使其绩效勉强达到一般水平。

（5）溢出效应。溢出效应指因评价对象在评价周期之前的失误而降低其评价等级。例如，某生产工人上一绩效周期出现了生产事故，但是本绩效周期没有，但是评价者可能会由于其上一绩效周期的表现不佳而给出较低评价。

（6）逻辑误差。逻辑误差指评价者在对某些有逻辑关系的评价要素进行评价时，使用简单的推理而造成的误差。在绩效评价中产生逻辑误差的原因是评价指标之间的高度相关性。例如，很多人认为"社交能力和谈判能力有很密切的逻辑关系"，于是，他们在进行绩效评价时，往往会依据"既然社交能力强，谈判能力当然也强"而对某员工作出这样的评价。

（二）评价者培训

绩效评价偏差的存在会产生很多危害，如误导高层管理者的决策，影响员工积极性、满意度，从而影响组织绩效，使绩效改进失去正确的方向等。因此，了解和减轻绩效评价偏差对组织来说非常重要。避免评价偏差需要从绩效评价体系设计的各个环节入手，包括清晰地界定评价指标、选择恰当的评价方法、做好日常的绩效记录、选择恰当的评价者等。除此之外，对评价者进行培训也是避免评价偏差的一种有效方法。一般而言，绩效评价者培训的主要内容包括如下方面。

1. 绩效管理知识培训

这类培训的目的是让考核者们形成一种积极的态度，明白有效的绩效考核能够帮助组织，同时也帮助自己。抑制提供虚假绩效考核结果的动机。其内容包括：绩效管理是什么？绩效管理体系具体是怎么运作的？为什么要进行绩效管理/绩效考核？它与本组织和本部门的目标之间有什么关系？按照组织要求做好绩效管理/绩效考核对评价者本人有什么好处？评价者需要承担哪些方面的责任？绩效考核和其他组织活动尤其是人力资源管理活动存在什么样的关系？

2. 评价者偏差培训

顾名思义，这类偏差培训的目的是减少绩效评价中的认知偏差。培训内容主要是介绍常见的考核偏差类型及其预防方法。典型培训步骤通常是首先让考核者阅读一段文字案例或者观看一段录像，在这个案例中会故意设计一个现实中很容易出现的典型错误，然后让学员模拟完成绩效考核工作，并对照正确的考核结果来找出自己的误差所在。最后再由培训导师向学员们解释为什么他们出现了失误，这些失误属于哪一种类型，以及如何预防这种误差。这种培训所提供的考核知识对于预防考核误差来说仅仅是一个必要条件，而不是充分条件。

3. 参照框架培训

这类培训的目的是明确评价标准。培训内容是让评价者清楚每一个绩效维度的含义及其所对应的行为。典型培训步骤是首先让学员分组讨论每一个绩效维度的含义，举例说明什么是优秀绩效、一般绩效和不良绩效，并给予对应的不同分值。接着让学员们看一段录像或文字案例（一个模拟的员工绩效的例子），看完之后让大家分别进行模拟考核，每个人考核完毕后再在本小组内进行交流和讨论。最后，由授课老师告诉大家正确的考核结果应当是什么。通过这样一个过程，学员们就可以掌握一个"参照框架"，从而能够对员工的每一个绩效维度都作出相对一致和准确的评价。

4. 行为观察培训

此项培训的目的是让考核者学会如何观察、存储、回忆以及运用绩效信息，帮助考核者在平时的工作过程中保持绩效记录，为期末的考核提供依据。内容是教给管理者如何对某个绩效维度中的行为进行编号，然后在日常工作中利用一些辅助工具，比如，用日志来记录相应的行为，这些记录会被作为将来进行绩效考核的依据。同时，引导考核者在整个绩效期间都能对员工的绩效保持持续性的观察和持续的记录。

5. 自我领导力培训

这类培训的目的是提升评价者的自我效能感。从整体上来提高绩效考核的准确性。其基本假设：如果考核者对于考核工作能够形成积极的自我意象和自信心，能够进行自我激励，那么考核工作的准确性就能得到提升。

四、绩效反馈

绩效反馈指在绩效周期结束时，管理者与员工就绩效评价进行面谈，使员工充分了解和接受绩效评价的结果，并由管理者指导员工在下一周期如何改进绩效的过程。绩效反馈阶段的主要任务是：对绩效评价结果达成共识，使员工认识到自己在本阶段工作中取得的进步和存在的缺点；进行绩效诊断，制定绩效改进计划。

绩效反馈面谈是一种特殊的人际沟通。理想的沟通应当是建设性的。所谓建设性沟通，是指在不损害，甚至改善和巩固人际关系的前提下进行的，具有解决特定问题的作用的沟通。建设性沟通的三个特征是：信息的准确传递；沟通双方的关系因为沟通而变得更融洽；和解决实际问题。实现建设性绩效反馈沟通是管理者应当努力追求的目标。

实现建设性绩效反馈面谈需要充分的事前准备和良好的沟通实施技巧。

1. 选择合适的面谈时间和地点

为了能够更好地完成反馈，在面谈之前需要管理者和员工协商确定一段双方都有空闲的时间，尽量不要安排在临近上下班的时间。时间的长短要适宜，过短无法充分交流信息，达不到沟通目的；过长则会引起疲倦、注意力不集中，从而增加信息交流中出现误差的可能性。在此期间应该尽量保障双方不受其他外部因素的干扰。最后，管理者一定要在征得员工认可的情况下，再对面谈的时间作出最后的确认。

地点和环境是影响面谈效果的另一因素。一般来说面谈地点可以是工作场所，如管理者的办公室、小型会议室或接待室，也可以是工作之外的场所。无论如何，都应注意在面谈中要避免受到不必要的干扰，面谈的场所最好是封闭的。此外，在空间距离和位置的安排上，要注意营造良好的氛围。

2. 信息资料的收集、整理

面谈之前，管理者和员工都需要为面谈的进行作必要的准备。这是保证面谈充实、有效的重要条件。对管理者来说，应该注意了解的信息包括：绩效评价表格；日常工作情况记录和总结；该绩效评价周期的绩效计划；对员工基本业绩的评价结果；员工的个人特点方面的信息，如教育背景、家庭环境、工作经历、性格特点以及职务和业绩情况等。员工个人则需要提前回顾能够表明自身绩效状况的事实依据；正视自己的优点和缺点，对自己的职业发展做一个初步的规划；总结和准备好在自身在工作遇到的相关问题等。

3. 计划好面谈的程序和进度

事先设计一套完整合理的面谈过程是成功实现建设性反馈面谈的保证。在进行面谈之前，人力资源部门可能会提供一个面谈提纲，但是具体进行面谈的管理者要在面谈提纲的基础上，对面谈内容进行详细规划。一般而言，这需要管理者明确面谈目的与预期效果、设计好开场白、确定面谈顺序等。

4. 注意掌握和运用建设性沟通的 SMART 原则

SMART 原则是指：①specific，交流要直接而具体，无论是表扬还是批评，都应由具体、客观的结果或实施来支持。②motivate，鼓励员工多说话，充分表达自己的观点。③action，对事不对人，行为导向。④reason，分析成因，给以辅导和帮助，发展导向原则。⑤trust，信任和尊重。

此外，对员工的绩效进行直接评价，有可能引起员工紧张甚至发生冲突。为了让沟通顺利进行，采取合适的沟通方式是必要的。在沟通中也可以适当运用沟通策略，如三明治沟通法。所谓三明治沟通法是指对话第一层先要充分肯定对方的成绩，第二层再说哪些地方还需要改进，第三层再鼓励对方继续努力。

5. 形成书面记录并确定改进计划

人力资源管理部门提供的各类计划和表格不一定能包含面谈中涉及的全部问题。因此在面谈中需要记录面谈过程并形成书面文字，这一方面是为了向员工表明管理者对面谈的重视，另一方面也是为了避免遗忘带来的问题。根据整理的记录，填写正式的考核表。对于确实存在偏差的评价，管理者应当勇于修正错误，给出公正的评价结果。员工需要在考核表上签字表示认同。对于达成共识的考核表不能随意变动，留作以后人事决策的依据。

面谈结束后，员工应当根据面谈的内容制定个人发展计划、绩效改进计划和绩效计划。虽然有些管理者可能已经要求员工在面谈前对这些方面进行思考，并提出自己的意见和初稿，但是面谈后对这些计划应该重新思考并最终定稿。

五、绩效评价结果的运用

绩效评价结果能否被有效运用关系到整个绩效管理系统的成败。在企业管理实践中，绩效评价结果主要运用在两个方面：一是通过分析绩效评价结果，诊断员工存在的绩效问题，找到绩效问题产生的原因，制定绩效改进计划；二是用于其他人力资源管理职能决策，如招聘、培训与开发、人员调动、薪酬等。绩效评价结果的合理运用对于绩效管理体系的运转非常重要。如果评价结果不能得到恰当的使用，就会出现为了评价而评价，绩效管理系统"空转"的现象，影响绩效管理目的的实现。

学 习 建 议

1. 在高校人事处的网站上找到高校关于在职职工的考核方法并分析它用到的方法。
2. 组织小组讨论：对于绩效比较差的员工是该鼓励还是该惩罚。

本章参考文献

董克用. 2008. 人力资源管理概论. 第二版. 北京：中国人民大学出版社

方振邦. 2007. 战略与战略性绩效管理. 北京：经济科学出版社

彭剑锋. 2005. 人力资源管理概论. 北京：中国人民大学出版社

石金涛. 2007. 绩效管理. 北京：北京师范大学出版社

颜世富. 2008. 绩效管理. 北京：机械工业出版社

周三多等. 2009. 管理学——原理与方法. 第5版. 上海：复旦大学出版社

第九章 薪酬管理

第一节 薪酬及薪酬管理

> ➤ **案例引入**

瀛海威的挫败与薪酬

张树新于 1995 年创立北京瀛海威科技有限责任公司,当时只有他和姜作贤两个股东,注册资金 700 万元。第二年,公司发展迅速,扩股至 8000 万股。当时股价直线上升,总额值升为 2120 万元。同时,瀛海威信息通信有限责任公司成立,注册资本 8000 万元。经过三年的发展,瀛海威建立了中国第一个公司网,它几乎向全国人民灌输了所有关于因特网的基本概念,张树新被誉为中国"第一代织网人",瀛海威也成为中国 ISP 产业的领头人。

但是在 1997 年 7~8 月,在瀛海威连续两个月拖欠员工工资的情况下,公司中开始流传三本小册子:《巨人集团兴衰始末》、《大陆首骗牟其中》和一本讽刺公司管理貌似规范、实则低下的漫画集《道伯尔特管理原则》。这三本书迅速流传开来,但多半是隐蔽的,没有人敢明目张胆地放在桌上。

据了解,公司在成立一年多的时间里,没有为任何一个员工买过保险。瀛海威广州分公司的一位职员还曾接到由公司单方面下发的合同单,在没有与员工商量的情况下,擅自下调该员工的工资。

1998 年 6 月 22 日,张树新在瀛海威的第一届董事会上满怀信心地发言。但进入到自由讨论阶段时,中国兴发集团——瀛海威最大的股东突然决定将其债权变为股权,持股比例已跃为 75%,有权任命或罢免总经理。面对兴发集团下的逐客令,他无奈提出辞职申请,结果竟是全体股东一致通过。这个爆炸性的消息震惊了 ISP 业界。

> ➤ **案例启示**

薪酬是组织对员工的劳动给予的报酬与回报,为员工提供物质保障,并激励员工,提高其工作积极性以达到组织目标。瀛海威在没有与企业员工沟通的前提下无故拖欠工资,且没有按照国家规定为员工购买保险,使得员工无法维持其正常的物质生活。不仅如此,此类行为还被员工解读为是对己的不尊重,严重打击了其工作的积极性,导致企业内部人心涣散。可以说,薪酬管理的缺位是瀛海威"众叛亲离"的首要原因。本节课程主要介绍薪酬管理的基本知识，具体包括：

(1) 薪酬概述；

(2) 薪酬管理的概念；

(3) 薪酬管理的原则；

(4) 薪酬管理与人力资源管理其他职能的关系；

(5) 薪酬管理的发展趋势。

一、薪酬概述

(一) 薪酬的概念

薪酬，不同的人，对其定义不同。美国著名薪酬管理专家米尔科维奇认为，薪酬是雇员作为雇佣关系中的一方所得到各种货币收入，以及各种具体的服务和福利之和。而美国的薪酬管理专家约瑟夫·J. 马尔托奇奥把薪酬定义为雇员因完成工作而得到的内在和外在的奖励。

在我国，"薪"原意为草柴，即有一定使用价值的物品，一般把一次性支付的报酬称为"薪"；"酬"是支付的报酬，有回报的意思。"薪酬"是指组织对员工的付出给予报酬和回报。传统的观点认为薪酬是员工为组织付出劳动而获得的收入的总和。

对于薪酬的定义，综合国内外的各种观点，存在以下三个层次的理解：

(1) 广义的薪酬。薪酬是组织给予员工的内在和外在报酬的总和，即指建立在雇佣关系上组织各项付出或员工得到的报酬，它包括组织的福利和各种其他待遇，也包括员工获得的利益和归属感、对员工的承认等，例如，实行员工持股计划、定期举行活动以及要员工参与组织决策。不过，这种广义的薪酬不是很常见。

(2) 一般的薪酬。薪酬是组织给予员工的外在回报，即员工从雇主那里获得的各种有形和无形的经济收入以及具体的服务和福利。这种概念包括实物性的经济报酬和货币性的经济报酬，例如，满足个人需求的内容，为员工提供家庭服务。很多人力资源管理和薪酬管理方面的教科书都采用这种定义。

(3) 狭义的薪酬。薪酬是组织员工货币化的劳动收入，即基本薪资和可变薪资或浮动薪资之和，但不包括福利。在实际中，大多数人力资源管理部门都倾向于这种定义。比如美国全面报酬协会（MAW）和美国劳工统计局也采用这种定义。

(二) 薪酬的内容

1. 薪酬的构成

表 9-1 中的报酬是广义的薪酬，即组织给予员工的内在和外在报酬的总和。其中外在报酬是我们前文提到的一般的报酬，它包括基本薪酬、奖励薪酬、附加薪酬和员工福利。基本薪酬、奖励薪酬及附加薪酬则是狭义的薪酬。

表 9-1 广义薪酬的构成

报酬	外在报酬	基本薪酬	基础工资
			工龄工资
			职务工资
			其他
		奖励薪酬	奖金
			分红
			其他
		附加薪酬	津贴
			补贴
			其他
		员工福利	法定福利
			企业福利
	内在报酬	精神满足	
		参与决策	
		其他	

2. 相关概念

报酬（reward），是全面的薪酬，定义为某一员工为组织付出劳动（包括时间、知识等）而获得的他认为有价值的东西。每个人的价值观和需求不同，因此对报酬的界定也不一样。报酬不仅包括了经济性的物品，而且包括了心理上的收获。

工资（salary/wage），也称为基本薪酬。组织根据员工提供的劳动数量和质量而支付给他的比较稳定的经济报酬，即劳动的货币化。salary 主要用于管理人员及专业人员，它的周期比较长，通常为年薪或月薪的形式。而 wage 主要用于一些蓝领工人，这些人属于要拿加班工资的，wage 的周期通常是以小时或周来计算的。工资是必要的劳动报酬，其数额一般是固定的，可以为员工提供基本的生活保障，风险较小。

奖金（bonus），指一种组织给予那些完成或超过了绩效水平的员工、团队或是组织自身的变动性的报酬，是直接与绩效联系在一起的，有时也被称为浮动薪酬或可变薪酬。奖金对员工有很强的激励性，这对于组织绩效目标的完成起了促进性作用。因此，奖金的设立往往是以激励员工绩效为目的的，组织一般会事先约定好奖金的多少，才能有效地起到激励的作用。它是一次性支付的，其灵活性很大，对组织的成本的影响不会太大。但是，一旦员工或组织的绩效下降，那奖金的金额也会相应减少。

津贴（allowance），是对在特殊岗位或特殊工作条件下（高空作业、医院传染科等）工作的员工，以及由于其他因素（如高温、物价）发放的经济报酬。津贴是与工作相关的，而补贴是与生活相关的。津贴主要有高温津贴、海外津贴、贫困边远地区补贴、有毒有害环境补贴、员工生活津贴、其他津贴形式。

福利（benefits），是社会或企业为员工提高生活水平，增加工作便利度而提供的间接报酬。福利可以分为社会福利和企业福利。社会福利主要包括养老保险、失业保险、医疗保险和伤残保险等。企业福利是为了吸引和留住人才而提供的，不是以员工的绩效来计算的间接报酬。例如，企业给员工提供除法定假日外的假期，为员工提供儿童看护等。企业福利根据企业情况的不同可以灵活的调整，不需要按照一个规定的标准来实施。作为薪酬重要的组成部分，福利有其独特的价值：第一，企业可以通过非货币式的福利来避税；第二，企业福利为将来不可预知的事件做好准备；第三，福利为员工提供了以更优惠的价格来购买自己需要物品的机会。

（三）薪酬的功能

薪酬是建立在企业和员工的雇佣关系之上的，是员工的收入也是企业的付出，因此，一方面，我们可以从员工和企业的角度来分别理解薪酬的功能；另一方面，企业是社会的组成部分，企业的薪酬制度也会对社会造成影响。具体来说，其主要功能如下。

1. 员工方面

（1）保障功能。目前，人们的主要收入都是来源于工作单位支付的薪酬，它为员工及其家属提供了稳定的生活保障。薪酬满足了员工对物质的需求，同时也为其提供社交及自我实现的机会。员工通过给企业提供劳动而换取报酬以保证个人及家庭的基本需求，也确保了员工继续为企业创造价值。

（2）激励功能。薪酬组成的某些部分（如奖金）主要是以激励员工达到企业目标而设定的，是事先约定好的。从心理学的角度来看，这属于企业和员工之间的心理契约，完成或超过绩效目标可以获得额外的报酬，从而提高了员工的工作积极性和工作效率。薪酬的激励功能比较灵活，不同的员工有不同的需求，也要有相应的薪酬制度，从而充分发挥激励功能。

（3）导向功能。企业可以通过薪酬来传递企业文化，比如，强调员工归属感的企业会更侧重于内在报酬。在企业文化战略发生变革时，薪酬制度也会随之变革，有些企业甚至以薪酬变革来带动企业变革。

2. 企业方面

（1）提高绩效。企业中薪酬的制定影响员工的工作积极性、出勤率和工作效率，这些因素又直接影响企业的经营绩效。薪酬一方面决定愿意从事某项工作的员工数量，从而决定了员工的工作积极性；另一方面，它还影响到对员工的激励程度，因为薪酬增强了员工的工作动机，那么其激励程度也相应地加深。薪酬可以向员工传递企业的导向信号，因此，企业可以通过对薪酬的调整实现企业的绩效目标。同时，合理的薪酬制度可以为企业减少经营成本，为提高绩效做好准备。

（2）资源获得和配置功能。一方面，企业通过薪酬来吸引外部优秀人才，一般是用高薪来招募企业需要的人才。企业制定薪酬制度时要考虑到劳动力市场的薪酬水平，从而树立起外部竞争力。另一方面，合理的薪酬制度也能留住企业内部的优秀员工，为企业继续工作。薪酬制度可以影响到人力资源在企业内部的配置，高薪决定了有大量愿意从事某项工作的员工。

(3) 塑造和强化企业文化。薪酬制度对员工有很强的激励和引导作用，因此合理的薪酬制度有助于塑造良好的企业文化，也能强化现有的企业文化。如果企业文化与薪酬制度是一致的，那么可以强化企业文化；反之，会导致企业文化的瓦解。例如，如果企业文化是强调团队精神和共同合作的，那么企业的薪酬会主要按照小组或团队绩效来计算，这可以强化企业文化，使企业内部具有更强的凝聚力。

3. 社会方面

(1) 配置人力资源。不同地区、行业的薪酬水平不同，高薪的地区或行业能吸引更多的人力资源，从而促进地区或行业的发展。例如，宁波地区财政大量投入于人才引进，促使地区经济发展迅速。

(2) 保证社会再生产顺利进行。在社会再生产过程中，国民将获得的薪酬进行消费，以需求拉动生产。

二、薪酬管理概述

(一) 薪酬管理的概念

薪酬管理，就是企业针对员工提供的服务来确定员工薪酬的支付形式、发放总额、薪酬结构的一个过程。在这个过程中，企业要对薪酬水平、薪酬结构、薪酬支付形式进行调查分析，根据企业自身的不同进行调整，最后做出决策。

传统的薪酬管理更注重实物分配，而现行的薪酬管理倾向于以人为中心。具体表现在：根据员工的差异化需求，实物分配的内容多样化，如福利的丰富化等；内在报酬也受到越来越多的关注，如参与企业决策等。

(二) 薪酬管理的原则

企业应合理地使用薪酬管理，这可以为企业吸引、留住人才；反之，如果使用不当会给企业带来危机。因此，在薪酬管理的过程中要注意以下几条原则。

1. 公平性原则

公平性原则主要是针对企业薪酬的内部一致性，是指企业在薪酬制定的过程中考虑到员工对薪酬分配是否感到公平。在一般情况下，员工常常把自己的薪酬与比自己职位低的人、同等职位的人以及比自己职位高的人所获得的薪酬相比较。这种比较直接影响了员工在以后工作中的效率、积极性以及员工的离职率，同时还会影响到不同职位员工之间的合作倾向，以及他们对企业的归属感。

2. 竞争性原则

竞争性原则主要是针对企业外部劳动力市场的竞争优势，指企业在薪酬制度的过程中考虑到可以吸引到需要的人才和留住现有员工的薪酬优势。员工会将自己的薪酬与外部人才市场或其他企业同等职位的员工所获得的薪酬相比较。考虑到这种比较，企业会在制定薪酬制度前对劳动力市场做薪酬调查，避免因差别太大而造成员工不满。

3. 经济适用原则

经济适用原则是指企业要充分考虑到组织外部环境和内部环境的影响而制定合理的薪酬制度。这个原则主要包括两个方面：第一，薪酬是产品成本的重要组成部分，为了避免带来人工成本的上升，企业要遵循经济性原则，在保持竞争力的同时节约成本；第二，适应社会的发展，及时调整薪酬制度来应对，与企业战略同步，支持企业的经营战略。

4. 激励性原则

激励性原则是基于薪酬功能的原则，是能否成功完成企业目标的重要决定因素。激励作用是薪酬管理的核心作用，因而应在内部各职位规定不同的薪酬等级，各个等级之间有适当的差距，使薪酬的激励作用最大化。

5. 合法性原则

合法性原则是指企业薪酬制度必须符合国家现行法律规定和政府的有关政策。这是薪酬管理首要考虑的原则。这些法规包括国家劳动法、地方劳动法规、劳动行政部门颁布的管理规定等。

6. 清晰便捷原则

薪酬方案必须是清晰明确的，让员工能够清楚地知道自己的付出能换回的全部报酬，了解由其职位、技能水平及工作绩效等因素共同决定的薪酬总额，避免以后因员工的理解偏差而导致的纠纷。清晰便捷的薪酬制度可以增加员工的满意度，同时有利于管理人员工作的开展。

（三）薪酬管理与人力资源管理其他职能的关系

把薪酬管理置于整个人力资源管理系统中，有利于对其进行更深入的理解，同时巩固对其他职能的认识。薪酬管理是人力资源管理系统以及组织运营和变革过程中的一个重要的环节，它与其他职能共同维持企业的正常运行。

1. 薪酬管理与工作分析

工作分析是薪酬管理实现内部公平性的重要依据，工作分析所形成的工作分析报告是确定薪酬等级的基础。比如，工资的内容大都来自工作分析中要求员工所具备的技能和知识，奖金的发放也会在工作分析报告中有详细的说明。

2. 薪酬管理与人力资源规划

薪酬管理主要是为人力资源规划提供企业内部人力资源配置的重要手段，人力资源规划中对内部人力资源的调配是通过薪酬管理对企业员工的激励作用来实现的。例如，提高加班工资，可以促使员工增加加班时间，从而增加人力资源供给量。

3. 薪酬管理与员工招聘管理

薪酬管理与员工招聘存在相互影响的关系。一方面，薪酬制度直接影响到招聘到的人数和质量，同时，企业的薪酬水平会传递特定的信息，如企业文化及价值导向等；另一方面，企业招募到的人员或最后甄选的候选员工也会影响到企业的薪酬水平和薪酬结构。

4. 薪酬管理与员工培训管理

薪酬管理对于企业的培训开发活动能够起到很好的支持和引导作用：薪酬体系的合理设计有助于引导员工主动接受培训、努力进行自我技能开发、不断巩固和提高自身的业务素质，从而增强员工适应工作的能力，帮助组织获得更大的灵活性。

5. 薪酬管理与绩效管理

薪酬管理与绩效管理也存在相互影响的作用。一方面，薪酬管理针对员工的绩效来确定其薪酬的总额、支付形式及薪酬结构，强化了薪酬管理的激励作用；另一方面，绩效管理是薪酬制定的基础，员工个人或者团队的薪酬是与绩效相联系的。

（四）薪酬管理的发展趋势

20世纪90年代以后，薪酬管理体系出现了一些新的发展趋势，管理者开始把薪酬管理与企业管理的变革联系起来，其中最主要的，是技能和能力薪资体系以及宽带薪酬的出现。

1. 技能和能力薪资体系

技能薪资体系是指企业根据员工所掌握的与工作有关的知识结构、技能水平以及所具备的能力来确定基本薪酬的一种薪酬制度。而能力薪资体系主要是基于员工胜任力的，主要包括一系列的技能、知识、能力、行为特征以及其他个人特征。

这种工资体系的实施与职位工资体系基本相同，但是存在以下不同：第一，职位评价的基础不同，职位工资体系是基于职位本身的工作职责和所要求的任职资格，而技能薪资体系更关注员工所具备的与职位工资相关的知识技能和完成任务的能力；第二，职位评价的结果也不同，职位工资体系的结果是职位价值的相对大小，而技能薪资体系是员工的技能差异；第三，薪酬等级设计的基础也不同，职位工资体系的基础是职位的等级，而技能工资体系是技能的等级。

技能和能力薪资体系有助于学习型组织的建立，为员工提供多种发展渠道。但是，技能工资体系也存在一些问题，如技能评价和技能发展的问题等。

2. 宽带薪酬

宽带薪酬是指将企业的多个薪酬等级压缩成一个，同时，将每个薪酬等级的薪酬浮动范围拉大，从而变成具有相对较少的薪酬等级以及相应较宽的薪酬变动范围的薪酬制度。

宽带薪酬更适用于基于技能和胜任力的工资体系，其优点主要有：宽带薪酬支持扁平型组织结构，能引导员工重视个人技能的增长和能力的提高，有利于职位轮换与调整，能密切配合劳动力市场上的供求变化，有利于管理员工及人力资源专业人员的角色转变。

由于操作性问题，宽带薪酬的预测和管理存在一定的难度，误差扩大将导致人工成本的增加。

第二节　工资及工资管理

➤ 案例引入

正泰集团的工资管理与分配形式

正泰集团是国内最大的生产低压电器的民营企业，曾连续几年跻身全国民营企业前10位。为了不断发展，企业建立了以工资绩效考评为核心、按劳分配为依据的"正向激励"机制，使员工感到分配机制的科学性和公平性，为此调动了员工的积极性，提高了工作效率，同时也提高了企业的经济效益和社会效益。

正泰集团对子公司的工资总额实行宏观管理，子公司在保证完成集团公司下达的年度上缴的利润指标、总资产保值的前提下，实行工资总额与实现利润、销售额等经营效益指标挂钩浮动的办法。集团公司统一管理劳动、人事、工资的统计及报表，对子公司分别建立工资台账和集团公司内的报表审批制度。员工的工资收入依据岗位责任、劳动技能、劳动强度、劳动条件和实际贡献确定，在进行岗位劳动评价的基础上，拉开分配档次，岗变薪变，形成岗位靠竞争、收入凭贡献的激励机制。

集团公司级子公司实行的是以岗位技能工资、计时工资、计件工资为主体，其他分配形式为补充的工资分配制度。集团公司的领导实行年薪制。集团突出岗位工资，明确奖金幅度，体现人才的作用，考虑前后工资的可比性，深化工资与企业效益的关系，做到公正、公平、合理、易测算、易执行。

➤ 案例启示

工资是对员工的最基本的激励因素。制定适合企业自身的工资管理制度对提高企业的经济效益和社会效益都具有重要作用。案例中的正泰集团，正是综合考虑内外部各种因素的影响，确定自身的工资管理制度，对不同的岗位实行不同的工资分配形式并与其工作业绩有效结合，以实现对员工的有效激励，提高员工的工作效率。本节主要对工资的概念、工资理论、几种常见的工资制度和工资支付形式等几个部分进行介绍，具体包括：

(1) 工资的概念；

(2) 工资理论；

(3) 工资制度；

(4) 工资形式。

一、工资的概念

工资，也称基本薪酬，是企业根据被雇佣劳动者提供的劳动数量或者质量，按照事先规定的标准付给的货币性劳动报酬，即劳动的价格表现。它是企业员工劳动收入的主体部分，也是确定其他劳动报酬和福利待遇的基础，是员工收入中比较稳定的部分。工资的概念有广义和狭义之分，上述的是企业的狭义上的工资，广义的工资还包括员工的奖金、津贴等。

二、工资理论

（一）工资基金理论

工资基金理论出现在 19 世纪中期，该理论的基本要点是：第一，工资不是由生存资料决定的，而是由资本决定的，资本家的资本一部分用于支付工资，这一部分在一般情况下是固定不变的，它构成了一个社会的工资基金（也叫做劳动基金），另一部分用于补偿机器设备消耗、购买原材料等生产资料耗费，工资高低首先取决于工资基金的高低；第二，在工资基金确定后，工人的工资水平就取决于工人人数的多少。工资实际上取决于工人和资本的比例。

（二）边际生产工资理论

克拉克运用边际分析方法，创立了所谓的边际生产力工资理论。该理论认为，在充分竞争的静态环境里，生产中的两个决定性要素——劳动和资本，将依据自己对生产的实际贡献来公正地获得自己的收入。而每一个要素的实际贡献按照其投入量的多少不断变动着，并且表现出边际收益递减的规律性趋势。这也就是说，在生产的两个要素中，如果其中一个要素不变，另一个要素的投入不断增加，那么，在达到一定生产规模后，该要素最后投入的那个单位量所带来的收益，是不断减少的。克拉克就是用边际生产力概念来解释工资水平的。他认为工人的工资水平是由最后追加的工人所生产的产量来决定的。

（三）供求平衡价格工资理论

供求平衡价格工资理论是由马歇尔提出的，他从劳动力的供给和需求两方面阐明了工资水平的确定。马歇尔认为，工资是劳动的需求和供给均衡时的价格，也就是说，工资是由供给和需求两条曲线的交点，也就是供需均衡点决定的。在这一点上，劳动的需求量和供给量相一致，劳动的需求价格和供给价格相一致。如果某个时候市场价格偏离了劳动均衡价格，但通过市场上供求关系的变动，最终仍会回到这个均衡点上来。

（四）集体谈判工资理论

集体谈判工资理论的形成和发展与工会的成长及雇主团体的成长有着密切的关系。该理论核心是，在一个短时期内，工资至少在一定程度上取决于劳动市场上雇主和劳动者之间的集体交涉。在交涉中，争论的问题通常是支付的意愿，而不是支付的能力。集体谈判的主要特点是由于工会有效地遏制了工人之间的竞争，使自己成为劳动供给的垄断者，并力图使劳动市场成为卖方垄断市场。工会在谈判中的主要方针是保证工会会员的收入公正合理。而公平的标准主要是和其他类似条件的工人进行比较。因此，"强制性攀比"成为通行的原则。这种攀比原则把一个个单独的劳资集体谈判联结成为一个相互依存的系统，使不同生产效率和经济状况的行业与企业的工人获得大体同等水平的工资。

（五）效率工资理论

效率工资理论所要研究的是工资率水平与生产效率之间的关系，这是主流宏观理论为了解释工资刚性而提出的理论。效率工资的基本含义是：工资率等于边际产值的条件不是使劳动生产率最大的条件，劳动力的投入还取决于工人的实际工作中的努力程度。效率工资指的是企业支付给员工比市场保留工资高得多的工资，促使员工努力工作的一种激励与薪酬制度。效率工资在企业吸引人才、提高员工工资积极性、增强员工对企业的忠诚度等方面均有重要意义。

三、工资制度

企业工资制度是关于企业定额劳动、标准报酬的制度，是确定和调整企业内部各类人员工资关系的依据，也是企业制定内部工资计划的重要参考。工资是企业薪酬的基础部分，不同性质的企业，其工资制度的具体构成也有所不同。以下介绍几种常见的工资制度：结构工资制、岗位技能工资制、岗位薪点工资制、岗位等级工资制、职能等级工资制、谈判工资制和提成工资制。

（一）结构工资制

结构工资制是以工资的不同功能为基础，将工资划分为不同的相互独立的工资单元，再给各个工资单元赋予不同的结构系数，组成有质的区分和量的比例关系的工资结构而确立的一种新型的工资制度。实行结构工资制的目的在于拉开工资档次，合理分配收入。结构工资制的构成一般包括五个部分：基础工资、岗位工资、绩效工资、年资工资和学历工资。

结构工资制的特点可以通过它的四大优点展现出来：①工资结构与劳动结构紧密结合，反映了劳动差别的诸要素；②结构工资制各组成部分职能各异，并且是分别计算薪酬的，这样可以从劳动的不同侧面和角度反映劳动者的贡献大小，充分发挥工资的各种职能作用，具有比较灵活的调节功能；③有利于实行工资的分级管理；④结构工资制简单明了，易于操作，具有普遍适用性的特性，能够使用各行各业的需要。

但是，结构工资制也有其缺点：①合理确定和保持各工资单元比重的难度较大；②由于工资单元多且各自独立运行，工资管理工作比较复杂。

（二）岗位技能工资制

岗位技能工资制是指在企业内部工资分配中，以按劳分配为原则，以劳动技能、劳动责任、劳动强度和劳动条件等基本劳动要素评价和计量为基础，以岗位工资和技能工资为主要内容，按职工的实际劳动贡献来确定劳动报酬的企业新型基本工资制度。技能工资对于员工的技能水平和知识结构提出了一定的要求，能激励员工努力提高技术水平、文化素质和实际工作能力；岗位工资是依据岗位本身的特性决定工资水平，职工进入什么岗位，就有什么岗位工资，能鼓励员工合理流动，促使员工找到最适合的岗位和承担与之相应的责任。

（三）岗位薪点工资制

岗位薪点工资制，是指以劳动岗位为对象，以薪点数为标准，根据企业经济效益情况，按照员工个人的实际贡献获取的工资定点值，确定劳动报酬的一种弹性工资分配制度。岗位薪点工资由五部分组成，其中，基本生活费、积累贡献及津贴由金额表示，岗位工资及品味工作由点数表示。其主要特点是：工资标准不是以金额表示，而是以薪点数表示；由薪点数值的多少代表企业的经济效益。员工的点数通过一系列量化考核指标来确定，点值与企业和部门效益实绩挂钩。岗位薪点工资制采取的是点因素分析法，根据员工的劳动岗位因素和员工个人的表现因素，测评出每个员工的点数，再加上预先规定增加的点数，得出总点数；然后，再用总点数乘以点值，即得员工的工资标准。

（四）岗位等级工资制

岗位等级工资制，是按照劳动四要素确定各岗各级工资标准，根据工作职务或者岗位对于任职人员在知识、技能和体力等方面的要求，以及工作环境因素等方面确定工资等级和工资标准的一种工资制度。员工工资与岗位和职务要求挂钩，不考虑超出岗位要求之外的个人能力。

岗位等级工资制的特点是：以职位分析和岗位测评为基础，突出岗位因素，以岗定薪，岗变薪变；工资结构简化，便于操作，动态运行；员工符合考核制度、岗位要求才能上岗，并通过岗位考核才能领薪；在实行岗位工资制度同时，也可根据需要对特殊人员实行特殊的工资制度。

（五）职能等级工资制

职能等级工资制是根据职工所具备的与完成某一特定职位等级工资所相应要求的工作能力等级确定工资等级的一种工资制度。按照员工工资是否主要由职能工资决定，职能等级工资制可以分为两种形式：单一职能工资制和多元职能工资制。单一职能工资制，即工资标准只按照职能等级设置；多元职能工资制，即按职能设置的职能工资和年龄要素或者基本生活费用确定的生活工资或者基本工资并列存在。

职能等级工资制的特点是：个人工资等级的决定性因素是个人相关的技能水平和工

作能力，职位与工资并不是直接挂钩的；职能等级与之相对应的工资等级数目较少；企业要制定一套客观的、科学而完整的职位等级标准和职能等级标准，并且按照这个拟定的标准对个人进行客观、科学、准确的考核和评定；人员调整灵活，适应性强。

（六）谈判工资制

谈判工资制是指在国家法律的保护和约束下，通过企业与员工之间的谈判来决定工人工资的一种工资决定方式，是一种灵活反应企业经营状况和劳务市场供求状况，并对员工的工资收入实行保密的工资制度。

谈判工资制的优点是：有利于充分发展市场机制对工资分配的基础性调节作用，促进市场均衡工资率的形成；有利于指导企业根据劳动力供求状况和市场价格，形成内部科学合理的工资分配关系；是协调企业和工人之间的利益、维护员工合法权益的重要手段；有利于消除企业工资分配的随意性，提高劳动者在企业工资决策中的民主地位，为员工民主参与企业管理提供了切入点。谈判工资也有其弊端：这种工资制度与劳资双方的谈判能力、人际关系等有很大关系，弹性较大，容易出现同工不同酬。在国有企业实行这种制度，由于制度、仲裁机构和监督机构不健全，容易使以权谋私者从中舞弊，产生亲者工资高、疏者工资低等不合理现象。

（七）提成工资制

提成工资制是企业实际销售收入减去相关的成本支出和应缴纳的各种税收费用以后，将剩余的部分，在企业和职工之间按照一定的比例进行分成的工资制度。

提成工资制的优点是：能够极大地调动员工的工作积极性，激发员工主要是销售人员的销售热情；由于提成工资制的销售人员，可能大多数是临时雇用人员，这种分配方式便于操作；提成工资制以销售量作为分配指标，符合按件取酬的工资原则。但是提成工资制也存在一定的弊端：提成工资制容易使企业缺乏团队精神，销售人员相互争夺顾客，影响企业形象；跳槽现象频频发生，不利于企业的人力资源管理；易导致员工追求短期目标，不利于员工的长远发展。

四、工资形式

工资形式是指对劳动者实际付出量和相应劳动报酬所得量进行具体的计算与支付的方法。搞好企业的薪酬管理不仅要有合理的基本工资制度，还要有适宜的工资形式。正确运用合理的工资形式，能更充分地发挥工资的经济杠杆作用。这里我们介绍两种基本工资形式：计时工资制和计件工资制。

（一）计时工资制

计时工资制是指根据员工的计时工资标准和工作时间来计算工资并支付给员工劳动报酬的形式，职工的工资收入是用职工的工作时间乘以他的工资标准得出来的。计算公式为

$$计时工资 = 工资标准 \times 实际工作时间$$

按照计算的时间单位的不同，我国常用的有三种形式：月工资制、日工资制和小时工资制。

计时工资制有以下几方面的特点：

（1）计算工资的基础是按照一定质量劳动的直接的持续时间支付工资，工资数额的多少取决于职工的工资等级标准的高低和劳动时间的长短。

（2）由于时间是劳动的天然尺度，各种劳动都可以直接用时间来计算，且计算简便，所以计时工资制简单易行、适应性强。

（3）计时工资制并不鼓励员工把注意力仅仅集中在提高产品的数量上，它更注重产品的质量。

（4）计时工资制容易被广大职工所接受，职工的收入较为稳定。而且，职工不至于追求产量而工作过于紧张，有益于身心健康。

但计时工资制也有明显的弊端：一是计时工资制侧重以劳动的外延量计算工资，至于劳动的内含量即劳动强度则不能准确反映；二是就劳动者本人来说，计时工资制难以准确反映其实际提供的劳动数量和质量，工资与劳动量之间往往存在着不相当的矛盾；三是就同等级的各个劳动者来说，付出的劳动量有多有少，劳动质量也有高低之别，而计时工资不能反映这种差别。因此计时工资对激励劳动者的积极性不利，这就需要与奖金、福利制度等配套实施。

（二）计件工资制

计件工资是按照劳动者生产的合格产品的数量或完成的作业量，按预先规定的计件单件支付给劳动者劳动报酬的一种工资形式。计件工资的计算公式为

$$工资数额 = 计件单价 \times 合格产品数量$$

计件工资制的特点表现在以下几个方面：

（1）能够从劳动成果上准确反映出劳动者实际付出的劳动量，并按体现劳动量的劳动成果计酬，不但劳动激励性强，而且使人们感到公平。

（2）同计时工资相比，它不仅能反映不同等级的工人之间的劳动差别，而且能够反映同等级工人之间的劳动差别。

（3）由于产量与工资直接挂钩，所以能够促进工人经常改进工作方法，提高技术水平和劳动熟练程度，提高工时利用率，增加产品数量。

（4）易于计算单位产品直接人工成本，并可减少管理人员及其工资支出。

（5）促进企业改善管理制度，提高管理水平。

但计件工资制也有其局限性：一是实行计件工资制容易出现片面追求产品数量，而忽视产品质量的问题；二是因管理或技术改造而增加生产效率时，提高定额会遇到困难；三是追求收入会使工人工作过度紧张。

第三节 奖金及其管理

➤ 案例引入

Z公司的年终奖金

Z公司是一家塑料制品公司，自成立以来经营业绩一直蒸蒸日上，产品多出口欧美等发达国家和地区。但是，今年由于受外部市场环境的影响，公司的业绩下滑幅度较大。

员工们也意识到了这一点，他们干得比以前更卖力。马上到年底了，按照往年的惯例，年终奖金额度应该是年末最后一个月工资的2倍，多的时候甚至是3倍。今年可麻烦了，财务算来算去，最多只能给每人发一个月的奖金。

听到财务部的汇报后，公司张总焦急万分，他知道员工今年的工作激情比任何一年都要高。如果按照以前年终奖的发放办法发放的话，势必会带来很大的财务压力，不这样又会挫伤员工的士气，这样对企业的损失更大。怎么办？该如何让员工拿到满意的年终奖呢？张总想了一下，灵机一动有了主意。

没过两天，公司内部流传着一个消息：由于经营业绩不佳，年底要裁员。公司内顿时人心惶惶，每个人都在猜会不会是自己。但是几天后，张总就宣布："公司虽然艰苦，但不能没有你们，无论有多困难，公司都愿意和你们一起渡过难关。只是年终奖金可能就不发了"。听说不裁员，人人都放下心头上的一块石头，对裁员的担心早压过了没有年终奖金的失落。

年假将近，看着别的公司的员工纷纷拿到了年终奖金，员工多少有点遗憾。一天，张总召集高层领导召开紧急会议。看领导们匆匆开会的样子，员工们面面相觑，心里都有点七上八下：难道又要裁员了吗？

半个小时候后，各级领导纷纷冲进自己的部门，兴奋地对高喊道："有了！有了！还是有年终奖金的，整整一个月的，马上发下了，让大家过个好年！"

整个公司沸腾了，员工为拿到年终奖金而欢呼，还有很多员工主动要求过节期间加班。

➤ 案例启示

企业的发展靠员工，而员工的工作绩效很大程度上取决于企业的激励机制是否健全、激励手段是否有效。作为激励机制的重要组成部分，奖金对充分调动员工的积极性具有重要的作用。同时，奖金是一门深奥的学问，奖金发放时间、发放对象、发放数量、发放理由、发放形式等都需要企业领导者慎重考虑。案例中Z公司张总利用"假裁员"的内部消息巧妙地解决了公司年终奖的发放问题。本节课程我们将进一步学习奖金以及有关奖金激励理论的相关内容，具体包括：

(1) 奖金的概述；

(2) 奖金的相关理论；

(3)、奖金的分类；

(4) 奖金的管理。

一、奖金的概述

（一）奖金的概念

奖金，也称为奖励薪酬，是根据员工超额完成任务以及优异的工作而计付的薪酬，其作用是鼓励员工提高生产率和工作质量。奖金的发放可以根据个人的工作业绩评定，也可以根据部门和企业的效益来评定。

在企业中，奖金表现为企业员工圆满完成工作任务的一种额外奖励，是企业对员工工作的一种肯定。

（二）奖金的作用

(1) 激励作用。奖金能增加员工的收入，体现了组织对员工工作结果的认可，因而能够有效激励员工的积极性。

(2) 提高效率。由于奖金计划主要考察员工的工作结果及其对企业的贡献，因此科学合理的奖金计划可以促使员工注重工作效率，改善绩效水平。

(3) 稳定人才。通过奖金在增加其收入的同时，可以感到组织对他的认可和个人的成就感，增加对企业的忠诚度，继续为企业服务，从而稳定企业人才。

（三）奖金的特点

奖金比起其他薪酬形式具有更强的灵活性和针对性，奖金形成的薪酬也具有更加明显的差异性，它具有以下特点：

(1) 灵活性。奖金的形式多种多样，奖励的对象也是不同的，其金额和获奖人数也随生产的变化而变化。

(2) 荣誉性。奖金是对那些为社会作出了较大贡献，提供了超额劳动的职工进行的物质奖励。

(3) 及时性。它可以根据企业的实际情况进行调整和决定发放期，以达到及时反映员工成就的目的。

二、奖金的相关理论

（一）前景理论

奖金不仅能激励员工提高生产效率，还能作为成本的一部分在缴纳公司所得税时抵减一部分税款，所以不少公司不惜以降低公司的每股盈利率（EPS）为代价保证员工的奖金。但是奖金毕竟是有限的，如何让有限的奖金发挥最大的经济效率，成为值得每个企业重视的问题。奖金的激励效率不仅取决于绝对数量，还取决于与自己过去（纵向）比较和同同行业（横向）比较的相对数量。

1. 纵向比较：一定数量的奖金对低层人员的激励作用大于高层人员

诺贝尔经济学奖获得者 Daniel Kahneman 提出了前景理论。他让两组不同的被试者分别回答下列两组问题。

第一组：假设你现在已经有 1000 美元，除了你所拥有的之外，现在你可以在下面两项中选择一项。A：必定获得 500 美元；B：50％的可能获得 1000 美元，50％一无所得。

第二组：假设你现在已经有 2000 美元，除了你所拥有的之外，现在你可以在下面两项中选择一项。A：必定获得 500 美元；B：50％的可能获得 1000 美元，50％一无所得。

在第一组中 84％的被试者选 A。第二组中 69％的被试者选 B。对于被试者可以获得的净收益来说，两个问题都是一样的。然而由于两个组被试的参照点不同，被试者的选择就不同。这说明人们对净收益的敏感取决于参照点。这便是前景理论的参照依赖。企业中各个层次的工作人员参照点不同，因而对于同样数量的奖酬敏感也是不同的。100 元奖金对于每月 1000 元工资的毕业生的效用很大，而对于月收入逾万的高层领导来说，这 100 元的效用微乎其微。或者说，由于边际效用递减，同样数量的奖金对于低收入者效用更大。

由此可见，一定量的奖金对于低层人员的激励效用高于高层人员，也就是说以奖金为激励手段对低层员工的效率更大。

2. 横向比较：注意区别名义奖金与实际奖金

"实际"奖金的激励效率，低层的比高层的高。特别需要注意的是，根据前景理论，人们对于损失的敏感高于对于收益的敏感，如果有充足的资金，要首先尽量保证"实际"奖金不减，即达到同行业同地域的平均增长水平，再考虑实际奖金的增加。

3. 对高层员工，采取股权期权激励

奖金仅仅是激励机制的方面。既然奖金对于高层管理者并不是有效率的激励措施，什么更有效呢？对于高层管理者，最重要的是代理问题，即公司管理者非公司所有者，管理者或许会由于个人利益而牺牲公司利益。采用股权、期权机制，便是高层人员利益与公司利益统一的手段，这才是对高层员工激励的出路。

综上所述，对于低层员工奖金激励更有效，对于高层员工，更有效的是股权、期权激励。

（二）公平理论

公平理论认为，职工的工作动机，不仅受其所得的绝对报酬的影响，而且受其相对报酬的影响。每个人会不自觉地把自己付出的劳动所得的报酬与他人付出的劳动和报酬相比较，也会把自己现在付出的劳动和所得的报酬与自己过去的劳动和报酬进行个人历史的比较。当他发现自己的收支比例大于或等于他人的收支比例时，或现在的收支比大于或等于过去的收支比时，便认为是应该的、正常的，因而心情舒畅，努力工作；反之，就会产生不公平感，就会有满腔怨气。因此，如何公平分配奖金，也是企业必须重视并认真考虑的一个问题。

（三）赫兹伯格的"双因素理论"

影响人们对工作的感情和积极性的因素包括激励性因素和保健因素。激励因素，如工作本身、成就和工作责任等可以影响满意度；而公司制度、管理、工作条件、工资等保健因素则不会使员工满意。

企业领导在固定的时期给每位职工发一笔奖金，只是消除了职工在收入上的"不满意"因素，达到了"没有不满意"的状态，但这绝不是说职工对收入已经很"满意"。所以，发奖金只能维持职工中度积极性。如果停发，则走到了"没有不满意"的对立面即"不满意"了。

（四）委托代理理论

由于奖金的数量与产出有一定直接的关联，因此，它在一定程度上满足了委托代理关系中委托人效用最大化的原则，但由于与资金相关联的业绩指标大多是短期会计利润指标，这些指标容易被管理者所操纵而造成会计信息失真，尤其是市场不完善，会计审计制度不健全时，信息失真现象更为严重。当内部管理者掌握的信息比委托人多，并可以随意控制和操纵会计信息时，指标就会形同虚设，激励效应也会大打折扣。通过设置科学合理有效地奖金制度，可以减少并约束内部人控制现象，使委托代理成本最小。

因此，不论是哪种理论，都认为奖金作为薪酬的一部分发挥着重要的作用。如果不发放奖金，那么会极大地刺激员工的不满情绪，工作满意度下降，出现消极怠工，严重时会给企业的声誉和发展造成不可挽回的后果。企业领导必须做好奖金的分配和发放工作，掌握好发放时机和数量，及时、合理地激励员工。

三、奖金的分类

奖金的形式多种多样，可以按不同的标准对其进行分类：

（1）根据一定时期内发奖次数划分，有经常性奖金和一次性奖金。经常性奖金一般是月度或季度奖，如超产奖、节约奖，一次性奖金如见义勇为奖等。

（2）根据奖励条件又可划分为综合奖和单项奖。单项奖主要有节约奖、安全奖、质量奖、佣金、超时奖、职务奖、建议奖、特殊贡献奖等。

（3）根据奖金的发放方式分为个人奖励、团队奖励和全员奖励计划。

员工个人奖金计划是以员工个人作为奖励对象的奖励计划，直接将奖金与员工的绩效挂钩。企业常用的主要包括计件制和佣金制。团队奖金计划也称集体奖金计划，一般有利润分享计划、增益分享计划和员工持股计划等。全员奖励计划则是以全体员工为奖励对象，不分等级进行奖励，即整个组织范围的奖金发放方案是与整个公司或工厂的绩效挂钩的现金薪酬。它有三种类型：收益分享、利润分享以及员工分享。实践证明，现行全员奖励有许多不足，如奖励间隔时间太长、激励不及时或是目标设计太高，考核项目不合理等而缺乏吸引力，致使奖金制度效果大打折扣甚至无效。

奖金的形式如何选择，关键是要将企业的实际情况和员工的特点结合起来考虑，灵活运用奖金的各种形式,来激励企业中员工的积极性、主动性和企业中员工的责任感,这对企业和员工来说无疑意义重大。

四、奖金的管理

要充分发挥奖金的激励作用,加强对奖金的管理非常重要。那么,如何加强对奖金的管理呢?

(一)奖金管理应注意的事项

(1)要克服攀比心理。作为企业的主要负责人,不能没有全局观念,不能单纯迎合职工的心理而投其所好,一味让大家多拿奖金,而忽视国家、集体、个人的三者关系,忘了长远利益,更不能为了"安民",不顾规章,"乱开口子"。

(2)不能擅自扩大奖金基数。各级要依据国家规定,提留奖励基金,单位发放奖金,必须在这个法定数额内掌握使用,使奖金用好、用活,用出成效。任何随意扩大奖金基数的做法,或实为奖金而不打入基数的变相发奖的做法都应坚决纠正。

(3)发放奖金要注意发扬民主。奖金的发放,不能都按长官意志办事,要通过一定的会议认真讨论,力求公平、适量、有效。必要时还可以在职工会上讨论,以达到奖励少数人、激励多数人的目的。

(4)坚持对奖金的审计制度。各级应对奖金的发放工作充分重视,并进行必要的审计,发现问题及时纠正,以保证奖金使用的科学化、正常化、规范化,真正把奖金的激励作用充分发挥出来。

(二)奖金管理的步骤

具体来说,奖金管理包括以下几个步骤。

1. 制定奖金政策

在奖金政策的制定过程中,奖励目标要明确,要形成文件并积极向员工宣传。奖金数量可以不事先明确,但可以规定一个大致的范围。同时,要明确具体的操作方法,如提名、评审、认定、奖金发放方法和时间等,确定奖励的范围、周期及计奖单位,然后确定奖金金额,并制定奖金分配方法。奖金的设置应遵循公正性原则、系统性原则和科学性原则,同时奖金设置要注意从以下几方面考虑:

第一,长期奖金。这类奖金具有相对稳定性,占到工资薪酬的至少20%以上,对员工来讲是不可或缺的。

第二,短期奖金。这类奖金主要针对企业某个特定目标而设置,要完成这个目标有一定的难度,必须付出相当的努力才能达到;但又应该树立员工的信心,让员工知道,只要通过努力是能达到的。

第三,差异性奖金。奖金设置必须拉开档次,有一定的差距。对不同部门员工、不同岗位员工,根据他们的工作责任大小、安全难易程度、技术业务繁简与劳动强度等因素综合平衡确定不同的标准。

第四,特定范围奖金。这类奖金针对某部分员工,如果完成或达到某个目标,就可以获得这部分奖金，而且仅仅是某一部门或者某个特殊工种人员，如科技人员攻关一个课题，为激励这部分人员，特设立科技进步奖之类的专项奖。

2. 确定奖金标准

在确定奖金标准时，需要注意几个比例关系：

（1）奖金与标准工资的比例。一般情况下，奖金不会超过工资报酬总额的 30%，如果比例过高，说明劳动定额太低，员工容易完成工作量，造成人力资源闲置；反之，就不能发挥奖金的激励作用。

（2）奖金占超额劳动的比重。为克服企业间的差异，外部公平原则要求以同行业平均劳动生产率和劳动定额为标准，制定一个奖金提取系数，具体为

$$提奖系数 = 企业现有超额劳动水平 / 同行业平均超额劳动水平$$

（3）各类人员奖金标准比例，即团体内的奖金分配方法。一般情况下，企业根据指标完成情况和工作责任两个因素来确定内部奖金分配比例。

3. 发放奖金

在发放奖金时，个人主导的项目给个人，团队主导的项目给团队，团队内的分配由团队领导提议，部门主管批准，并且应该在项目通过验收后 1 个月内发放。具体来说，奖金的发放包括以下组成部分：

（1）绩效奖金的发放。即要在奖金分配时事先确定绩效目标，根据公司奖金总额确定分配政策。

（2）佣金。为了激励销售人员，直接按照销售额的一定比例作为奖金发放给个人而采用的一种奖励方法，计算简单且激励性强。

（3）分享利润。通过具有建设意义的改革和创新，可以促使每位员工提高工作效率，减少浪费，因此将作为提高工作效益的成果进行分享，从创造的超额利润中分配奖金。

总之，奖金作为一种最灵活的调整薪资的工具，如果设置合理，能很好地激励员工，提高企业经济效益，也便于企业制定目标。然而，企业真正所要关注的还是如何建立一套符合企业长期发展要求的有效的薪酬体系，奖金毕竟只是一种辅助的薪酬手段。所以对企业而言，要发挥奖金制度的有效激励功能，重点还在于建立一套完整的报酬体系，从而使奖金真正发挥作用。

第四节　福利及其管理

➤ 案例引入

ESI 的员工福利项目

电子科技工业公司（Electro Scientific Industries，ESI）为全球的电子市场供应高价值的高科技制造设备，素以提供创新的方案与卓越的服务而闻名，其成

功的关键在于他们能够吸引且留住最有才干的员工。公司特别设计了福利方案，为员工提供具全面性与竞争优势的保险计划，结合国家与当地的市场情况而定，福利可分为以下几大类：健康保险、储蓄计划、收入保障计划、请假和休假以及工作/生活平衡。每一种方案的设计都具有弹性，以便满足员工及家人的需要。

（1）促进您的健康。ESI 的健康保险计划，提供全面的医疗与牙科诊疗服务保险。医疗计划提供处方、视力以及复健治疗服务保险。牙科计划提供预防、基本以及主要齿科服务的保险。员工可以将税前薪资的一部分存入一个弹性的开支账户，支付个人与亲属额外的医疗健康开销。

（2）投资您的未来。公司的 401（K）退休储蓄计划提供员工投资于自己未来的管道。员工可以依照国税局的限制，选择延递高达薪资（税前）的 50%。对于员工存入退休储蓄计划中的每 1 元（上限为薪资的前 60%），ESI 与之相对的存款项目则会配合存入 0.5 元。

（3）员工股票认购方案（ESPP）。提供一种通过便利的薪资扣除方式让员工认购 ESI 的股票。员工可以选择拿出其薪资支票在扣税之后的一定百分数（1% ~15%），通过 ESPP 认购公司股票。购买价格应为发价有效期第一个工作天或是最后一个工作天两天之中较低的股票价格的 85%。

（4）保障您的收入。公司提供收入保障方案，协助员工及其家人在遇到伤残、死亡或严重事故时能够保障其生活标准。公司向合格的员工提供免费的伤残保险、基本寿险与意外险。员工也可以选择自行购买额外的寿险及意外险。

（5）请假和休假。公司的请假和休假方案提供员工休假、请事假和家庭病假的弹性。新进的全职员工每年可以累积四周的弹性休假（FTO）。除了 FTO 外，员工每年还可获得三天浮动假日。

（6）取得工作-生活平衡。公司致力于协助员工在个人、专业和家庭责任等各方面取得平衡。其工作/生活方案可以协助您学习如何调适并享受人生。工作/生活方案包括员工辅助方案（EAP）、教育辅助方案以及领养协助方案，同时也在各地的公司办事处提供现场员工托儿与餐厅服务。

➤ 案例启示

ESI 的员工福利方案建立在法定福利基础之上，并向员工提供了补充福利计划，优厚的福利待遇具有全员共享性，能够吸引并留住关键人才。本节将详细阐述员工福利的特征、内容以及如何进行福利管理等相关知识，具体包括：

（1）员工福利概述；

（2）福利的管理；

（3）福利管理的发展趋势。

一、员工福利概述

组织提供给员工的具有货币价值的报酬并不仅仅包括基本薪酬、奖金以及其他一些直接的货币报酬，还有相当一部分报酬是以福利的形式提供给员工的。据统计，美国企业的员工报酬中有40％是通过各种福利体现出来的。作为企业全面薪酬的一个重要组成部分，福利在企业的薪酬系统中发挥着独特的作用。

（一）员工福利的定义

关于员工福利的概念，国内外学者对此有不同的观点，美国的薪酬管理专家米尔科维奇认为员工福利是总报酬的一部分，不是按工作时间给付的。约瑟夫·J. 马尔托奇奥认为员工福利就是非货币奖励，属于边缘薪酬，就类别而言可以分为三类：员工所能获得的非工作时间报酬（如假期）、为雇员提供的各种服务（如日托补助）、企业的各种保障计划（如医疗保险等）。南开大学李建新认为，员工福利是企业为满足劳动者的生活需要，在工资收入之外，向员工本人及其家属提供的货币、实物及一些服务形式。中国人民大学刘昕认为，员工福利是薪酬中重要的组成部分，包括退休福利、健康福利、带薪福利、实物实发、员工服务等，它不同于基于员工工作时间而计算的薪酬形式，通常采取延期支付或实物发放支付的方式，具有类似固定成本的特点，因此与员工的工作时间之间没有直接的关系。

总结以上的观点和我们的理解，在这里，我们也对员工福利的含义给出一个自己的解释：员工福利（employee benefits）是组织给员工提供的用以改善其本人和家庭生活质量的，以非货币工资或延期支付形式为主的各种补充性报酬和服务。

（二）员工福利的特征

相对于其他形式的报酬，员工福利主要有以下几个特征：

（1）补偿性。员工福利是对劳动者为企业提供劳动的一种物质性补偿，也是员工工资收入的一种补充形式。与基本薪酬不同，福利的支付方式是灵活多样的，既可以是货币形式，也可以是非货币形式，既可以针对员工个人支付，也可以以集体的形式支付，但大多是延期支付，即属于既定受益的权益，在法定或商定条件具备时才能兑现。

（2）均等性。员工福利在员工之间的分配和享受，虽然不是绝对的平均，但采取的是"机会均等，共同享受"的原则，即履行了劳动义务的员工，都可以平等地享受企业的各种福利。

（3）集体性。企业兴办各种集体福利事业，员工集体消费或共同使用共同物品等是员工福利的主体形式，也是员工福利的一个重要特征，如集体娱乐活动、旅游出行和健康保健项目等，这种集体福利满足了员工的共同需要，也培养了员工的团队意识和对企业的归属感。

（4）差别性。员工福利的差别性体现在不同企业之间与不同个人之间。每个企业员工福利的多少必须同企业经济效益的好坏挂钩，员工个人的福利与个人劳动贡献的大小适当联系。此外，由于个人需要的差别性，一些福利设施和项目的设立都是因人、因时而异的。

（三）员工福利的作用

员工福利的作用主要体现在对企业和对个人两个方面。

1. 员工福利对企业的作用

（1）吸引和留住所需要的员工。福利是一种很好的吸引和留住员工的工具，有吸引力的员工福利计划能帮助组织招聘到高素质的员工，同时也能保证已经被雇佣来的高素质员工继续留在组织中工作。货币工资和员工福利都是留住员工的有效手段，但是两者特点不同。尽管看得见、拿得着的现金可以对人才产生快速的冲击力，短时间内消除了员工福利的差异化要求，但其非持久性的缺点往往会使其他企业可以用更高的薪水将人挖走，尤其对于资金实力不足的中小企业而言，如果仅仅依靠现金留人，将很难幸免人才大流失的灾难。而具有延期支付性质的员工福利，不但可以避免财力匮乏的尴尬，还可以很好地维系人才。

（2）营造企业文化，强化员工忠诚度。福利计划有助于营造和谐的企业文化，强化员工的忠诚感。一般来说，员工都希望自己工作的企业能够像个大家庭，劳资双方相处融洽，并获得一份稳定的福利保障，从而快乐地工作，同时，这也能体现企业"细微之处见真情"的管理理念和人本思想，营造和谐而具有特色的企业文化。

（3）降低企业成本。员工福利是延期支付，在当期仅仅表现为承诺附带员工责任和风险项目的承诺，并不需要立即如数提供资金。同时，由于规模效益的原因，一个覆盖不同员工和针对不同风险的员工福利计划，可以利用有限资金，通过委托代理服务和市场资金运作，用较少的成本使企业和员工得到双赢。此外，很多国家政府为了缓解劳资冲突改善劳动者的生活质量，多鼓励企业设立福利计划，对设立福利计划的企业采取减免税收、提供优惠服务等优惠政策。

2. 员工福利对于员工的作用

（1）激励作用，调动员工的积极性。相对于薪酬来说，员工福利在公平和效率的结合上更为有效，有着更为丰富灵活的表现形式，可以极大地发挥出对员工的激励作用。福利作为一个对员工的长期承诺，从侧面反映了一个企业的薪酬、员工关系以及企业对员工的关心程度。同样，由于福利满足了不同层次员工的不同需求，激励的效果达到最大化，让员工对企业产生强烈的归属感和认同感。对企业来讲，在竞争加剧的今天，已不能仅仅依靠外部控制的手段，而是需要内部的激励来提高员工的工作积极性，这样有利于降低缺勤率和增强员工凝聚力。

（2）保障作用，维护员工的健康。与货币薪酬相比，福利有着更强的稳定性，尤其是对处于中年及以上的员工，福利的吸引力是较大的。福利可以以人性化的设计和兑现方式极大地发挥出对员工基本生活的保障作用，甚至改善生活。同时，由于现代社会生活与工作节奏加快，员工的心理压力增大，在很大程度上影响到员工的工作效率和身心健康，进而影响到企业人力资本的质量和储备。有效的员工福利计划可以起到舒缓压力、调节节奏的作用，从而维护员工的健康，增强员工的凝聚力和稳定性，提高人力资本储备和劳动生产率。

（四）员工福利的内容

员工福利在内容上是五花八门、不胜枚举的。不同的企业，其福利的内容也大有差异。但一般来说，我们可以把员工福利分为两大类，即国家法定的福利和企业自主的福利。

1. 国家法定的福利

这是企业按照国家相关的法律和法规规定的福利内容，具有强制性，任何企业都要执行。目前，我国的法定福利主要包括以下几项内容：

（1）法定的社会保险。这是国家通过立法的形式，由社会集中建立基金，以使劳动者在年老、患病、工伤、失业、生育等丧失劳动能力的情况下能够获得国家和社会补偿和帮助的社会保障制度。我国现行的社会保险制度主要包括五项内容，即基本养老保险、基本医疗保险、失业保险、工伤保险和生育保险。

（2）法定公休假日，指企业要在员工工作满一个工作周后让员工休息一定的时间，我国现阶段实行的是每周 40 个小时的工作时数，即每周的周六和周日为法定的公休假日。

（3）法定节假日，我国法定节假日包括三类。第一类是全体公民放假的节日，包括新年元旦、春节、劳动节、国庆节、清明节、端午节和中秋节。除了全体公民放假的节日外，还有第二类是部分公民放假的节日及纪念日，包括妇女节、青年节、儿童节、中国人民解放军建军纪念日。第三类是少数民族习惯的节日，具体节日由各少数民族聚居地区的地方人民政府，按照各该民族习惯，规定放假日期。

（4）带薪休假，指员工工作满规定的时期后，可以带薪休假一定的时间。我国《劳动法》第 45 条规定："国家实行带薪年休假制度。劳动者连续工作一年以上的，享受带薪年休假。"

2. 企业自主的福利

这是企业在国家法定之外依据自身实力自愿向员工提供或企业和员工双方共同出资办理的福利项目。它不具有任何强制性，具体的项目也没有一定的标准，企业可以根据自身的情况灵活决定。

（1）教育培训计划。企业为员工规划职业生涯，精心设计培训计划，并为员工支付部分或全部与正规教育课程和学位申请有关的费用，进行非岗位培训或短期脱产培训、公费进修等。

（2）咨询服务。企业可以向员工提供广泛的咨询服务，包括财务咨询（如怎样克服现存的债务问题）、家庭咨询（如婚姻问题等）、职业生涯咨询（分析个人能力倾向并选择相应职业）以及退休咨询等。在条件允许的情况下，企业还可以向员工提供法律咨询。

（3）健康服务。这包括为员工提供健身场所和器械以及为员工举办健康知识讲座等，这些健康服务通常是法律规定的退休、工伤保险等所不能提供的。因此，健康服务是员工福利中被使用最多的福利项目，也是最受重视的项目之一。

（4）员工交通津贴。这主要指组织为给员工上下班提供交通方便而设立的一种福利，例如，组织派专车接送员工上下班；按规定为员工报销上下班交通费；每月发放一定数额的交通补助费等。

（5）伙食服务。这是指组织为员工提供的免费或低价的午餐，有的组织虽然不直接提供午餐，但提供一定数额的工作午餐补助费。

二、福利的管理

福利是一个庞大而复杂的体系，需要对其进行深入细致的分析，并根据企业自身的实际情况对福利项目作出科学的设计。科学的福利设计应正确反映出组织的目标、战略和文化，因此员工福利的有效管理对组织的发展起到至关重要的作用。在实践中，一般要按照以下几个步骤来实施福利管理。

（一）福利调查

为了使提供的福利能够真正满足员工的需要，首先必须进行福利需求的调查。这包括两个方面：一是内部福利调查，一般可以在组织内部对员工进行问卷调查，或者向员工提供福利的备选菜单，让员工进行选择，从而获知员工的需求和对福利的偏好；二是外部福利调查，企业要吸引和留住员工，保持在劳动力市场上的竞争力，就必须了解其他组织所提供的福利水平，事实上，这种福利调查很多时候已包含在薪酬调查之中，因为福利本身就是一种薪酬，只不过是一种间接薪酬罢了。

（二）福利规划和设计

首先，企业要根据内外部调查的结果和企业自身的情况，确定出需要提供的福利项目。这里还包括要了解国家的法律法规，原则上，只要是国家法律和政策规定的福利，企业必须对其员工提供。然后是进行福利预算，目的是要合理地控制福利成本。这里包括总的福利费用、各个福利内容的成本以及每个员工的福利成本等。一般来说，福利项目的成本越高，接受福利成本的机会就越大。总之，要通过科学的福利规划和设计，选择有助于组织目标实现和与组织财务状况及管理能力相匹配的福利类型和福利水准。

（三）福利实施和管理

这包括做好福利组合、福利沟通和福利监控工作。人力资源管理部门要同工会、职工代表以及财务等相关部门共同工作，处理好员工的福利申请，确定好员工福利类型和员工福利组合。

员工福利要对员工的行为和绩效产生影响，就必须使员工认为福利是全面薪酬的一部分，企业必须要有一套完善的福利沟通模式，告诉员工他们都在享受哪些福利待遇，告诉员工他们所享受的福利待遇的市场价值。福利不像薪酬，直接与工作挂钩，员工一般不能及时地直观感觉到。同时，福利计划本身专业性很强，一些专业术语和复杂计划会让员工难以明白，因此，企业要采取一些有计划的、持续的方式与员工进行福利信息的沟通，让员工对他们正在享有的福利待遇有一定程度的了解。

福利领域的情况变化很快，企业必须紧紧跟随组织内部和外部态势的发展变化。这是福利监控要做的工作。组织需要密切关注国家相关法律政策的变化、检查自身福利计划的合法性；要关注外部市场的薪酬、福利变化状况，了解相关福利服务价格的变化、注意内部员工福利需求的变化等，及时调整福利计划。

三、福利管理的发展趋势

一般来说，企业员工福利管理依次经历着三个阶段：政府强制和引导福利阶段、企业普遍福利阶段、员工个性福利阶段，其中员工个性福利阶段就是指弹性福利计划的实施。弹性福利计划（又称"自助餐式的福利"）起源于20世纪70年代的美国，它是一种由员工自行选择福利项目的福利计划模式，在实践中，通常是由企业提供一份列有各种福利项目的"菜单"，然后由员工从中自由选择需要的福利。当然，员工的选择并不是完全自由的，有一些项目还是非选项，如法定的社会保险；此外，企业还会根据员工的工资、工作年限、家庭背景等因素来设定每一个员工所拥有的福利限额，同时福利清单所列出的福利项目都会附一个金额，员工只能在自己的限额内购买需要的福利。

从目前的实践来看，发达国家企业实行的弹性福利类型主要有附加型弹性福利、核心加选择型弹性福利、弹性支用账户、福利套餐、选择型弹性福利。弹性福利的发展满足了员工的不同需要，为员工提供了多种不同的福利选择方案，从而增强了激励的效果，此外，这种模式也减轻了人力资源管理人员的工作量。

今天，网络技术和业务外包的飞速发展为弹性福利计划的实施创造了良好的条件，弹性福利外包已成为今后企业员工福利管理发展的主流趋势，即企业通过签订合同把自己的福利计划外包给其他专业性公司来做，由他们负责企业福利制度的设计以及员工福利的购买、发放和管理。随着弹性福利外包市场的不断成熟，这种形式在给企业带来诸多利益的同时，要求广大企业从战略的高度来认识弹性福利外包活动，深化对弹性福利外包的优势、风险及其风险防范的系统性认识，从而使企业和外包商之间的合作达到双赢的目的。

总之，弹性福利计划目前在西方发达国家刚刚兴起，在中国还处于理论探讨和实践摸索阶段，我们需要在实践中不断探索、大胆改革，以薪酬福利推动人力资源管理的改革和发展。

学 习 建 议

1. 找一张工资单，分析工资发放单位的工资制度。
2. 结合我国的一家上市公司设计一个股票期权计划，并计算其总经理的收益。

本章参考文献

陈天祥，王国颖．2004.人力资源管理．第二版．广州：中山大学出版社

董克用．2007.人力资源管理概论．北京：中国人民大学出版社

方少华.2007.薪酬管理咨询.北京：机械工业出版社

顾沉珠，刘红，周正言.2005.人力资源管理实务.上海：复旦大学出版社

李海，李飞.2009.H公司车间工资管理及其优化.中国人力资源开发，（1）

李新建.2006.企业薪酬管理概论.北京：中国人民大学出版社

李燕荣.2008.薪酬与福利管理.天津：天津大学出版社

李作学.2009.人力资源管理.北京：人民邮电出版社

刘军胜.2005.薪酬管理实务手册.第二版.北京：机械工业出版社

刘昕.2003.薪酬福利管理.北京：对外经济贸易大学出版社

刘昕.2007.薪酬管理.北京：中国人民大学出版社

乔治·T.米尔科维奇，杰里·M.纽曼.2002.薪酬管理.董克用译.北京：中国人民大学出版社

舒晓兵，张清华.2004.薪酬管理.北京：人民日报出版社

孙成军.2004.如何进行企业薪酬设计.北京：北京大学出版社

王长城，姚裕群.2005.薪酬制度与管理.北京：高等教育出版社

谢作渺.2007.最优薪酬结构安排与股权激励.北京：清华大学出版社

熊敏鹏，余顺坤，袁家海.2006.公司薪酬设计与管理.北京：机械工业出版社

约瑟夫·J.马尔托奇奥.2002.战略薪酬.周眉译.北京：社会科学文献出版社

张帆.2001.薪酬设计技巧.广州：广东经济出版社

张建国.2003.薪酬体系设计——结构化设计方法.北京：北京工业大学出版社

张丽华，王蕴.2009.薪酬管理.北京：科学出版社

张清华.2003.薪酬管理.湖北：湖北科学管理出版社

郑晓明.2002.现代企业人力资源管理导论.北京：机械工业出版社

第十章　劳动关系及调整

第一节　劳动关系概述

> **案例引入**

女工诉公司，劳务劳动关系不相同[①]

下岗女工陈某 2008 年 3 月，通过应聘到某公司办事处食堂从事采买做饭工作，每天做一顿午饭。公司对她的工作时间没有要求，中午做完饭可以回家，8 个月后，该公司取消食堂。在此工作期间，双方未签订劳动合同。2008 年 12 月，陈某向劳动仲裁部门申请仲裁，提出公司应该给她补缴 2008 年 3～10 月的各项社会保险费 3400 多元；公司未提前 30 日通知劳动者解除劳动合同，应支付一个月工资 950 元；公司应支付自己工作 6 个月以上不满一年的经济补偿 950 元；支付 2008 年 3～10 月未签订劳动合同双倍工资 6650 元。劳动仲裁部门驳回了陈某全部的仲裁请求。陈某认为双方虽未签订劳动合同但存在事实劳动关系，公司理应赔偿自己的各项经济损失，随后向法院提起了诉讼。法院认为，陈某在公司所设立的办事处从事采买及做饭工作，每天只做一顿午餐，从其工作性质和就餐人员的数量，法院认定双方之间是劳务关系而非劳动关系，现在陈某单位按月支付给陈某劳动报酬，陈某基于劳动合同关系主张社会保险、工资、经济补偿及双倍工资，没有事实依据，法院不予支持。法院判决驳回陈某全部诉讼请求。

> **案例启示**

本案的关键在于认定陈某与该公司之间到底是劳务关系还是劳动关系。劳务关系与劳动关系是两个不同的法律概念，其适用的法律法规也不同。劳务关系由《民法》来调整，劳动关系属于《劳动法》调整的范围。在劳动争议中，两者的区别常常被人们混淆。劳务关系是指提供劳务的一方为需要的一方以劳动形式提供劳动活动，而由需要方支付约定报酬的关系，无须签订合同，需要方不约束劳动者，劳动者权益与《劳动法》无关。劳动关系是指在劳动过程中，劳动者与用人单位之间的社会经济利益关系，一般需要双方签订劳动合同，单位对劳动者有约束力，劳动者权益受《劳动法》保护。在本

[①] 佚名. 女工诉公司，劳务劳动关系不相同 . http://news.163.com/09/1-0911/101.5 J5RQ6UK000/1204R. 2009-11-10.

案中，陈某所诉求的几乎都是《劳动法》中规定的权益，而其与该公司却是劳务关系，因此请求不被支持。本节主要探讨劳动关系的基本知识，具体包括：

(1) 劳动关系的概念；

(2) 劳动关系的性质与类型；

(3) 劳动关系管理。

一、劳动关系的概念

（一）劳动关系的含义

对于劳动关系的概念，不同学者从不同的理解角度出发给出了不同的定义。有的学者将劳动关系定义为就业组织中由雇佣行为而产生的关系，认为劳动关系的基本含义是指管理方与劳动者个人及团体之间产生的，由双方利益引起的，表现为合作、冲突、力量和权力关系的总和，它受制于一定社会中经济、技术、政策、法律制度和社会文化的背景的影响。[①] 有的学者认为所谓劳动关系其实质是指生产关系中直接与劳动相关的那部分社会关系，是劳动者与劳动力使用者在实现劳动的过程中所结成的一种社会经济利益关系。[②]

在有的国家，劳动关系又被称为劳资关系、雇员关系、雇佣关系、劳使关系和产业关系等。西方国家常常称劳动关系为劳资关系。所谓劳资关系是指资本与劳动之间的关系。在资本主义发展初期，劳动关系与劳资关系的主体是一致的，但是随着资本主义经济的发展，资本所有者与管理者相分离，劳动关系与劳资关系各自的侧重点逐渐有所不同。雇员关系更加强调雇主在个人层次上加强与员工队伍的直接交流和与雇员的关系。雇佣关系强调雇佣者与被雇佣者双方的关系。劳使关系是日本人使用的概念，是为了更准确地说明劳动关系是劳动者与劳动力使用者之间的关系。产业关系源自美国，本身是"产业中劳动力和资本之间的关系"的缩略语，也称为劳动-管理关系，在欧美国家使用得比较广泛。

在这里，我们采用《中华人民共和国劳动法》对劳动关系给出的明确界定：劳动关系不是泛指一切劳动者在社会劳动时形成的所有的劳动关系，而仅指劳动者与所在单位之间在劳动过程中发生的关系。

（二）劳动关系的要素

根据劳动关系的定义，劳动关系是一种法律关系，劳动关系的形成和调整必须依据相关劳动法律和法规。劳动关系包括三个方面的要素：主体、客体和内容。

劳动关系的主体是指劳动法律关系的参与者，包括两方：一方是员工和员工团体（如工会、员工协会、职业协会、职代会等）；另一方是管理方和雇主协会组织。从广义

---

① 程延园. 劳动关系. 北京：中国人民大学出版社，2002：3.

② 孙健敏. 组织与人力资源管理. 北京：华夏出版社，2002：438.

上来讲，劳动关系的主体还包括政府。在劳动关系的发展进程中，政府通过立法、监督、管理等方式介入和影响劳动关系，随着社会经济的发展与政府管理机制的健全，政府在劳动关系中的干预色彩越来越浓厚。此外，政府作为公共部门的雇主，更是直接参与和影响劳动关系。劳动关系的客体表现为兼有人身性与财产性关系的一定的劳动行为和财物。劳动关系的内容是指主体双方依法享有的权利和承担的义务。我国《劳动法》第 3 条规定："劳动者享有平等就业和选择职业的权利、取得劳动报酬的权利、休息休假的权利、获得劳动安全卫生保护的权利、接受职业技能培训的权利、享受社会保险和福利的权利、提请劳动争议处理的权利以及法律规定的其他劳动权利。劳动者应当完成劳动任务，提高职业技能，执行劳动安全卫生规程，遵守劳动纪律和职业道德。"与劳动者权利相对应的，则是管理者的义务。

（三）劳动关系的特征

作为一种特殊的法律关系，劳动关系有着自身独有的特征：

（1）劳动关系是在现实劳动的过程中发生的关系，与劳动者有着直接的联系。

（2）劳动关系的双方当事人，一方是劳动者，另一方是提供生产资料的劳动者所在组织，如企业、事业单位、政府部门等。

（3）劳动关系的一方劳动者要成为另一方所在组织的成员，并遵守组织的内部劳动规则。

二、劳动关系的性质与类型

（一）劳动关系的性质

劳动关系的性质是指劳动关系主体双方之间相互关系的实质。劳动关系的性质主要包括四个方面。

（1）劳动关系的平等性。劳动关系的平等性主要表现在两个方面：第一，管理方和员工都是劳动市场的主体，双方订立劳动合同应遵循平等自愿、协商一致、诚实信用的原则。第二，在劳动合同的履行中，双方都必须履行各自的义务且享有相应的权利，体现了双方权利和义务的对等。

（2）劳动关系的不平等性。劳动关系是平等的，同时又是不平等的。劳动者在与管理者订立劳动合同后，就要按照管理者的纪律和要求从事劳动，听从管理者的调度与支配，实质上是将人身自由权部分让渡。而且从整个劳动力市场来看，即使是在经济发展较好的年份，也会存在一定数量的失业人口，这部分失业人口作为劳动力的后备，形成对就业劳动者的压力，削弱了劳动者在劳动力市场上的力量。因此，虽然劳动者和管理者在法律上地位平等，但是实际力量对比的较大差异形成了实际权利的不对等。

（3）劳动关系是一种经济关系。劳动者通过劳动，一方面增加了社会财富，另一方面获得劳动报酬和福利。这种经济上的利益关系，是劳动者与管理者之间合作的基础和冲突的根源。经济关系是劳动关系的基本性质。

（4）劳动关系是一种社会关系。在劳动中劳动者不仅寻求经济利益的满足，同时通过社会交往和联系获得认同感、归属感和价值感。劳动关系成为社会关系中最为重要的关系之一。

（二）劳动关系的类型

劳动关系可以按照主体双方的力量对比状况、双方利益的调和程度以及各方的相互作用机制等标准来划分。如果按照劳动关系中双方力量的对比状况进行划分，可分为均衡型劳动关系、非均衡型劳动关系和政府主导型劳动关系。

（1）均衡型劳动关系。均衡型劳动关系是指劳动关系主体双方的力量差异不大，能够相互制衡。这种类型的劳动关系主要表现在：在各项制度和法律保障下，劳动者或其代表有权了解就业单位的信息、就业单位的基本生产经营以及与劳动者联系紧密的工资、福利问题的决策由双方参加、协商制定。

（2）非均衡型劳动关系。非均衡型劳动关系是指劳动关系主体双方力量悬殊，一方在其中起主导作用，支配另一方的行为。这种类型具体又分为两种：管理者主导或雇员主导。前者在世界范围内较为普遍，特别是在发展中国家；后者比较少见，仅存在于少数经济体系中。

（3）政府主导型劳动关系。政府主导型劳动关系是指政府是控制劳动关系的主要力量，并且决定劳动关系的具体事务。新加坡是比较典型的政府主导型劳动关系的代表。在计划经济时期，我国的劳动关系基本上属于这种类型。

（三）劳动关系管理

劳动关系管理是指以促进组织经营活动的正常开展为前提，以缓和和调整组织劳动关系的冲突为基础，以实现劳动关系的合作为目的的一系列组织性和综合性的措施和手段。劳动关系管理的基本领域主要在于两个方面：一是限于促进劳动关系合作的事项内；二是限于缓和和解决劳动关系冲突的事项内。具体来说，劳动关系管理的对象主要包括五个方面：员工的罢工、怠工和抵制等；用人单位的关闭工厂、处分、排斥员工等；员工参与管理；双方协议制度；集体谈判制度。前两个方面属于劳动关系冲突的范畴，后三个方面属于劳动关系合作的范畴。劳动关系管理的基本框架可用图 10-1 表示。

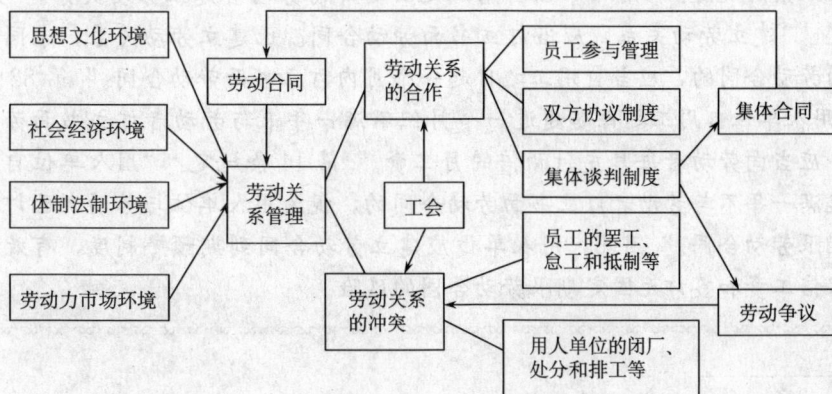

图 10-1　劳动关系管理的基本框架

第二节 劳动合同与集体合同管理

➤ **案例引入**

未及时续订劳动合同，劳动关系能否随时终止？①

张某 2004 年大学毕业后与北京市某公司签订了为期 3 年的劳动合同，工作岗位为财务经理，约定岗位工资每月 4000 元。2007 年 6 月 30 日合同到期后，双方均没有提出续订劳动合同，但是一直保持劳动关系至 2007 年 10 月。2007 年 10 月 26 日，该公司准备缩减人员，发现张某的劳动合同到期后没有续签，就书面通知其双方的劳动关系将于 2007 年 10 月 31 日终止。张某咨询劳动法专业人士后认为双方已经形成事实劳动关系，根据北京市的规定，双方至少还应签订为期一年的劳动合同，但该公司认为双方当时没有劳动合同，可以随时终止劳动关系。双方对此产生争议。

本案涉及未能及时续订或终止劳动合同，存在事实劳动关系的情况下，劳动关系能否随时终止的问题。对于事实劳动关系的终止，我国《劳动法》并没有明确的规定，此类案件只能根据地方立法规定处理。在北京地区，企业对于这类事实劳动关系不具有绝对终止的权利。《北京市劳动合同规定》第 45 条规定："劳动合同期限届满，因用人单位的原因未办理终止劳动合同手续，劳动者与用人单位仍存在劳动关系的，视为续延劳动合同，用人单位应当与劳动者续订劳动合同。当事人就劳动合同期限协商不一致的，其续订的劳动合同期限从签字之日起不得少于 1 年。"在本案中，该公司认为双方未及时续订劳动合同，可以随时终止劳动关系显然和法律冲突。按照上述法律规定，该公司则应当和张某签订至少为期 1 年的劳动合同。

如果本案发生在《劳动合同法》开始实施之后，那么根据我国《劳动合同法》第 7 条的规定："用人单位自用工之日起即与劳动者建立劳动关系。"第 10 条规定："建立劳动关系，应当订立书面劳动合同。已建立劳动关系，未同时订立书面劳动合同的，应当自用工之日起一个月内订立书面劳动合同。"第 82 条规定："用人单位自用工之日起超过一个月但不满一年未与劳动者订立书面劳动合同的，应当向劳动者每月支付两倍的月工资。"第 14 条规定："用人单位自用工之日起满一年不与劳动者订立书面劳动合同的，视为用人单位与劳动者已订立无固定期限劳动合同。"因此，用人单位应建立劳动合同到期预警制度，有效避免支付双倍工资和签订无固定期限劳动合同的风险。

---

① 佚名. 未及时续订劳动合同，劳动关系能否随时终止？徐州英才网. 2008-05-23.

➢ **案例启示**

从以上案例我们看出，无论对于劳动者个人而言，还是对于用人单位而言，鉴定劳动合同和续签劳动合同都具有十分重要的意义。在本节的课程内容中我们将学习劳动合同与集体劳动合同管理的相关知识，具体包括：

(1) 劳动合同的概念、种类和内容；

(2) 劳动合同的订立与履行；

(3) 集体劳动合同管理概述；

(4) 集体劳动合同的履行；

(5) 集体劳动合同的变更和终止。

一、劳动合同管理

(一) 劳动合同的概念和种类

1. 劳动合同的概念

劳动关系主要是一种契约关系，建立和维持这种契约关系的基本形式和主要手段就是劳动合同和集体合同的签订和履行。

劳动合同是劳动关系当事人之间就权利和义务关系达成或订立的条文或协议。在实践中，劳动合同又被称为劳动协议或劳动契约。要全面掌握劳动合同的基本概念，必须明确以下几点：第一，劳动合同是劳动关系双方主体之间的劳动协议。劳动合同的当事人一般只有两方，一方是管理者，另一方是劳动者。劳动合同的签订建立在双方平等自愿、协商一致的基础上。第二，劳动合同是双方当事人之间关于劳动权利和义务的约定。劳动合同就是要界定劳动者与管理者的劳动权利和义务，并以此作为双方履行义务、实现权利的依据。第三，劳动合同一旦签订便具有法律约束力。在签订阶段，双方当事人本着平等自愿的原则，经过要约与承诺达成协议。劳动合同一旦签订，当事人必须严格履行合同，否则将受到法律的制裁。

我国《劳动法》第16条规定："劳动合同是劳动者与用人单位确立劳动关系、明确双方权利和义务的协议。建立劳动关系应当订立劳动合同。"我国《劳动合同法》第10条规定："建立劳动关系，应当订立书面劳动合同。已建立劳动关系，未同时订立书面劳动合同的，应当自用工之日起一个月内订立书面劳动合同。用人单位与劳动者在用工前订立劳动合同的，劳动关系自用工之日起建立。"

2. 劳动合同的种类

劳动合同可以按照不同的标准进行划分。

1) 按照合同期限划分，可以分为定期劳动合同、不定期劳动合同和以完成一定工作为期的劳动合同

定期劳动合同又称为固定期限劳动合同，指管理者与劳动者约定合同终止时间的劳动合同。不定期劳动合同又称为无固定期限劳动合同，指管理者与劳动者约定无确定终

止时间的劳动合同。以完成一定工作任务为期限的劳动合同，是指管理者与劳动者约定以某项工作的完成为合同期限的劳动合同。定期劳动合同与不定期劳动合同对于管理方和劳动者的意义和好处是不一样的，因此世界上大多数国家在立法上，一方面对定期劳动合同的签订条件进行了限制性的规定；另一方面，对签订不定期劳动合同进行了强行约束，目的是为了保护劳动者，防止管理者通过签订定期劳动合同的形式只是为了使用劳动者的黄金年龄段。

我国《劳动合同法》第12条规定："劳动合同期限分为固定期限、无固定期限和以完成一定工作任务为期限三种。"第14条规定："用人单位与劳动者协商一致，可以订立无固定期限劳动合同。有下列情形之一，劳动者提出或者同意续订劳动合同的，应当订立无固定期限劳动合同：（一）劳动者已在该用人单位连续工作满十年的；（二）用人单位初次实行劳动合同制度或者国有企业改制重新订立劳动合同时，劳动者在该用人单位连续工作满十年且距法定退休年龄不足十年的；（三）连续订立二次固定期限劳动合同且劳动者没有本法第三十九条规定的情形续订劳动合同的。用人单位自用工之日起满一年不与劳动者订立书面劳动合同的，视为用人单位与劳动者已订立无固定期限劳动合同。"

2）按照合同产生方式划分，可以分为录用合同、聘用合同和借调合同

录用合同是指管理者以招收录用劳动者为目的而与劳动者依法签订的劳动合同。录用合同是劳动合同的基本形式，它普遍适用于正式工和临时工的招收和录用。聘用合同又称为聘任合同，是管理者以招聘或聘用有技术专长或特殊能力的技术人员或管理人员为目的而与被聘用者签订的劳动合同。借调合同也称为借用合同，是指管理者以借用劳动者为目的而与劳动者以及被借用单位签订的三方劳动合同。劳动者在被借用期间，借用单位、劳动者以及被借用单位三方之间互有权利义务关系，在借用合同中要进行明确的规定，以免产生争议。借调的劳动者一般只是从事临时性或短期性的工作，待借调合同到期后劳动者还得回原单位工作。借调合同适合于急需的管理人员和技术工人的借调。

3）按照合同的主体划分，可以从劳动者角度和从管理者角度分别划分

从劳动者角度来划分就是按照劳动者在劳动分工结构中的位置或所属用工性质来划分劳动合同的种类。按照我国的实际情况，可以对劳动合同作这样的划分：固定工劳动合同、城镇合同制工劳动合同、农民合同制工劳动合同、临时工或季节性工劳动合同等。当然，也可将劳动合同划分为工人劳动合同、管理人员劳动合同、工程技术人员劳动合同以及学徒工劳动合同等几种。从管理者角度来划分就是根据管理者所管理的单位所属行业来划分劳动合同的种类。根据我国目前的实际情况，可以按管理者所管理的单位的所有制性质来划分劳动合同的种类，主要包括公有制劳动合同、私有制劳动合同、混合型劳动合同。

（二）劳动合同的内容

劳动合同的内容是指双方当事人通过协商一致并达成的关于劳动权利和义务的具体规定。劳动合同的内容具体体现在劳动合同的各项条款之中，因此，有时也可以称为劳

动合同的条款。

我国《劳动合同法》第17条规定："劳动合同应当具备以下条款：（一）用人单位的名称、住所和法定代表人或者主要负责人；（二）劳动者的姓名、住址和居民身份证或者其他有效身份证件号码；（三）劳动合同期限；（四）工作内容和工作地点；（五）工作时间和休息休假；（六）劳动报酬；（七）社会保险；（八）劳动保护、劳动条件和职业危害防护；（九）法律、法规规定应当纳入劳动合同的其他事项。劳动合同除前款规定的必备条款外，用人单位与劳动者可以协商约定试用期、培训、保守商业秘密、补充保险和福利待遇等其他事项。"

一般从理论上说，合同的条款可以分为法定条款和约定条款。

1. 法定条款

法定条款是劳动立法要求劳动合同必须具备的条款。劳动合同只有具备这些必备条款，才能依法成立和有效。必备条款主要包括这样一些内容：第一，合同期限。除订立的合同是不定期合同以外，劳动合同都要规定合同的有效期限，其中主要包括合同的生效日期和终止日期。第二，工作内容。劳动合同必须规定劳动者劳动岗位和劳动任务等工作内容的具体条款。第三，劳动保护和劳动条件。劳动合同必须有条款规定用人单位要向劳动者提供劳动安全、劳动卫生以及基本劳动条件等。第四，劳动报酬。劳动合同必须有条款规定用人单位向劳动者支付工资和劳动报酬的形式、幅度、构成、标准和规则等。第五，社会保险。具有强制性的社会保险项目，只要法律法规规定范围内的劳动者和用人单位都必须参加，依法办理登记，缴纳社会保险费并享有相应的权利。第六，劳动纪律。劳动纪律的主要内容一般反映在劳动规章制度之中，但是劳动合同要有规定劳动者遵守劳动纪律的条款。第七，劳动合同终止的条件。劳动合同要有条款规定在哪些条件下劳动合同可以或应当终止。第八，违反劳动合同的责任。在劳动合同中不但要抽象地规定劳动者和用人单位违反劳动合同应负的违约责任，而且还要对应负的具体法律责任进行明确的规定。

2. 约定条款

约定条款是指双方当事人在必备条款之外，根据具体情况协商约定的条款。约定条款主要有试用期、保守商业保密、培训等。

（三）劳动合同的订立与履行

1. 劳动合同的订立

劳动合同的订立，是指劳动者和管理者经过相互选择和自愿协商，就有关劳动权利和劳动义务达成一致，并通过签订劳动协议来确定彼此之间劳动关系的行为和过程。世界各国的劳动立法都规定了明确的劳动合同订立基本原则，主要有平等自愿原则、协商一致原则、互利互惠原则、符合法律的原则。我国《劳动合同法》第3条规定："订立劳动合同，应当遵循合法、公平、平等自愿、协商一致、诚实信用的原则。"

一般而言，劳动合同的订立程序主要包括两个阶段：一是确定当事人阶段；二是签约阶段。前一阶段主要是由管理者和劳动者通过某种方式进行相互选择，后一阶段主要是由管理者和劳动者就劳动合同的具体内容进行平等协商，最后达成一致，从而确立彼此之间的劳动关系以及明确彼此之间的劳动权利和义务关系。

2. 劳动合同的履行

劳动合同的履行是指劳动合同订立后，劳动者与管理者按照合同条款的要求，共同实现劳动过程以及相互履行权利和义务的行为和过程。

1) 劳动合同的变更

一般情况下，劳动合同订立之后若无特殊情况，双方当事人必须认真履行，任何一方不得擅自修改或增减合同的内容和条款。但是在合同的履行过程中，如果客观条件发生了变化，经双方协商一致，可以对合同的条款进行修改或补充。在实践中，劳动合同的变更主要包括两种类型：法定变更和协议变更。法定变更是指在法律规定的原因出现时，经当事人一方提出，可以变更劳动合同。协议变更是指双方当事人经协商一致，达成协议，对劳动合同进行变更。劳动合同的变更，一般只涉及合同的部分条款，变更的目的是为了继续履行合同。

2) 劳动合同的解除

劳动合同的解除是指劳动合同期限届满之前，双方当事人提前终止劳动合同，结束双方的权利和义务关系。劳动合同的解除是非常严肃的法律问题，因此多数国家都有自己的立法规定，有严格的限制条件和必须遵守的程序。劳动合同的解除分为法定解除和协议解除。法定解除是指法律法规或劳动合同规定可以提前终止劳动合同的情况出现时即可解除合同。协议解除是指双方经协商一致而提前终止合同。

劳动合同的解除程序一般包括以下步骤：第一，合同解除的前置环节。很多国家的劳动立法规定，用人单位在向劳动者提出解除劳动关系以前要经过一些必要的环节。这些环节主要有：对劳动者进行批评教育、纪律处分或解除警告等；征求工会或有关职工的意见；向主管部门或行政当局报告并经批准等。劳动者向管理者提出解除劳动关系也需要经过一些必要的环节，比如，对管理者提出自己的一些合理要求，向工会组织打招呼等。第二，实际解除合同的环节。合同的实际解除一般要由双方当事人就解除的日期和法律后果等依法签订书面协议；在由一方决定的解除中，一般要由决定方向对方发出书面通知。书面通知的发出期限，各国的法律规定是不一样的。第三，合同解除的后置环节。合同当事人就合同解除签订协议或发出通知后，依法还要经过以下特定环节：一是工会出面；二是争议处理；三是备案。

3) 劳动合同的终止

劳动合同的终止是双方当事人劳动关系的终结，彼此之间原有的权利义务关系将不复存在。劳动合同的终止有狭义和广义之分。狭义的劳动合同的终止是指，双方当事人已经履行完合同约定的所有权利和义务，或其他法律事实的出现而使双方当事人劳动关系不复存在，且任何一方均没有提出继续保持劳动关系的请求，合同就此终止了法律效力。广义的劳动合同的终止不仅包括狭义的劳动合同的终止，还包括劳动合同的解除。在这里所指的终止是前一种情况的终止，即狭义的终止。

劳动合同终止的条件和原因主要包括以下几种：

第一，合同期限届满。有确定期限的劳动合同在合同约定的期限届满后，除非双方当事人依法续订或者依法延期，否则合同即行终止。第二，合同的目的已经实现。以完成一定工作为期的劳动合同在约定的工作完成以后，或其他类型的劳动合同在其约定的条款全部履行完毕之后，合同因目的的实现而自行终止。第三，合同约定的终止条件出现。劳动合同或集体合同对劳动合同约定的终止条件实际出现以后，劳动合同即行终止。第四，当事人死亡的。劳动者一方死亡，劳动合同即行终止；雇主一方死亡，合同可以终止，也可以因继承人的继承或转让第三方而使合同继续存在，这要依实际情况而定。第五，劳动者达到法定退休条件的。劳动者因达到退休年龄或丧失劳动能力而办理退休手续后，劳动合同即行终止。

我国《劳动合同法》第 44 条规定："有下列情形之一的，劳动合同终止：（一）劳动合同期满的；（二）劳动者已开始依法享受基本养老保险待遇的；（三）劳动者死亡，或者被人民法院宣告死亡或者宣告失踪的；（四）用人单位被依法宣告破产的；（五）用人单位被吊销营业执照、责令关闭、撤销或者用人单位决定提前解散的；（六）法律、行政法规规定的其他情形。"

二、集体合同管理

（一）集体合同概述

1. 集体合同的概念

集体合同制度在西方国家已有 100 多年的发展历史。目前，集体合同制度在发达市场经济国家的劳动关系领域占据着举足轻重的地位，甚至在整个社会经济生活中也是一种十分重要的现象。集体合同制度是在市场经济条件下劳动关系的矛盾协调过程中产生的，在劳资双方的共同努力下已发展成为协调和稳定劳动关系的重要制度。因此，集体合同制度逐渐被许多国家甚至是发展中国家的法律所认可，成为劳动关系主体双方处理彼此之间有关劳动条件、劳动标准等问题的基本依据和法律准则。

集体合同是指工会代表员工与雇主或雇主团体之间签订的关于劳动条件、劳动标准及劳动关系问题的书面协议。在实践中，集体合同又被称为团体协议或集体协议。

2. 集体合同与劳动合同的区别

值得注意的是，虽然集体合同和劳动合同都是在劳动者和管理者之间就彼此之间劳动关系的确立、权利和义务关系的明确而达成的协议，但是两者还是存在区别的，主要体现在以下几点：

（1）签订合同的当事人不同。两种合同内容涉及的当事人是相同的，即劳动者和管理者，但签订合同的当事人不同。劳动合同签订的当事人是劳动者本人和管理者；集体合同签订的当事人是劳动者集体（一般为工会）和企业管理者（或其团体）。

（2）合同的具体内容和目的不同。劳动合同的具体内容只涉及劳动者个人劳动关系中的权利和义务，一般要将劳动者个人与管理者之间劳动关系的各个方面都包括进来。集体合同的具体内容要涉及劳动者集体劳动关系中的共同权利和义务，既可以将劳动关系中的各个方面的内容都包括进来，也可以只包括劳动关系中某一方面的内容，如工资集体合同、劳动安全卫生集体合同就是如此。劳动合同的目的是建立劳动关系，集体合同的目的是设置劳动标准、规范劳动关系。

（3）合同的法律效力不同。劳动合同是劳动者个人与管理者签订的，对劳动者个人和管理者具有法律效力。集体合同是由工会代表劳动者集体与管理者或其团体签订的，它对工会所代表的劳动者集体和管理者或其团体所管理的各个企业都具有法律效力。一般来说，由工会代表的劳动者集体是指所有工会会员，因此，集体合同只对工会会员有效，而对非工会会员无效。此外，集体合同的法律效力高于劳动合同还体现在劳动合同的内容要以集体合同的有关规定为准，不得低于集体合同规定的标准。

3. 集体合同的内容

集体合同的内容是指集体合同的具体条款，是双方当事人通过集体谈判所形成的关于劳动条件和劳动标准等问题的契约条文。关于集体合同的内容，各国立法规定不同。有些国家在立法中列举规定其必要条款，如法国等。有些国家在立法中不作明确规定，完全由签约双方通过谈判来确定其主要条款，如日本等国。

集体合同是关于规范劳动关系的契约，因此凡是在劳动关系中涉及的问题，均可纳入集体合同内容。也就是说集体合同的内容可涵盖劳资双方权利义务关系的方方面面，具体包括工资、工时、休假、劳动安全与卫生、保险与福利、培训、雇佣与解雇、合同的期限及履行、违约责任、劳动争议的处理，甚至工会的地位、权利与义务问题等。我国《劳动合同法》第51条规定："企业职工一方与用人单位通过平等协商，可以就劳动报酬、工作时间、休息休假、劳动安全卫生、保险福利等事项订立集体合同。"第54条规定："企业职工一方与用人单位可以订立劳动安全卫生、女职工权益保护、工资调整机制等专项集体合同。"

（二）集体合同的履行

集体合同的履行，是指集体合同的当事人和关系人履行合同规定的义务和实现合同规定的权利。其中，集体合同的签约当事人主要是工会组织和管理者或其团体，而合同内容涉及的当事人主要是劳动者和管理者。因此，集体合同的履行既包括工会组织和管理者组织对合同的履行，又包括劳动者和管理者对合同的履行。

各国立法中对集体合同的履行一般都有明确的规定，非常强调管理者对合同的履行问题，这或许与劳动关系中劳动者处于相对弱势地位有关。在集体合同的履行当中，当事人和关系人应针对合同的不同条款采取不同的履行方法。对于标准条款的履行，主要是在集体合同的有效期限内始终按照集体合同规定的各项标准签订和履行个人劳动合同，确保劳动者的工资和劳动条件不低于集体合同规定的标准；对于义务条款或目标条款的履行，主要是将集体合同规定的义务或目标具体落实到企业生产经营计划和工会工作计划当中去，并采取措施实施和实现这些计划。对于内容十分明确的条款，合同当事人和关系人只需按照合同规定的内容履行；对于合同内容不太明确的条款，如果国家有明确的法规规定的，按国家法规规定执行，如果没有法规明确规定的，则由合同当事人和关系人重新协商并按协商结果履行。

在集体合同的履行中，监督发挥着重要的作用。在西方国家，企业工会、雇主协会、签约双方代表以及劳动行政主管部门和企业主管部门等都有对集体合同的履行实施监督的权利，同时，由职工组成的职工委员会也可以对集体合同的履行实行有效的监督。

（三）集体合同的变更与终止

1. 集体合同的变更

集体合同的变更是指对集体合同的有关条款进行修改或补充的行为。一般而言，集体合同一旦订立，合同的当事人和关系人只能按照合同的规定全面充分地履行合同，不得提出变更合同的要求。但是，在订立的集体合同所依据的主客观条件发生变化的情况下，法律许可变更集体合同。

合同所依据的主客观条件的变化主要包括：第一，企业破产、停产、转产，导致企业集体合同无法履行；第二，国家的有关政策法规发生变化，使得合同原来规定的有关标准低于现行法规的要求；第三，不可抗力使集体合同的部分条款甚至全部条款无法履行；第四，合同双方当事人和关系人的某些主观条件发生变化，致使合同的部分条款甚至全部条款无法履行等。

集体合同的变更必须按照法定程序进行。法定程序一般是：首先，一方当事人就变更合同向另一方提出请求，另一方应给予答复，并在规定的期限内双方进行协商。其次，经过双方协商一致后对合同的有关条款和内容进行修改或补充。最后，合同变更后要在规定的期限内上报劳动行政主管部门或企业主管部门审查。

2. 集体合同的终止

集体合同的终止主要包括以下几种情况：

第一，集体合同因合同期满而终止。这种情况是集体合同终止的主要形式。

第二，集体合同因合同目的的实现而终止。合同双方当事人和关系人完全履行合同规定的内容和条款后，合同的目的已经实现，合同终止。这对于以完成一定工作为期限的集体合同来说尤为合适。这种情况的终止也是集体合同终止的重要形式。

第三，集体合同因合同解除而提前终止。解除主要包括：①协商解除。双方当事人经过协商，一致同意解除合同。②无条件单方解除。集体合同的无条件单方解除主要适合于不定期合同的解除。许多国家规定，不定期集体合同履行一定期限后，任何一方当事人可随时解除合同，但必须提前通知另一方当事人。也有一些国家规定，对于不定期集体合同，不论合同履行的时间长短，任何一方当事人均可随时提前通知另一方解除合同。③有条件单方解除。对于定期集体合同、未履行一定期限的不定期集体合同，一般要求在一定条件下方可解除，当重大法定事由成立，如企业破产、停产、转产、不可抗力的发生、当事人双方团体解散等条件满足时，可以解除合同。

为了加强对集体合同解除的管理和监督，在实践中许多国家的法律规定，无论上述哪种情况的集体合同的终止，都要在规定的时间内到法定登记机关办理登记手续。

第三节　劳 动 法 律

➤ 案例引入

> ### 销售人员可以享受加班费吗?[1]
>
> 　　王某 2003 年进入某机械公司工作。2007~2008 年度王某在外出差,负责销售公司产品,2008 年 10 月他被调整为一般销售人员。2008 年 12 月 31 日合同到期后,王某不再续签合同。但王某认为,他在外两年多共加班 85 天,公司应依法支付他加班工资 23 033.98 元。机械公司拒绝了王某的要求。王某向当地劳动争议仲裁委员会提出仲裁请求,但仲裁委员会查明该机械公司 2007 年下发了《员工加班加点和考勤管理的补充规定》,其中明确规定销售业务员为不定时工作人员,因此,对王某要求公司支付加班工资的请求不予支持。
>
> 　　本案涉及实行不定时工作制的职工是否可以享受加班费的问题。劳动法规定实行不定时工作制,应履行审批手续。经批准实行不定时工作制的职工,不受劳动法规定的日延长工作时间和月延长工作时间标准的限制,其工作日长度超过标准工作日的,不算做延长工作时间,也不享受超时劳动的加班报酬,但企业可以安排适当补休。因此,王某不能请求加班费。

➤ 案例启示

　　劳动合同是处理劳动者与用人单位之间工作关系的重要依据,但并非唯一的依据。劳动法对劳动合同也具有重要的调节作用,本节主要讨论的就是劳动法对劳动关系的调整,以及法律规定的基本劳动标准问题,具体来说包括:

　　(1) 劳动法与劳动关系;

　　(2) 工资的法律保障;

　　(3) 工时的法律保障;

　　(4) 特殊群体的法律保护。

一、劳动法与劳动关系

(一) 劳动法的概念与功能

　　劳动法是指调整特定劳动关系及其与劳动关系密切联系的社会关系的法律规范的总

---

　　[1]　佚名. 销售人员可以享受加班费吗? 劳动仲裁网. 2009-12-02.

称。现代劳动法起源于 19 世纪初的"工厂立法",其产生以 1802 年英国国会通过的《学徒健康与道德法》为标志。20 世纪初,在实行市场经济的西方国家,劳动法已形成为一个独立的法律部门。现代意义上的劳动法,是在工业社会发展到一定阶段,国家为维护和保障劳动者的利益而制定的调整劳动关系的法律。尽管各国劳动法的侧重点和特色各不相同,如德国强调保障劳动者的权利,美国重视协调劳动关系,日本侧重劳动标准,但是各国在劳动法是保护劳动者合法权益和调整劳动关系的法律规范上已达成了共识。劳动法以研究劳动权为基础,延伸到劳动保护、工资保障、集体谈判和产业行动、社会对话、民主参与管理、劳动争议处理和社会保险等诸多领域。

劳动法的功能主要体现在:第一,保护劳动关系双方的自愿安排并为之提供保护,如劳动合同、集体合同制度。第二,确定基本的劳动标准,如最低工资、最低就业年龄、工作时间、休息休假以及安全卫生等标准。第三,解决劳动争议。

(二)劳动法的本质和特征

劳动法的本质是指由劳动法内容所反映并决定和影响劳动法存在与发展的内在联系。这种内在联系主要体现在两个方面:一是劳动法的主旨是保护劳动者的利益;二是劳动法所确定的劳动条件和劳动标准,是劳动关系双方所遵循的最低条件和标准。劳动法保护劳动者的利益是通过制定最低劳动条件和标准来实现的。劳动关系双方当事人只能在法定条件之上协商订立劳动合同,而不能低于法定条件,否则无法律效力。而且,随着经济的发展和社会的进步,最低劳动条件和标准将逐步提高。

劳动法的特征是:

第一,劳动法是公法和私法的统一体。公法规范的是国家和社会的公共利益,完全依法设定,当事人不得协商变更。私法涉及私人利益,依双方平等协商一致而设定。劳动法体现了公法与私法的统一。

第二,劳动法是实体法和程序法的统一体。劳动法既规定了实体的权利和义务,也明确了劳动争议的调节和仲裁程序。

第三,劳动法是劳动关系协调法和劳动标准法的结合。劳动法中既确定了劳动关系的形成和调整规范,又制定了最低劳动标准。

第四,遵循综合调整两种劳动关系原则。劳动关系由个别劳动关系和团体劳动关系相互交织而成,现代劳动法在调整个别劳动关系的基础上,更加注重对团体劳动关系的调整,呈现出综合调整两种劳动关系的态势。

第五,遵循三方性原则。在制定劳动法规、调整劳动关系、处理劳动争议和参加国际劳工会议方面,要有政府、雇主、工人三方代表参加。

第六,国际性。与其他法律相比,劳动法的许多内容,如最低工资、工作时间、休假以及童工、女工、残疾人就业和工作保护等,相对更具有国际性。各国劳动立法一般都要参照国际劳动法所提供的标准。

第七,变革性。和其他法律相比,劳动法呈现出持续的、不明显的变动,劳动法的内容如工资、劳动保护、保险福利等更接近于经济生活的实际,必须随着经济生活的变化而及时修改,因此,劳动法始终处于持续变动的状态之中。

（三）劳动法律的类型

和劳动关系有关的法律主要包括：

（1）宪法。宪法是法的最高形式，是国家的根本大法，其他所有的法律法规都必须与宪法的精神保持一致，劳动立法也必须以宪法为最高法律依据。我国宪法中对于劳动问题的规定非常详尽。

（2）法律。全国人民代表大会的立法及全国人大常委会制定或批准发布的规范性劳动法律文件，属于法律的范畴，如1994年的《劳动法》、2007年的《劳动合同法》等。

（3）劳动行政法规。由国务院制定、国务院总理签署发布的，以条例、规定、办法命名的有关劳动方面的规范性文件。劳动行政法规是依据宪法、法律制定的，是劳动法律的具体化，是人民法院审理劳动案件的依据，属于"法"的范畴，如2008年国务院通过的《中华人民共和国劳动合同法实施条例》等。

（4）地方性法规。由省、自治区、直辖市和较大的市（包括27个省会城市、18个经国务院批准的较大的市，4个经济特区所在的市）的人民代表大会及其常务委员会制定的规范性文件。地方性法规不得与宪法、法律、行政法规相抵触。

（5）行政规章。包括国务院各部委的部门规章和省级人民政府制定的规章，如2003年劳动和社会保障部通过的《集体合同规定》等。人民法院审理劳动争议案件，对规章是"参照"，而不是"依照"。

（6）法律解释。有解释权的国家机关对劳动法律规范的含义以及所使用的概念、术语、定义所作的说明和解释，包括立法解释、司法解释和行政解释，如最高人民法院2001年《关于审理劳动争议案件适用法律若干问题的解释》等。

（7）国际劳工公约和建议书。截至2001年6月，国际劳工组织共制定了184项国际劳工公约和192项建议书，形成了完整的国际劳动法体系。截至2002年6月30日，我国已批准23项公约，凡是我国已批准的劳工公约，即产生与国内法同等的法律效力。

（四）劳动关系的调整机制

1. 法律调整机制

对劳动关系进行规范和调整，既是各国劳动法的重要任务，也是劳动法产生的社会条件。劳动立法在各国都是调整劳动关系的主要机制。

2. 企业内部调整机制

企业内部调整劳动关系的机制主要有：第一，集体协商和谈判机制。第二，工人参与管理机制。第三，重视劳动协约和就业规则的作用，建立合法、完善的企业内部规章。第四，注意对劳动关系双方进行法制、"企业共同体"、"伙伴关系"等意识的培育和教育，为劳动关系的稳定奠定良好基础。

3. 劳动争议处理机制

通过处理劳动争议案件和不当劳动行为案件来调整劳动关系，是各国采用的一种比较成熟的调整劳动关系机制。争议的解决是劳动关系由矛盾对立走向和谐统一。

4. 三方协商机制

这是指在制定劳动法规、调整劳动关系、处理劳动争议和参与国际劳工会议方面，政府、雇主和雇员代表共同参与决定，相互影响和制衡。这也是在调整劳动关系实践中形成的有效机制。

此外，惯例也是在实践中形成的调整劳动关系的重要机制。

二、工资的法律保障

(一) 工资的法律含义

工资是雇员的主要生活来源，支付工资是雇主的一项重要义务。劳动法中，工资是雇主依据国家有关规定或劳动合同约定，以货币形式直接支付给劳动者的劳动报酬。1990 年我国国家统计局公布的《关于工资总额组成的规定》规定，工资总额由以下六个部分组成：计时工资、计件工资、奖金、津贴和补贴、加班加点工资、特殊情况下支付的工资。工资的种类可以是货币工资、实物工资和混合工资；其形式包括了计时工资、计件工资、奖励工资、津贴、佣金和分红等。

(二) 工资支付的原则

1. 协商同意原则

工资应当由雇员和雇主平等协商确定，这是工资支付的一般原则。工资的给付标准和数额，由劳动力市场最终决定。

2. 平等付酬原则

在许多国家，由于年龄、性别、职业、产业、种族、受教育程度的不同，工资的高低差距很大，尤其是在性别和种族上的歧视较为明显。第二次世界大战后，世界上多数国家确立了平等付酬原则。我国政府已经批准加入的第 100 号《国际劳动公约》规定："对男女工人同等价值的工作给予同等报酬。"我国《劳动法》第 46 条规定："工资分配应当遵循按劳分配原则，实行同工同酬。"

3. 紧急支付原则

当劳动者遇到疾病、生育、灾难等非常情况急需用钱之时，雇主应当提前支付劳动者应得的工资。

4. 依法支付原则

这是指要按照法律规定或合同约定的标准、时间、地点、形式和方式发放工资。根据我国《劳动法》和《工资支付暂行规定》，工资支付应符合以下规定：

(1) 工资应当以法定货币支付。不得以实物及有价证券替代货币支付。

(2) 用人单位应将工资支付给劳动者本人。劳动者本人因故不能领取工资时，可由其亲属或委托他人代领。用人单位可委托银行代发工资。用人单位必须书面记录支付劳动者工资的数额、时间、领取者的姓名以及签字，并保存两年以上备查。用人单位在支付工资时应向劳动者提供一份其个人的工资清单。

(3) 工资必须在用人单位与劳动者约定的日期支付。如遇节假日或休息日，则应提前在最近的工作日支付。工资至少每月支付一次,实行周、日、小时工资制的可按周、日、小时支付。对完成一次性临时劳动或某些具体工作的劳动者,用人单位应按有关协议或者合同规定在其完成劳动任务后即支付工资。劳动关系双方依法解除或终止劳动合同时,用人单位应在解除或终止劳动合同时一次付清劳动者工资。

(三) 工资的法律保障

世界上多数国家都对工资保障作了具体规定,主要内容包括以下几方面。

1. 工资处理不受干涉

任何人不得限制和干涉员工处理其工资的自由。任何限定工资使用地点和方式的协议都是非法的、无效的。

2. 禁止克扣和无故拖欠劳动者工资

(1) 工资不得扣除。任何组织和个人无正当理由不得克扣和拖欠劳动者的工资。我国《劳动法》第 50 条规定:"不得克扣或者无故拖欠劳动者的工资。"克扣和拖欠劳动者工资,是一种侵权行为。任何人不得直接或间接用武力、偷窃、恐吓、威胁、开除或其他任何办法,不经雇员同意,扣除其任何数量的工资或引诱其放弃部分工资。雇员赊贷雇主的财物一般不得在工资项目中扣除,但以原价供给的生活品、房屋租金或取暖费等,及为雇员利益而设立的储蓄互助金、统筹金等除外。

(2) 对代扣工资的限制。我国《工资支付暂行规定》第 15 条规定:"用人单位不得克扣劳动者工资。有下列情况之一的,用人单位可以代扣劳动者工资:(一)用人单位代扣代缴的个人所得税;(二)用人单位代扣代缴的应由劳动者个人负担的各项社会保险费用;(三)法院判决、裁定中要求代扣的抚养费、赡养费;(四)法律、法规规定可以从劳动者工资中扣除的其他费用。"

(3) 扣除工资的限制。为了保证雇员的最低生活水平,各国法律多规定对工资的扣除要有一定比例,或者规定工资的扣除要保持在一定限度内。我国《工资支付暂行规定》第 16 条规定:"因劳动者本人原因给用人单位造成经济损失的,用人单位可按照劳动合同的约定要求其赔偿经济损失。经济损失的赔偿,可从劳动者本人的工资中扣除,但每月扣除部分不得超过劳动者当月工资的 20%。若扣除后的剩余工资部分低于当月最低工资标准,则按最低工资标准支付。"

3. 特殊情况下的工资支付

特殊情况下的工资支付是指依法或按协议在非正常情况下,由用人单位支付给劳动者的工资,其中主要包括:履行国家和社会义务期间的工资,年休假、探亲假、婚假、丧假工资,停工期间的工资,延长工作时间的工资。我国《工资支付暂行规定》第 10 条规定:"劳动者在法定工作时间内依法参加社会活动期间,用人单位应视同其提供了正常劳动而支付工资。社会活动包括:依法行使选举权或被选举权;当选代表出席乡(镇)、区以上政府、党派、工会、青年团、妇女联合会等组织召开的会议;出任人民法庭证明人;出席劳动模范、先进工作者大会;《工会法》规定的不脱产工会基层委员会委员因工作活动占用的生产或工作时间;其他依法参加的社会活动。"第 11 条规定:"劳动者依法享受年休假、探亲假、婚假、丧假期间,用人单位应按劳动合同规定的标准支付劳动者工资。"第 12 条规定："非因劳动者原因造成单位停工、停产在一个工资支付周期内的，用人单位应按劳动合同规定的标准支付劳动者工资。超过一个工资支付周期的，若劳动者提供了正常劳动，则支付给劳动者的报酬不得低于当地的最低工资标准；若劳动者没有提供正常劳动，应按国家有关规定办理。"

4. 破产清算时工资的优先支付权

企业或公司在破产清算时，劳动者对于其应得的工资，在破产清偿中享有优先清偿权。用人单位依法破产时，劳动者有权获得其工资。在破产清偿中用人单位应按《中华人民共和国企业破产法》规定的清偿顺序，首先支付欠付本单位劳动者的工资。

5. 工资的诉讼保护

用人单位若非法扣除劳动者工资或拖延支付应发工资，劳动者可依法向有关部门提出申诉或起诉，用人单位对此不得采取报复措施，拒绝支付工资、减发工资或开除劳动者。我国《工资支付暂行规定》第 18 条规定："各级劳动行政部门有权监察用人单位工资支付的情况。用人单位有下列侵害劳动者合法权益行为的，由劳动行政部门责令其支付劳动者工资和经济补偿，并可责令其支付赔偿金：（一）克扣或者无故拖欠劳动者工资的；（二）拒不支付劳动者延长工作时间工资的；（三）低于当地最低工资标准支付劳动者工资的。经济补偿和赔偿金的标准，按国家有关规定执行。"第 19 条规定："劳动者与用人单位因工资支付发生劳动争议的，当事人可依法向劳动争议仲裁机关申请仲裁。对仲裁裁决不服的，可以向人民法院提起诉讼。"同时，我国《劳动法》第 91 条对此也作出了明确的规定。

6. 最低工资法

最低工资是指劳动者在法定工作时间内提供了正常劳动的前提下，其所在企业应支付的最低劳动报酬。最低工资法是国家制定的最低工资标准的法律，它确保用人单位支付劳动者的工资不得低于最低工资标准。最低工资立法已经成为世界通行的做法。我国《劳动法》第 48 条规定："国家实行最低工资保障制度。最低工资的具体标准由省、自治区、直辖市人民政府规定，报国务院备案。用人单位支付劳动者的工资不得低于当地最低工资标准。"第 49 条规定："确定和调整最低工资标准应当综合参考下列因素：（一）劳动者本人及平均赡养人口的最低生活费用；（二）社会平均工资水平；（三）劳动生产率；（四）就业状况；（五）地区之间经济发展水平的差异。"

三、工时的法律保障

（一）工作时间立法

工作时间是法律规定的劳动者在工作场所为履行劳动义务而消耗的时间，即劳动者每天工作的时数或每周工作的天数。作为法律范畴，工作时间既包括劳动者实际完成工作的时间，也包括劳动者从事生产或生活所必需的准备和结束的时间、从事连续性有害健康的间歇时间、工艺中断时间、女职工哺乳未满一周岁婴儿的哺乳时间以及因公外出等法律规定限度内消耗的其他时间。工作时间可以依小时、日、周、月、季和年来计算，用人单位必须按规定支付劳动者的劳动报酬。工作时间是现代劳动立法率先规范的领域。国际劳工组织第 1 号国际劳工公约、第 14 号劳工公约、第 47 号公约都对工作时间作了规定。我国《劳动法》及有关法规规定，劳动者每日工作不超过 8 小时，平均每周工作不超过 44 小时。

（二）工作时间法规

1. 标准工作日

标准工作日是国家统一规定的，在一般情况下劳动者从事工作或劳动的时间。我国《劳动法》第 36 条规定："国家实行劳动者每日工作时间不超过八小时、平均每周工作时间不超过四十四小时的工时制度。"标准工作日是计算其他工作日种类的依据。

2. 缩短工作日

缩短工作日是指法律规定的少于标准工作日时数的工作日，即每天工作时间少于 8 小时或者每周工作时数少于 44 小时，一般适用于严重有害健康和劳动条件恶劣以及对女工和未成年工实行特殊保护的条件下。我国实行缩短工作日的情况主要有：①从事矿山井下、高山、有毒有害、特别繁重和过度紧张的体力劳动等工作的劳动者；②夜班工作；③哺乳期工作的女职工；④未满 18 岁的未成年人。

3. 不定时工作日

不定时工作日是指没有固定工作时间限制的工作日，主要适用于因生产特点、工作特殊需要或职责范围的关系，无法按标准工作时间衡量或需要机动作业的职工。实行不定时工作制，应履行审批手续。经批准实行不定时工作制的职工，不受劳动法规定的日延长工作时间和月延长工作时间标准的限制，其工作日长度超过标准工作日的，不算做延长工作时间，也不享受超时劳动的加班报酬，但企业可以安排适当补休。根据《关于企业实行不定时工作制和综合计算工时工作制的审批办法》，企业对符合下列条件之一的职工，可以实行不定时工作制：①企业中的高级管理人员、外勤人员、推销人员、部分值班人员和其他因工作无法按标准工作时间衡量的；②企业中的长途运输人员、出租汽车司机和铁路、港口、仓库的部分装卸人员以及因工作性质特殊，需要机动作业的职工；③其他因生产特点、工作特殊或职责范围关系，适合实行不定时工作制的职工。

4. 综合计算工作日

综合计算工作日是指用人单位根据生产和工作特点，分别以周、月、季、年等为周期，综合计算工作时间，但其平均日工作时间和平均周工作时间应与法定标准工作时间基本相同。一般适用于从事受自然条件或技术条件限制的劳动。根据 1994 年劳动部《关于企业实行不定时工作制和综合计算工时工作制的审批办法》，用人单位只有对符合下列条件之一的职工，经过劳动保障部门批准以后，才可以实行综合计算工时工作制：①交通、铁路、邮电、水运、航空、渔业等行业中因工作性质特殊，需连续作业的职工；②地质及资源勘探、建筑、制盐、制糖、旅游等受季节和自然条件限制的行业的职工；③其他适合实行综合计算工时工作制的职工。

实行综合计算工时工作制和不定时工作制等其他工作和休息办法的职工，企业应根据《劳动法》有关规定，在保障职工身体健康并充分听取职工意见的基础上，采取集中工作、集中休息、轮休调休、弹性工作时间等适当方式，确保职工的休息休假权利和生产、工作任务的完成。

　　5. 弹性工作时间

　　弹性工作时间是指在完成规定的工作任务或固定的工作时间长度的前提下，劳动者可以自由选择工作的具体时间安排，以代替固定统一的上下班时间安排。弹性工作时间制度是在20世纪60年代末从德国率先发展起来的，当时主要是为了解决职工上下班交通拥挤的问题。目前发达国家已普遍实行，我国在个别地区和行业开始试行。

　　6. 计件工作时间

　　计件工作时间是指以劳动者完成一定劳动定额为标准的工作时间。我国《劳动法》第37条规定："对实行计件工作的劳动者，用人单位应当根据本法第三十六条规定的工时制度合理确定其劳动定额和计件报酬标准。"

（三）延长工作时间

　　延长劳动时间，是指劳动者的工作时数超过法律规定的标准工作时间。我国《劳动法》第43条规定："用人单位不得违反本法规定延长劳动者的工作时间。"劳动法严格限制延长工作时间，对延长工作时间的条件、时间限度和补偿方式作出了规定。我国《劳动法》第41条规定："用人单位由于生产经营需要，经与工会和劳动者协商后可以延长工作时间，一般每日不得超过一小时；因特殊原因需要延长工作时间的，在保障劳动者身体健康的条件下延长工作时间每日不得超过三小时，但是每月不得超过三十六小时。"第42条规定："有下列情形之一的，延长工作时间不受本法第四十一条规定的限制：（一）发生自然灾害、事故或者其他原因，威胁劳动者生命健康和财产安全，需要紧急处理的；（二）生产设备、交通运输线路、公共设施发生故障，影响生产和公众利益，必须及时抢修的；（三）法律、行政法规规定的其他情形。"同时，第44条规定："有下列情形之一的，用人单位应当按照下列标准支付高于劳动者正常工作时间工资的工资报酬：（一）安排劳动者延长工作时间的，支付不低于工资的百分之一百五十的工资报酬；（二）休息日安排劳动者工作又不能安排补休的，支付不低于工资的百分之二百的工资报酬；（三）法定休假日安排劳动者工作的，支付不低于工资的百分之三百的工资报酬。"

（四）休息休假法规

　　休息休假的规定是劳动者休息权的体现。世界各国均在宪法或劳动法中明文规定休息权。《中华人民共和国宪法》第43条规定："中华人民共和国劳动者有休息的权利。国家发展劳动者休息和休养的设施，规定职工的工作时间和休假制度。"

　　根据《劳动法》及相关法规规定，劳动者的休息时间主要包括工作日内的间歇时间、两个工作日之间的休息时间、公休假日、法定节假日、年休假和探亲假。

四、特殊群体法律保护

（一）女职工保护标准

　　对劳动妇女进行特殊保护，是关系到人类繁衍和劳动力再生产质量的大事。国际劳工组织先后制定了一系列对女职工进行特殊保护的公约和建议书，如 1919 年第 4 号建议书、1921 年第 13 号公约、1935 年第 45 号公约、1960 年第 114 号建议书、1967 年第 172 号公约等。

新中国成立以来我国政府一直非常重视对妇女就业的法律保护，先后制定了一系列有关保护妇女就业的法律法规，形成了以宪法为龙头，包括法律、部门规章、地方法规和规章在内的较为完整的保护妇女劳动权益的法律体系。我国《宪法》第 48 条规定："中华人民共和国妇女在政治的、经济的、文化的、社会的和家庭的生活等方面享有同男子平等的权利。国家保护妇女的权利和利益，实行同工同酬，培养和选拔妇女干部。" 1992 年全国人大通过的《妇女权益保障法》第 22 条规定："国家保障妇女享有与男子平等的劳动权利和社会保障权利。" 第 23 条规定："各单位在录用职工时，除不适合妇女的工种或者岗位外，不得以性别为由拒绝录用妇女或者提高对妇女的录用标准。各单位在录用女职工时，应当依法与其签订劳动（聘用）合同或者服务协议，劳动（聘用）合同或者服务协议中不得规定限制女职工结婚、生育的内容。" 第 26 条规定："任何单位应根据妇女的特点，依法保护妇女在工作和劳动时的安全和健康，不得安排不适合妇女从事的工作和劳动。妇女在经期、孕期、产期、哺乳期受特殊保护。" 我国《劳动法》第七章更是专门就女职工和未成年工特殊保护作了规定。此外，还有 1988 年国务院发布的《女职工劳动保护规定》、1990 年劳动部颁布的《女职工禁忌劳动范围的规定》等。总体来说，这些法律法规的主要内容包括对妇女就业权利的保障、规定女职工禁忌从事的劳动、四期保护、保护设施和保健措施。

（二）未成年工保护标准

未成年工是指年满 16 周岁未满 18 周岁的劳动者。对未成年工，国际劳工公约最早是从不同行业的就业年龄分别制定标准，涉及的公约有近 20 个。1984 年，我国批准了国际劳工组织《确定准许使用儿童从事工业劳动的最低年龄公约》。我国《劳动法》对未成年工的特殊保护作了专门规定，其主要内容包括最低就业年龄、规定未成年工禁忌从事的劳动和定期健康检查。《劳动法》第 15 条规定："禁止用人单位招用未满十六周岁的未成年人。文艺、体育和特种工艺单位招用未满十六周岁的未成年人，必须依照国家有关规定，履行审批手续，并保障其接受义务教育的权利。" 第 58 条规定："国家对女职工和未成年工实行特殊劳动保护。未成年工是指年满十六周岁未满十八周岁的劳动者。" 第 64 条规定："不得安排未成年工从事矿山井下、有毒有害、国家规定的第四级体力劳动强度的劳动和其他禁忌从事的劳动。" 第 65 条规定："用人单位应当对未成年工定期进行健康检查。" 第 95 条规定："用人单位违反本法对女职工和未成年工的保护规定，侵害其合法权益的，由劳动行政部门责令改正，处以罚款；对女职工或者未成年工造成损害的，应当承担赔偿责任。" 此外，我国宪法和其他法律法规也为未成年人劳动保护提供了法律保障。

学 习 建 议

1. 找一起劳动争议的案例，了解劳动法在争议处理中的作用。
2. 比较：了解高校工会的职能，并结合现代工会的职能与国外的工会进行比较。

本章参考文献

常凯．2009．中国劳动关系报告——当代中国劳动关系的特点和趋向．北京：中国劳动社会保障出版社

陈维政，余凯成，程文文．2006.人力资源开发与管理高级教程．北京：高等教育出版社

程延园．2007.劳动关系．第二版．北京：中国人民大学出版社

法律出版社法规中心．2006.中华人民共和国劳动法注释本．北京：法律出版社

冯景旭．2002.辞退员工，依法慎行．中国人力资源开发

郭庆松．2001.企业劳动关系管理．天津：南开大学出版社

全国人大常委会法制工作委员会．2007.中华人民共和国劳动合同法释义．北京：法律出版社

石先广．2008.劳动合同法下的员工关系管理．北京：中国劳动社会保障出版社

余凯成，陈维政，李德．1996.组织行为学案例集．成都：西南财经大学出版社

中国法制出版社．2009.中华人民共和国劳动法（案例应用版）．北京：中国法制出版社

第十一章 劳动安全与健康

第一节 劳动安全与健康概述

> **案例引入**

脚手架上发生的高处坠落事故[①]

某公司化工厂旧厂房维修工地，工人在外墙窗口抹灰时，脚手架扣件突然断裂，假体横杆塌落，正在作业的 2 名工人从 3 楼摔下，1 名死亡，1 名重伤。

某公司机械厂住宅楼工地，一抹灰工在 5 层顶贴抹灰用分格条时，脚手板滑脱发生坠落事故，坠落过程中将首层兜网系结点冲开，撞在 1 层脚手架小横杆上，抢救无效死亡。

某公司幸福花园小区住宅楼工地，外包队工人在拆除北侧外脚手架时，在未系安全带的情况下进行拆除作业，不慎坠落，经送医院抢救无效死亡。

某公司文光小区 A 住宅楼工地，一架子工在南部 6 楼脚手架上作业时，因没系安全带失控坠落，砸破 2 层兜网，撞在阳台边沿后，掉在首层兜网内，经医院抢救无效死亡。

某公司祥和小区 A 住宅楼工地，一架子工在 10 层脚手架上进行拆除作业时，未系安全带，不慎失足坠落地面，经医院抢救无效死亡。

> **案例启示**

对于高空作业的建筑行业来说，劳动安全隐患无处不在，且正如案例中描述的那样，由于其工作性质的原因，一旦发生劳动安全事故，结果往往不堪设想，会对员工和企业带来无法弥补的损失。因此，在企业的操作运营中，需要做好劳动安全与健康管理工作。在本节课程中，我们将学习劳动安全与健康的基本知识，具体包括：

(1) 劳动、安全与健康；

(2) 劳动安全与劳动卫生的关系；

(3) 劳动安全与卫生的立法；

(4) 劳动安全与劳动卫生的研究前沿。

[①] 颜子钧. 脚手架上发生的伤亡事故案例分析及预防措施. 国外建材科技, 2006, (27)：34～41.

一、劳动、安全与健康

《资本论》第 1 卷第五章提到："劳动首先是人和自然之间的过程，是人以自身的活动来引起、调整和控制人和自然之间的物质变换的过程。"这告诉我们，人是劳动的主体，人在劳动过程中发挥启动、调整和控制等一系列作用。维护劳动者的健康是劳动过程顺利进行的基本前提，确保劳动安全是维护劳动者健康的重要途径，是可持续劳动活动的基本保障。在以人为本、构建和谐社会背景下，劳动安全与劳动者健康是人力资源管理领域不可缺少的组成部分。

虽然安全是一个应用非常普遍的概念，但目前的文献尚缺乏对"安全"一词的统一定义。有人说无事故、无隐患的状态就是安全状态，或从动力学原理出发，用系统从无序到有序、渐变与突变的统一，非畸变来描述安全状态。这些从不同角度对安全状态的描述，一方面说明了安全管理工作的复杂性，另一方面也给安全管理工作营造了可探索的空间。

1948 年，世界卫生组织（WHO）在其《宪章》中提出的健康定义是："健康不仅是没有疾病和衰弱，而是保持体格方面、精神方面和社会方面的完美状态。"1978 年，国际初级卫生保健大会在《阿拉木图宣言》中又重申："健康不仅是疾病体弱的匿迹。而是身心健康、社会幸福的完美状态。"上述概念强调了心理和社会因素对健康的影响。1990 年，WHO 关于健康的概念有了新的发展，把道德修养纳入健康的范畴："健康者不以损害他人的利益来满足自己的需要，具有辨别真与伪、善与恶、美与丑、荣与辱等是非观念，能按照社会行为的规范准则来约束自己及支配自己的思想和行为。"健康概念的不断深入和拓展，使得卫生服务的提供出现了很多新的领域，人们不再限于对生理健康的关注，也开始重视心理健康的维护和社会关系的协调，并采取相应的措施加以改善。WHO 在 20 世纪 90 年代指出，劳动者健康是人类健康的一个组成部分，是劳动者应享有的基本权利。人们已经认识到了健康、劳动与经济之间密切的联系。据统计，我国国民经济总产值的增加，有 20% 是由于保健工作降低了职工的发病率提高出勤率所获得的。

二、劳动安全与劳动卫生的关系

本书认为现阶段劳动安全与劳动卫生较为全面的概念描述是：劳动安全（labor safty）是在生产劳动过程中，防止中毒、车祸、触电、塌陷、爆炸、火灾、坠落、机械外伤等危及劳动者人身安全的事故发生。劳动卫生（labor hygiene）是指识别、评价、预测和控制不良劳动条件下存在的职业性有害因素，以防止其对劳动者健康的影响。

有文献指出"劳动安全与卫生"中的"安全"是对急性伤害而言，是指工作（或劳动）中发生对人体的急性伤害事故，如坠落、电击、机械伤害等。"卫生"是对慢性损害而言的，指防止工作中人体受各种有害物的物理因素、生理因素、化学因素等的损害，即要保障人的身体健康。这种论述是对现阶段人力资源管理领域劳动安全与劳动卫生工作的特征的描述与比较。

同时，我们也要认识到劳动安全与卫生是紧密相关的，主要体现在：一是目标相同。劳动安全与卫生工作的开展都是为了维护劳动者健康，保障劳动过程的顺利实施，促进经济的发展。二是由同一法律体系加以规范，凡工业发达国家关于安全及卫生的法律大多归纳在劳工法体系架构中，如美国、英国均称"职业安全卫生法"，日本称"劳动安全卫生法"。

三、劳动安全与卫生的立法

劳动安全、卫生立法起源于 18 世纪工业革命后期，是工业生产技术发展的需要，是工人运动推动和斗争的结果。劳动安全和卫生立法经历了从无到有、从特定行业到全行业立法、从单一法规到建立系统法规体系的相当漫长的过程。

（一）国际劳动安全与卫生立法

英国的劳动安全与健康立法已有 200 多年的历史。早在 1802 年，英国议会就首先通过了一项限制纺织厂童工工作时间的《学徒健康与道德法》，随后，英国于 1833 年颁布了世界上第一个《工厂法》，对工人的劳动安全、卫生、福利作了规定。随着社会发展，劳动安全与健康的立法已经进入新的阶段。20 世纪 70 年代颁布了职业安全卫生法，明确了立法的三个目的：保障工作人员的健康、安全和福利；保障非工作人员的健康或安全不受工作人员活动的影响；控制有害物质排入大气层。主要内容包括劳资各方的权利义务、政府职能、劳动安全卫生内容及预防监督等一系列具有可操作性的法律条款。

我国台湾地区"劳工安全卫生法"的内容包括：须具必要安全卫生设施；不得设置不符规定之机械、器具；作业环境测定；危险性机械设备之检查使用；工作场所建筑物之安全卫生设计；工作场所立即危险之安全措施；特殊作业劳工工作时间之限制；劳工之健康检查；雇佣劳工工作之限制；雇主之安全卫生管理；危险性机械操作员之训练以及相关主体责任与义务等系列内容。另外，在"劳动基准法"与"工厂法"中也有关于职业灾害补偿、工厂安全卫生设备、防灾训练等与劳动安全和卫生相关内容的条款。

（二）我国劳动安全与卫生立法

我国的劳动安全卫生立法晚于英美等老牌工业发达国家。这些国家的劳动安全卫生立法为我国法律的制定与完善提供了借鉴。我国关于劳动安全与卫生的法律规范主要包括《中华人民共和国劳动法》、《中华人民共和国安全生产法》、《中华人民共和国职业病防治法》。

1. 劳动法中劳动安全与健康的相关内容

劳动安全与健康是劳动法的重要内容之一，主要在劳动者的权利和义务、用人单位的职责、劳动安全卫生条件及劳动防护用品要求、建立伤亡事故和职业病统计报告和处理制度、劳动者的职业培训方面有所体现。

1）劳动者享有的劳动安全与卫生方面的权利和义务

劳动者享有的相关权利包括：休息休假的权利；获得职业安全卫生保护的权利；接

受职业技能培训的权利；享有社会保险和福利的权利。

劳动者必须履行的相关义务：执行职业安全卫生规程；遵守劳动纪律和职业道德。

我国《劳动法》第 56 条规定："劳动者在劳动过程中必须严格遵守安全操作规程。劳动者对用人单位管理人员违章指挥、强令冒险作业，有权拒绝执行；对危害生命安全和身体健康的行为，有权提出批评、检举和控告。"

2）用人单位在劳动安全卫生方面的职责

我国《劳动法》第 52 条规定："用人单位必须建立、健全职业安全卫生制度，严格执行国家职业安全卫生规程和标准，对劳动者进行职业安全卫生教育，防止劳动过程中的事故，减少职业危害。"根据本条款的规定，职业安全卫生制度包括以下几项内容：用人单位必须建立、健全职业安全卫生制度；用人单位必须执行国家职业安全卫生规程和标准；用人单位必须对劳动者进行职业安全卫生教育。

第 53 条规定："职业安全卫生设施必须符合国家规定的标准。新建、改建、扩建工程的职业安全卫生设施必须与主体工程同时设计、同时施工、同时投入生产和使用。"

"职业安全卫生设施"是指安全技术方面的设施、劳动卫生方面的设施、生产性辅助设施（如女工卫生室、更衣室、饮水设施等）。

"国家规定的标准"是指行政主管部门和各行业主管部门制定的一系列技术标准。

3）劳动安全卫生条件及劳动防护用品要求

我国《劳动法》第 54 条规定："用人单位必须为劳动者提供符合国家规定的职业安全卫生条件和必要的劳动防护用品。对从事有职业危害作业的劳动者应当定期进行健康检查。"本条中"国家规定"指《工厂安全卫生规程》、《建筑安装工程安全技术规程》、《工业企业设计卫生标准》等。

4）建立伤亡事故和职业病统计报告和处理制度

我国《劳动法》中特别提出"建立伤亡事故和职业病统计报告的处理制度"。

5）劳动者的职业培训

我国《劳动法》第 55 条规定："从事特种作业的劳动者必须经过专门培训并取得特种作业资格。"

除了《劳动法》中关于劳动安全与卫生的规范以外，《中华人民共和国职业病防治法》和《中华人民共和国安全生产法》也是规范劳动安全与卫生工作重要的专业性法律，且都是从 2002 年开始实施的。

2. 我国劳动安全与卫生相关法律法规规章及制度

我国的劳动安全与卫生工作由一系列的法律、法规、规章和制度加以规范。按照性质的不同，主要包括以下几种：

（1）专业性法规除了《职业病防治法》、《安全生产法》和《劳动法》以外，还包括《矿山安全法》、《消防条例》、《危险化学品安全管理条例》、《道路交通管理条例》、《仓库防火安全管理条例》、《防止沥青中毒办法》等。

（2）国家安全技术标准。

（3）行业、地方法规。例如，《建筑安装工人安全技术操作规程》、《油船、油码头防油气中毒规定》、《爆炸危险场所安全规定》、《压力管道安全管理与监察规定》及各省市劳动保护条例。

　　(4)企业规章制度、企业安全操作规程、企业安全责任制度等。

四、劳动安全与劳动卫生的研究前沿

　　此领域的研究前沿有以下四方面:

　　(1)主要职业病的防治。对有些发展中国家来说,工矿企业中危害职工健康的主要职业病仍为重点防治与研究对象,如尘肺、职业中毒、职业性皮肤病、职业性肿瘤等。

　　(2)乡镇企业的劳动安全与卫生保护。在发展乡镇工业过程中,部分危害大的企业由大城市转到农村,由于生产技术的落后和投入的有限,普遍存在威胁劳动安全与卫生的隐患,如何在现有经济发展条件下,解决乡镇企业的劳动安全与卫生问题需要给予重点关注。

　　(3)特殊劳动者的劳动安全与卫生保护。在一些欠发达的国家和地区生产人员中包括了妇女、一些未成年人及老龄工人,他们的文化知识水平一般较低,缺乏必要的劳动卫生知识教育。在高负荷的劳动过程中,如何针对特殊劳动者的生理、心理特点给予保护也是本领域需要重点关注的问题。

　　(4)技术的开发与应用对劳动安全与卫生的影响。劳动卫生的研究工作内容、服务对象,随着生产的发展、产业结构的改变,已扩大到整个劳动人群。在某些发达国家和某些有条件的较大型企业里,严重的职业性损害已得到控制或消灭,但如铅、汞、苯这样的老毒物的远期效应仍然存在,并不断有新问题出现;新技术的开发也会有新的劳动安全与卫生问题出现,由于社会发展的不平衡,即使生产技术比较先进的国家,也会有落后的生产方式存在。因此,根据具体情况,采取有效的适用措施也是劳动安全与卫生研究的课题之一。

第二节　劳动安全管理

➤ **案例引入**

百兴煤矿"2·23"特大瓦斯爆炸事故

　　2004年2月23日6时10分,黑龙江省鸡西市煤业集团穆棱公司百兴煤矿发生一起特大瓦斯爆炸事故,造成37人死亡(其中女工2人),直接经济损失246万元。

　　根据国务院领导同志的指示和有关法律法规的规定,成立了由煤矿安全监察局副局长王德学任组长、黑龙江省人民政府副省长刘海生等任副组长,煤矿安监局、监察部、全国总工会和黑龙江省人民政府有关人员组成的事故调查组,对事

故进行了调查,并完成了《黑龙江省鸡西市煤业集团穆棱公司百兴煤矿"2·23"特大瓦斯爆炸事故调查报告》。该《报告》认定,百兴煤矿"2·23"特大瓦斯爆炸事故是一起责任事故。事故的直接原因是:百兴煤矿瓦斯检查员严重违章,上班时脱岗,没有及时接风筒,致使13#煤层东一掘进工作面处于微风、无风状态,造成瓦斯大量积聚并达到爆炸条件;工人违章拆卸矿灯,矿灯短路产生火花,引起瓦斯爆炸。事故的间接原因是:百兴煤矿没有重新取得矿长资格证、拒不执行停产整顿决定,违法组织生产;该矿井下安全管理混乱,违章指挥、违章作业现象严重;鸡西市煤业集团及其所属穆棱公司以包代管,对该矿违法组织生产、未经验收合格擅自开工生产的问题失察;鸡西市人民政府有关监管部门对该矿监督检查不到位,未采取有效措施制止该矿违法生产。

➤ 案例启示

就我国而言,煤矿安全生产的形势非常严峻,瓦斯灾害事故频繁发生。其原因是多方面的,其中一个重要原因就是煤矿公司劳动安全管理欠缺,员工的安全生产意识薄弱。劳动安全管理是一项科学的体系,既有成熟的理论作为基础,在实践中人们也探索出多套具有实用价值的劳动安全评价与分析的方法。在本节课程中我们将学习劳动安全管理的相关知识,具体包括:

(1) 事故致因理论;
(2) 劳动安全评价方法;
(3) 伤亡事故管理;
(4) 我国劳动安全管理相关制度。

一、事故致因理论

事故致因理论是安全原理的主要内容之一,用于揭示事故的成因、过程与结果,所以有时又称事故机理或事故模型。它暂时避开了危险源的具体特点和事故的具体内容与形式,而只是抽象概括地考虑构成系统的人、机、物、环境。目前,学术界已提出十多种事故致因理论,常用的主要包括因果论、轨迹交叉论、人环匹配论和能量转移论等,以下主要介绍因果论和轨迹交叉论。

(一) 事故致因理论之因果论

事故的原因可以分为直接原因和间接原因,造成事故的直接原因也叫一次原因,出现在事故的现场,包括人的原因即人的不安全行为和物的原因即物的不安全状态。间接原因可以区分为两个层次,即二次原因和基础(三次)原因,包括技术原因、教育原因、身体原因、精神原因、管理原因、学校教育原因、社会和历史原因。其中,前四个属于二次原因,后三个属于基础原因。生产实践和理论分析表明,技术原因、教育原因

和管理原因在制定安全对策中是最为重要的。技术对策、教育对策和管理对策即所谓
"3E对策"被视为防止产业事故灾害的"三大支柱"。

基于因果论对系统进行安全分析和评价时,产生了两种重要而有效的逻辑方法:一
是演绎法,即根据结果推理原因,如故障树分析(FTA);二是归纳法,即根据原因推
论结果,如事件树分析(ETA)。

(二)事故致因理论之轨迹交叉论

轨迹交叉论认为系统内事故的发生是由人的不安全行为与物的不安全状态在同一时
空相遇所造成的,有时环境造成人的不安全行为与物的不安全状态及其相遇的条件,即
系统中人、物和环境各自不安全因素的存在并不立即或直接造成事故,而需要其他不安
全因素的激发。

日本劳动省对近年来建筑业的重大伤亡事故进行统计分析,结果表明:无人的不安
全行为少于8%;无物的不安全状态少于13%,绝大部分是两者同时作用的结果,进一
步论证了该理论的实用性。

这些理论的研究为指导企业在劳动安全管理的实践具有重要价值和意义。

二、劳动安全评价方法

现代企业在劳动安全管理过程中除了要做好法律规定的必要的基础性工作以外,还
要运用科学的方法来帮助管理者对劳动过程中安全性作出评价,及时发现劳动过程中的
安全隐患或对已经发生的事故进行系统、全面的分析,帮助进一步完善安全系统等一系
列专业性工作。

(一)三峡工程劳动安全评价

安全评价是现代化安全管理的前提,其任务在于:在规划、设计、建设、生产、检
修各阶段,运用现代科学技术,查明存在于系统中的危险情况和危险控制能力,进行充
分的定性、定量分析,并建立安全评价数学模型,对系统安全状态的动态变化,作出符
合实际的科学评估。在此基础上,提出有针对性的消除、控制危险的措施。

系统中的危险,包括原材料的仓储、运输、生产工艺、动力设备、建构筑物、生产
环境、自然环境等环节可能造成生命财产损失意外事故的潜在条件。危险被激发形成事
故的原因是多方面的,如设备故障、操作失误、指挥管理失误、信息失误、友邻失误、
自然灾害诱发等,多是一种非期望事件。常规工程技术难以发现。

查明危险情况(危险源辨识)要求针对以下几点内容进行研究:可能发生的事故模
式;事故发生的概率;生命财产的损失;事故致因模式;事故波及范围;消除、控制事
故措施;发生事故后的应急措施。

危险控制能力,主要体现在两方面:一方面,指的是系统中的安全工程措施,如安
全屏障、联锁装置、个体防护装置等的完备性和可靠性;另一方面,指的是安全管理机
构以及规章制度的科学性、管理工作运作的有效性、指挥人员和作业人员的安全素质。
安全评价牵涉大量工程对象和许多现代科学技术,以及复杂的人机系统和社会系统,评

价工作是一个十分复杂的系统工程。必须在正确的系统观和方法论指导下方能奏效。

三峡工程以系统论、控制论、信息论为指导思想，综合运用现代新技术，并吸收已有评价技术的有益成分，开发了先进的安全评价方法。概括来说，这种评价方法主要有五部分：危险源辨识、控制能力评定、建立数学模型、安全计量和综合安全评价、安全管理改革建议。

这种评价方法具有如下几个特点：能够正确反映系统中危险和控制矛盾斗争状态；计量方法科学；数模所得参数可以用于目标管理；评价以基层危险控制为核心；评价方法适用于自评，可以进行定期自评，上级复查。该安全评价方法，已在烧结、炼钢、轧钢、氧气、乙炔、化工、矿山等不同类型十余家专业厂（矿）试点推广，效果显著。1992 年运用本办法对主要从国外引进的具有 20 世纪 80 年代水平的全国最大无缝钢管工程进行了安全评价，发现了 130 余项设计、施工缺陷，使人们认识到，即使再先进的工艺设备，也不可能完美无缺，必须进行安全评价，加深了人们对安全评价必要性的认识。

（二）事故树分析方法

事故树分析（accident tree analysis，ATA）方法起源于故障树分析（FTA），是安全系统工程的重要分析方法之一，它能对各种系统的危险性进行辨识和评价，不仅能分析出事故的直接原因，而且能深入地揭示出事故的潜在原因。用它描述事故的因果关系直观、明了，思路清晰，逻辑性强，既可定性分析，又可定量分析。

事故树分析首先由美国贝尔电话研究所于 1961 年为研究民兵式导弹发射控制系统时提出，1974 年美国原子能委员会运用 FTA 对核电站事故进行了风险评价，发表了著名的《拉姆逊报告》。该报告对事故树分析作了大规模有效的应用，此后，在社会各界引起了极大的反响，受到了广泛的重视，从而迅速在许多国家和许多企业应用和推广。我国开展事故树分析方法的研究是从 1978 年开始的。目前已有很多部门和企业正在进行普及和推广工作，并已取得一大批成果，促进了企业的安全生产。20 世纪 80 年代末，铁路运输系统开始把事故树分析方法应用到安全生产和劳动保护上来，也已取得了较好的效果。

事故树分析虽然根据对象系统的性质、分析目的的不同，分析的程序也不同，但是，一般都有下面 10 个基本程序：

（1）熟悉系统。要求要确实了解系统情况，包括工作程序、各种重要参数、作业情况。必要时画出工艺流程图和布置图。

（2）调查事故。要求在过去事故实例、有关事故统计基础上，尽量广泛地调查所能预想到的事故，即包括已发生的事故和可能发生的事故。

（3）确定顶上事件。所谓顶上事件，就是我们所要分析的对象事件。分析系统发生事故的损失和频率大小，从中找出后果严重，且较容易发生的事故，作为分析的顶上事件。

（4）确定目标。根据以往的事故记录和同类系统的事故资料，进行统计分析，求出事故发生的概率（或频率），然后根据这一事故的严重程度，确定我们要控制的事故发生概率的目标值。

（5）调查原因事件。调查与事故有关的所有原因事件和各种因素，包括设备故障、机械故障、操作者的失误、管理和指挥错误、环境因素等，尽量详细查清原因和影响。

（6）画出事故树。根据上述资料，从顶上事件起进行演绎分析，一级一级地找出所有直接原因事件，直到达到所要分析的深度，最后按照其逻辑关系，画出事故树。

（7）定性分析。根据事故树结构进行化简，求出最小割集和最小径集，确定各基本事件的结构重要度排序。

（8）计算顶上事件发生概率。首先根据所调查的情况和资料，确定所有原因事件的发生概率，并标在事故树上。根据这些基本数据，求出顶上事件（事故）发生概率。

（9）进行比较。要根据可维修系统和不可维修系统分别考虑。对可维修系统，把求出的概率与通过统计分析得出的概率进行比较，如果二者不符，则必须重新研究，看原因事件是否齐全、事故树逻辑关系是否清楚、基本原因事件的数值是否设定得过高或过低等。对不可维修系统，求出顶上事件发生概率即可。

（10）定量分析。定量分析包括下列三方面的内容：当事故发生概率超过预定的目标值时，要研究降低事故发生概率的所有可能途径，可从最小割集着手，从中选出最佳方案。利用最小径集，找出根除事故的可能性，从中选出最佳方案。求各基本原因事件的临界重要度系数，从而对需要治理的原因事件按临界重要度系数大小进行排队，或编出安全检查表，以求加强人为控制。

事故树分析方法原则上是这 10 个步骤。但在具体分析时，可以根据分析的目的、投入人力物力的多少、人的分析能力的高低以及对基础数据的掌握程度等，分别进行到不同步骤。如果事故树规模很大，也可以借助电子计算机进行分析。

三、伤亡事故管理

（一）伤亡事故管理的定义与分类

1986 年国家标准局颁布的《企业职工伤亡事故分类标准》指出伤亡事故是指企业职工在生产劳动过程中，发生的人身伤害（以下简称伤害）、急性中毒（以下简称中毒）。事故类别主要包括：物体打击、车辆伤害、机械伤害、起重伤害、触电、淹溺、灼烫、火灾、高处坠落、坍塌、冒顶片帮、透水、放炮、火药爆炸、瓦斯爆炸、锅炉爆炸、容器爆炸，其他爆炸，中毒和窒息及其他伤害。按事故严重程度分类可以分为轻伤事故、重伤事故和死亡事故，其中，重大伤亡事故是指一次事故死亡 1～2 人的事故；特大伤亡事故是指一次事故死亡 3 人以上的事故。

（二）伤亡事故管理的统计指标

伤亡事故统计指标包括：①千人死亡率。表示某时期，平均每千名职工中，因伤亡事故造成死亡的人数。②千人重伤率。表示某时期内，平均每千名职工因工伤事故造成的重伤人数。③伤害频率。表示某时期内，每百万工时的事故造成伤害的人数。伤害人数指轻伤、重伤、死亡人数之和。④伤害严重率。表示某时期内，每百万工时事故造成的损失工作日数。⑤伤害平均严重率。表示每人次受伤的平均损失工作日。

（三）伤亡事故管理的特点

伤亡事故的特点主要表现在：

（1）危害性。事故的发生都将在人、财、物方面造成不同程度的危害和损失，同时对社会安定、经济发展和家庭的幸福也将造成一定的影响。

（2）危险性（即前兆性）。事故发生之前，系统（人、机、环境）所处的状态是不稳定的，也就是存在不安全状态，即事故隐患。

（3）重复性。此即事故的发生具有重复的特点。掌握了这一特点，对正确制定相应的预防措施，预防类似事故的重复发生具有积极作用。

（4）规律性。事故发生的时间、地点及事故后果的严重程度是偶然的，但我们可以通过事故统计资料分析，找出事故发生的规律性，为制定正确的预防措施提供有力的依据。

（5）可预防性。只要我们正确及时地采取积极的预防措施，努力营造良好的安全生产环境，事故是可以防止的。

（四）伤亡事故管理的防治

作为专业管理人员，首先要通过各种途径，包括完善监督管理、加强信息监测等措施来预防伤亡事故的发生；其次，建立伤亡事故报告制度，规范报告流程，迅速采取措施抢救人员和财产，坚持实事求是的原则进行调查研究，制定科学处理意见，对违反制度规定的行为给予行政处分或依法追究刑事责任。

四、我国劳动安全管理相关制度

我国早在1956年5月，国务院就颁布了《工厂安全卫生规程》、《建筑安装工程技术规程》和《工人职员伤亡事故报告规程》。1963年，劳动部颁布了《国营企业职工劳动保护用品发放标准》。三大规程和标准的制定为我国劳动安全管理奠定了良好的制度基础。"文化大革命"期间，劳动安全管理工作较为混乱，但"文化大革命"结束后，随着经济的恢复和发展，全国的劳动安全管理也逐步走向正轨。

除了在我国《劳动法》中体现对劳动安全管理的要求外，《安全生产法》及相关部门和地方行政法规和规章也对劳动安全管理作出了更为具体的要求：

明确生产经营单位的主要负责人对本单位的安全生产工作全面负责制度，主要职责包括建立、健全本单位安全生产责任制；组织制定本单位安全生产规章制度和操作规程；保证本单位安全生产投入的有效实施；督促、检查本单位的安全生产工作，及时消除生产安全事故隐患；组织制定并实施本单位的生产安全事故应急救援预案；及时、如实报告生产安全事故。

发挥工会在劳动安全管理中的重要作用，提出工会可依法组织职工参加本单位安全生产工作的民主管理和民主监督，维护职工在安全生产方面的合法权益。工会有权对建设项目的安全设施与主体工程同时设计、同时施工、同时投入生产和使用进行监督，提出意见。工会有权依法参加事故调查，向有关部门提出处理意见，并要求追究有关人员的责任。

对特殊行业的劳动安全管理制定的相应的规范，如矿山、建筑施工单位和危险物品的生产、经营、储存单位，应当设置安全生产管理机构或者配备专职安全生产管理人员。矿山建设项目和用于生产、储存危险物品的建设项目，应当分别按照国家有关规定进行安全条件论证和安全评价。

第三节　劳动卫生管理

➢ 案例引入

　　吉林省长春市南关区红星鞋帽厂，帽盔车间的操作工人在没有任何防护设施的情况下使用801大力胶，致使31名工人出现苯中毒症状，其中10人为重度苯中毒，2人死亡，1人早产，直接经济损失达50万元。调查发现主要是由南关区红星鞋帽厂，在项目设计、施工和投产三个过程中没有通过卫生监督部门审查、验收，私自投入生产，使车间内苯浓度超标所致。

➢ 案例启示

　　正所谓人命关天，企业经营管理中公司利润固然重要，但是员工健康同样不可忽视。本案例中红星鞋帽厂自食其果：801大力胶的违规使用不仅造成了10人中毒、2人死亡、1人早产，而且给工厂带来了50万元的直接经济损失。这一血淋淋的事实再一次为企业敲响了警钟——做好劳动卫生管理。在本节课程中，我们将要学习劳动卫生管理的基本知识，具体包括：

　　(1) 劳动卫生管理理论基础；

　　(2) 劳动条件及劳动条件中的有害因素；

　　(3) 现代企业的劳动卫生管理；

　　(4) 乡镇企业的劳动卫生管理。

一、劳动卫生管理理论基础

　　劳动卫生学是与劳动和劳动条件有关的卫生学科，其研究对象主要是劳动条件对劳动者健康的影响，其目的是创造适合人体生理要求的劳动条件，研究如何使工作适合于人，又使每个人适合于自己的工作，使劳动者在身体、精神、心理和社会福利诸方面处于最佳状态。

　　劳动卫生的首要任务是识别、评价和控制不良劳动条件，保护和促进劳动者的身心健康。劳动卫生属于预防医学，是卫生学的重要组成部分，它与职业病学和劳动保护学都有着密切联系。劳动卫生主要是从卫生学的角度研究劳动条件对劳动者健康的影响；职业病学主要是从临床医学的角度研究职业因素引起的职业性损害及其诊断和治疗；劳动保护学主要研究如何保证劳动者安全生产，设计具体防护措施，创造良好的劳动条件，制订劳动保护法规，以及监督这些法规的贯彻执行。

二、劳动条件及劳动条件中的有害因素

(一) 劳动条件的概念

劳动条件是指生产过程、生产环境和劳动过程三个方面。生产过程是指生产设备、生产工艺，从生产原料到成品产出的全过程；生产环境是指自然环境和根据生产需要而布置的人工环境；劳动过程是指生产中的劳动组织、操作体位和方式，体力劳动和脑力劳动的比重。

(二) 劳动条件中的有害因素

第一，生产过程中使用或生产的有害因素，如有毒物质（如铅、汞、苯、氯气、一氧化碳等）、生产性粉尘（如石英尘、石棉尘、煤尘、皮毛尘等）、异常小气候（如过高过低的温度、过高过低的气压）、噪声、振动、微波、激光、X射线、γ射线等物理因素，以及细菌、霉菌、病毒等生物性因素等。

第二，生产环境中的有害因素，如自然环境因素（高寒地区冬季露天作业时的严寒等）、生产流程布局不合理，有毒与无毒作业混杂安排在一个车间所致的环境污染等。

第三，劳动过程中的有害因素，如不合理的劳动组织及作业轮班制度、超重体力劳动、操作过度紧张、个别器官系统如视力过度紧张等。

上述三个方面的不良因素，在生产情况下常同时存在，如果这些不良因素超过一定限度，又未采取有效防护措施，将会引起接触者各种职业性损害：工伤、职业性疾患、残疾或死亡。

劳动者健康与健康概念的外延相一致包括生理、心理、社会、道德一系列纬度的完美状态。维护劳动者健康的根本途径就是创造良好的劳动条件，对劳动条件中的各类对劳动者健康造成危害的因素进行严格的管理。

三、现代企业的劳动卫生管理

本书主要从企业管理的角度出发，阐述企业管理过程中有关劳动卫生管理的相关内容，重点介绍建设项目职业卫生管理和职业卫生防护设施与管理两项重要内容，工作场所的职业健康管理、特殊作业的卫生管理及职业健康档案管理可作为自学内容。

(一) 建设项目的职业卫生管理

建设项目指可能造成职业病危害的新建、改建、扩建建设项目和技术改造、技术引进项目。职业病危害指对从事职业活动的劳动者可能导致职业病的各种危害。建设项目的职业卫生管理的相关依据包括：《中华人民共和国职业病防治法》、《建设项目职业病危害分类管理办法》、卫生部关于实施《建设项目职业病危害分类管理办法》有关问题的通知、卫生部关于印发《建设项目职业卫生审查规定》的通知等。

1. 建设项目职业病危害分类管理

建设项目职业病危害分类管理主要由职业卫生服务机构根据职业病危害因素性质，

工作场所可能存在职业病危害因素的毒理学特征、浓度（强度）、潜在的危险性、接触人数、频度、时间，职业病危害防护措施及控制效果，发生职业病的危（风）险程度进行综合分析，对建设项目的职业病危害进行分类：

(1) 严重的职业病危害建设项目包括《高毒物品目录》所列化学因素；石棉纤维粉尘、含游离二氧化硅 10% 以上粉尘；核设施、辐照加工设备等放射性因素以及卫生部规定的其他应列入严重职业病危害因素范围的建设项目。

(2) 职业病危害轻微的建设项目包括不存在或不产生严重职业病危害因素；危害因素的浓度（强度）可能不超标，发生职业病的可能性较小；一般不可能导致职业病危害事故后果的建设项目。

(3) 职业病危害一般的建设项目界于严重职业病危害项目与轻微职业病危害之间。

在建设项目职业病危害分类的基础上，对不同的建设项目实行不同的管理办法。例如，对职业病危害轻微的建设项目，只需将职业病危害预评价报告表、控制效果报告表向卫生行政部门备案；对职业病危害一般和职业病危害严重的建设项目，职业病危害预评价报告应报主管的卫生行政部门进行审核，并对职业病防护设施进行竣工验收；另外，职业病危害严重的建设项目还应在设计阶段对职业病防护设施设计进行专业审查。

2. 建设项目职业卫生分级管理

不同级别的卫生行政部门对不同的建设项目行使分级管理职责。如表 11-1 所示。

表 11-1   不同级别的卫生行政部门对不同的建设项目分级管理的职责

部门	职能		
卫生部	由国务院投资主管部门和国务院授权的有关部门审批、核准和备案，总投资在 200 亿元人民币以上的建设项目	核设施、绝密工程等特殊性质的建设项目	跨省、自治区、直辖市行政区域的建设项目
卫生厅	由省政府审批的重点工程项目，省政府投资主管部门和省政府授权的有关部门审批、核准或备案的建设项目	总投资不足 200 亿元人民币，由国务院投资主管部门和国务院授权的有关部门审批、核准或备案的建设项目	辐照加工设备、加速器、放射治疗装置等场所或装置及保密工程等特殊性质的建设项目等

此外，对市级、县级卫生行政部门对不同的建设项目职业卫生管理也有相关规定。

3. 建设项目职业卫生评价与审查

建设项目职业卫生的评审主要按职业卫生、辐射防护、卫生工程、检测检验等专业分类采取专家评审的方式开展。作为企业管理人员，应对建设项目职业卫生评审中应提交的材料有所了解。

建设项目职业病危害预评价审核或备案需提交的材料主要包括申请建设项目职业病

危害预评价审核或备案的公函和申请书；属于管辖卫生行政部门建设项目职业卫生审查范围的证明文件；建设项目职业病危害预评价报告；职业病危害预评价机构的资质证明；建设项目职业病危害预评价报告专家评审意见等一系列公文或报告文件。另外，在应对建设项目职业病防护设施设计的审查时也应该准备好相关的技术文件，包括设计说明书、设计图纸等。

（二）职业卫生防护设施与管理

职业卫生防护设施与管理包括职业病危害防护设施、个人使用的职业病防护用品以及职业病防治管理措施等。

职业病防护设施是指以控制或者消除生产过程中产生的职业病危害因素为目的，采用通风净化系统或者采用吸除、阻隔等设施以阻止职业病危害因素对劳动者健康影响的装置和设备。职业病防护用品是指为保障劳动者在职业劳动中免受职业病危害因素对其健康的影响，对机体暴露在有职业病危害因素作业环境的部位，采用相应的防护用品进行保护。用人单位应当建立、健全职业病防护设施和防护用品责任制，单位没有对职业病危害因素采取有效防护措施，产生对劳动者职业病危害承担责任。用人单位在职业卫生防护管理中的职责主要体现在以下方面：

（1）用人单位存在职业病危害因素的，应当对有职业病危害因素的作业环境采取有效的防护设施，保障劳动者工作环境的职业病危害因素溶度（强度）符合国家的职业卫生标准和卫生要求，应当为接触职业病危害因素劳动者提供符合国家标准和卫生要求的防护用品。

（2）用人单位在购置定型的防护设施产品和防护用品时，不得使用没有生产企业、没有产品名称、没有职业卫生技术服务机构检测报告的防护设施产品和防护用品。产品应当具备产品名称、型号，生产企业名称及地址，合格证和使用说明书；使用说明书应当同时载明防护性能、适应对象、使用方法及注意事项；检测单位应当具有职业卫生技术服务资质，检测的内容应当有检测依据及对某种职业病危害因素控制的效果结论。

（3）用人单位自行或委托有关单位对存在职业病危害因素的工作场所设计和安装非定型的防护设施项目的，防护设施在投入使用前应当经具备相应资质的职业卫生技术服务机构检测、评价和鉴定。未经检测或者检测不符合国家卫生标准和卫生要求的防护设施，不得使用。

（4）用人单位应当建立防护设施和防护用品管理责任制，并采取下列管理措施：设置防护设施管理机构或者组织，配备专（兼）职防护设施管理员；制定并实施防护设施管理规章制度；制定定期对防护设施的运行和防护效果检查制度。

（5）用人单位对防护设施应当建立防护设施技术档案管理：防护设施的技术文件（设计方案、技术图纸、各种技术参数等）；防护设施检测、评价和鉴定资料；防护设施的操作规程和管理制度；使用、检查和日常维修保养记录；职业卫生技术服务机构评价报告。

（6）用人单位应当对防护设施进行定期或不定期检查、维修、保养，保证防护设正常运转，每年应当对防护设施的效果进行综合性检测，评定防护设施对职业病危害因素控制的效果。

（7）用人单位应当对劳动者进行使用防护设施操作规程、防护设施性能、使用要求等相关知识的培训，指导劳动者正确使用职业病防护设施。对劳动者进行防护用品使用方法、性能和使用要求等相关知识培训，指导劳动者正确使用职业病防护用品。

（8）用人单位不得擅自拆除或停用防护设施。如因检修需要拆除的，应当采取临时防护措施，并向劳动者配发防护用品，检修后及时恢复原状。经工艺改革已消除了职业病危害因素而需拆除防护设施的，应当经所在地同级卫生行政部门确认，并在职业病防治档案中做好记录。

（9）用人单位在使用防护用品时应当符合下列要求：选用的防护用品应当能控制职业病危害因素对劳动者健康的损害；用人单位应当向劳动者配发足够数量的防护用品；用人单位应当与劳动者签订防护用品使用责任书。

（10）在具有职业病危害的设备及材料放置及使用处设立警示标识。

四、乡镇企业的劳动卫生管理

在我国乡镇企业的劳动卫生状况是卫生管理工作面临的一个巨大挑战。普遍存在劳动防护不足，劳动条件恶劣等与经济发展不相协调的现象。为解决这一矛盾而制定的《乡镇企业劳动卫生管理办法》是规范乡镇企业的劳动卫生管理的法律条例，明确了乡镇企业劳动卫生管理的工作方针和原则：乡镇企业的劳动卫生管理，必须贯彻"预防为主"的卫生工作方针和"积极扶持，合理规划，正确引导，加强管理"的乡镇企业发展方针。企业在发展生产的同时，应积极改善劳动条件，减少或消除职业危害，预防职业病的发生。

乡镇企业劳动卫生管理的职责：乡镇企业要有劳动卫生专管或兼管人员。职业危害严重的企业，应根据条件设立专管劳动卫生的机构，做好本企业的劳动卫生工作。乡镇企业应建立健全劳动卫生规章制度，加强对职工的教育培训，实行文明生产。

乡镇企业对特殊劳动者的卫生管理：办法要求乡镇企业应建立就业前健康检查和就业后定期健康检查制度。凡有职业禁忌证者，不得安排从事有禁忌的作业。不得安排不满 18 岁的未成年者从事有害作业和繁重体力劳动。乡镇企业应按照规定做好女工保健工作。不得安排孕期、哺乳期的女工从事对胎儿和婴幼儿健康有影响的有害作业。

另外，要解决乡镇企业的劳动卫生管理问题，仅靠规范制度是远远不够的，政府还要结合乡镇企业生存的社会环境、基础条件、保障能力给予足够的资金和人力上的支持；加强劳动者的劳动保护意识，做好社会监督工作。

第四节　职业心理健康

➢ 案例引入

谁来为员工心理健康"买单"?

小冯是一家私有企业的销售职员,工作一直踏实勤奋,业绩也保持得不错。可是近日,公司内部流传的一条"裁员名单"的小道消息使她陷入了工作的最低谷,睡眠一直不好,情绪异常低落,工作时也变得少言寡语,甚至有的同事经常看到她一个人坐在那里唉声叹气。更糟糕的是小冯自己也感觉到工作方面力不从心,压力越来越大;而最近的业务上面出现了很多漏洞,被老板接连批评了三次。

➢ 案例启示

像小冯一样,现在职场上相当一部分人的困扰来自于工作的心理压力,而且不能自拔。这不仅影响了员工自身的心理健康,也影响了企业工作任务的有效完成。而大量实验和事实证明,良好的心理教育、疏导和训练,不仅能够增强员工的意志力、自信心、抗挫折能力和自控能力,还能提高员工的创新意识、贡献意识、集体意识和团队精神。在本节课程中,我们将要学习职业心理健康的相关知识,具体内容包括:

(1) 中国企业员工心理健康服务的供需状况;
(2) 心理帮助计划;
(3) 企业职工的心理健康培训;
(4) 农民工的心理健康管理。

一、中国企业员工心理健康服务的供需状况

《2007 年中国企业员工职业心理健康管理调查》对近 6000 名职员进行了调查,其中 61.29％受访者是男性,38.71％ 受访者是女性,主要来自制造业、服务业、IT 行业、政府机构、批发零售、金融业等行业,专业技术人员占 37.97％,管理人员占 23.54％,市场销售人员占 15.83％,行政/人事占 12.53％,以大专和本科学历为主。工作年限分布为 1～3 年占 34％,3～5 年占 19％,5～10 年及不满一年的各占 17％左右,10 年以上的占 13％左右。调查涵盖上海、广东、北京、江苏、浙江、山东等 32 个省(直辖市)的企业,国有企业占 29％,民营企业占 35％,中外合资和外商独资企业共占 36％。结果显示:98％的员工在职场中曾遇到这样或那样的心理困惑,90％以上的员工表示希望企业能提供心理健康方面的服务。

（一）员工心理健康问题的普遍性

在"职场中曾经遇到过哪些方面的心理困惑"的调查中，有70.15%的人认为心理困惑是来自工作压力大（职业压力），51.89%的心理困惑来自办公室人际关系，55.41%来自职业生涯规划的困惑，49.49%是工作没有热情、没有成就感（工作倦怠），44.00%是家庭、工作时间难以平衡，2.25%认为没有心理困惑。其中，职业压力是员工在职业生涯中受到的令个体紧张、感受到威胁性的刺激情境或事件，由此产生持续性紧张情绪状态。现代企业为提高市场竞争力或保持良好的竞争状态，对员工的考核与要求越来越多，超负荷的工作时间，现代化的监督手段都是让员工造成心理困惑的重要因素。工作倦怠又称职业枯竭，表现为心理疲劳、情绪冷漠、玩世不恭、丧失成就感和工作动力。办公室人际关系的不和谐也是引起职场心理焦虑的重要原因。由于有的员工不能处理好上下级和同事间的人际关系，而出现心理焦虑、缺乏热情和同情心、与他人保持距离等心理状态，给企业团队合作与竞争带来不良影响。

（二）员工心理健康改善的稀缺性

对"您所在的公司是否致力于改善员工的工作情绪、心理健康状态？"的调查结果显示，76.95%的公司会有改善，23.05%的公司从来没有。而选择致力改善员工的工作情绪、心理健康状态的公司，有58.41%的公司只是偶尔口头上提及，但是没有具体的措施；25.91%的公司内部有一些宣传；13.4%的公司举办过相关培训课程、活动等；2.27%的公司有专门这方面的项目，比如员工援助计划。

这些结果显示，我国企业员工的心理健康需求量较大，但目前国内的企业心理健康管理仍处于初级状态，虽然有大部分的企业表示会改善员工的心理健康，但在方式的选择上，绝大部分缺乏有针对性的、系统的、科学的方案设计。

二、心理帮助计划

（一）心理帮助计划的概念

心理帮助计划，简称EAP。对EAP概念的界定，目前有多种不同的描述。例如，EAP是职场的组织机构或企业法人通过心理援助专门的工作机构或工作者（第三方）向自己的员工甚至其家属免费提供专业性的并能保障隐私的一系列辅导、指导、咨询、治疗、协助、帮助、援助、训练等项目的服务，解决职业心理压力问题，或称"员工心理援助"。

从定义描述来看，该计划的目的是解决职业心理压力，计划实施的主体是职场组织机构或企业法人，应该包括工厂、矿山、铁路、远洋、航空、邮电、银行、公司、集团等企业单位及政府、公安、军队、学校、文艺团体等事业单位，还有一些服务性的行业或特殊性工作的部门。计划实施的对象是职场机构或企业法人的员工及其家属，按照目前我国企业或职场机构员工构成，应该包括领导者、管理者、正式员工、合同工、临时工、农民工，以及下岗、内退、退休、离休人员等。计划的性质应该是一项长期的福利性专业计划。计划的内容包括心理辅导、咨询、治疗、协助、训练等一系列服务项目。

（二）心理帮助计划的发展简史

关于 EAP 的起源，通常被认为是 19 世纪美国人解决企业员工酗酒和滥用药物问题的一种尝试。19 世纪末期至 20 世纪初，美国一些企业员工的酗酒和滥用药物问题严重地影响着组织的绩效甚至带来危险，为解决这一问题，美国建立了员工酒精依赖矫正项目（OAP），这是"员工援助计划"的雏形。

1971 年，美国洛杉矶成立了一个 EAP 专业组织，即后来"国际 EAP 协会"的前身，这个机构最初的目标是帮助员工矫正酗酒和滥用药物等不良行为。经过几十年的发展，EAP 已经从最初的对酗酒、滥用药物等行为矫正发展到后来的对员工个人问题的全面帮助，特别是对"职业压力"的干预等。实践证明：对员工"职业压力"、"个人问题"的干预，是企业改善以至解放生产力、保持以至提高生产率的重大而有效的举措。

20 世纪 80 年代，美国建立了"CEAP 协会"（EAP 咨询师认证组织），这就开创了 EAP 咨询师的专门职业，诞生了专业的 EAP 工作者，进一步规范、完善 EAP 的服务。在 1985~2002 年，EAP 协会开始关注全球化的 EAP 工作以及 EAP 工作者的资格、行为规范。协会的任务有了变化，成为国际性协会，组织名称为"EAPA"，世界各地有它的分会。

数据显示：美国 1988 年有 6.5％的企业采用了 EAP 项目，到 1990 年上升到 11.8％，1994 年已达到了 33％。在 1994 年美国《财富》杂志评选的世界 500 强企业中，90％以上的企业为员工提供了 EAP 服务。

（三）我国心理帮助计划的现状

我国的 EAP 目前尚处于起步阶段，很多企业或组织还不知道什么是 EAP，有的企业或组织虽然意识到有 EAP 的需求，但不知道该如何组织，也不知道需要多大的投入。实际上 EAP 有着一套相对完整的机制，除了提供群体心理讲座、培训、量表测试、减压训练以及个案心理咨询，以缓解员工的职业压力、实现员工及其家属的心理健康外，还提供奖励合理化建议、公开财务问题、预测企业前景和职业生涯发展、排解裁员心理危机、开展民主生活、培养团队精神、组织文体活动或外地旅游、把福利行为化或事件化、让奖励包括物质和精神两种、以企业全体员工的名义做慈善或公益的事、解决民事纠纷、治疗身心疾病、援助灾难性事件、记住员工生日、恪守职业道德、矫正不良行为、关心家庭生活、照顾子女、端正生活方式、明确生活目的等一系列的和综合性的项目或内容，全面帮助员工解决个人问题。不同的企业或组织应根据各自不同的状况制定相应的规划，绝大多数企业都是先实施外部 EAP 服务，然后再逐步建立内部的、长期的 EAP 系统。

三、企业职工的心理健康培训

在企业人力资源管理过程中，职业心理健康培训的对象主要包括企业管理者及所有的员工，主要讲授职业心理健康的基本知识，目的是帮助员工建立科学的心理健康观念，形成健康的思维方式和行为方式，预防和科学处理职业倦怠等负面情绪和现象。

目前的企业职工心理健康培训一般包括以下内容：职业心理健康培训、压力管理、培养积极情绪、沟通管理、新员工入职心理适应、时间管理、工作与生活平衡管理等。

压力管理的培训主要是帮助员工学习辨别压力的征兆和症状，识别不同的压力源，分析影响压力的因素，掌握应对压力的干预策略，计划和制定有效的自我减压的办法。

培养积极情绪的培训主要帮助员工认识到情绪是心理活动的重要组成部分，消极的情绪会影响工作质量和效率，通过培训努力改变工作中的消极情绪，认识并控制自我情绪，掌握情绪表达的技术和方法，培养积极的情绪面对工作和生活。

沟通管理培训的目的是加强员工之间沟通的有效性和深度，帮助改善团队工作目标的一致性。

新员工入职心理适应培训又称岗前培训，是企业或组织通过培训，帮助新员工完成角色转换和调整心态，快速融入组织团队或认可企业文化，使新员工尽快适应新的工作岗位的过程。目前我国已经有相当一部分组织或企业重视并开展了岗前培训计划。

时间管理培训的目标是帮助企业员工是合理限定自己的工作范围，不把手伸得过长，把职责内的工作尽量做好；合理安排时间，使时间的浪费减少到最低限度。

工作与生活平衡培训的目标是帮助学员明确工作和生活的目标，准确把握工作和生活之间的关系，对工作和生活中的失调作出诊断，制定和谐的工作计划和生活计划。

四、农民工的心理健康管理

员工的心理健康管理不仅仅是企业的职责，政府也应该给予重视，对职场中的弱势群体给予关怀。随着社会的发展，农民工的心理健康问题不容忽视。我国农民工的规模日益扩大，目前已经有超过1亿的农民在城市打工，为城市的发展作出了巨大的贡献。但农民工在城市生活，经济收入低，远离家乡和亲人，就业和生活压力大，还可能会遭到不公平待遇，如不及时进行心理的疏导和干预，容易出现一些极端思想和行为，引发一系列社会问题。对于企业责任而言，首先，要让农民工学会自我调节和放松；其次，要为农民工营造一个相对宽松的工作环境，按时发放薪酬，举办娱乐活动；再次，政府一方面要对农民工群体提供专业心理咨询，进行心理危机干预和援助，另一方面通过各种方式让农民工广泛参与社会活动。

学 习 建 议

1. 从政府的网络中了解我国劳动安全的管理部门与职责。
2. 组织小组讨论：为什么我国现阶段安全事故的发生非常频繁？
3. 讨论：员工健康与企业绩效之间的关系。

本章参考文献

常占利.2006.嵌套安全管理学——根绝事故不是奢望.北京：中国劳动社会保障出版社

陈蕾，王生．2008．职业卫生概论．北京：中国劳动社会保障出版社

都布林．2008．职业心理学：平衡你的工作与生活．姚翔，陆昌勤等译．北京：中国轻工业出版社

国家安全生产监督管理总局安全生产协调司，中国安全生产科学研究院．2005．作业场所职业危害预防与管理．北京：中国劳动社会保障出版社

国家安全生产监督管理总局安全生产协调司．2007．特别重大事故案例汇编（2004～2005）．北京：中国劳动社会保障出版社

贺青华．2007．企业职工卫生管理培训教材．北京：中国劳动社会保障出版社

姜亢．2007．劳动卫生学．中国劳动社会保障出版社

姜洋，陈宝智，刘中田．1998．企业劳动安全卫生的模糊综合评价．工业安全与环保，（5）

蒋峰，马国祥，王世忠等．2002．建设项目劳动安全评价中危险有害因素的辨识．天津理工学院学报，78（3）

刘铁民．1998．推行劳动安全卫生管理体系．劳动保护，（11）

刘远我．2004．职业心理健康：自测与调节．北京：经济管理出版社

孙连捷．2003．安全科学技术百科全书．北京：中国劳动社会保障出版社

王如君．2005．事故致因理论简介（上）．安全、健康和环境，5（4）

于殿宝，许永吉．2002．我国劳动安全监察机构设置探讨与遏制事故的建议．安全与环境工程，（1）

张宏元，宋大成．1998．劳动安全卫生管理体系要素中的"方针"和"组织"．中国安全科学学报职场心理 EAP，8（5）

左坚卫，刘志伟．2006．重大劳动安全事故罪若干疑难问题探讨．法学论坛，17（1）